THE HISTORY OF ENGLAND

英格兰史
六部曲
—Ⅰ—

帝国基业

从史前到金雀花王朝

[英国]
彼得·阿克罗伊德
—著—

赵国新
—译—

译林出版社

图书在版编目（CIP）数据

帝国基业：从史前到金雀花王朝 / （英）彼得 · 阿克罗伊德（Peter Ackroyd）著；赵国新译. —南京：译林出版社，2022.9（2024.12 重印）
（英格兰史六部曲）
书名原文：Foundation
ISBN 978-7-5447-8973-8

I. ①帝…　II. ①彼…　②赵…　III. ①英国－历史　IV. ①K561.0

中国版本图书馆 CIP 数据核字（2021）第 257381 号

帝国基业：从史前到金雀花王朝［英国］彼得 · 阿克罗伊德／著　赵国新／译

责任编辑　陶泽慧
装帧设计　韦　枫
版式设计　黄　晨
校　　对　戴小娥　孙玉兰
责任印制　董　虎

原文出版　Macmillan, 2011
出版发行　译林出版社
地　　址　南京市湖南路 1 号 A 楼
邮　　箱　yilin@yilin.com
网　　址　www.yilin.com
市场热线　025-86633278
排　　版　南京展望文化发展有限公司
印　　刷　徐州绪权印刷有限公司
开　　本　718 毫米 × 1000 毫米　1/16
印　　张　28.25
插　　页　12
版　　次　2022年9月第1版
印　　次　2024年12月第3次印刷
书　　号　ISBN 978-7-5447-8973-8
定　　价　88.00元

目　录

1

石头的赞美诗

当巨石阵的第一块砂岩漂砾石竖起来的时候，英格兰这片土地已经相当古老了。近年来，在诺福克郡的哈皮斯堡附近出土了78件燧石制品，它们是在近90万年前散落在这里的。漫长的历史由此拉开了序幕。

至少有九批各不相同、互不统属的民族，借助长达数千年之久的温暖的间冰期，从南欧来到了英格兰。这些民族没有留下历史记载，只留下石头和骨头，成为他们进退的证据。在高尔半岛的一座山洞里，墙壁上倚着一具男尸，他是在29 000年前被葬在这里的。他的骨头染上了薄薄的一层红色，要么是有人曾在他的骨头上撒了红色的赭石粉，要么是他的深色寿衣所致。他脚上还穿着鞋子。尸身周围是各式随葬品，包括象牙手镯和打孔的贝壳。他的脑袋不在了，他的躯体却与一头猛犸象的颅骨连成一线。

此人岁数不大，大概不超过二十一岁。不过，在远古时代，人们活得都不长。他显然是民族首领或部落酋长之类的人物。人类世界形成之初，就有了社会等级，上下尊卑的标志非常明显。有好几代人曾经来过这个洞穴，但其中的秘密无人参透。他们所代表的民族已经不复存在了。 1

只有最后一批到达英格兰的古人存活了下来。他们在15 000年前抵达，散居在今天的诺丁汉郡、诺福克郡和德文郡等地。在诺丁汉郡的一座山洞里，有人于13 000年前在质地松软的石灰岩上刻画了一些飞禽走兽的图案；在这些动物中，有牡鹿、黑熊和野牛。

一代又一代人故去了，他们几乎没有留下能够表明时代变迁的证据。他们世代传承，繁衍延续。我们不知道他们说什么语言，也不了解他们的教仪和崇拜对象。但他们不是哑巴；他们的思考能力与我们不相上下。他们也哭，也笑，也祈祷。他们是谁？他们是英格兰人的祖先，现在很多英格兰人都是他们的直系后代。在今天的生者与远古的死者之间，的确存在着一种力量强大的基因图谱，将二者联系起来。在切德峡谷的一座山洞里，安葬着一具9 000年前的男尸。1995年，两位古生物学家从其尸身上取下材料进行研究。结果发现，此人的基因图谱与当今附近居民的十分接近。他们拥有共同的母系祖先。这些古人繁衍至今。这些英格兰人既不是早先的"盎格鲁-撒克逊人"，也不是"凯尔特人"；他们是岛上的史前民族。

若想研究史前状况，必须先研究地理。15 000年前，当定居者到达英格兰的时候，北海还是一片大平原，四处分布着湖泊和森林。如今，大平原已沉入海底，带走了大量的证据，让我们无从了解当时的情况。然而，我们可以在一定程度上再现当时的场景。这里有橡树林，有芦苇遍布的沼泽，还有视野开阔的草地。这是一个温暖潮湿的世界。这里有红色的牡鹿和田鼠，还有大象和猕猴。成群结队的人类游荡其中，每个原始人群落的人数都在25人以上。他们四处追逐猎物，利用石制箭镞射杀野兽，用驯鹿角做斧子；他们手里拿的是木制长矛。我们不清楚他们的社会组织形式，但我们发现了"屠宰区"，也就是他们制造工具和准备食物的地方，这里是与主要居住区分开的，由此可见当时社会的管理已初具雏形。

2 如今的我们依然能够看到这些人朝向我们走来的脚步。在英格兰西北沿海地区福姆比角的沙滩上，有一串长达32英尺（约9.75米）的脚印，其中还有很多孩子的脚印。这些男性的身高约为5英尺5英寸（约1.65米），女性约比男性矮8英寸（约20厘米）。当时，他们在这里寻找虾类和竹蛏为食。在英格兰的其他地区，也发现了史前人类的脚印。有些脚印出现在塞汶河河口的前滩上；7 000 年前，干燥的土地变成沼泽，这些脚印便慢慢地没入了海水里。如今海水一涨潮，它们又隐没不见了。

这些脚印就是所谓中石器时代的人们留下来的印记。中石器时代这个术语就像旧石器时代和新石器时代一样，都是不太严谨的说法，人们只是为了贪图方便才使用它。这些人放火烧荒，砍伐森林，清理林中空地，以便定居或更有利于狩猎。他们烧掉了松树，种上榛子树，每年秋天出产的榛子是人们喜闻乐见的食物来源；他们懂得如何管理自己的资源。早期的英格兰人被称为“狩猎采集者”，他们用狗打猎，但过的可不是游牧生活；他们在固定的区域内活动。他们分布在彼此毗邻的人群活动区域，喜欢住在海岸或河滨。

大约在 11 000 年前，位于现在的约克郡的皮克林山谷还是一座大湖，岸上有一个桦木高台，可能是为了方便打鱼而修建的，但它更有可能是一个举行仪式典礼的地方；人们佩戴琥珀串珠，留下了猪、红鹿、鹤以及鸭的骨头。这里还出土了一座圆形房屋，直径长达 11.5 英尺（约 3.5 米），大概是公元前 9000 年建造的；它建在 18 根笔直的木柱上，寝室里铺着一层厚厚的苔藓和芦苇。

这座房屋的居民使用锋利的鹿角、燧石刀和刮刀；他们用坚硬的黄铁矿石取火。房子里好像还有炉子。独木舟是湖上通行的交通工具；这里还发现过一支船桨，却没有找到任何小型船只。随着时间的流逝，它们已经风化、分解了。但古人还是留下了一些遗迹。有人在斯塔卡尔发现了 21
件鹿颅骨碎片，有些头骨上还带着角。它们莫非是狩猎用的伪装道具？它 3
们更有可能是萨满巫师的通灵道具。这很可能是一种早期的莫里斯舞，只是人们对神既敬畏又向往的复杂情感已经随着时间的流逝而淡化了。

在伯克郡的萨彻姆发现了中石器时代英格兰人的村落。今天，这座现代城镇就建在它的原址上。某种慎终追远的冲动使居民一直生活在原地。10 000 年前，人们居住在湖岸上。这里发现了焚烧过的骨头、烧焦的榛子和烧火用的炭块；换句话说，这里出土了人们日常家庭生活的全部痕迹。

清理得干干净净的空地就是小屋的地面。最早的英格兰房屋是用枝条柔软的小树搭建的，人们将小树折弯之后，再蒙上兽皮。它们的占地面积约为20 英尺×16 英尺（约 6.1 米×4.9 米）。

在那个时代的英格兰，像这样的村落还有好几百个。其中很多位于沿海地区，现已沉入海底。当年，这些沿海地区要比现在高出 70 至 100 英尺（约 21 至 30 米），由于海平面上升，这些居民点都被海水淹没了。关于中石器时代的英格兰人，我们所能了解的也就仅限于此，因为他们的遗迹都已葬身于万顷波涛之下。当一位潜水员恰巧在怀特岛附近看了一眼由四处游荡的龙鳌虾刨出的地洞时，他竟发现了一座水下村庄；而当时这些甲壳类生物正从中抛出一块块经过加工的燧石。当年这里居住着手工艺者和生产者，还有猎人和渔民。潜水员从水下捞上来一根镶着石刀的木杆。他们还发现了一条独木舟，它是从一段圆木上凿出来的。诸如房屋这样的建筑遗迹在水下清晰可见。这些居民既是木工，也是石工。这就是失落在水下的英格兰世界的一部分。

冰河时代形成的大片冰川开始融化，海平面上升，海水四溢，英格兰、苏格兰和威尔士群岛由此形成。8 000 年前，英格兰和欧洲大陆之间遍布着森林和沼泽，现已消失在北海南部的海域中。虽说地震可能引发海水暴涨，但这种情况不可能是海啸造成的。它很可能是在 2 000 年之中逐
4 渐发生的，陆地先变成沼泽，然后又变成湖泊。在地球形成之初，发生过两次大洪水，由此形成了英格兰和法兰西之间的海峡。随着海水的涌入，群岛（为了简洁起见，我们称之为岛屿）形成了；其中陆地表面的 60%形成了现在的英格兰大地。

正因为这个原因，这片土地成为地形学家研究的对象。例如，英格兰的中心到底在哪里？沃里克郡的梅里登村有一座十字架，人们用它来标示英格兰的中心。“Meriden”（梅里登）与“meridian”（正午）的发音惊人地相似，因此人们有充分的理由在这里竖起十字架。事实上，英格兰真正的中心位于莱斯特郡的林德利 · 霍尔农场。最近它被一对姓法莫的夫妇买下了。

这种新获的隔绝状态所造成的结果，最终体现在英格兰人制造的工具上。英格兰的工具小于欧洲大陆打造的工具，事实上，某些种类的细石器为英格兰所独有。然而，这个岛屿对旅行者有着莫大的魅力。他们乘坐木舟，或者驾着由柳条编织、覆以兽皮的船只，涉水而至。这些人来自欧洲的西北部。这种情况说明，盎格鲁-撒克逊人和维京人的“入侵”，只不过是在延续远古时代的做法而已。

旅行者也来自西班牙和法国西南部的大西洋沿岸，但是这种迁徙并不是最近才发生的现象。在整个中石器时代，大西洋的旅行者就已经在英格兰西南部殖民了，所以说，到了本岛形成时期，英格兰西部已经有了欣欣向荣、独树一帜的文明。西班牙来的旅行者在爱尔兰定居；“伊比利亚”（Iberia）和“希波尼亚”（Hibernia，即爱尔兰）的亲缘关系就来源于此。在铁器时代，定居在威尔士南部的志留人已经相信，他们的祖先在遥远的过去从西班牙迁居至此；塔西佗曾指出，这些部落的人有着深色的皮肤和卷曲的头发。他们就是后人所说的“凯尔特人”。

所以说，早在8 000年前，英格兰就已经存在地区差异了。例如，英格兰的燧石工具可分为五种不同类别。西南地区的手工产品在外表上迥异于东南地区的产品，从而促进了各地区之间互通商贸。各个地区也受到各地的地理和地质属性的影响，形成了独特的地域文化。不管怎么说，建立 5
在白垩和石灰岩土质上的文化注定不同于建立在花岗岩土质上的文化。

英格兰内部存在着分化，两大地区之间迥然有别。其中低地地区包括中部、伦敦周围各郡、东盎格里亚、亨伯赛德郡以及南部的中央平原，其土质为松软的石灰岩、白垩和砂岩。这个地方遍布着丘陵、平原和河谷。这里是权力集中和人口聚居的地区。这里的土质松软，易于耕种。位于北部和西部的高地地区包括奔宁山脉、坎布里亚、北约克郡、德比郡峰区、德文郡和康沃尔郡，主要土质为花岗岩、页岩和远古时代形成的坚硬的石灰岩。这里是高山、山丘和高地分布的地区。生活在这一地区的是散居的部落和家族，他们彼此独立，互不统属。这里的土地坚硬，含砂，结晶成块。两大地区之间缺少交往；人们都向外发展，面向海外，那里是他们的老家。我们可以看到土质自身的变化。在威塞克斯，某一个定居区的“考古发现”只要越过了白垩与基默里奇黏土带的交界处便无从寻觅了。这些人不肯向西部迁徙。所以地区差异就这样开始扩大了。

口音与方言的差异可能早已存在。东南部地区最初的语言在现代语汇中就留有痕迹——诸如“伦敦”、“泰晤士”和“肯特”等词迄今为止还没有在日耳曼语或凯尔特语中发现词根。非常有可能的是，东盎格里亚和东南部人所说的语言后来发展成为日耳曼语族的一支，而西南部人所说的语言，后来成为凯尔特语。这种日耳曼语先是变成中古英语，后来又继续发展成为标准英语；凯尔特语中又分化出了威尔士语、康沃尔语和盖尔语等分支。故而考古学家在康沃尔郡和威尔士发现了罗马时代镌刻在石头上的凯尔特语铭文，而在英格兰的南部却找不到。塔西佗的书中记载，在罗马殖民时代，东南部的英格兰人说的语言与波罗的海部落的语言不无相似之处。但这个问题至今尚无定论。一切都笼罩在迷雾和曙光当中。

6 当迷雾升起的时候，我们能够看到许多不同寻常的东西。在威尔特郡埃夫伯里附近的一个坟堆下面，发现了3 500年前的一层地表土壤；这是在建造古坟的过程中保存下来的。这个古老坟堆的意义在于，人们在其中发现了彼此相邻、呈直角交叉的细长沟槽，呈现出一种由犁挖开的纵横交错的图案。早期的木犁就是一段叉形树枝，上面安放了一块尖石，用公牛拉它耕地。它是英格兰存在农田的最早证据。它体现了农业的开端。我们已经进入了新石器时代的英格兰。这一小块土地是古人在伐掉茂密的森林之后清理出来的；它先是用犁开垦，后来成为放牧牛羊的牧场；土地上竖起了围栏或树篱作为分界；大约1 500年后，人们建造了这座古坟。从这一连串的事件当中，我们看到了史前发生的缓慢变化。

从狩猎到农耕的转变本身就是一个渐进的过程；真正意义上的农业革命是不存在的，一切都是习惯性行为在千百年间日积月累的结果。风俗习惯是生活的基础。在这个漫长的时期内，石制工具被镰刀和磨制的斧子所取代；制陶业也被引入英格兰；新的集体仪式出现了。但是，在每一代人生活的时间里——我们估计是20到30年——生活似乎是静止不变的。当我们使用“中石器时代”和“新石器时代”这样的术语时，我们千万不要忘了埋在历史深处的延续性，它是英格兰自身属性的体现。

在公元前4000年，农业开始缓慢扩张。树林和森林被清理出来，先是被断断续续地清理，然后是被大片大片地砍伐；英格兰北方和西南部的高地，以及东盎格里亚的荒原，在一定程度上都是人类活动的产物。人们在这片新开辟的土地上种植小麦和大麦。家畜包括猪、牛、绵羊和山羊。绵羊的原产地不在英格兰。这些牲畜都是用船从岛外运来的，岛上原本没有这些生灵，这就凸显出海上来客对这片热土的贡献。

在这个时代，气温持续上升。在炽热阳光的照射下，人口大幅度增长；在整个新石器时代，从大约公元前4700年到前2000年，英格兰人口 7
增加了两倍；据估计，当时人口达到了30万。人口的压力有利于加速深耕，到了公元前3000年，耕地都被划分成了长方形的小块农田。哪里有农田，哪里就会有篱笆和沟渠，哪里就会有石头墙。如今在史前的坟堆下还发现了篱笆，由此可见其历史之悠久。

古坟是死者在自然环境中的安居之所，它们的存在进一步表明，拥有祭祀仪式和崇拜形式的定居社会已经出现了。有证据显示，当时人们已经开始建造房屋，也开始建造星罗棋布、沟渠环绕的农舍，还出现了用于放牧牛群、交易产品或举行会议的围场。其中一座围场位于康沃尔郡，建于公元前3000年之前，周围是一圈巨大的石头墙；这里还发现了房屋的遗迹，它们总共可容纳200人左右。所以说，英格兰的村庄或者说城镇始于新石器时代。

村落与村落之间修建了马路和古道。伊科尼德大道从白金汉郡一直通到诺福克。农舍之间有胡同。朝圣大道通往大的宗教中心坎特伯雷和温切斯特。就某种程度而言，埃尔迈恩大街就是如今我们所熟知的北方大道的一部分。朱拉希克大道从牛津郡通往林肯郡。瓦特灵街沟通坎特伯雷和圣阿尔本斯，途经史前伦敦的所在地。在萨默塞特土质松软的沼泽地带，人们为了便于穿行修建了堤道。这些堤道都是木头做的，所用的树木都是在公元前3000年放倒的；建造堤道使用了各种各样的木材，从白蜡树和欧椴，到榛子树和冬青树应有尽有，这表明它们就是为了这种目的而种植的。新石器时代的英格兰人使用了木材的具体哪些属性，现已不为人知。他们的技术已经失传了。

许多被泛称为“罗马大道”的道路其实远比罗马古老；罗马人只不过利用了史前的道路而已。现代的道路就是沿着这些古道修建的，所以说我们在行走时依然踏着祖先的脚印。他们开创了一个四通八达的交通网络，通往英格兰各地。这是一个人口稠密、经济繁荣的文明，比起过去人
8 们普遍认为的要复杂得多。在这些路线上运输的货物包括：供农民使用或造房子用的斧刃、各种陶器以及皮革制品。燧石采自深达 50 英尺（15.2 米）的地下巷道，然后再运往全国各地。

然而，岛屿两侧的大分化变得越来越显著。在大西洋这一侧，有人用巨石建起了石门墓和石道墓，而东盎格里亚、中部和东南部却没有出现这类东西。这些献给死者的石头赞美诗出现于公元前 3800 年，挺立了 600 年之久，散发出来自西南欧地区的独特文化气息。同样的坟墓也出现在葡萄牙和布列塔尼、苏格兰和奥克尼群岛，这种情况表明这些石头上镌刻的是一种共有的欧洲宗教。

同一时期兴建的堤道围场主要出现在不列颠的南部和东部；这些椭圆形或圆形的空间被四周环绕的沟渠分割成若干部分，它们是祭祀的场所，但这里的信仰和习俗制度不同于西南部。虽然石门墓的墓门十分巨大，但是这里的空间比较开放，体现了一种更加平等或者说集体性更强的信仰。

在同一时期，还出现了长长的直线型沟渠，它们被称为 cursus（石碑道）；它们穿过如今已不复存在的乡村，长达 6 英里（9.6 千米）。它们是祭祀场所的一部分，其意义至今不明。然而我们都知道，在这一时期的英格兰，大地是神圣的；石头和土地也是神圣的。新石器时代初期的英格兰人与大地以及大地上的生物可以直接沟通，这一点超乎现代人的想象。

所有的道路都通往巨石阵，在所有的圣所当中，巨石阵的规模是最大的。最初，它是一个由 56 根木头围成的圆圈，这些木头大约竖立于公元前 2800 年，此时这个举办宗教仪式的场所已然存在了 500 年。它的北边

建有一条1.5英里（2.4千米）长的石碑道。这里还发现了一些水晶岩，它们一定是从阿尔卑斯山地区运过来的。当时的索尔兹伯里平原是英格兰的宗教中心。不列颠低地地区的白垩和石灰岩山脉就是从这一地区辐射出 9
去的。山脊路和商路在这里交会成网。这里是面积最大的可居住地区。这里通水路，犹如一个容纳着激昂奋进的人类精神和目的的坩埚。

在公元前2200年左右，第一座圆形巨石阵形成了。从木质材料到石头材料的变化关乎一场深刻的文化运动，受它的影响，其他地方也兴建了纪念性的围场，导致祖先崇拜走向没落，导致对立的集团为利益而战。在彼得博罗的一座古墓中，发现了一男一女还有两个小孩一同被葬在这里；男子死于背后的箭伤。在多塞特，有人发现有好几具尸体埋在同一个沟渠中，上面压着防御土墙；其中一人是被箭射死的。

兴建巨石阵是英格兰历史上规模最大、耗时最久的公共工程。在公元前2200年，最早的一批蓝砂岩石块竖立起来了；这些石头大部分是火成岩，被认为拥有治疗疾病的功效。大约一百年后，蓝砂岩被撤走，换上了30块砂岩漂砾石；周围还建了一些巨石牌坊，按照马蹄形排列，围成一圈。大约在同一时期，在距离这里不到半英里（800米）的地方，又建起了一座圆形的木制建筑，或者说一座圆形纪念碑，由24个方形碑状物组成；它很可能是一座坟场或者是举行其他宗教仪式的地方。

另外一座圆形石头结构的建筑物名叫蓝砂岩石阵，建立在艾汶河畔东南1英里（约1.6千米）的地方。在距此不到2英里（约3.2千米）的地方还有一座村庄，后人对它的解释不一而足，有人说这里是朝圣者的居所，有人说它是宗教仪式的中心，有人说这里是治病的地方，还有人说它是给那些竖立砂岩漂砾巨石的人准备的家园。无论怎么解释，索尔兹伯里平原都是大型集体村落和精神家园的所在地。过去，人们原以为这里是一大片空地，但现在发现，它曾是一片人烟稠密的土地。

后来这里出土过一具古尸，就属于这一时期。后人对他的称呼可谓五花八门，有人称他为“埃姆斯伯里的长弓手”，还有人称他为“巨石阵之王”。他的墓中有一百多件随葬的手工艺品，其中包括金头饰、铜刀和野

猪的獠牙。他的身体像婴儿一样蜷缩着，上面散落着燧石箭头。这是一个
10 部落酋长的安息之地。氧的同位素分析显示，他成长于较寒冷的北欧地区。一位外国的国王跑到索尔兹伯里平原来干什么？他是来朝圣的吗？有证据显示，他得了脓肿病，还得了令人痛苦万分的骨头感染症。他是渡海来治病的吗？他是这片地区的统治者吗？在一个没有国家也没有民族的时代，部落首领的活动范围通常不局限于单个地区。

在最后的建造阶段（大约在公元前1600年），人们挖了两个大坑，准备竖立两圈巨石，但再也没有填上。所以说，在1 200年间，巨石阵的形状，可能还有性质都发生了变化，如果没有这类改变的话，那可就是咄咄怪事了。我们距离撒克逊人时代的时间也是这么长。有人认为，这片巨石阵是墓地、朝圣中心、宗教仪式治疗中心、天文观测台和天体钟，也是举办公共典礼和宗教仪式的地方。它们很可能在各个历史时期履行了上述所有功能以及其他职能。在这些大石头竖起来的时候，从地面上看，它们宏伟壮观、坚不可摧；而如今，纵观它4 000年的历程，我们似乎看到它们在按照某种模式舞动跳跃、不断变化。

不过，在所有这些历史时期，这些石头都证明有一股控制性力量能够组织庞大的人群去完成这项集体性工程。这是一个等级制社会，它有部落精英或神职精英，他们强制或诱导数以千计的人员去满足自己大搞祭祀仪式的意愿。毋庸讳言，索尔兹伯里平原的居民受到了富有土地和牛群的首领的引导和保护；我们越是理解新石器时代文化的物质遗迹，我们就越是震撼于它的分布之广和威力之大。在巨石阵所在的地区，锡尔伯里山*的兴建可能需要1 000个人一天不落地工作五年。兴建巨石阵本身就需要几百万小时的工时。它使用的蓝砂岩是从200英里（约322千米）以外、位于威尔士东南部的普莱斯利山运来的。早在罗马人和盎格鲁-撒克逊人到来之前，英格兰的大部分地区就已经受到有组织的行政力量的控制了；土地、劳动力和物质资源受到某种中央控制力量的支配。

---

* 史前时代用白垩堆成的一座人工山丘，位于威尔特郡，是巨石阵的一部分。——若无特别注明，本书脚注皆为译注

由此可见，在巨石阵的形成过程中，集体性的墓葬正在被个体性的墓 11
葬所取代。“巨石阵之王”就是一个例证。在某些坟墓当中，酋长的尸体旁边摆放着随葬武器；在另一些坟墓中，尸体旁边则放着各类物品。这些坟墓的主人都是部落首领和神职人员，他们经常和直系亲属安葬在一起。此时的英格兰已不再是一个原始部落社会，而是一个贵族社会了。

按照标准的史前年表，新石器时代之后就是青铜时代。青铜时代的概貌今天还随处可见。这些东西已经存在将近 4 000 年，只要采取特定视角就能被我们捕捉到。在太阳落山前的一个小时，阳光普照英格兰田野，旧有的地貌映入眼帘，大地似乎恢复了它原有的样子。几百块长方形的小块田地的堤岸和沟渠历历在目。这些田地的磅礴气势和广泛分布果真不同凡响；只有从空中看，才能看得真切。1929 年，史学家 G. M. 特里维廉首次看到这些田地的航拍照片时深受震动，遂宣称：“从后来历代农业制度的层层累积之中，我们可以看出古老的凯尔特人的田地。这是自从克里特岛大发现以来最有浪漫气息的一次发现，它激发了我们的历史想象力。”

一个失落的世界就这样展现在我们的眼前。不列颠南部的山地和低地地区到处都是田地，它们周围的树篱和石头墙绵延长达数英里；在这些沟渠环绕的长方形田地中，还可以看到牲畜通道和水池。它的组织业绩不逊于兴建巨石阵，带有强劲有力的集中规划的全部标志。非常有可能的是，这片数千英亩的土地就是因为有人下了一道或数道敕令而开始规划的。这种土地规划的例子在英格兰历史上是绝无仅有的。英格兰的自然风光就产生在这个过程中。

这种精耕细作的方式最能证明人口的逐步上升。到了公元前 1900 年，英格兰人口已达 100 万，等到公元前 55 年恺撒入侵的时候，人口已经超过了 200 万。当然，它是一个存在地域差异的农业社会。越来越多的土地
被开垦出来，使得肥沃的良田源源不绝。林地被清理出来了。牧草也有 12
了。当时人们养的羊比 16 世纪的还要多。人们没有兴趣（或许是没有闲暇）去兴建纪念性的建筑；种地才是头等大事。

定居村落随处可见，其中大部分远离祭祀场所。独门独户和小村庄大量存在。围场的四周是栅栏或沟渠。“圆屋”其实就是一座圆形、圆顶的石头屋，在这里，烧泥煤的味道与农家场院的气息混合在一起。如果说每一个村落都是一束光的话，那么，整个英格兰就已然是一片火海了。岛民们已经开始定居在达特穆尔、湖区和北约克的高原上了。

他们将死者葬在家族墓地，尸体火化之后，骨灰就放在带有花纹的瓮瓶中。所以在始于约公元前 1300 年的青铜时代晚期，公墓已经被称为“瓮地”了。这些公墓在 17 世纪中期开始出土，这一发现启发了古物收藏家托马斯·布朗爵士，促使他编写了一本名为《诺福克墓瓮记》的书。他激动地宣称：“骨灰瓮中的这些人到底是在什么时候进入幽冥世界，与王公卿相为伍，可能还有广阔的解释空间。但是，这些骨灰是谁的？这些骨灰是从谁的尸体火化而来的？却是古物研究者无法解决的问题；人解决不了这个问题，神仙也难解决。”在这里，他看到了死者距今遥远的特征。对于他们的宗教仪式和风俗习惯，我们可能真的无从了解。

然而在某些方面，他们并不像这位哲人所暗示的那样遥不可及。男性身穿短袖束腰外衣，也叫短外衣，外披毛料斗篷；这种短外衣在 16 世纪还有人穿。女性身穿短袖束腰外衣和短上衣，外罩毛料斗篷。鞋子是兽皮做的，男性戴着毛料做的帽子。地位较高的女性戴着精美的煤玉项链，就像维多利亚时代的女士那样。有一座墓地提供的证据显示，有位女性头上还戴着“发垫”，撑起她的头发。阶级地位较高的男男女女戴着惹人注目
13 的黄金和青铜首饰，还有从埃及进口的蓝色珠子。琥珀首饰是从波罗的海地区进口的，验证了青铜时代英格兰国家贸易范围之广泛。布朗爵士并不知道，在这个远古时代，人们喝汤，吃炖食，他们吃的肉里还加了作料；他们吃一种由小麦、大麦和燕麦做成的面糊。啤酒、葡萄酒和其他酒精类饮料是日常饮食中不可或缺的饮品。人们还食用各式各样的莓果、榛子、草本植物和海带。

布朗在专论中继续指出：“遗忘的罪孽盲目地播撒她的罂粟，将平庸之辈打造成功勋卓著、流芳百世之人。”至少在谈及他们的信仰方面，布

朗所论被证明是正确的。这些人的虔诚态度令人费解，只能予以大致猜测。仪式和崇拜的重心由天空转移到大地；青铜时代的农民对土地的逐步利用强化了丰产仪式的意义。尤其是，人们更为显著地关心水和有水的地方，包括泉水、河流、沼泽以及湿地。例如，泰晤士河就成为青铜时代的武器和其他手工艺制品的储藏之地。在泰晤士河下，武器、骨头和装饰物各有专藏之所，彼此互不混淆；伊顿出土了许多颅骨，其中却无金属。工具都放在干爽的地方，而武器则放在潮湿的地方。这是一种错综复杂的崇拜分类系统，今人已经无法理解。河边建起了木制平台和堤道，河流成为神职人员安身立命的神圣空间的一部分。

在整个史前时期，水的重要性是显而易见的，因为坟场和巨型石制（木制）建筑物都在水边选址。例如，有人在泰晤士河中发现了 368 把新石器时代的斧子。据推测，在青铜时代，水中沉物是抚慰死者的祭仪的一部分，因此它也是一种祖先崇拜。河流通过无数条通道，可以直达阴间；如果先人认为死者可以在阴阳两个世界穿梭，他们就会对水怀有一种特殊的亲近感；因为有了源头活水，泉水可以永远新鲜，不断更新。对于水所引发的热情，还有另外一种比较乏味的解释。空气中有水。在青铜时代晚期，天气变得越来越凉爽和潮湿。

这样一来，我们就对青铜时代的英格兰人略知一二了。当时的坟墓出土过一具马镫。有些种子被放在了碗底。某个村落的垃圾坑里挖出绵羊的
骨头。各处都能发掘出兵器——矛头、带孔穴的斧子、双刃长剑以及稍后 14
出现的刀剑。考古中有着马具以及马身上青铜饰物的证据，还发现了有关战车的证据。在彼得博罗，人们发现了车辙的痕迹，从中可以看出，车的宽度为 3.5 英尺（约 1 米）。

根据这些痕迹和符号象征，我们可以推断，当时已然出现了武士贵族阶层。他们生活在从多塞特郡延伸到苏塞克斯郡的某个王国中，也可能生活在一系列的国中之国里。青铜时代中、晚期的文化与荷马所描述的特洛伊文化大致属于同一时期，它也钟情于国王、武士、宴饮和连绵不断的战争。这是一个武士社会，统治阶级内部时不时地发生小规模武装冲突，首

领们经常互赠礼物，臣民们经常纳粮上贡。这就是人们大规模耕种土地的一个原因。

彼时到处都是设防的村落和附带建筑物的围场。它们是铁器时代英格兰南部特有的山寨的原型。例如在多塞特，人们用大树干建造了一道围栏——这些树干坐落在大约 10 英尺（约 3 米）深的壕沟中——围出了一块 11 英亩（约 4.5 公顷）大小的地方。

鲜明的地区特色已经出现，地区差异也已然形成。例如，从泰晤士河谷地区可以直达欧洲大陆，这里的商贸优势让索尔兹伯里平原的农业财富相形见绌。北方致力于家畜饲养，南方则专注于谷物种植。商贸活动促进了地区之间的相互依存。

在这个漫长的历史时期，各种商业活动日渐频繁。商贸是文明成长的关键。商贸是战争的发动机。商贸培育了科技。商贸产生了城镇。法国西部制造的某些类型的刀剑，卖到了英格兰东部诸郡。在西班牙流行的装饰豪华的烤肉叉，出口到了英格兰。这里还发现了迈锡尼古城生产的金属制品。黄金首饰来自爱尔兰。亚麻布和羊毛布料，还有奴隶和猎犬则出口到欧洲。康沃尔的锡矿中使用童工，他们用骨棒和骨锤挖出珍贵的矿石；这种金属矿石被运到沿海港口，准备船运出海。

当然，往金属锡里加上滚烫的铜水，就炼成了这个时代的名字。青铜工具改变了一切，从伐木到建房，无不如此。它们提高了战斗的效率。青铜装饰、青铜矛、青铜盾牌、青铜水桶、青铜凿子、青铜棍和青铜刀，均有大量供应；青铜时代的英格兰人甚至使用青铜剃刀刮胡子，他们还使用油做润滑剂。

有一种理论认为，一旦人们发现了某种新的工艺，并加以运用，它就会出现在其他地方。一旦某种东西为人们所掌握，它就会被带到整个人类世界。这足以解释青铜的制造过程，因为青铜制造不可能只有一个发源地。从瑞典到泰国，青铜都是在同一时期出现的。所以说，文化大致相近的人们能够进行平等的交流。我们可以想象到，地位较高的外来客造访英格兰；这些人中可能就有特洛伊的使者或埃及法老阿克那顿的使者。

青铜时代并未结束；从青铜时代迈向铁器时代，反映了科技的变迁，而科技的变迁又推动文化缓慢地发生变化，这个过程用了数百年的时间。在此期间，青铜器与铁器是同时得到使用的。当然，在青铜时代和铁器时代亲历者的脑海中，这些“时代”都是不存在的。新石器时代的英格兰居民就住在中石器时代人们的生活旧址上。青铜时代的农田和墓地与新石器时代的农田和墓地位于同一个地方；青铜时代的村落在铁器时代继续使用。铁器时代的人们始终不渝地尊重先前时代的人们留下的坟场和边界。他们尊重周围景观的布局。 16

从铁器时代初期（大约在公元前700年）开始，领土权概念就支配了土地与人之间的关系。它在过去的数千年间已然积蓄了力量。首领和部落与某些地盘紧密明确地联系在一起。关于这一点，我们从边界的设置和村落的选址就可以看出来。然而，在整个铁器时代，这个自然发展过程得到了强化。恩格斯曾说：“纵观历史，在所有发挥过革命作用的原材料中，[铁是] 最后一个，也是最重要的一个。”新的联盟形式和新的商贸网络逐渐建立起来。祭祀和典礼用品经常是用这种新金属制造的。铁器贸易有助于塑造英格兰的最终形态，各地区的组织程度逐渐加深，管控力度逐渐强化。

等级制度的突出标志是，部落里存在着大小酋长、武士、神职人员、农夫、手工业者、工人和奴隶。圣阿尔本斯的某处遗址出土了奴隶戴的镣铐。在安格尔西岛发现了连串枷锁。上层人士的葬仪变得越来越复杂精细。在铁器时代的一个部落酋长的墓地中，尸体的周围摆放着银子、金线衣、象牙、几副铁链锁子甲、珍贵的杯盏和饭碗。就时间而言，它们比萨顿胡的财富早1 000年。在一座墓室的底层发现了泥土被践踏的痕迹，这说明当年有人曾经在这里跳舞。上层阶级女性的坟墓葬有许多装饰性物品，其中包括镜子、胸针、手镯、串珠、镊子和碗。在某座坟墓中，女主人的脸上放了一只青铜大碗。

地域特征体现得相当明显。在东部地区，出现了不带围墙的定居点，它们很像村庄，坐落在开阔的田地之中。在西南部，一小撮人住在带院子的家宅中，远处就是建有围墙的村落；有人说，这就是部落首领和他们的治下之民之间的分化。在东北部，会发现带围墙的家宅，而西北部一直有建造圆屋的传统，这种房子被称为圆顶蜂巢式小屋。索尔兹伯里平原的文
17 化有时也被称为“威塞克斯文化”，它催生了一种以山寨为基础的大规模群居模式。当然，所有这些主题都会发生变异，从汉普郡的窑洞，到萨默塞特的湖上村庄，无不如此；窑洞是从白垩岩中凿出来的，湖上村庄就是在原木造的浮岛上修建的圆形小屋。

山寨本身就是社会阶层分化日益明显的标志。它们似乎发源于科茨沃尔德山区附近，后来遍布整个英格兰的中南部。山寨是土地和资源主宰权的证明，因此它是产权的标志。在各个山寨控制的地盘之间，通常以直线型土木工事为分界线。在铁器时代，山寨是重兵把守的地方，有的时候它一被占领就是数百年。它们既像城镇，又像要塞，里面有成排的房屋、街道、庙宇、仓库和各个行业的“专营区”。房屋是圆形的，由一根根立柱支撑起来，立柱之间用篱笆条和榛木枝条连在一起；它们有门，也有门廊，门口朝东，屋顶上经常苫着芦苇和茅草，上面再抹上牲畜的粪便、黏土和茅草的混合物加以固定；由于烧泥煤形成的煤烟是宝贵的肥料，因此沾满煤烟的屋顶每年都可能被替换。考古学家复原了这些房屋的内部设施，发现这里还有储存武器的小壁柜。尽管人口只有20到200人，但是，从这里可以看到英格兰城市生活的开端。作者认为，伦敦曾经就是这样一个山寨，但是相关的证据已经埋藏在这座大都市的地下了。不过，所有证据表明，许多小部落与对手相互防范，这是它们的生活常态。

袭击牛群事件时有发生，武士之间也时有冲突，还有大规模的战争。有些山寨被攻破了，遭到焚毁。在寨墙下曾经发掘出一些尸体，骨头上还留有伤痕。可以想见，英雄颂歌和英雄传说的传统就是这样产生的，它们赞美的是武士或首领的业绩。在早期的爱尔兰史诗中可以发现这些内容，它们很可能从爱尔兰部落的史前时代吸收了故事和老调。在这里，我们可以拿荷马的《伊利亚特》进行类比。事实上，有人曾经说过，其实这部

史诗注意到了英格兰发生的事情，后来，讲述这些事件的神话和传说被吟 18
游诗人向东带到了安纳托利亚。

然而，各个部落或地区性聚落的确因为互相联盟和亲族纽带而走到一起；否则的话，诸如盐、铁之类的商品贸易怎么可能在全国各地欣欣向荣呢？经过一段时间之后，很多小的氏族被收编了，并且可能是在其他氏族的威胁之下，最后遭到吞并。这就是罗马人在缓慢取得优势的过程中所面对的英格兰部落。到了铁器时代的末期，某些山寨已经变得举足轻重，充当了各地首府的角色。随着人口数量的逐步增长，农业精耕细作的程度进一步加强。林地和森林的清理工作还在不间断地进行。农民们开始使用沉重的轮式耕犁，在厚厚的黏土层上认认真真地耕作。这就为 2 500 年后英格兰农业经济的发展奠定了坚实的基础。萨默塞特种植小麦，威尔特郡种植大麦；直到现在，情况依然大致如此。

有位海外来客到访英格兰。这位名叫皮西亚斯的希腊商人和冒险家在公元前 325 年登陆英伦。他称这个岛屿为“普莱塔尼克”（Prettanike），或“不列颠尼亚”（Brettaniai）。这就是不列颠这个名称的起源。皮克特人的国土被简称为“普里迪恩”（Prydyn）。皮西亚斯造访了康沃尔，观看了那里的居民采矿和精炼金属的过程。在旅行的下一个阶段，他听当地人说，阿波罗的母亲莱托就出生在这座岛上，“由于这个原因，他们对阿波罗的尊崇超过其他神祇；这里的居民被视为阿波罗的祭司”。

他在书中还记载，他见过“一个供奉阿波罗的漂亮院落，还有一座贡品丰富的神庙”；它的“形状是圆的”，旁边就是“供奉这位神祇”的城市，该城的历任国王都叫作“鲍里德斯”（Boreades），这个词源于北风之神鲍里亚斯（Boreas）的名字。关于院落、神庙和城市的确切位置，历来是有争议的。有人说，皮西亚斯描述的是巨石阵和锡尔伯里山的祭祀场所；还有人认为，它指的是一座阿波罗神庙，它位于今天的威斯敏斯特大教堂所在地，附近的那座“城市”就是伦敦。

不过显而易见，皮西亚斯记载的是一个沉迷于仪式崇拜的民族的主
张，他所使用的阿波罗和鲍里德斯等名字，只不过是神性的象征。帕提侬 19

神庙已在雅典建成，希腊人在看待外国神祇的时候，用的是自家神祇的名字。不过，铁器时代的宗教，一直和德鲁伊教崇拜联系在一起。

这一点在铁器时代的艺术（有人依然粗略地称之为凯尔特艺术）中有所体现，我们从富有宗教内涵的图案中，可以约略看出这一点。这种古老的视觉艺术暗含深刻的寓意。它勾画出的生动线条自有其活力和用意；螺线和万字形、曲线和圆圈缠绕在一起，构成了一系列错综复杂的形态和图案。它一点也不原始，也不野蛮；相反，它复杂精巧，体现了艺术家高超的构图手法和处理线条的能力。这些错综复杂的图案显然与几千年前雕刻在中石器时代的石道墓上的螺旋状图案、螺线图案以及向心圆图案有关；它们表明，整个史前时期的信仰和崇拜具有广泛的延续性。

在铁器时代，英格兰始终存在着本土信仰，它们构成了宗教信仰的核心内容。某些宗教场所对它们礼敬有加。山洞通常是神圣的地方。众所周知，德鲁伊教徒聚集在神圣的森林中，那里的古树林就是他们举行仪式的场地。威力巨大的神祇必须被安抚。在约克郡的一座青铜时代初期的古墓中，出土了某些鼓状的偶像，它们是用白垩雕刻出来的，上面还刻着与人的眉毛和鼻子相似的线条。2 000 年后，一位名叫吉尔达斯的英格兰作家，一见到它们便愤怒地谴责“这些恶魔似的偶像……在荒废的古庙内外，我们依然能够看到这类东西逐渐崩塌，它们通常长着僵硬、畸形的面孔”。所以说，英格兰有着悠久的崇拜传统，它最早可能发源于新石器时期。在赛伦塞斯特，出土了头上长角的神祇塞努诺斯的雕像。在威尔特郡和埃塞克斯，发掘出了马神艾颇纳的雕像。在诺丁汉郡的东科克，出土了锤神苏塞罗斯的雕像。神秘莫测的神祇拉德（或怒德）依然留在人们的记忆中，伦敦的拉德盖特山和拉德盖特凹地的名字就是为了纪念“拉德”这个神祇而取的。

各地都建有宗教圣所，可以说，即便是最小的村落也有一个神社（神
20 龛）。现已发现，它们就兴建在山寨之中、沟渠环绕的围场中、边界上以及古墓上。后来的罗马人神庙或早期的基督教堂就建在它们的遗址之上。某些地方注定会得到神佑。英格兰的许多教堂就兴建于史前神社的原址

上。在铁器时代的英格兰，人们认为公鸡可以抵挡雷雨；这就是教堂尖塔上出现公鸡形象的原因。它们后来才变成了风信鸡。

人牲有助于神化土地。在柴郡的沼泽中出土了一具男尸；他的脑袋被大棒打破，喉咙也被割断，尸体被抛入湿地中。在英格兰南部的坑底中发现了许多骨架。他们的尸体屈曲，姿势不自然。史前人类喜欢断头，这是很有名的。据认为，这是灵魂或精神所在之地。成排的颅骨出土了。战败的敌人通常被斩首，尸体被葬在或放在流水当中。在泰晤士河发现了300具颅骨，都出自新石器时代到铁器时代。这条河便是英格兰的骷髅地。

恺撒曾在书中讲过德鲁伊教的高级祭司，注意到他们制造人牲的习俗。他们用柳条编成人形大筐，“把活人塞进去，架到火上，活活烧死”。在他的记载中，德鲁伊教的祭司也是这片土地上的立法者，奖惩由他们决定，地界纠纷和财产纠纷也由他们解决。

罗马作家老普林尼在书中记载，他们“认为槲寄生属植物是最神圣的生灵”；高级祭司“选好橡木树枝，在所有祭祀场所均使用槲寄生属植物的叶子”。用于献祭的人牲被绑在橡树树干上，动手杀他的祭司头戴橡树叶做成的花冠。他们搞占卜、弄巫术、玩占星术；他们认为灵魂不灭，会经过好几道轮回。罗马作家认为，这种灵魂不灭说是英格兰土著不畏死亡的原因；在后来的几百年中，英格兰人一向以这种视死如归的精神而知名。

德鲁伊教徒还崇拜太阳和月亮，不过，即使祭司阶层早已成为历史，太阳崇拜还继续存在。1452年，有人告发赫特福德郡的一个屠夫，因为他曾宣称世上除了太阳和月亮之外，别无神灵。在《德伯家的苔丝》的第二章中，托马斯·哈代评论说，“旧风俗”在黏土地带存续的时间更 21
长。德鲁伊教徒的权力被盎格鲁-撒克逊教会的主教们传承下来了。早期基督教僧侣的削发仪式也同样反映了德鲁伊教的习俗。

最晚到公元前100年，罗马人开始注意到，英格兰是一块攫取财富和开展商贸的好地方。他们看上了什么？他们看到的是，在这片土地上分布着大大小小的王国，各个王国之间还是以过去的部落边界为分野。杜姆诺尼人居住在西南半岛，而杜罗特里吉人就是多塞特人；肯特的坎提有四个互不统属的王国；爱西尼人就是诺福克人。布里根特人的小王国控制了从爱尔兰海到北海的整片北方地区；他们占领了奔宁山脉地区，这个部落的名字意为“高地人”或“高贵的人”。*

英格兰总共有15个大部落，如今在部落首领的掌控之下，他们被称为国王。在罗马皇帝克劳狄大举入侵之前，卡图维勒尼的首领被苏托尼乌斯称为库诺贝里努斯，意为“不列颠之王”。他把首府设在了现在的圣阿尔本斯，控制了泰晤士河以北的广大地区，其中包括剑桥郡、贝德福德郡和牛津郡。他后来成为英格兰的神话人物，即莎士比亚戏剧中的辛白林。彼时的他已经处在一种成熟的精英文化氛围下，武士和祭司是其中的要角，其传统可以追溯到青铜时代的初期。有一两拨比较晚近的部落移民的身份得到了确认。来自高卢北部的一个部落——巴黎西人——大约在公元前5世纪的某个时段定居在约克郡，他们成为考古学上一个独特的社群。更为晚近的来客到了肯特；在前1世纪，一个名叫比利其的部落发动小规模入侵，最后定居于汉普郡、埃塞克斯和肯特。罗马人称温切斯特为Venta Belgarum（意为“比利其人的市场”）。

在铁器时代晚期，英格兰的人口估计将近200万，到了罗马人统治末期，上升到了300万。无论从哪方面来讲，它都是一个富裕繁荣的国家。这就是罗马人入侵的原因。他们希望夺取那里剩余的谷物。在东南部和中
22 部地区，村落尤其多，那些地方有大量的农田、神社、公墓、手工业、市场、小镇和村庄。恺撒在《高卢战记》中评论说：“人口众多，家宅密布，很像高卢的景象，牛的数量也很多。至于货币，他们使用的要么是青铜硬币，要么是金币，要么是重量固定的铁条。”尤其是硬币，大大地促进了部落间的商贸交往，这些硬币上面还铸有大权在握的首领的印章。然而，旅行者越是往北走，越难发现这些物质利益方面的证据。

---

* 目前还不清楚，这个词到底表示“高地人”还是“高贵的人”。

这是因为，早在恺撒入侵之前，南方的部落就已经和罗马以及罗马化的高卢大做生意了。由于对某些食品和奢侈品情有独钟，他们已经在一定程度上罗马化了。然而，如果你能够透过事物的表面看待问题，你就会明白古代部落的做派。例如，部落战争绵延不绝，各家首领均向罗马求援，在部落边境上兴建大型工事。武士们乘坐战车奔赴战场，裸露的身体上涂上靛蓝，刺着文身。恺撒写道："他们留着长发，除了头发和小胡子以外，其余的体毛一概刮掉。"他们还没有真正走出史前阶段。

我们何尝不是如此。史前的遗产依然伴随着我们。史前农民的开荒工作有助于创造英格兰的风景。在很多地方，各片土地之间还在沿用史前的地界。在英格兰南部，青铜时代和铁器时代的田地制度贯穿并且维系了现代农耕的布局。现代的道路就是沿着古代的小路和野径修建的。许多教区的分界沿用的还是古代村落的模式，它们不规则的外形圈进了足够多的土地，足以维系一个小型的农业社区；在这类教区的边界，经常可以发现古代的墓葬，甚至教堂的朝向都有可能遵循古制。教堂和修道院的选址靠近巨石建筑物的遗址、圣泉以及青铜时代初期的神社。在东约克郡，拉兹顿教区教堂的庭院中竖立着一块石头；这是新石器时代英格兰最高的一块立
石。在中世纪，通往肯特的朝圣路线与史前时代通往圣井和神社的道路是 23
一致的。我们依然生活在过去的阴影下。

现代的许多村庄和城镇就建在史前村庄和城镇的原址之上。仅举数例，莱斯特和林肯、剑桥和科尔切斯特、罗切斯特和坎特伯雷，在铁器时代或更早的时候就有人居住了。众多村庄的社群繁衍至今，有些留下了历史记载，有些则泯灭于历史的长河。最开始的时候，它们只不过是简单的住所，周围建有神社，后来就自然而然地扩展开来，但我们现在无法对其进行考古发掘，重现大部分村庄在史前时代的模样。这是因为，它们现在还住满了人。许多铁器时代的村落变成了 21 世纪的市镇，那里一直在交易劳动的剩余产品。

现在的某些风俗和节日实际上也发源于史前时代。铁器时代的节庆进入基督教的教历，为其所吸收，死人节摇身一变，成了万圣节，仲冬则被

当作圣诞节。往新挖的墓穴里撒白色石英，这本是青铜时代的风俗，到了20世纪初，威尔士人还奉行如仪。在19世纪的苏格兰，许多人依然生活在新石器时代以来的“圆顶石屋”中，海姆斯泰德草地附近著名的公共建筑杰克·斯特劳城堡，就是在古代工事的基础上兴建的。历史上的古物和史前的遗迹并驾齐驱。北约克郡的卡特里克一如既往，依然是军事基地，早在6世纪末，当戈多丁痛饮蜂蜜酒的武士攻打这里的时候，它就已
24 经是军事要塞了。在英格兰，几乎没有哪个地方不曾有古代的纪念物。

2

罗马大道

恺撒在公元前55年的这次“入侵”，更像是一场预备性质的侦察行动；他说自己想亲自了解“这片土地上的情况”。罗马人不喜欢大海，但大海挡不住这座岛屿的吸引力。不列颠此前就是罗马的贸易伙伴，据传此地矿藏丰富、盛产小麦。这里的一些部落居然还和北方的高卢人结盟，那些人可是恺撒的对手。所以说，罗马人有充分的理由到此一游。

不列颠的几位部落首领预先得知了消息：恺撒正在秣马厉兵、蓄势待发，便遣使与之周旋；恺撒也派人来敦促他们合作。随后，恺撒带领两个军团（各约有5 000兵马）乘坐80艘战船，扬帆出海，杀了过来；罗马人最后在迪尔登陆，对方正严阵以待。双方在海滩上动手开打，这场战斗规模不大，罗马人获胜，不列颠的部落首领再次求和。但和平局面很快就破裂了。一场风暴骤然而至，再加上满月时的潮汐形成的巨大威力——而罗马人又对此懵然无知——他们的船只都被破坏了。

部落首领见有机可乘，便违背誓言，打破了和平局面，双方在迪尔附
近小战多次；恺撒进退维谷、一筹莫展。此时他只想渡海撤军。船只总算 25
修好了，高卢的物质援助也到了，恺撒便带着许多不列颠人质返航了；他
发誓一定要卷土重来。

第二年，他果然如期而至。这一次，他的意志更坚决，兵力也更强大。他带了 800 艘船、25 000 名步兵和 2 000 名骑兵。这一次称得上是入侵。在强敌压境之际，内斗不休的部落众志成城、团结一致，公推泰晤士河以北那片领土上的君主卡西维洛努斯为统帅。英格兰人与罗马人作战的方式一如既往，还是按照他们内战时采用的战法——步兵、骑兵和战车兵协同作战，伺机进退。卡西维洛努斯手下有 4 000 辆战车；车手驾车直接冲往前线，武士下车战斗，车手驾车后撤，等他回来上车。恺撒写道，通过稳定训练，“他们能够娴熟地控制车速，即便在陡峭的斜坡，他们也能让马匹全速疾驰，停车转弯，瞬间完成”。这可是一股劲敌，他们不但勇气十足，还足智多谋。

不过，稳扎稳打和训练有素的罗马军队顶住了他们的攻势。多次血战之后，英格兰人撤到森林中。恺撒蹑踪而至，捣毁了卡西维洛努斯的据点。各部落酋长纷纷求和，最后，卡西维洛努斯也投降了。恺撒带上人质和勒索来的贡品，扬帆东去，返回罗马了。

在以后的 90 年里，罗马人都没有兴兵入寇。但罗马军队的到来和胜利却在这里留下了影响深刻的印记。非常具有讽刺意味的是，罗马人的胜利的标志是不列颠南部逐渐罗马化了，那里的部落首领开始从罗马帝国进口葡萄酒和奢侈品。旧有的生活方式落败之后，从此一蹶不振了。上层阶级的住房也改变了形状，从圆形变成了垂直式。这就是文化转变的有力证据。至少南方的部落首领一心想仿效胜利者。

他们中的一些人甚至改变了效忠对象，成为罗马附属国的国主。按照希腊史学家斯特拉波的说法，他们“派遣使者巴结讨好”，结交罗马帝国的首任元首奥古斯都。他们向罗马帝国出口奴隶、铁器和谷物，换取玻璃
26 器皿、琥珀制品和其他货物，为了得到这些东西，他们还得向罗马帝国缴纳关税。这就是他们与欧洲大陆文化保持密切联系的最佳方式。

罗马人已经充分认识到，这个岛屿会带来物质利益。他们伺机发起进攻。机会终于来了。阿特里贝茨部落（王国）首领请求罗马助战，攻打与他作对的邻国。显然，某些部落还是希望罗马出兵干预的。新即位的罗

马皇帝克劳狄正好借助这个机会来证明自己武功不凡。此人在军界小有名气，用西塞罗的话说，“战场上的荣光盖过其他任何胜利”。在英格兰人的土地上也可以获得这份荣光。

公元43年，奥鲁斯·普劳提乌斯率领四个军团、合计20 000兵马出征不列颠，他们在两处登陆，分散了英格兰人的反攻力量。各个部落分兵作战，但他们最后还是兵合一处，在梅德韦附近打了一场大战；战斗持续了两天，卡拉塔库斯率领的土著军队战败。这是英格兰历史上最重要的一场战役，但战场的确切位置在哪里，目前尚不清楚。普劳提乌斯派人向克劳狄告捷，请他御驾亲征，发出制胜的最后一击。两个月后，皇帝驾到，随军带了28头大象；他猛攻土著的首府卡姆洛顿努姆，迫使卡拉塔库斯西逃。克劳狄返回罗马之后，阖城庆祝，赞颂他接受了11位国王的降书顺表。征服不列颠的行动开始了。罗马人用了40年的时间完成了这场征服。

卡姆洛顿努姆（也就是现在的科尔切斯特）成为首座罗马人的首府；罗马人在土著人工事的旧址上又修建了一座宏伟的要塞，作为统治的象征。罗马军队四处征战杀伐，就是从这里出发的；他们沿着西、北和西北三个方向进军。西路军在韦斯帕芗的带领下，打了33场战役，挺进威尔士和西南半岛。在多塞特的山间要塞梅登堡的陡坡上，曾出土一具尸体，他的脊柱上还留着罗马弓弩射出的箭镞。到了公元49年，罗马士兵已经在萨默塞特监督矿产开采了。

北路军和西北路军行进缓慢，他们沿着现在的大路（例如埃尔迈恩大 27
街）行军，试图征服或扫平沿途的各个部落。他们在被征服地区兴建营垒，每个部落居住区至少有一支驻军。到了公元51年，位于现今英格兰北部的大部落布里根特的女王卡特曼杜拉，收到了用罗马酒桶盛装的葡萄酒和建筑用的瓷砖。她已经成为罗马人附属国的女王。罗马史学家描述的是一个平缓的殖民化进程，但土著居民并不愿意束手投降；在这个稳步前行的进程中，罗马人遇到了部落的反叛和偶尔发生的哗变。伏击、袭击和战斗更是家常便饭。弗思大道以南的地盘，从埃克塞特到林肯，均被罗马人控制；以北的地盘情况复杂多变。有些部落各有其效忠对象；有些部落则相互争斗不休。

公元 47 年，爱西尼部落在罗马人统治的腹地东盎格里亚地区扯旗造反，这件事足以说明，罗马人的统治并非一帆风顺。这次起义的原因是，罗马当局禁止土著携带武器。起义被轻而易举地镇压下去了，但是它预示了 13 年之后即将爆发的一场更大规模的起义。这次起义的领导人布迪卡（也称“波迪希亚”）将会成为英格兰民间传说津津乐道的名字。她是已故爱西尼国王普拉斯塔古斯的遗孀。老国王死后，罗马行省官员想全盘吞下爱西尼的财产。不但布迪卡受到罗马人的鞭打，她的两个女儿也惨遭强奸。这是帝国主义暴行的昭然标志。

布迪卡揭竿而起。她联合其他英格兰部落，出兵攻打罗马人的首府科尔切斯特。这里是起义军重点进攻的目标，因为城中住着数百名罗马退伍军人，他们控制着附近地区。部落军队在南下途中，遇到任何初具罗马化特色的东西，一概烧杀抢掠。别墅被毁，房主被杀。武士们到了科尔切斯特，变得益发凶暴。城池被毁，商铺遭抢。退伍军人躲到了神庙里，但两天之后，他们都被制服，砍成碎片。克劳狄的巨型雕像被砸断，头部被扔
28 到了河里。神庙也被毁掉。接下来，布迪卡继续带兵南下，剑指伦敦；切尔姆斯福德和圣阿尔本斯遭洗劫，那里的整支罗马军团被屠戮殆尽。

当时罗马督军苏托尼乌斯·保利努斯正领兵攻打威尔士，他一看到形势危急，赶紧回师镇压起义军。不过，他到了伦敦之后，并没有出兵解围。他拒绝了伦敦市民的恳求和陈情；他要挽救的是整个帝国行省，他必须选择对自己有利的时间和地点出战。许多伦敦人匆忙出逃，向南投奔亲罗马人的部落，以求庇护，留下来的人都被杀光了。塔西佗写道，有 7 万人在这次进攻中被杀。城池也被一把大火烧光。在伦敦城的街道下面，现在还有一层红色的氧化铁土层。到了 20 世纪末，还有人在瓦尔布鲁克河的河道下面发现了 48 具人头骨。

布迪卡挥师尾随苏托尼乌斯，她显然认为，向罗马占领军发起最后一击的时机已经到来。这场大战的确切地点尚不明确，它很可能是在沃里克郡的曼塞特村，也可能在埃塞克斯的梅星。无论发生在哪里，它都必然是

一场血流成河的恶战。苏托尼乌斯有 1 万人马，但对手有 10 万大军。罗马军团背靠森林，面朝平原；土著武士穿过平原，快速逼近，他们中的很多人被罗马人劈头盖脸投掷过来的标枪刺倒。接下来，罗马人手持盾牌和短剑上前迎战。他们军纪严明，临危不乱。慢慢地，布迪卡手下的人马开始掉头逃走。一场血腥屠杀接踵而至，到了战事结束之际，布迪卡方面有 8 万人被杀。罗马军团方面有 400 人阵亡。有人说布迪卡最后服毒自尽，以免被俘；有的史料则说，她是因病去世的。如今威斯敏斯特大桥上还有她的一座纪念碑，象征着土著部落为独立而进行的斗争。

罗马人还想灭掉另一股特殊的敌对势力：坚守古老宗教信仰的德鲁伊派。在完成全部清剿工作之前，罗马人也必须镇压他们。他们在逐步西撤途中，一路遭到追杀；最后一次抵抗发生在公元 61 年，地点在安格尔西
岛。罗马历史学家塔西佗写道，罗马军队穿过陆地之后，面对着“站在前 29
滩、排成密集阵形的武士，在两岸之间，有些穿着黑袍子的女人很像复仇女神，手持火把，来回奔跑”。站在罗马人面前的就是德鲁伊派，他们手持武器，直指苍天，发出恶毒的诅咒。然而，他们的神祇并没有施以援手。他们都被砍倒在地，他们的神社也被付之一炬。

平定了东部和南部之后，罗马人开始转头关注西部和北部地区。公元 78 年，时任行省总督的尤利乌斯·阿格里科拉征服了威尔士。第二年，他又派遣军团挺进东北部，经过考布里奇后，又向西穿过卡莱尔地区。他分化了对手，兴建了一座又一座堡垒，监控已经投降的各个部落。这些部落比南部的部落更心怀敌意，也更具有攻击性。按照塔西佗的说法，打了“多次战役，其中一些不无血腥之气”。由于罗马人的最终目标是建造和控制一条北方边防线，因此，他们还得派兵出征如今的苏格兰南部地区。

如今，军事化的英格兰已经大体成形；罗马人在约克和切斯特建造起几座常年使用的营垒，在里面驻扎着整支军团。曼彻斯特和纽卡斯尔也是在罗马人要塞的周围兴建起来的。曼彻斯特原名为“玛木希奥”（Mamucio），得名于一座形状犹如乳房的小山；后来它又被误读为“曼库尼奥”（Muncunio），现代的曼彻斯特人（Mancunians）遂得名于此。为了连接各个要塞，罗马人

修了一条又一条的笔直大道。在林肯和格洛斯特，他们兴建了由驻军把守的城镇，城里住着退伍的军团将士。纵横交织的营地、要塞、岗楼和城防工事，凸显出这里盘踞着令人生畏的殖民势力。主干道路上还设有邮传驿站，这些驿站后来都变成了村庄。这样一来，整个国家都被罗马人用武力改造了，呈现出遍布农庄和别墅、田地和村落、牲畜道和围篱的田园景象。它与铁器时代不无相似之处，只不过显得更加协调而已。

这个过程可不是心慈手软的。据塔西佗的记载，有位部落首领抱怨
30 说："我们的物产和钱财都被赋税给吞噬光了；我们地里长出来的庄稼填满了他们的粮仓；压迫者强迫我们砍伐森林、排干沼泽，从而摧残了我们的双手和肢体。"包括威尔士和英格兰北部在内的防区需要驻扎12万常备军。如果有人认为这些军团都是罗马人，那可就大错特错了；罗马人在占领的头100年，从高卢、西班牙和德意志征发来了4万名军人。英格兰人也参加了占领军。由于部队混入了本地人，所以经过三代人的时间之后，它就已经本土化了。

与此相关的一个新事态出现了。罗马皇帝哈德良下令修建一道长城，将罗马化的英格兰和苏格兰部落隔离开来。20年后，罗马人又建了一道长城，将苏格兰的南部和北部隔开。罗马人无意深入高地地区，正如他们也放弃了攻占爱尔兰的计划。罗马帝国停止了扩张的步伐，如今它很有必要保护自己的边境，享受和平的快乐。长城以南的领土加速农耕化。在坎布里亚平原，一个强大的农业体制确立下来。英格兰不再是一个总是被部落反叛轻易撼动的行省。它再次变得繁荣起来，就像过去的铁器时代那么富裕和丰产。

罗马化的进程是逐步进行的，也是受地域限制的。在乡村地区，铁器时代的生活状况依旧占据着主导地位，那里的人们仍然奉行旧有的风俗习惯。变革的迹象在城镇当中出现了，体现在城镇的英格兰行政官员身上，这些人欢迎（至少是利用了）罗马官员在他们国家享有的支配地位。在罗马官员的建议之下，他们开始兴建庙宇、建造公共广场和建筑；他们学习拉丁语，穿罗马人的托加长袍，以显示自己的新身份。他们放下武器，

开始盘算着如何过上富足的生活。英格兰首领的子弟开始学习“文明的技艺”，有些人被送到罗马。浴场和议事大厅也兴建起来了，按照塔西佗的说法，本地人开始参加“时髦的宴会”。与铁器时代相比，这个时代出现了更多的盘子、碟子、酒器和碗。英格兰进口了双耳陶罐（储物器皿），31
用它们来盛装葡萄酒和橄榄油，还用来储存橄榄和鱼酱。塔西佗带着尖刻的语气写道：“他们称之为文明，其实这是对他们的奴役。”

过去的等级制度依然存在，只不过现在披上了罗马制度的外衣。地主掌控着佃农，他们是依附于土地的隶农。处于等级制顶端的是田连阡陌和饶有资财的大地主，处于低端的是数量庞大的奴隶。用来指称奴隶的 servus 一词，最后变成了“农奴”（serf）。几百年来，旧有的人身依附关系一直没有变化。由于如今有了强有力的中央政权施行统治，青铜时代的社会模式反而得到了深化和强化。

罗马人将原来的部落控制区转变为行政区，使之成为国家组织的下属成分。每一个行政区都有自己的中心市镇，在很多地方，这种中心市镇就设在过去部落的首府。这里的建筑过去都是木制的，如今都变成石制的。广场上的市政建筑群就是统治中心，负责镇里的大小事宜。殖民势力给这些地方带来了罗马的建筑风格，大型的拱门、雕塑、祭坛和浴室，让原先不规整的居民点变得井然有序。在这些公共建筑当中，有许多是国家倡导修建的，一直完好地保存到 2 世纪。广场和廊柱大厅、神庙和圆形剧场高高耸立，它们的周围密布着商店、房屋和作坊，这些建筑主要是由木头和泥块搭建的，屋顶是用泥抹的。许多房屋实际上只是单间居室；还有的建筑物前面是商铺，后面是住所。居民区凿出了水井。屋内有壁炉。在大街以远的地方是公墓、砖窑、采石场和养殖牲畜的围场。

市镇政府掌握在市政委员会手里，委员们都是大地主，外加几名职员和几位官员。这里体现出了所有社会分层因素和专业化因素，因为亲族关系和部落纽带逐渐让位于建立在经济基础上的社会群体关系。规模大的市镇是独立、自治的，行政官和政务委员负责排水、卫生和重新铺路等事 32
项。罗马时代英格兰最常见的考古学“发现”是写字用的刻写板。

很快，农村地区出现了罗马风格的别墅。最早的别墅（例如威塞克斯的菲什伯恩发现的别墅）都显得非常高级，很可能是为了罗马化的部落首领或帝国的高官所设计。这股豪奢的风气迅速传播到其他部落首领那里。在东南部，比较朴素的别墅兴建起来了；这类别墅很适合生活富裕的地主，也就是农村的大户人家居住。别墅本质上是农耕时代的建筑，房主的余钱都被用来装修和摆阔了；它们模仿罗马的风格，墙壁都是用石头砌的，墙面上镶着马赛克。房顶上覆盖着陶制瓷砖，完全不同于英格兰圆顶房屋上的茅草和枝条。马赛克、地下取暖和玻璃窗户，这些东西无不带有帝国文明的印记。即便是面积较小的房屋也可能抹上灰浆，墙上装饰着绘画；单色或彩色的石膏也被用作外部防护层。但是，我们不应该高估它们在英格兰的普及情况。山寨依然可见，尤其是那些坚守旧有社会和文化传统的英格兰大家族的山寨。

在 2 世纪的肯特郡凯斯顿村，铁器时代的农庄仍然存在。到了 2 世纪中叶，有些地方开始兴建一种新型的木制农庄住宅，屋内的墙壁都是彩色的。到了 3 世纪初，这些地方又建起了石头房子，里面设有罗马风格的浴室。木制的谷仓成为农家院落的一部分，有些谷仓则是后来人用石头建造的。烤炉可用于处理麦芽或烘干谷物，别墅的主人还会雇用脚夫、铁匠和铜匠。罗马时代初期的火葬墓地也曾被发掘出来。后来还有人在这个地方建造了一座圆形陵墓。所以说，罗马化程度大小不一的小型社区便是这样出现的。

在土地耕作方面，青铜时代和铁器时代的习惯做法依然保留着。在西
33 南地区，本地人的习惯没有发生任何变化。只有东南部地区出现了欣赏品位的转变迹象，尽管它也仅限于社会领导者。罗马人带来了樱桃、桑树和无花果，这些东西都是当地人闻所未闻的。甘蓝、芜菁和豌豆在罗马人统治时代首次出现在英格兰。不过有一个突出的现象一如既往，即便是罗马化地区的土著仍旧喜欢吃牛肉，胜过吃猪肉。

可以肯定地说，当时大部分人依旧生活在铁器时代，在未来的几百年中，这一情况依然不变。不过，有一项农业创新乃是皇帝诏令的直接产

物。东盎格里亚的沼泽被排干了，这些土地变成了肥沃的农田，按照既定计划，这里兴建了数以百计的村庄和农场。整片地区成为帝国的大地产，向中央政府纳税。富饶的索尔兹伯里平原则成为帝国的另一处大地产。

征收包括土地税和人头税在内的税负，成为罗马人主要的剥削手段。由于军费日益增加，税负也日益沉重。罗马人的占领加速了货币经济替代部落经济的过程。更重要的是，部落货币也逐渐被帝国货币所取代。当然，罗马人也征收商业税。各个工业制造中心（例如剑桥郡卡斯托尔村的制陶业）改变了部分面貌。从肯特沿海到瓦伊河畔，全国各地都出现了冶铁业。在整个罗马时期，铅矿的开采也不曾中断。在需求与创新的双重刺激之下，英格兰的生产迎来了史无前例的繁荣局面。煤被用来炼铁，为浴室取暖加热；它也为巴斯的密涅瓦神庙的圣火提供燃料。

有两种本地产的羊毛制品成为帝国臣民的需求对象，一种名字叫“不列颠大氅”，是一种防水的斗篷和风帽；另一种叫作“不列颠毛毯”，是一种羊毛地毯。其他商品包括供罗马竞技场使用的黑熊和斗牛犬。人们身穿牛皮外罩和皮裤子。据说恺撒之所以入侵英格兰，乃是为了拿到品质优良的牡蛎（以便从中挖取珍珠）。

在 3 世纪初，英格兰被分为两个行省，上不列颠尼亚以伦敦为首府，34
下不列颠尼亚则以约克为中心。这里所说的“上”和“下”并无优劣之分，纯属地理上的说法。后来这两个地区又被分为四个行省，再到后来又被划分为五个行省，凸显出国土治理和利用之严密。

由于帝国在英格兰的统治已经稳固，英格兰的角色也发生了变化。占领军变成了国防军；他们已经归化了，以本地人自居了。在整个罗马帝国的军队中，有十分之一驻扎在这块殖民地。这就意味着，这支兵力对于遥远的罗马城中的政局具有不同寻常的影响力。军队哗变和起义并不罕见。286 年，驻守英格兰的罗马总督卡罗西乌斯称帝。289 年，他率领部队开往欧洲大陆。他走之后，英格兰的各个城镇采取措施，防止罗马施加报复。100 年后，另一位罗马指挥官夺取了这个省份并宣布独立。尽管英格兰中部的一场战役彻底打消了他的幻想，但是，从这件事情上我们还是可以看出英格兰在帝国政治风云中的地位。

英格兰是兵家必争之地。这里的港口、金属和税收，可以为罗马庞大的经济引擎增加动力。不过，它之所以富饶多财，主要还是依靠农业。359 年，罗马皇帝朱利安组织了一支由 600 艘船只组成的船队，把英格兰的谷物运到了莱茵战区。英格兰已经成为欧洲的粮仓，到了 4 世纪，它进入了史无前例的繁荣时期。大人物们居住的别墅建得更为庞大、更为奢侈。毫无疑问，在帝国统治之下，阶级区分变得更加显著了。罗马化的英格兰人奴役着铁器时代的英格兰人。

北方的边境地区自始至终是冲突的发源地，这是由苏格兰人和皮克特人的逼近和施压所致。但是不久后，英格兰行省的各条边境都将变得险象环生。在英格兰南部，现在统称为“撒克逊海岸”的那一带，莫名其妙
35 地兴建了一长串堡垒要塞，目的是什么，至今完全不清楚。这是为了防御撒克逊人从西北部入侵，还是为了收容撒克逊战士和商人？或许是为了保护英格兰和欧洲之间的海路，以防范海盗和其他强盗？

然而，关于罗马人治下英格兰的许多情况，相关的证据支离破碎，不够完整；我们所能依靠的，只有偶然发现的碑文记载、考古学成果以及罗马史学家的信笔评述。罗马对英格兰的统治长达 350 年，相当于从伦敦大火到现在那么长的一段时间。然而，在英格兰历史上，这一阶段的信息最为贫乏。

尤其是，我们根本看不到对于人的记载，无论是生活在时髦、奢侈的别墅中的罗马化领导人，住在木头和石头屋子里的小地主，在狭窄肮脏胡同里住着单间房或两居室的城里人，身穿托加袍、腰扎武装带、在衙门上班的公务员，还是住在远离别墅区的集体宿舍里的无地劳工，人口的整体趋向和大幅增长没有受到罗马史书里明确记载的清洗、政变和反清洗的影响。

还有一件事也不大为人所知，那就是基督教的发展情况。在 2 世纪，基督教就传入英格兰，但信徒寥寥无几。罗马化的英格兰人信奉的是罗马神祇，而铁器时代的英格兰人尊崇的是自古以来的山神林怪。此时的基督

教还没有成为英格兰的本土宗教。不过，亨廷顿郡的尼恩河流出土了3世纪的基督徒使用过的器皿和牌匾，这就明确证明了，这里曾是当地的一座神社；事实上，在整个帝国的同类器皿中，它们的问世时间最早。在多塞特的庞德博里，发掘出一处基督徒公墓，大约也是这一时期的。到了4世纪，基督教北传，已经一路渗透到了卡莱尔。

当君士坦丁大帝于312年皈依基督时，基督教在罗马帝国还没有那么深入人心；君士坦丁是在306年在约克被拥立为帝的，在以后的年月里，他似乎一直把英格兰当作治下的精神核心。为了纪念荣登大宝，他还将约克城改造一新，后来又三次驾临英格兰。他自称布列塔尼库斯·马克西穆 36
斯，为了向他表示敬意，伦敦还一度改名为“奥古斯塔”。因而，英格兰的基督教是基督教后续发展的一大重要因素。

基督教是皇帝本人渴求独裁统治时期产生的一神论信仰，它有一套统一的信条和价值观，可以向帝国各地传播。它有助于支撑中央的司法和官僚力量。毫不奇怪的是，它的追随者来自统治阶级。在英格兰，罗马化的人群无疑迅速接受了这种体制化的信仰带来的乐趣。这就是为什么基督教与别墅文化产生了关联。它也是城镇统治精英的宗教；城镇中的主教负责呵护城中的教民。

314年，英格兰共有三位主教，外加一位牧师和助祭，参加了在法国南部阿尔勒举办的一次全基督教公会议。这三位主教分别来自约克、伦敦和林肯；助祭则来自赛伦塞斯特。塔山附近的考古发掘显示，这里可能曾有一座天主教堂，教堂里铺着大理石，墙上涂满了色彩。教堂中殿的中央是一口圣井。这里很可能是伦敦的雷斯提图图斯主教的教区中心。如今有关3至4世纪教堂的珍贵证据少之又少（虽说在西尔切斯特曾发现一处），但这是有原因的。最早的那批教堂如今就埋在了后来建立的教堂地下。只有拆除了现代天主教和新教的教堂之后，我们才能觅得早期的英格兰教堂。

没有哪个帝国能够永存于世，也没有哪个国家能够长治久安。罗马帝国的边疆逐渐遭受外敌的威胁，很多地方还遭到严重破坏。北方部落变得越发阴险狡诈。法兰克人进入了高卢北部。西哥特人也即将定居阿基坦尼亚。英格兰面临的威胁来自北方的皮克特人和苏格兰人，以及他们在法兰克人和撒克逊人当中的盟友。367 年，一拨人马越过了哈德良长城，分成
37 几股势力南下蹂躏英格兰。撒克逊海岸线各个堡垒的指挥官被谋杀，行省领导人不列颠尼亚都统被俘。这是英格兰人载入史册的一场败仗。罗马的干预和重建工作（包括重新加固关键要塞）帮助英格兰人又享受了 30 年的繁荣与和平；但在此之后，北方部落又卷土重来了。

在罗马帝国内部，一连串觊觎皇位的人为了争夺宝座而大打出手，英格兰的兵马被调走他乡。他们建功立业去了。皇位觊觎者之间的内战削弱了罗马政权的自律精神和井然有序的制度，而这两者一直是罗马人统治的标志。统治机器开始解体。408 年，北方部落鼓起勇气，再度发兵南下，罗马化的英格兰人别无选择，只好起兵自卫。当时的历史学家佐西穆斯在书中记载道，他们“拿起武器，冒着风险，争取独立，他们解除了蛮族对城市的威胁”。他还写道，他们后来又驱逐了罗马总督，建立了自己的政权。

这段简短的文字隐含了好几个层次的博弈，有些罗马化的英格兰人想保留罗马政权，因为他们可以从中获取巨大利益；还有些人想摆脱中央政府的沉重赋税和高压统治。两年之后，也就是在 410 年，有一部分英格兰人请求罗马皇帝往不列颠派兵遣将；目前还不清楚这些人是想抵御外敌撒克逊人，还是想对付国内的敌人。不管意图如何，皇帝霍诺留答复说，如今英格兰人必须自己御敌了。英格兰人的罗马时代就这样结束了。

另一位史学家恺撒利亚的普罗柯比进一步透露说，当罗马官员消失之后，接管各个城市和地区的人都是“僭主”，即“皇位觊觎者”。他们看似来自罗马的篡位者，但实际上，他们更像是为人们所熟悉的英格兰头领，他们是部落酋长或大地主家族的后代。随着罗马统治势力的消退，英
38 格兰各个部落和政治势力做出了不一而足的反应。城镇里的罗马化英格兰人手握地产，更有可能将自己打造成自治的行政单位；那些小城邦的领导人依旧自称“行政长官”。在文明程度较高的地区，出现了一些依靠雇佣

兵保卫自己的小王国。例如，英格兰东部的王国不得不使用日耳曼军人；在后来的年月里，这些部队将会引发许多问题。边远地区的部落还没有彻底罗马化，故而又恢复了前罗马时代的社会组织。留在北方的派遣军聚集在一位指挥官的麾下，此人便成了酋长。北方最早的一位罗马人首领克利乌斯则成了英格兰民间诗歌中的“老大王克尔”。

所以说，在罗马势力撤出之后的这一时期里，英格兰的生活模式是多种多样、因地而异的。不过，我们还是从中可以发现总体性的变化迹象。罗马的税收制度瓦解了，乡村的土地被贵族所控制。随着税收制度的瓦解，货币流通迅速减少。到了 410 年，大型的制陶中心都已经关门大吉了，因为需求已然消失。英格兰的制砖业要等到 15 世纪才得以恢复。别墅疏于打理或无人居住，后来的居民也对它们弃而不用。

公共演出和重大演出的日子一去不返。但这并不意味着城市衰败了或者正在衰落中；它们只不过是改变了功能而已。城市依旧是邻近地区的统治中心，这里是当地的主教和领导人的驻地，但它们不想保留或者说不再需要 3 世纪的帝国门面了。例如，西尔切斯特的廊柱大厅被改造成金属制造中心。城市人口依然存在，约克和格洛斯特在 5 世纪显示出重建的迹象。在 5 世纪下半叶，维鲁拉米乌姆引进了一种使用木制管道的新型供水技术。所以说，城市系统依然在发挥作用。在什罗普郡的田野中发掘出了罗马时代的城市罗克塞特。罗马人离开后，它并没有消失。廊柱大厅被夷为平地，但原址上又兴建起了一座巨型木制大厅；这座大厅成为罗马式木 39
制建筑群的中心。繁荣和热闹的生活一直延续到中世纪时期。

考古学家在 5 世纪的土层中发现了沉积层，这种沉积层出现在许多城市和小镇的地下，被命名为“黑土”。过去人们曾认为，这是当年的城市变得荒无人烟的证据。如今看来，比较正确的解释是，它是泥制篱笆住宅的残留物。5 世纪的城市和小镇依旧人口密集，那里的商业生活依然活跃。

在易货交易和地方贸易的基础上，人们建立起了自给自足的生活方式。这方面的证据有手工制造的陶器以及大量生坯，后者可能是用来砌墙的。乡野农夫和劳工的生活根本没有因为统治者更替而发生改变。

在5世纪末被撒克逊奴隶主俘虏的圣帕特里克在《忏悔录》中证明，别墅主人的富裕生活一直延续到5世纪的前几十年。帕特里克当了六年俘虏之后返回英格兰，他父亲敦促他担任公职；地方上还聘请修辞学家教导平民百姓。当时的某种政治体制依旧以罗马人的政体为基础。429年，日耳曼努斯主教自高卢来到英格兰，维鲁拉米乌姆城的头面人物代表全城百姓欢迎他的到来。这些人很可能是教区成员或者是接管该城的行省政务委员。据日耳曼努斯的传记记载，这些人“因富有资财而引人注目，他们衣着时髦，周围尽是成群的崇拜者”。这可不是一个不复荣光或穷困潦倒的国家。

日耳曼努斯来到这里的一项任务是，协助英格兰人抗击皮克特人和撒克逊人，这就不免让人联想到如下场景：撒克逊人突然“进兵”或发起了势不可挡的“入侵”。然而实际情况却是，撒克逊人早就来到这里。他们在3世纪就抵达英格兰，已经融入了英格兰人的生活。城市和部落精英需要撒克逊武士保护他们的财产，许多撒克逊人娶了当地人做老婆，随着家
40 人定居于此。日耳曼军人依然留在北方的罗马驻军中。撒克逊商人生活在小镇和城市中。撒克逊劳工在肯特郡耕种土地，这样一来，他们就不会时不时地被征发当兵打仗了。

在这里，我们必须面对兹事体大的命名问题。人们通常认为，从铁器时代开始，本地的英格兰人一直被称为“布立吞人”（Britons）。但这个词实际上仅指住在西海岸、面对大西洋的英格兰人；这些布立吞人迁居高卢，建立了法国的布列塔尼省。他们说的是凯尔特语和盖尔语。布立吞人在北方的势力也很强大，他们总是让人联想到古老的部落群体。在英格兰的中部、南部和东部也有英格兰的土著居民，但是，撒克逊人逐渐在他们的居住区域内占据了支配地位，有时候是凭借和平手段，有时候则采用暴力手段。“英格兰”这个名称，就是对其中的一股盎格鲁定居者的称呼。“英格兰”（Engla land）本是维京人的说法。从公元1到13世纪，这个国家的特征便是几乎不曾间断地被外族占领。“帝国种族”过去曾经是一个
41 被殖民和被剥削的民族。

3

气候变迁

英格兰的气候特征向来是普遍的潮湿和缺少阳光。但是，本地人都知道，这里的天气状况其实是因地而异的。在东南部，夏天温暖，冬天寒冷；而在西北部，冬天温和，夏天凉爽。西北部7月份的平均日照时间为四个半小时，在南部沿海则为六个半小时；西海岸地区的降水量要比东海岸地区多40%。这里的秋冬两季主要刮西南风；春天刮东风。这种天气在这片土地上造就了潮湿的橡树林和梣木林，以及浓雾弥漫的沼泽和荒野。北部和西部地区是沼泽和山地，那里的土壤贫瘠，适合充当牧场，而非种植庄稼，当地的农户只会种点自用的粮食。南部和东部是低地地区，土壤要相对肥沃许多；这些地方既适合种植粮食，也适合放牧牲畜。它算得上是“混合农业区”。

在英格兰的历史上，这些气候模式至关重要。在公元前500至前300年，如果温度下降两摄氏度的话，北方的庄稼就会大幅度减产。一度之差 42
会使减产的风险增加七倍。在这一时期，我们看到，地势较高的农场和村落变得荒无人烟。南部地区气候比较温和，收成更加稳定；这里的庄稼很容易丰产。气候普遍潮湿意味着，即便是在沙石和白垩成分较多的稀薄土壤中，庄稼也能茁壮生长。因此，东南部应该种小麦，而北方应该种燕麦，这是一条普遍的真理。但我们还是可以看到，牛津郡和萨福克郡的东北部普遍种小麦，而诺福克的黑麦种得更多。燕麦是兰开夏郡的主要作物，而黑麦则是约克郡的主粮。小麦和大麦在威尔特郡平分秋色，但在该郡降雨量较大的西部农村，大麦才是主角。

与北方人相比，南方人虽说健康程度有所不如，但他们更为富裕。所以说，气候在人类历史上发挥了一定的作用。而且，气候比较干燥的东部社群不同于多雨的西部社群；在公元前 1000 年，两个地方社会制度的差异十分明显，西部形成的是小型贵族势力中心，东部形成的则是分散的村落。孤立的农庄住宅和小型村屯是北方和西部的特色；而集体耕作的村庄和庄园制度在东部和南部更为常见。

在罗马人占领时期，英格兰的气候要比后世更加温和，但是，到了 4 世纪末之后，寒冷潮湿的时期到来了。从 536 年开始，一连十年，日照时间变短；这很可能是一段闹饥荒的时期，然而，我们迄今为止还未发现这方面的记载。不过，值得注意的是，阿尔弗雷德大帝之所以发明一种计时的古钟，据说就是因为大雾遮住了太阳。

生活在东盎格里亚的本笃会修士比尔赫特斯记录了 1009 至 1010 年的气候情况。冬天从 11 月 7 日延续到 2 月 6 日，天气寒冷潮湿；春天始于 2 月 7 日，终于 5 月 8 日，潮湿、炎热；夏天始于 5 月 9 日，终于 8 月 6 日，炎热、干燥；秋天始于 8 月 7 日，终于 11 月 6 日，寒冷、干燥。他是唯一一位详细记录天气状况的神职人员。

43 事实上，11 至 12 世纪的天气比前几个世纪要暖和，但是，到了 13 至 14 世纪，气候恶化了。这两百年的编年史提到水旱灾害的频率开始上升，这表明气候发生了巨大变化。严重的霜冻一直持续到春秋，猛烈的飓风刮倒了林中的树木。1309 至 1310 年的冬天，泰晤士河结冰上冻了，1315 年和 1316 这两年阴雨连绵。庄稼歉收，死者枕藉于路。这是一个疫病流行的时代，犯罪率也相应地上升了。

14 世纪降雨量增大的一个标志是，人们开始挖掘排水壕沟，搭建阳台；教堂的地板也抬高了。在有些村庄，地势较低的区域已无人居住。在乔叟的《坎特伯雷故事集》中，“磨坊主的故事”向我们显示，主人公总是担心会再来一场大洪水淹没世界。当时的人们普遍认为，1362 年 1 月 14 日的那场超级大狂风预示着末日审判的到来。在中世纪时期，天气主宰了一切。外在的气候造就了内心的气候。英格兰史就是一部气候史，这么说也未尝不可。 44

4

矛尖

《盎格鲁-撒克逊编年史》成书于盎格鲁-撒克逊人入侵英伦之后，根据它的记载，公元449年，“亨吉斯特和豪萨应韦尔第根的邀请”，来到了英格兰；他们本应帮助英格兰人抗击侵略者，结果，他们却把矛头转向邀请他们的主人。亨吉斯特和豪萨的意思分别是“马”和“母马”。韦尔第根（或沃尔第根）只是对领主的泛称。在某些威尔士的编年史当中，他还被称为“臭嘴沃尔第根”。史书中常有神话因素，这本编年史也不例外。书中的日期也有错误。

有证据显示，沃尔第根在430年招来了撒克逊雇佣军，抵御从苏格兰袭来的皮克特人以及来自爱尔兰的各路劫匪。当时的英格兰已经四分五裂，沃尔第根是小王国联盟的领袖。邀请雇佣军作战的策略古已有之、人所熟知，罗马化的英格兰人在各个历史阶段均曾用过这种策略。

爱尔兰人的登陆地点在西海岸，从这里进兵很容易到达科茨沃尔德，沃尔第根王国的中心就位于这个丘陵地带，这也是他在这次战役中充当主角的原因。所以说，征召撒克逊人的决定既是出于恐惧，也是出于形势危
45 急。据历史传说，撒克逊人乘坐三艘船而来，每艘船最多能载几百人。或许实际的船只还有更多，但不管怎么说，这些雇佣军既以凶悍著称，也以

勇敢驰名。这伙武士在战时酋长的带领下，崇拜太阳和月亮。他们供奉战神沃登和雷神托尔。他们用人献祭。他们用敌人的颅骨做酒器。他们刮光前额上的头发，脑后蓄长发，这样一来，他们在战斗中就会显得脸盘硕大、孔武有力。5 世纪的一位罗马编年史家写道：“撒克逊人的残忍程度超过所有人。他们进攻时出其不意，一有风吹草动，便溜之大吉。追击必能俘敌，后撤必能逃脱。”

撒克逊军队的主力就驻扎在肯特，泰晤士河河口的萨尼特岛被赏赐给了他们。其余人马被安置在诺福克以及林肯郡的沿海地区。伊克尼德大路安排了警戒。伦敦和泰晤士河河口湾设有防线。留守英格兰的罗马化部队仍然留在北方，驻扎在重兵防守的约克。接下来，应沃尔第根之邀，更多的撒克逊雇佣军被运送到英格兰。由于这些兵力御敌绰绰有余，所以皮克特人放弃了入侵计划。爱尔兰人也受到了西部和中部以西地区部落军队的牵制。定都罗克塞特的康诺维王国，在这次反击侵略的过程中发挥了中流砥柱的作用。

如今沃尔第根的领导地位受到了更为阴险的威胁。他的盟友们看到，邀请撒克逊人的代价相当惊人，他们无力也不愿意支付酬金。他们还不肯以土地代偿酬金。眼前的威胁消失后，他们拒绝出钱补偿保护人。按照肯特郡编年史家的说法，他们宣布：“我们无力向你们提供衣食，因为你们的人数增加了，赶紧走吧。我们不再需要你们的协助了。”

雇佣军立即做出了强烈的反应。他们在东盎格里亚发动叛乱，接下来，叛乱行动蔓延到泰晤士河流域。他们接管了以前驻扎过的城市和乡村地区。他们没收了大片地产，将许多英格兰土著掠卖为奴。毕竟，他们见
识过这片土地的繁荣富裕，领教过它的好处。萨尼特是粮仓，它本身就是 46
一块宝地。接下来，撒克逊联军派人招呼同胞。过来吧，就在这里定居。我们一起收拾本地人。

这样一来，日耳曼移民就源源不断地来到了英格兰。他们当中有四大部落：来自石勒苏益格的盎格鲁人，来自易北河附近的撒克逊人，来自尼德兰北部沿海的弗里斯兰人，还有来自丹麦沿海的朱特人。在 6 世纪的编

年史家发明“盎格鲁-撒克逊”这个名词之前，“盎格鲁-撒克逊”民族尚不存在。河流系统决定了他们的定居路线。定居者沿着泰晤士河、特伦特河以及亨伯河一路推进。

朱特人定居在肯特、汉普郡和怀特岛；新森林地区曾经是朱特人的地盘。撒克逊人定居在泰晤士河的上游地区。弗里斯兰人散居在东南部，对伦敦施加着影响。盎格鲁人定居在英格兰的东部和东北部；到了6世纪初，约克郡东部的人们穿上了盎格鲁人的衣服。他们都是小部落、小团体，受某位酋长或某个家族的领导。有些部落遭到土著人的抵制，有些则受到欢迎。还有些部落只得到了劳动人民的接受，因为劳动人民讨厌先前的土著统治者。所有人都适应了新的环境，最有权威性的基因证据显示，他们构成了现代英格兰人口5%的基因，在东部地区，这一数值将近10%，没有任何迹象显示他们曾经有过种族灭绝和驱逐土著人的劣迹。

他们之所以来到英格兰，是受到西部大迁徙时代其他部落的推动。还有一个原因是，由于海平面上升，他们祖先的土地遭到了灭顶之灾。在这一时期，北欧的海岸发生沉降现象，正如德意志和尼德兰的考古学证明的那样，另觅他乡已成当务之急。

撒克逊盟友的反叛严重打击了沃尔第根的声望和威信。他被另一位罗马化领导人安布罗斯·奥勒良努斯推翻，后者领导着英格兰人发起了反击撒克逊人的斗争。苦战一连十年不休。490年，英格兰人取得大胜，地点在后人所说的蒙斯巴多尼克斯。据认为，这个地方位于现在的巴斯附近。
47 当时英格兰军队的首领是谁，史书并无明确记载。但这一时期出现了亚瑟王的赫赫大名。他在历史记载中是一个影影绰绰的人物，只是作为“领军人物”而出现。据说他参加了12次攻打撒克逊人的战役，但具体地点不详。在中世纪的传奇中，他是一代名王，他流光溢彩的宫廷设在卡姆洛特，也就是现在的温切斯特；实际上，他很可能是一位军事指挥官，大营设在卡得伯里山顶上的要塞。在亚瑟王时代，这座要塞的占地面积为18英亩。

英格兰人还是幸存下来了，但是撒克逊人控制了诺福克、东肯特和东苏塞克斯。英格兰出现了大分裂的局面，分界线或许就是旺斯大堤，当初人们兴建它，就是为了防范日耳曼人进入英格兰中南部。在分界线的这一侧是英格兰人的小王国，另一侧则是日耳曼部落及其武士首领。以前罗马化程度最高的一些地区，如今成了“蛮族”的家园。这些地区的城镇和别墅生活因此而中断。6 世纪的编年史家吉尔达斯哀叹道：“我国城市不如往日，已经无人居住；如今它们是肮脏、荒凉的废墟。”这就是撒克逊人“入侵”的过程。

然而，有些小镇和城市仍旧有人居住，它们成了市场和官署的所在地。众所周知，撒克逊人在伦敦城外建立了自己的贸易区，这个地区现在被称作奥尔德维奇。但是，老城区依旧是王室驻地和举行公共仪式的地方。在乡下，有更多的证据显现出定居生活的延续性。不要指望农耕生活会发生变化。日耳曼定居者实行的是相同的田亩制度；新来者奉行旧有的田地划分办法。例如在达勒姆，在小块农田与史前发明的干砌墙之间，建起了日耳曼风格的建筑。或许更令人称奇的是，日耳曼定居者的部落群体竟然谨守过去部落王国的界线。他们尊重这片土地上的既有秩序，稍后出现的撒克逊人神社则沿用了新石器时代纪念建筑的风格。一切都遵循 48
旧例。

在两三代人之间，日耳曼定居者一直被英格兰人限制在边界之外。值得注意的是，这一时期的人均寿命是三十五岁。这是一个青年人的国家，带有青年人特有的精力和鲁莽。国家的领导者虽粗鲁无文，却充满生气、精力充沛。

到了 6 世纪中叶，日耳曼人想继续西迁，去开发他们先前没有掌控的沃土。他们之所以突然展开这场行动，原因不一而足。但是，其中最有说服力的一个原因是，在 6 世纪 40 年代，瘟疫开始肆虐。腺鼠疫（也许还有肺鼠疫）从埃及一直传播到罗马化世界。它放倒的似乎是英格兰土著，而非日耳曼定居者，其威力和波及范围绝不亚于 13 至 14 世纪的那场大瘟疫。有些统计专家认为，英格兰人口从一度高达 300 万至 400 万，下降到了 100 万。土地空旷无人，也没有足够的人手保卫国土。所以盎格鲁和撒克逊人得以顺利西迁，盎格鲁-撒克逊文明竟然是由流行病创造的。

其中一位名叫西乌林的撒克逊人首领，在577年率部迁徙到赛伦塞斯特、格洛斯特和巴斯；七年之后，他的势力已经渗透到了英格兰中部。土著国王被废黜，这一模式开始通行全国。萨默塞特和多塞特郡的杜罗特里吉人面临的压力越来越大。结果，这些本地人只好出走国外，控制了法国西北、大西洋沿岸的阿莫里凯的大片土地。他们的到来受到了欢迎。他们很可能属于同一个部落。布列塔尼地区就这样出现了。布列塔尼人对旧部落还是忠心耿耿，从未以法国人自居。其中一些人甚至回到英格兰。在“征服者”威廉的军队中，就有一支布列塔尼人的分队，他们定居在英格兰的西南。他们终于回家了。

到了后来，本地人与新来的定居者混居在一起，盎格鲁或撒克逊这两
49 个词也就失去了存在的意义。大家都变成英格兰人了。然而，这个过程实际上相当缓慢。在第一批撒克逊人到达的200年后，英格兰西部的大片地区还处在土著国王的统治之下；土著人的埃尔米特王国位于现在约克郡的雷丁以西，直到7世纪还存在于世。直到1282年，爱德华一世俘获格维尼德，“盎格鲁-撒克逊入侵”的历史才算真正结束。在16世纪初的康沃尔，还有人说凯尔特语，这种语言直到18世纪才彻底消亡。

日耳曼部落的定居区采用的是小股人马各占地盘的方式，每块地盘以河流为界，都驻有武士群体。所以说，黑斯塔（Haesta）的追随者创建了黑斯廷斯（Hastings），吉拉（Gilla）的人马创建的是厄灵（Ealing）。峰区、齐尔特恩（Chilterns）、雷金（Wrekin）的地名都源于当地的地貌。贾罗（Jarrow）的意思是“在沼泽中”，它本来指的是生活在沼泽区和诺森伯兰的一个小部落。大量的小部落为了抵御敌人或作战逐渐走向联合。作为各个部落酋长的领袖兼保护人的大王开始出现。到了600年，有600个盎格鲁-撒克逊王国的名字进入史册。东盎格里亚王国与东撒克逊王国以及麦西亚王国渐次形成了。

这些社会都具有等级制性质，决定职务高低的是军阀及其扈从所赋予

的责任和义务。他们中有奴隶，有无地的劳工，有自由民，有贵族，每一套等级的内部也是层次分明。例如，谋杀案的罚金多少，会根据受害人的“价值”而定。这是一个生活残酷、等级分化的社会，只有持续不断地剥削奴隶才能维系下去。在这方面，它与先前的英格兰政权没有太大的区别。卢梭式的人人平等的国家从来没有出现过。领主与家臣制度始终存在。

英格兰土著的生存状况如何呢？他们忍受着领导权的变更，大部分人 50
与往常一样耕田种地，向当地的领主交税或纳贡。历史学家从来没有记录下他们的日常生活，但这些东西几乎构成了他们全部的经历。工匠和商人依旧存在。好好利用罗马化英格兰文明的遗产，这对盎格鲁人和撒克逊人是有利的。他们并没有杀光本地人，因为后者于己有用。他们并不讨厌敞田制，他们很快就采取了英格兰人的传统做法去耕种土地。

在最初的年月里，定居者和本地人确实存有人为的隔阂，日耳曼语中的“walsh”，意思便是“讲凯尔特语的人”，或“讲拉丁语的人”；它也开始指称农奴或奴隶。威尔士之名即来源于此。像康沃尔（Cornwall）、瓦尔顿（Walton）、沃尔索尔（Walshall）和瓦尔科特（Walcot）等地名皆来源于此。读者可以找出许多其他例证。本地人还是活了下来。

基督教并没有被侵略者逐出英格兰。伦敦出土了早期的教堂，它们夹在罗马式高楼之间。约克、莱斯特和埃克塞特都有早期教堂；其他城镇也是如此。当然了，位于日耳曼人势力范围之外的英格兰西部也不乏教堂，随着小型隐修团体的出现，基督教开始繁盛起来。其中一所修道院就建在格拉斯顿伯里·托尔山上。

随着日耳曼部落的继续扩张，英格兰逐渐成形。在北方，定居者最初的活动范围在东约克郡和南约克郡。这些地区曾经驻扎过日耳曼军队，因此，它们可能欢迎日耳曼人的到来。日耳曼人建立了代拉王国，其统治范围从亨伯河延伸到蒂斯河，包含在现在的约克郡内。班堡还建起了一个盎格鲁人的聚落，这座城堡至今犹存。在约克郡的东雷丁，人们在桑克顿村发现了一座大型盎格鲁-撒克逊火葬公墓，迟至19世纪，这里的村民还在使用这座公墓出土的罐子和瓮。当地的巴黎西人和布里根特人部落曾试图遏制这些势力强大的日耳曼定居者，但未能成功。

51 按照比德的说法，到了6世纪末，这些定居者在国王埃塞尔弗里斯的带领下征服了许多领土和民族；他们“要么驱走原住民，重新安置自己人，要么征服对方，使之称臣纳贡”。这就是人们比较熟悉的殖民。埃塞尔弗里斯由此成为代拉和伯尼西亚两国的君主；伯尼西亚王国位于代拉王国的北部，领土范围从达勒姆延伸到爱丁堡，又从德文郡延绵到艾尔郡。因此，他称得上是诺森伯兰的首任国王。

由于土著部落和王国内部四分五裂，英格兰人挡不住侵略者的进攻势头。旧时的王国——雷吉德（位于英格兰西北部）、斯特拉斯克莱德（位于苏格兰南部）、戈多丁（位于英格兰东北部和苏格兰东南部）——都分崩离析了。日耳曼人的战斗部队缓慢地向北方和西部移动。这些日耳曼定居者虽然人数极少，但是他们最终控制了散布着农庄和草舍的大片沼泽地和丘陵。然而，原有的风俗依然顽强地生存下来了；这就是约克郡和诺森伯兰依然能够保留许多古代的组织和风俗的原因。

在侵略者和土著部落交战的过程中，英格兰大地涌现出一首纯粹的战争诗歌。安奈林凭借创作《戈多丁》，成为北方的荷马。这首诗用布立吞人的语言写就，它以严格的韵律记录了土著人如何英勇御敌：

> 快马如飞，盾牌掩甲胄，
> 矛杆高举，矛尖雪亮，
> 锁子甲耀眼，剑光四射。

它书写的是一个佩戴念珠、身穿黄领的武士世界，一个频繁召开战争会议的世界；这是一个战争频仍、旌旗飘扬的世界；这是一个乌鸦蔽日、伺机啄食尸体的世界；这是一个大摆宴席、痛饮蜂蜜酒和葡萄酒的世界；这是一个在烛光下用牛角杯轮番畅饮的世界；这是一个野狼出没、海雕凌空的世界；这是一个领主披珠佩玉、高踞首席的世界。这是一首讲究半谐音和中间韵的诗歌。它也是一首带有彻头彻尾的贵族品位的诗歌。它不像盎格鲁-撒克逊诗歌那样带有恐惧和哀悼的情感，不像后者那样向往一个避难所和安全的厅堂，以防范狂野世界中的恶势力。

埃塞尔弗里斯死后，他的对手埃德温成为诺森伯兰国王。到了他执政 52
末期，他已经攒足了实力，征服了曼恩岛，侵入北威尔士，占领了安格尔西。他渴望成为全国的共主，按照比德的说法：“在埃德温时代，一位妇女抱着孩子走遍全岛也会安然无恙。”除了主干大路之外，他还兴建了一套石制的蓄水箱系统，人们利用这些蓄水箱和黄铜杯从最近的喷泉取水。喷嘴饮水器的历史可够漫长的了。

他在位时建造的两座建筑物依然留存于世。埃德温的城堡也就是今天的爱丁堡。近年来，又发现了一些与埃德温宫殿相关的考古证据。在诺森伯兰的伊夫林，发现了一座大厅和其他建筑物遗址的痕迹；这就说明，这里曾经是国王和手下武将及谋士出没的地方。有一座神庙后来被改建成基督教堂。由于这座宫殿是在青铜时代的公墓上兴建起来的，它过去一定被视为神社。此外还发现了一座木制的露天剧场或会场，周围是一排排座位，前面是一座高台；这里是当地举行会议的会场，大王在这里可以向三百人训话。这里也是发布公告和公审犯人的地方。还有一座围栏，里面关着准备屠宰宴客的牲畜。诸如此类带有附属建筑的宫殿，在英格兰的其他地方也曾发现过。

它们代表了一种部落之间互相仇杀与征战不休的生活，代表了领主制和王朝联姻的生活。年轻的武士会聚集在国王的周围，供他驱策；优秀的领主会分封土地，赏赐部下。这是一种内容丰富并且紧张活泼的文化，它建立在暴力的基础上，闪耀着金色光辉。贵族的服饰极度豪华奢侈，无论男女都珠玉满身。贵族男子身穿亚麻布的束腰短外衣，腕部和腰部紧紧地扣着耀眼的扣子；他们的斗篷上都别着领针。黄金具有关键意义。早期的基督教堂里供奉着比真人还大的圣徒雕像，上面涂了一层金箔。还有黄金做的王座和金制十字架。这绝不是一种蛮族文化，而是一种繁文缛节、喜欢炫耀的文化。 53

东盎格鲁人的领土上也有一些势力强大的君主。他们的国土面积广大，包括今天的萨福克、诺福克和伊利岛。这片土地连成一体，侵略者攻占了整个爱西尼王国，而布迪卡就是爱西尼的王后。这个国家没有留下编年史，但是根据比德史书的记载，早年的诸位国王曾经统治着整个英格兰南部。雷德瓦尔德在7世纪初当政，后来人们在萨顿胡的一块坟地上发现了这位国王的遗物。这里很可能就是雷德瓦尔德的坟墓。这个民族奉行的是瑞典日耳曼部落复杂的丧葬礼仪。

这是一种船葬法。船身长90英尺（27.4米），在船体中部发现了一顶斯堪的纳维亚风格的头盔、一副锁子甲、一把战斧、一把镶金宝剑、几支长矛，外加一副绘有鸟形和龙形的盾牌；这里还埋着一支权杖，顶部装饰着青铜制的雄鹿，以及一只硕大的金质搭扣。在遗物当中，还发现了一件罗马式带金扣的短袖束腰上衣，以及一些银碗、硬币、铁锅和一把里拉琴。这就是国王的长眠之地。我们可以用《贝奥武甫》中的几句话来做他的墓志铭："他们在那里安葬了尊贵的领主，戒指的赐予者，这位杰出的君主被安放在船体的中部，桅杆的旁边。人们从遥远的地方带来了珍宝和装饰。"在另一座坟堆当中（总共有17座），发掘出一位武士及其战马的骨骼。他们都是武力和社会征服的象征。

然而，船中没有发现任何尸体。或许这是一座衣冠冢，一座权作纪念的空坟。但更有可能的是，木棺和尸体被沙土侵蚀得无影无踪。然而，还是有一件东西会让人想起雷德瓦尔德。那便是他的头盔；那是一顶安在铁座上、镶着青铜的头盔（参见插图3）。这个野蛮、丑陋的东西只有在噩梦中才会出现。

在他的统治之下，人们的生活是艰苦、紧张的。穷人们没完没了地辛苦劳作，吃得很粗糙，穿的是粗羊毛衣服。他们住在用柳条搭起来的农舍中，屋子里不铺地板，只有泥土地。他们只认得草耙、镰刀、耕犁、镐头
54 和铲子。富人以打猎和作战为生活内容。他们大吃猪肉和鹿肉。他们豪饮无度，并因此受到赞美。他们的脸上经常涂着油彩或者刺着图案。无论男女都染头发；蓝色、绿色和橘色是男性喜爱的颜色。无论男女都喜欢戴金

制的臂镯，把自己打扮得金光四射。为了训练男孩的勇气，日耳曼人把他们放在陡峭的屋顶上，如果他们能牢牢地抓住屋顶，没有吓得大哭小叫，就算是勇气可嘉。体育运动的内容是跳跃、赛跑和摔跤；男孩子到了十四岁后，就有权携带兵器了。

麦西亚（Mercia）国王占据的地盘位于现在的英格兰中部（midlands）；埃塞克斯（Essex）得名于东撒克逊人（East Saxons），米德尔塞克斯（Middlesex）得名于中撒克逊人（Middle Saxons）。西撒克逊人（West Saxons）创造了威塞克斯（Wessex）。苏塞克斯（Sussex）得名于南撒克逊人（South Saxons）。当然，这片土地并没有作为一个行政区而留存至今。直到阿尔弗雷德大帝时代，麦西亚还是处于小国林立的局面。西撒克逊人的部落名称是吉维斯（Gewisse），意为“联盟”，这些联盟的部落一路西进，征服了德文和康沃尔。但日耳曼人并非只去攻打土著王国；他们也自相残杀，威塞克斯部落和肯特部落就曾打过不少恶仗。

肯特是一个体现历史延续性的有趣案例。它是日耳曼雇佣军和商人在英格兰定居最早的地方：早在罗马人统治时期，这些人就已经在那里常住了。这就是罗马化的英格兰人设置的行政机构得以完整保留下来的原因。定居者和本地人不需要彼此对抗。所以说，即便当朱特人及其部落获得统治权后，这一地区的本土名称依然能够保持不变。这里的人们被称为“坎特人”，“坎特”（Cant）这个词则源于史前时代。坎特伯雷和多佛这两个地名至少可以追溯到铁器时代。有大量的迹象可以证明，村落和神社从铁器时代一直沿用到朱特人当政时期；肯特附近的很多教堂，彼此之间的道路还是在史前时代修建的。这些教堂也饶有趣味地与圣井、圣泉和女圣徒联系在一起，这些东西都牵扯到史前的崇拜。

还有一种延续性也很引人注目。当首批日耳曼人定居者初来乍到的时候，他们还是自由小农，依然尊奉本国的习俗。这就是为什么肯特郡的土
地呈现出如下特色：尽是些独立的农房和村舍，而没有大庄园式的村庄； 55
它不曾拥有在单一领主的主导下合作耕种的传统。肯特郡没有势力庞大的巨头或大宅院存在的空间。英格兰其他地区几乎不存在“公用田地”。肯

特郡具有塔西佗在北方民族身上看到的“自由人”的全部标志。

这种传统维持了数百年之久。1570年，威廉·兰巴德在《肯特漫步》中写道：“哪里的自耕农或普通人都没有这个郡的人自由、快乐……在某种意义上，每一个人都是自由的土地持有人，有自己可以过活的土地。他们在自己的土地上可以自娱自乐、快活无边。”事实上，肯特郡关于土地保有期的司法惯例直到1926年才废除，某个郡所专有的法律居然沿用到20世纪，这可是唯一一例。这种独立性也体现在其他方面。在1381年的农民起义当中，“肯特郡人”率先拿起武器支持瓦特·泰勒。70年后，在杰克·凯德的领导下，他们又鼓动百姓起来反对不公平的税收；凯德的请愿书题作《肯特贫民陈情表》。肯特人是最早起来反对理查三世的。在1984年的煤矿大罢工当中，肯特矿工最有战斗精神，他们的呐喊声也最高亢。过去的历史仍然在显现自身。它依旧很重要。

这些延续性是不断变化的统治模式的基础。小王国被大王国所取代。全英格兰最早的财政文献出现在7世纪，其中列举了19位国王和15个民族。然而，即便是大王国也建立在原有的英格兰诸王国的基础上。汉普郡和怀特岛的朱特人接管了比利其人的史前驻地；东撒克逊人占据了特里诺凡特斯人的古老领地；南撒克逊人占了雷格南斯人的史前驻地。他们甚至连都城都没有迁移。还有其他很多例证可以说明，这个国家的历史根基非常深厚。

肯特国王埃塞尔伯特在位时间为6世纪末到616年，他之所以在英格兰历史上声名显赫，就是因为他欢迎奥古斯丁，并且支持奥古斯丁在日耳曼
56 部落中传教。埃塞尔伯特与欧洲大陆上的法兰克国王是盟友，他之所以欢迎奥古斯丁，可能是出于尊重法兰克国王的缘故。他绝对称得上是比德所说的英格兰“大王”，他的国土一直延伸到亨伯河。他也是第一位皈依基督教的英格兰国王；在他之后是埃塞克斯国王，然后是东盎格里亚国王；然而后者皈依一事，还不太确定。埃塞尔伯特的皈依是奥古斯丁传教任务胜利完成的关键。奥古斯丁让埃塞尔伯特家族全体加入基督教，这样一来，他手下领主控制的各个地区也就都信了基督。人们出于尊重和仿效，都拜倒在十字架下。他们蜂拥般地跑到肯特的河边，在那里集体受洗。

有一点要注意，这位圣徒的任务可不是让英格兰土著皈依基督教，因为大多数土著早已信主。他并非要让全岛入教；他是为日耳曼定居者及其领袖施洗的。597 年，他在萨尼特登陆，然后高举银制十字架，郑重其事地领队行进，吟诵赞美诗。埃塞尔伯特立即帮忙传道。他看到了，教会已经取代了罗马的绝对统治权，与它扯上关系，大有好处。基督教对英格兰的一大贡献在于，它重新树立起旧有的权威。当奥古斯丁让肯特和埃塞克斯皈依之后，他的同道中人、传教士保利努斯将福音带到了诺森伯兰。在 7 世纪末，当荒原上的苏塞克斯和怀特岛都皈依后，整个英格兰都进入了基督教的大家庭。土著人原有的许多教堂按照盎格鲁-撒克逊的风格得到了扩建或重修。在罗马人时代遗留下来的筑有城墙的城镇中，还兴建了许多大教堂。原有的圣所仍在使用，这种宗教崇拜的延续性，超越了单一的选择：选择本土的基督教，还是选择罗马教会。现在很多天主教大教堂还是在当年盎格鲁-撒克逊小教堂的基础上扩建的，而后者又是在罗马化的英格兰人的神庙的基础上兴建的。

奥古斯丁此行是前来敦促撒克逊人、朱特人、弗里斯兰人等压迫者皈依的。因此之故，他遭到了当地教会领袖的敌视，被视为鸠占鹊巢之辈。奥古斯丁召集威尔士的主教前来开会，却没有起身与他们寒暄，这种傲慢态度刺痛了对方。主教们认为这是典型的罗马人做派。不管怎么说，本地的主教鄙视日耳曼首领；他们并未想方设法使之皈依基督教。这些僧侣和 57
传教士出身的主教在受教育过程中崇拜的是凯尔特圣徒（想一想康沃尔郡的小教堂），在他们看来，以主教和行政人员为主的教会既没有权威性，也没有优点；而这些行政人员却愿意并且准备为异族国王效力。塞汶河对岸的教士不肯与罗马化的教士同吃一个盘子里的食物，他们甚至不允许自己的狗去舔对方用过的盘子。然而，他们输掉了这场信仰之战。罗马教会成为英格兰的基督教会，英格兰人的旧有信仰被断送掉了。这绝不是第一个，也不是最后一个文化遗忘症的例子。

至于日耳曼国王，他们认识到了罗马信仰的全部好处。比起战神沃登，基督教能够在战争中给他们带来更有力的支持，基督教的上帝比托尔更能提供有效的统治权力。为了证明这一点，某位异教的祭司不惜毁了自己的神庙。罗马教会更喜欢强势国王和中央集权制政府的统治；这样的政治制度会让宗教的操控工作变得更加简单易行。教士们都是王国中的识字阶级，每当发布司法文书、产权证书和通告的时候，他们就成了国家不可或缺的管理者。第一批传教士刚刚在萨尼特落脚，附近的国王们就纷纷颁布法律。“凡杀人者，赔偿一百先令。拽人头发者，赔偿 50 塞塔斯（银便士）。”

国王们也愿意在公共仪式中作为人民的化身，充当宗教礼拜仪式的准主持人。这是强化个人权威的有效办法。它可以赢得百姓的尊敬，保证臣民的服从。在英格兰，国王与圣徒在同一时期出现了，二者经常合二为一。国王埃德温和国王埃塞尔伯特是后人熟知的两位圣徒：圣埃德温和圣埃塞尔伯特。偶尔也会出现反弹的现象。肯特国王西吉伯特因为宽宥敌人而惹人厌烦，被两位族人给杀掉了。

不过，总的来说，基督教有助于促进国家的统一。采用天主教古老的
58 箴言：“在一起祈祷的人们就应该待在一起。”传教士鼓吹道德禁律，这对于国家倡导的社会禁律产生了实质性的影响。从 7 世纪贵妇人的墓葬遗物中可以看出，她们的装饰物品更为一致，从肯特到威塞克斯，从麦西亚到东盎格里亚，都是如此。统一的教会似乎也呼唤统一的英格兰国家。用教宗格里高利一世的话说，正是基督教皈依时代让全国人民变成了“英格兰种族的盎格西恩人（Angelcynn）”。不久，“在英格兰（Engla lond）长眠的圣徒名录”就编成了。当比德写下“英格兰民族的神圣教会”这句话时，他暗中排除了威尔士人和皮克特人。正如我们今天所理解的那样，英格兰人是基督教会创造出来的。

所以说教会是治国理政的重要内容。这就是各个教区的边界与过去各个部落王国的边界相同的原因。伍斯特与惠斯属于同一个地区，赫里福德与马戈恩塞坦属于同一地区。权威的边界线一直在延续使用。教区会议很像贵族会议，与会人员在这里争论法律问题，会见亲属。主教都是贵族出身，是各家王族的代表。当国王在伦敦召开宗教会议时，世俗领主和宗教

领主都会出席。

国王的敕令一成不变地使用教会的口气。约克大主教和坎特伯雷大主教与国王共商国是，他们负责起草国家的法典。只有诺曼人来了之后，教会和国家才出现形式上的分离。修道院院长和主教本着类似的精神，经常随显贵出兵作战；谢尔伯恩的主教希赫蒙德，在反击北方侵略者的血腥战斗中被杀。他在履行先前异教中指导武士军团的高级祭司的角色。

有“高级教堂”（minsters）之称的大型组织建立起来了，这里住着教士和僧侣，正如这个词本身的含义所表明的那样，它需要帮助周围的地区。在7至9世纪之间，英格兰兴建了数以百计的此类机构，所以每一个地区都有自己的高级教堂。它们展现了基督教英格兰的原初风貌，它们带有新生事物的干劲和力量。它们是赞助中心和学术中心；它们维护贸易和 59
农业。它们通过征收地租，将周围的农村组织起来。它们实质上是王家宫廷，它们的男女修道院院长是贵族阶级中的一员，而耶稣就是皇帝。它们储存金银财宝以及圣徒的遗物。传教士需要在牧区奔走传道；这就是为何今天的英格兰依然分布着标示崇拜场所的石制十字架。

然而，高级教堂的宗教权力在逐渐丧失，因为村庄教堂和教区教堂变成了英格兰各地的模式。但是高级教堂依然保留下来了，有些变成了大教堂和主教座堂，有的则化身为新兴的小镇，获得了新生。它们的名称也成为国家机构的一部分，体现在阿克斯明斯特、基德明斯特、威斯敏斯特和其他1 000多个地名当中。还有很多城镇（赫克斯海姆、巴金、哥德尔明、昂德尔、雷丁、沃金）也是这些早年机构的直接残存物。到了这个时候，高级教堂在英格兰真的是无处不在。 60

5

血　鹰

9 世纪初，英格兰大致有三个重要王国：威塞克斯、麦西亚和诺森伯利亚处于三国争雄的状态；在它们的周围，还有东盎格里亚、肯特、苏塞克斯和埃塞克斯等几个小国，彼此征战不休。三大王国各领风骚一百年，诺森伯利亚、麦西亚和威塞克斯分别在 7 世纪、8 世纪、9 世纪盛极一时。这些国家都已经比较成熟，建立了复杂的行政和税收系统，能够从事大规模的公共工程建设——例如，它们修建了 98 英里（158 千米）长的奥法大坝。在这方面，它们很像史前的先辈。由于出现了大量商品交易，大量的货币开始流通于世，银便士无处不在。

这三个王国经过火与血的洗礼，最终统一为一体。就某种程度而言，这个统一王国是由严重的外患促成的。790 年，三艘挪威船只在多塞特沿海的波特兰登陆，有位官员还以为来者是英格兰人熟悉的挪威商人，便从多切斯特骑马赶过来，准备护送他们入城。结果，这些人转过身来就杀了他。来者是武士，不是商人。

61 三年之后，挪威人又驾船入侵，袭击了林迪斯法恩岛上的圣库斯伯特修道院。这场突袭行动是人们始料未及的，也是让人深恶痛绝的。这座修道院惨遭劫掠，许多僧侣死于刀剑之下。一位编年史作者写道：“在这次异教种族肆虐之前，不列颠从未发生过这么可怕的事情。谁也没有料到这次侵袭竟然来自海上。”一年之后，贾罗的一座修道院遭到攻击。此前人们根本不用担心这种侵略势力，因为过去的北方人都是来经商的，而不是来打仗的。他们擅长商贸，后来他们在约克和都柏林定居，就很能说明问题。早在这些劫掠活动开始之前，斯堪的纳维亚人就已经定居在东盎格里亚了。8 世纪史诗《贝奥武甫》中的故事就发生在斯堪的纳维亚南部。

当时挪威一带的人被称为“北方人”，英格兰的史料称其为维京人；这个名字也可用于指称丹麦人。不过，在一开始的时候，挪威武士是主力。维京人是“来自（挪威）峡湾的人”。他们之所以来到英格兰，乃是因为本土新出现了一些中央集权性质的王国，国内乱了套；在这些新王国的刺激下，准备劫掠烧杀的武士团伙形成了。当时法兰克帝国君主查理大帝威胁到了丹麦，进一步瓦解了统治阶级的权力。启动一百艘船，根本不算什么大事。正是在这个时期，长船的设计得到了完善。风向确实对“北方人”行船有利。

发动这类血腥的远征还有一个原因。林迪斯法恩和贾罗的修道院遭受攻击，并非事出偶然；维京人是刻意到这里来报仇的，他们劫掠这些地方，有以儆效尤的用意。基督教徒查理大帝攻打北方的“异教徒”，彻底扫荡了他们的神社和圣所。这位伟大的君主还砍掉了北方人的“圣树”。因此之故，摧毁供奉基督教神祇的机构，便成了最佳的报复方法。前往挪威的传教士都是从林迪斯法恩动身的。所以说，摧毁这个修道院，乃是经过精心算计的。这就是所谓反基督教圣战的开端。在修道院遭焚毁的那一年，风云变幻的英格兰上空出现了警示异象。《盎格鲁-撒克逊编年史》
记载：“诺森伯兰人的头上出现了可怕的预兆，让他们深感痛苦：天上电 62
闪雷鸣，有人看到怒龙翔空。”

然而，这些早期的侵袭行动实际上只是一道警告，是大灾厄爆发前的大地颤动。英格兰人惶惶不可终日，许多人躲进了建有城墙的城镇里。最早的修道院编年史就是在这一时期写成的，后来被收入《盎格鲁-撒克逊编年史》的最初版本。著史的僧侣心里在想，这个世界将会变得更糟。

830年，维京人再次发动袭击。“荒原人”的武装部队是来掠夺土地、妇女和奴隶的。833年，他们登上了北肯特郡沿海的谢佩（Sheppey）岛。正如这个名字所暗示的那样，岛上到处是绵羊（sheep）和水草肥美的牧场。这就是战利品。北方人以善于养殖牲畜而著称。在接下来的30年里，英格兰人又将迎来20次进攻，尤其是丹麦人的进攻。肯特与东盎格里亚成了他们乐于肆虐的目标；英格兰历史上的首次海战就发生在肯特的桑威奇附近沿海地区，当时侵略者被击退。但南安普敦的港口遭到他们的蹂躏。伦敦和罗切斯特受到攻击。诺森伯兰的军队战败。威胁来自各个方向。

有些武士被称作“狼衣”，他们得名于身穿的服装样式以及他们在战斗中发出的豺狼般的嗥叫声。他们挥舞着风筝形状的长盾牌，手持令人生畏的战斧，死命砍向对方。还有些人被称为“疯子”，因为他们不穿铠甲，拼命地向敌人冲锋。英雄传奇中讲到一位绰号为“孩子的福星”的维京武士。此人不同于同伴，不肯将矛对向小孩子。这里足见这些人为何令英格兰人胆战心惊。

这些袭击只不过是大规模入侵的前奏。865年，一大帮丹麦人在东盎格里亚登陆。这一地区是他们的祖先熟悉的地方，很多人曾在这里生活。这些人不是前来袭扰的，而是来定居的。他们的到来并非巧合，斯堪的纳维亚的人口在这一时期增长显著，土地变得更加稀少。

63 他们乘坐好几百艘船，来了好几千人，每艘船乘坐30人左右。他们在东盎格里亚住了12个月，掌控了当地的资源，尤其是征集了大批良马。他们建造了堡垒（防御性营盘），以此为基地统治周围地区。866年，他们纵马疾驰，围攻约克，一举拿下。他们占领约克将近100年。从约克出兵，他们又拿下了诺森伯兰。接下来，他们放马南下，攻陷了诺丁汉。麦西亚国王向威塞克斯国王求救，但他最终只落得出钱收买敌人。

丹麦人拿下了诺森伯兰和东盎格里亚的两个王国。他们动用了一种名叫“血鹰”的仪式，处死了两国的国王：他们的肺被掏了出来，交叉搭在左右肩膀上，类似老鹰双翅合拢的模样。这两个王国的特许状、装饰精美的图书以及教区记录，也都无从寻觅了。这是土地持有者遭受灭顶之灾的时代。

870 年，丹麦人在雷丁扎下大营，准备入侵威塞克斯王国。阿尔弗雷德就在这个时候出现了。他以前见过丹麦人，当年他的兄长还曾带兵援助过麦西亚人。如今，他本人成了国主。然而，他最初的表现却毫无英雄气息。他连战连败，在迫不得已的情况下，只好用金银财宝收买丹麦人。在这一过程中，他惹怒了阿宾顿的僧侣，因为他盗窃了他们的财宝；在他们撰写的历史上，他被称为“犹大”。丹麦人退回伦敦，当时这里也归他们控制。阿尔弗雷德一度沦为附庸，他得从丹麦人手中拿到白银才能铸造自己的货币。

没过多久，侵略者又发起进攻和突袭，他们依然想彻底占领威塞克斯；这是当时最大的英格兰王国，是侵略者建立霸业的关键。在大多数情况下，阿尔弗雷德军队还是占据上风的，他们频频主动突袭，夺取了更多的领土。然而，在奇彭纳姆血战之后，阿尔弗雷德被迫逃到萨默塞特的沼泽当中。他在此地名叫阿塞尔尼的地方，建造了一座城堡。当他躲在沼泽地期间，有一个故事说他把饼给烤煳了，这个故事是好几代英格兰小学生 64
耳熟能详的，但这只是 11 世纪虚构的故事，是为了突出他在取得最终胜利之前的狼狈情况。不过，胜利终于还是到来了。

878 年，他在名为“埃格伯特之石”的地方汇集了来自萨默塞特、威尔特郡以及汉普郡部分地区的武装力量。他在威尔特郡的爱丁顿大战丹麦人领袖古斯鲁姆，打败了丹麦人。古斯鲁姆认输，与他手下的几位将领一起受洗入教。在这个标志性的皈依仪式上，阿尔弗雷德充当他的教父，古斯鲁姆取了一个威塞克斯名字：埃塞尔斯坦。在异教徒与基督徒的战争中，基督教胜利了。这既是信仰之战，也是领土之争。

阿尔弗雷德为何能和古斯鲁姆结成神圣的（或非神圣的）同盟？其实他们两人血缘相近。古斯鲁姆和撒克逊人阿尔弗雷德，这两位伟大君主同属于一个神圣传统。阿尔弗雷德是基督教领袖，但他的王族世系可以追溯到战神沃登。日耳曼民族与斯堪的纳维亚民族渊源深厚，他们之间的共同之处远远多于他们与康沃尔人或德文人之间的共同之处，就某种意义而言，他们还是亲族。所以他们达成了瓜分英格兰的协议。

阿尔弗雷德是没有资格制定条件的。丹麦人的军队还在威塞克斯境内，双方的谈判就在丹麦军队的眼皮子底下进行。古斯鲁姆掌控了从泰晤士河到亨伯河的东部土地，他根本不想放弃英格兰。所以他保留了自己用武力征服的地区。毫无疑问，阿尔弗雷德也给了他钱。条约明确规定："我们对英格兰人和丹麦人一视同仁。"换句话说，两者是平等的。

这样一来，11 世纪人所说的"丹麦法"地区就诞生了。它大致包括英格兰北部和东部的大部分地区，以及挪威人在英格兰西北部的一块殖民地。定居的过程紧张且激烈，侵入英格兰的丹麦军队首领从欧洲西北沿海地区组织了一拨又一拨移民，编年史提到了分配"土地"，这种说法暗示
65 存在某个高级的权威人物。后来的定居者只好接受比较贫瘠的土地。但是，英格兰的土地还是绰绰有余的。丹麦农夫被安置在筑有防御工事的城镇里，也就是丹麦人把守的堡寨中。"城镇"这个词就是由此而来的。这些堡垒既可用于防御，也可用于公共集会。

在丹麦法地区，有五座城镇最为重要：诺丁汉、莱斯特、德比、斯坦福德和林肯。这些城镇至今犹存，除了斯坦福德之外，其余都成了郡城。然而，斯堪的纳维亚语留下的证据表明，整个北部和东部地区都被新来的定居者给同化了。有数以百计的地名源于丹麦语和瑞典语，最突出的就是那些以 by 或 thorpe 为后缀的地名。斯特里奈夏什（Streoneshalch）被重新命名为惠特比（Whitby），诺斯沃辛（Northworthing）变成了德比（Derby）。在丹麦法地区，克比斯（Kirkbys）这样的地名多得泛滥成灾，这足以说明，侵略者认同"教堂边的定居点"。不过，幸存下来的英格兰地名有时候非常接近新村落的名称，它们的幸存足以说明，当地普通百姓的生活没有受到干扰。

丹麦人控制区出现了商贸和繁荣。毫不令人感到奇怪的是，11 世纪最富裕的三个郡（诺福克郡、萨福克郡和林肯郡）都位于丹麦法地区。约克本身就是英格兰最繁华的城市。考古学家发现，它有坚固的城墙，城

中狭窄的街道上密布着木制房屋，里面都是作坊和货栈。宝石匠和金属加工工人、木匠、织工比邻而居。商人无处不在，他们的贸易伙伴来自爱尔兰、法兰西，当然还有斯堪的纳维亚。他们交易的货物有：胡椒粉、醋、鱼、葡萄酒、盐和奴隶。

阿尔弗雷德与古斯鲁姆缔结和约之后，就腾出手来重新兴建国防工事，防范对方再次发起侵袭。在英格兰的整个南部和西部地区，阿尔弗雷
德建起了一套带有防御工事的城镇系统，类似于丹麦法地区的城镇系统。 66
这套细致复杂的城镇网络之所以建立，就是为了给 20 英里（32 千米）之内的居民提供庇护所。这是罗马时代以来真正的或系统性的城镇化的开端，这种城镇化源于当时军事斗争的迫切需要。百年之内，大部分堡垒将成为秩序井然的城镇，里面设有法庭和市场。

铁器时代的堡垒，例如黑斯廷斯和南安普敦境内的堡垒，以及巴斯和温切斯特等早期罗马化定居点中的堡垒，如今得以恢复，并且加固了围墙。新的城镇兴建起来了，时至今日，网格状街道系统依然保留在泰晤士河畔的沃灵福德和克里科拉德等小镇中。阿尔弗雷德认识到，一定要守护从其地盘上流过的大江大河。每一座城堡都有大量驻军，他们的家属就安置在城堡里。除此之外，阿尔弗雷德还建立了一支常备水师，以防斯堪的纳维亚的武装匪帮寇边犯境。他还在山顶上建了烽火台，这样一来，经过一番大兴土木，他的国土走向了军事化。

不过，有那么一段时间，阿尔弗雷德的防御力量还不够强大。896 年，古斯鲁姆死后六年，另一位丹麦人国王带领着 4 000 或 5 000 名武士侵入东肯特；他们还带着老婆孩子，想在这里定居下来。阿尔弗雷德领兵进驻这一地区，迫使对方返回营地。但是接下来，他就感受到了一股更强大的威胁力量。这些新定居者的到来，破坏了英格兰人与丹麦法地区居民之间来之不易的和平局面；从东盎格里亚和诺森伯利亚驶出的船队绕过了海岸线，进攻德文郡北部。另一支丹麦人分遣队则围攻埃克塞特。各派丹麦人势力联合起来了。他们的计划是将阿尔弗雷德的势力压缩到西部，让

新来的侵略者占据肯特和埃克塞特。

在后来的几个月中，阿尔弗雷德在西部打败了丹麦军队，同时派兵增援英格兰东南部。那场著名的“最后一战”到底发生在何年何月，如今并不完全清楚，但这场战役的结果是毫无疑问的。丹麦侵略军放弃了侵略东
67 南部的计划，转而和东盎格里亚以及诺森伯利亚的同胞们一同定居。他们很可能是收到贿赂后才离开埃克塞特等地的。他们很可能无法突破由座座堡垒连成的坚固防线。不管怎么说，阿尔弗雷德总算守住了自己的国土。

然而，他也确定了王国的边界。他大剌剌地自称“盎格鲁人与撒克逊人之王”，但他在新发行的银便士上铸造的铭文是“盎格鲁王”。当异教徒在国土四周定居之际，他竭力伸张自己的英格兰人身份。在各路异教军阀面前，他是基督教国王。丹麦人曾经想灭绝英格兰人的精神（基督教）文明；阿尔弗雷德尽其所能地扶植英格兰的学术和英格兰史研究。即便在创建堡垒体系和营建水师之际，他仍旧组织人员将重要的拉丁文著作翻译成西撒克逊俗语。他想委托人发表“众人必读”之书。在历代英王当中，能亲自操瓠者寥寥可数，他便是其中之一。他翻译了教宗格里高利的《牧主关爱》、波爱修斯的《哲学的慰藉》以及奥古斯丁的《独白录》；他遣人翻译了比德的《英吉利教会史》以及奥罗修斯的《反异教史》，从而为他挚爱的学术研究划定了范围。英格兰人都是上帝的选民，至少他们神圣的史学家是这样认为的。

到了阿尔弗雷德之子、“长者”爱德华统治时期，英格兰人开始征服丹麦法地区，并且将这一地区的百姓纳入更为广大的英格兰社会当中。丹麦人的战斗力不如以往，他们已经不再是能够威胁阿尔弗雷德的游牧武装力量了，他们擅长的是进攻而不是防守。在917和918年，爱德华的部队开进了丹麦法地区，沿途所至，四处修建堡垒。他们攻陷了德比和诺丁汉；接下来，林肯这个地方的百姓向他臣服。到了920年，亨伯河以南的全境都奉他为国主。这才是真正的征服，因为威塞克斯的既往统治者从未控制过东部的地盘。数百年来，这几场战役一直令人难以忘怀，据说在丹麦人洒过鲜血的地方，长出了紫色的野藏红花。

经历了两三代人之后，丹麦法地区的人们都皈依了基督教，他们旧有 68
的丧葬习俗渐渐都被遗忘了。不管怎样，他们的风俗和特性都非常接近盎格鲁人和撒克逊人。这样一来，他们就自然而然地与后者融为一体。现代英语中有很多斯堪的纳维亚词汇，例如“天空”（sky）和“死亡”（die）、“愤怒”（anger）和“皮肤”（skin）、“翅膀”（wing）和“法律”（law）、“出生”（birth）和“面包”（bread），以及“鸡蛋”（eggs）。在英格兰人的日常生活中，很少有哪些方面不曾受到丹麦语命名法的深刻影响。

人们对丹麦人占领的记忆保留至今。事实上，奥克尼群岛和设德兰群岛直到16世纪才向苏格兰投降，直到18世纪末，设德兰岛上还有人说挪威语；比起苏格兰口音或英格兰口音，该岛上的口音更接近挪威人。在19世纪中期，北安普敦郡人还保留着“被压迫的记忆”，一位地方史学工作者如是说。在康沃尔，直到19世纪末，一伙满头红发的人还被称为丹麦人，当地人不肯与他们通婚。有人曾对萨缪尔·佩皮斯说过，罗切斯特大教堂的西门上就蒙着“丹麦人皮”。这一切都表明，先前侵略和战斗中的恶劣行径留下了深刻、不灭的印记。

在爱德华实现了英格兰的局部统一之后，一系列强势的国王出现了，他们的名字逐渐从英格兰人的集体意识中消逝而去；然而，埃塞尔斯坦的名字却被传颂了好几百年。这个名字的本义是“高贵的石头”，如同肯辛顿的王座一样尊贵。924年，他就是在这里行涂油礼，并且加冕为王。到了14世纪，土地封赠仪式上还提到他的名字：

> 我赠你这片土地和这根嫩枝
> 一如埃塞尔斯坦无偿赠我，
> 我希望你会成为我亲爱的兄弟

埃塞尔斯坦是“长者”爱德华之子，他从父亲手中继承了一个强大的王朝；然而，他还想扩大这个王国的版图。他打败了约克国王及其盟友爱尔兰国王。都柏林和约克是如今行将就木的“北方人”贸易帝国的两

69 大引擎。埃塞尔斯坦攻占了约克，征服了苏格兰。北方军队发起反攻，但是在 937 年，他们在布鲁南堡被打得大败亏输。有位编年史家写道：“从这一时期开始，出现了和平与繁荣。”多年以后，埃塞尔斯坦的征战时代仍被称为“大战之年”，犹如我们现在纪念第一次世界大战一样。

阿尔弗雷德通常被称作盎格鲁人和撒克逊人之王，但埃塞尔斯坦则被尊为英格兰之王。他的家族与法兰西王国、阿基坦公国以及德意志帝国均有姻亲关系。他的宫廷里诗人和学者云集；他统一了全国的货币，整修了许多城镇。他召集了真正全国性质的主教和领主会议。他严格控制买卖行为；他制定了一部法典。“我听说我们的和平局面不如人意，”他写道，“我的顾问官说，我对此忍受时间久矣。”

一幅留传至今的画作上绘有他和圣库斯伯特，后者是有着“英格兰奇迹制造者”之称的圣徒。这是史上第一幅英格兰国王画像，埃塞尔斯坦头戴王冠的形象尤为醒目。到了统治末期，他自称“全不列颠尼亚之王”。《乌尔斯特编年史》称赞他是捍卫西方世界尊严的栋梁之材。如今，这位早已被人遗忘的国王的坟墓就位于玛姆斯伯里修道院。生前的他留着满头长鬈发，上面用金线盘了起来。

到了 10 世纪的时候，盎格鲁-撒克逊国家已经成形。君主若想让国家长治久安，他为人处世就必须中规中矩和小心谨慎。他召集了宗教人士和社会贤达共商国是。他创建了各种权力机构，监管王室土地的使用，公正地执行王家法律。一整套官僚机构在他手中建立起来，负责颁发一道又一道的特许状和诏书（如今，特许状可被用于揭示英格兰的历史风貌）。它们最先由撰经阁拟定成文，这个撰经阁就是由少数几位教士组成的秘书班子。但是，中央集权式的君主制的出现，推动了新的制度和程序的创设。这样一来，在此基础上，诞生了行政部门、司法机构和议会机构。国家意
70 识形成了。这是本卷英格兰史主要讲的内容。

当时人们都认为，人人都需要领主，这是天经地义的事情。领主制不再以部落制为基础，而是取决于土地的占有情况。谁占有的领地最多，就由谁来当头，这是检验世俗领袖的唯一办法。就字面意义而言，土地就是

地盘，土地赋予你权力和财富；它让你有资格馈赠礼物，让人听命于你。在强势君主的统治之下，国内的等级制度不可避免地要强化；社会分化日益明显，社会地位的区分更加显著。据编年史记载，1086 年，“英格兰所有有地产的人”都要向“征服者”威廉宣誓效忠，他们是在履行既定的程序。

无地者要么是奴隶，要么是贫民。他们是不足取信的人物。880 年的一份文献首次提到了奴隶的名字；“阿尔蒙德、蒂多尔夫、蒂德海赫、鲁尔和加德伍尔夫”被转送到温切斯特主教的土地上。实际上，沦为奴隶是对一些人的法律制裁，例如那些无力支付罚金的人。一贫如洗的农民可能也需要卖掉自己的亲生骨肉。所以说，土地所有权制造了经济从属地位。奴隶如同牛羊，被称为“活的货币”。

到了埃塞尔斯坦时代，英格兰在行政上已经有了郡、百户和村（镇）的划分，这都是出于征税的需要。英国的郡制非常独特，各郡之间的边界延续了 1 000 多年。直到 1974 年，英国政府才重新调整了它们的辖区范围。最早的郡设立于 7 世纪末、8 世纪初，它们之间的很多边界就是铁器时代部落王国的疆界。英格兰的基本历史延续性就是这么保存下来的。其他一些郡，例如英格兰中部各郡，是后来才建立的，但它们的历史依然是很古老的。

最初的时候，郡级机构只不过是军事辖区，但它也得替王室征税和判案断狱。每一个郡设有一座法庭和一个城关镇；它可以自行召集军队，由 71
郡长官代表国王行使统治权，这位长官被称为郡长。每个郡又下辖若干百户；在理论上，每个百户有一百户人家，战时要出一百名壮丁。百户下面又设若干十户，顾名思义，每个十户由十户人家组成。整个郡的行政管理交给几伙人去打理，他们带领“捕快”抓盗贼，并且彼此监督。这就是英格兰后来延续了上千年之久的地方政府的基础。

百户里的人们在古代的露天市场开会。有些百户是根据周边的史前坟冢（barrow）来命名的。例如，多塞特郡就有百户巴罗（Hundresbarrow）和卢斯巴罗（Loosebarrow）等地名。威尔特郡的多丁特里（Doddingtree）

原义为“杜达（Dudda）的树木”。布里克斯敦（Brixton）得名于“布里茨格（Brithsige）的石头”。这表明百户的历史渊源是非常深厚的。它们反映了英格兰的古代组织形式。由于它们依旧保留了下来——虽说今天很少用于行政管理的目的——因此它也映衬出，我们还生活在史前的风貌当中。

在10世纪，土地状况开始发生巨变。整个国家被分割为一块块大地产，它们落入国王、贵族或主教的手中；这些动辄上千英亩的土地在过去很可能就是某个部落的地盘，它们之间的分界线就是古代部落首领的坟冢。然而，到了埃塞尔斯坦统治时期，这些大地产四分五裂，一块块土地被赏赐给国王的扈从（贵族）；每一块封地约为600英亩（243公顷），以换取他们的军役。这些新的土地持有者在自己的封地上修建住宅，组织农业生产。在10世纪，这些领主被称为塞恩（大乡绅）；他们在14世纪被称为庄园领主，在18世纪被称为大地主，在19世纪被称为乡绅。

比起先前时代远在他方的地主，塞恩与土地的关系更为直接。他们在自己的地产上建立村庄，取代了分散的农场和农舍，这样一来，他们手下的农工就更容易解决住房问题，塞恩也更容易控制他们。早在罗马时代就
72 有了村庄，铁器时代也有类似的村落。延续性再次发挥关键作用。但是，到了9至10世纪，村庄才成为英格兰大部分农村地区的标志性特征。在现有的英格兰村庄当中，没有几座不是12世纪以前就已经建立的（工业革命时期形成的除外）。其中有一些（虽说不是大多数）已经有一千多年的历史了。但是，某些地方在历史上确实不曾有过村庄。沿着英格兰中部，从诺森伯兰走到威尔特郡，可以看到大量的村庄；除了这片广袤的土地，在英格兰的北部和西部，依然可以看到零零落落的农场和农舍，这是铁器时代的风貌。

塞恩用木材建造了厅式住宅以及小型的附属建筑群；庄园的四周有河岸、壕沟以及栅栏，它们将庄园层层护卫起来。他们还用木材建造了小教堂和钟楼，后者的用途是报时以及召唤工人前来做祈祷。最后，他们还建立了自己的法庭。乡村都掘有水井，用来磨谷物的磨坊也随之出现。乡下

的生活一点也不舒服，也毫无亲切质朴的宜人之处；对于那些最贫困的住户而言，它就是一座户外监狱。农业工人居住的房屋，其实就是人畜混住的木棚。11 世纪的一部文献记载了一个庄稼汉慨叹生活的残酷；他害怕“地主老爷”，即便是在最寒冷的日子里，他也得翻耕一英亩以上的土地。手执木棍赶牛的少年则喊哑了嗓子。

劳工的社会地位缓慢下降；他们每周必须为地主服两天的劳役，才能居住地主提供的房屋，租种一小块土地，由此养活一家老小。他们的劳役内容包括：替地主耕种和收割庄稼，赶车和晒干草，剪羊毛和建牛棚。有些人还得去拔杂草、挖沟渠、跑腿送信或修建围篱。独立的农户当然也是有的，但大部分农民受到贫穷、不幸或不公审判的压迫。庄稼和牛群经常受到瘟疫的威胁。小农的生活相当不稳定。毫无疑问，许多小农场会被大地主收购。劳动人口内部的复杂级别和分化程度很难精确描述。这是一个 73
分化细致的社会，自由和不自由的区分是非常微妙的，每一个人都可能受到地位更高之人的驱使，如能理解这一点，那就足够了。

村庄的历史与其固有田地的历史交织在一起。由于村庄取代了小屯子，所以在许多大郡里，长条状的大块田地取代了旧式的长方形田地。庄园领主占据的土地数量最多，其余的按照份额分给村民。这是当时最公平、最有条理性的分地方法。只有这样才能有效地耕种土地，大型耕作队伍才能派上用场。群体的利益和领主的利益先于个体的利益。在这个过程中，还实行轮作制，今年休耕的土地明年再播种。这种公田制一直延续到 18 世纪议会通过《圈地法》为止，这种制度的维系依靠的是习俗和集体协商的力量。

在其他方面，英格兰生活的特色也变得愈加鲜明。大小城镇均显示出独有的特色。有些发源于罗马化时代的城镇，有些则起源于阿尔弗雷德兴建的城堡；有些占据了沿海或沿河的大型贸易聚居区，而有的只是大型高级教堂扩张所致。到了 10 世纪的最后几十年，城镇利用了英格兰各地人口的普遍增长和经济的繁荣，迸发出生机和活力。

城镇里密布着房屋和作坊。在坎特伯雷，两所房子之间的距离为 2 英尺（0.6 米），这段距离足以让雨水从房檐上顺利地淌下来。玻璃和陶瓷制造、金属加工和制革业的存在使其显示出真正的城市社会的特征。诺里奇和林肯的人口约有 6 000，而伦敦和约克的人口可能更多一些。其他城镇的人口可能数以百计，而不是数以千计。不过，他们的生活完全脱离了
74 农业或种植业；城镇最明显的特征是，这里的居民肯定是自由人。除了国王以外，他们不受制于任何领主。王室的触手无处不伸，因为大部分城镇是王家建造的，街道的设计和城防部署都得服从于王命。城镇是王室通过征税和商贸来赚钱的重要工具。哪里有金钱，哪里就有权力和等级制。城市逐渐走向自治，有了自己的法庭和市场，由“长老”或“贤达”操纵，这些人组成了行会。在一个部族性质发生改变的国家，这是一种新型的亲属关系。

在这一时期，英格兰出现了教区，这可不是历史的偶然。它是为了约束和控制百姓而出现的，是随着统一国家和强势国王的崛起而出现的。宗教控制与社会束缚是不可分割的。塞恩的礼拜堂变成了教区教堂，教区制度直接源于先前遍布全国的庄园和村庄。到了 12 世纪，这种体制已经完备。教区成为集体活动的中心。直到 19 世纪的最后几十年，它还完好无损地保留着。此时的大教堂和修道院都衰落了，或者改变了功能。到了 9 世纪，小教堂开始遍布乡下。这些小教堂通常都采用木制结构，墙上不抹灰，形状呈长方形，内含一两个“小屋”。在 11 世纪，木制结构终于开始被石制结构所取代。有的小教堂内部也开始装修和粉刷墙壁了。

教堂的用途并不局限于宗教范围。当时的文献表明，它还可能被用作会议室、遮蔽风雨的市场，甚至被用作艾尔啤酒馆。教区牧师本人经常是文盲，很多人抱怨他们酗酒行凶。他们经常娶妻生子。他们可能还是庄园领主役使的奴隶。他们的境遇不比领主的仆人好到哪里去，他们不在教堂的时候，就到农田里去干活。他们对村民施行各种控制。这些所谓的“大众牧师”本应当向儿童传授教义问答、主持圣礼和诵读基督教的基本教
75 义。但是在很多教区，他们就是村子里装神弄鬼的“巫师”。他们对异教风俗的熟悉程度不亚于他们对基督教风俗的掌握程度。人与牛同居一室之

中，胡子拉碴的恶棍充当牧师，在这几百年里，生活之粗俗是后人难以理解的。

9至10世纪的人们都蓄长发，如果有人敢拽别人的头发，肯定得被罚款。被迫剪头发就相当于因犯罪而被割掉鼻子或耳朵。服饰很简单，主要是斗篷和束腰短上衣，它们都是由粗羊毛纺织而成的。然而，富人们戴戒指，别饰针，把自己打扮得珠光宝气。在8世纪，一些英格兰人被囚禁在叙利亚。当地居民看到他们的时候，对他们的华美服饰连连称奇。他们的脸和胳膊上都有文身。富人家的女性身穿蓬松的长身束腰外衣，上面有黄金饰品，头上戴着丝质头巾或亚麻头巾。那个时代的人无论男女都喜欢鲜艳的颜色，例如猩红色、绿色和粉色。另外，无论男女都对香水情有独钟。酗酒是家常便饭，英格兰历史各时期的人们无不如此。有50%的人活不到三十岁，有90%的人活不到五十岁。死亡总是随时降临。 76

6

国王的尺度

在亨利一世统治时期的12世纪初，国王宣布一码的长度为从国王的鼻尖到他向外伸开的大拇指尖的这段距离。究竟是什么东西赋予英格兰国王如此重要的地位和控制权？国王既是国家的身体代表，也是精神代表。他们是国家的体现，他们出现在货币上，体现在司法程序中，呈现于土地占有中，也出没于宗教生活中。如果不仔细讲一讲君主的故事，英格兰的历史简直就没法书写。几百年来，人们已经无法想象，国家如何能没有君主。人们认为，国王的健康关系到整个国家的健康。国王的个人恶行会引发公共灾难。英格兰的形象就是振臂伸指的国王形象。

王政制度的起源已经无稽可考。从新石器时代的考古遗迹可以推断出，自公元前4世纪开始，这片土地上就有政权存在。萨顿胡船墓或埃夫伯里村里躺着的是什么人？死去的国王们已经长眠于地下。

接下来，我们就看到，君主如何炫耀自己不凡的地位。早年的撒克逊诸王自称是神祇的后代，尤其是日耳曼主神沃登的后代，他们身上据说拥
77 有神奇的法力。即便是所谓的圣徒“忏悔者”爱德华，也自认为是异教神祇沃登的后代。在遥远的古代，国王本人很可能就是部落的大祭司。他

们的正妻是女神，他们可以和自己看中的任何人交媾。这种情况非常有可能发生。这有助于解释，为何后来的英格兰君主淫乱无度；甚至到了近世，他们依然可以养情妇，因为在旁人看来，他们就应该如此。

撒克逊国王都是好勇斗狠之辈，他们实际上就是军阀，却总是给自己披上一层君权神授的外衣。他们无论走到哪里，都有人在前面举旗开路。从 10 世纪开始，国王们开始采用古代国王和帝王的称号，例如恺撒、皇帝（imperator）、巴锡勒斯（basileus）和奥古斯都。从他们摆出的大阵势当中，我们可以看到远古时代英吉利诸王留下的痕迹，它把怒气、报复、欲望与符咒、仪式结合在一起。就本质而言，亨利八世和伊丽莎白一世玩弄的也是这种权势。

这就是传统的延续性。埃德加国王在 973 年所用的加冕誓词，也为亨利一世所沿用，誓词的开头是："我以圣父、圣子和圣灵的名义，向基督教臣民承诺三件事情。首先，上帝的教会和我治下的臣民理应享有真正的和平！"邓斯坦大主教为埃德加设计了这套在巴斯加冕的仪式，成为后世王室加冕礼的重要内容。例如，伊丽莎白二世在 1953 年的加冕礼就沿用了其中的很多内容。阿尔弗雷德在自己的作品中（尤其是在他为圣奥古斯丁的《独白录》撰写的前言中）就想到了君权神授，他认为国王比任何臣民都更接近于上帝；事实上，上帝本人就被视为"无比强势的君主"。在最后审判日受到天谴的灵魂，就相当于"在君主面前受谴责的"人。

这类信息代代相传。君主继位时要涂抹圣油，从神那里获权；君主是上帝选中的，而不是人民选择的，他得到了圣灵的保佑。这就是从 10 世纪开始国王组织并控制修道院和主教辖区的原因；国家的实力和统一得益于世俗权威和教会权威的团结。上层教士都是国王的仆从，他们在战争时 78
期与和平时期协助君主。国王相当于耶稣基督。

国王的主要任务就是领导臣民打仗。随着财富和土地的增多，他由神恩庇佑的国家也变得更加强大和富有。所有的土地都属于他。所有的大路和桥梁，所有的教会和修道院，所有的城镇和河流，所有的市场和集市，都归国王所有。这就是为什么从远古时代开始，英格兰就有了一套复杂、严密的税务系统。国王的话就是法律；可以说，他胸怀国家的法律。这也是理查二世在撒克逊先人去世几百年后依然坚持的主张。

因此，“征服者”威廉也没有必要去凭空创造一个强势的、中央集权式的君主角色；这个角色早就有了，他只需继承下来就可以了。一年之中，他有三次在所谓的“升冕日”仪式上戴上王冠；我们可以想象这样一幕场面：国王正襟危坐，郑重其事地接受大领主的致敬。在 8 世纪的时候，就有了这类“升冕”仪式，但实际上这套习俗出现得更早。一年当中的这三个日子（圣诞节、复活节和降灵节）也是北方的异教国王为臣民的福祉举行献祭仪式的日子。所以说，君主制有着古老的起源。虽然传说认为威廉继承了法兰克、罗马或拜占庭的文明；然而，他真正的祖先是当年下令建造巨石阵的人，这是很有可能的事情。

从亨利二世、理查一世到约翰一世，安茹王朝的国王们本能地拥护，甚至夸大君权神授的意识。他们都是一意孤行、残酷无情的君主，他们系统地利用国家的资源去巩固自身的地位。理查是首位在上谕中使用“我们”这个复数字眼的国王。约翰是首位自称是国土之王而非人民之王的君主。在约翰执政期间，君主绝对权力的前提受到了贵族的挑战，但它并没
79 有随着约翰的去世而消亡。它依旧隐藏在后世复杂的王位继承和王朝斗争的幕后；王权依旧是一个关乎王权如何实现的问题，而非关乎正义与否、正确与否的问题。在 13 世纪，长子继承制被首次提出。在亨利四世、亨利五世和爱德华四世执政时期，王室的权力很稳固。理查二世是最倾向于强调君权神授的君主。

我们现在认为君主应当思想宽容、心地慈善，与土地巨头合作无间，但是这样的君主理念在当时没有取得过任何进展。一旦条件允许，都铎王朝初期的国王将与诺曼王朝的君主一样，用同样的暴力手段重申自己的权威和权力。

国王触摸可以治疗瘰疬。虽说很早以前，就有人说“忏悔者”爱德华拥有这种神力，但这种观念主要出现在 12 世纪的某个时期。非常可能

的是，亨利二世是首位喜欢为人作法治病的国王，他手下的一位廷臣曾经写道，“王家的法力”体现在治疗“腹股沟疾病、减少和治好瘰疬方面”。这个传统一直延续到1712年，安妮女王曾经为三岁的塞缪尔·约翰逊摸顶治病。约翰逊终身都是保王派。 80

7

征服者的到来

到10世纪晚期，英格兰已经成为一个繁荣富庶的国家。所以丹麦人照旧觊觎这里的财富和奴隶；他们既攻打现已归化的丹麦人，也攻打英格兰人。在10世纪80年代，零星的侵袭劫掠活动时有发生。在一次丹麦人的侵袭行动中，伦敦被付之一炬。伦敦在历史上经历了多次大火灾，这是其中的一次。991年，一支丹麦军队在埃克塞特大胜英格兰本地军队，由此催生了一首伟大的英文挽诗《马尔登之战》：

> 我们的思想必须更加勇敢，我们的内心必须更加坚定
> 我们的勇气更应鼓起，因为我们的力量已经变弱。

这首诗包含了10世纪武士坚忍和勇武的精神。他骑马奔赴战场，然后下马步战；他杀戮敌人，而不为俘获对方。在马尔登大败后，英格兰国王埃塞尔雷德二世被迫求和。维京人索要钱财，埃塞尔雷德答应出2.2万英镑的金银。谈判之所以能够顺利进行，得益于英王懂得斯堪的纳维亚人的心思。为了提供所谓的“丹麦金”，这个新生国家实行了税收制度。

81 这正是当年阿尔弗雷德在战败之际对付敌人的办法。但埃塞尔雷德可

没有他的祖先那么幸运，或许也没有那么精明。有人给他起了一个外号叫“决策无方者”，或许叫他“听信谗言者”更确切，这是因为他真正的错误在于爱听馊主意。全国各地的首领、控制各郡的伯爵在如何对付丹麦人这个问题上意见不一致、态度分化。在司法和行政方面，他还比较有建树，他的执政时期以制定法规和授予特许状而著称。他的宫廷笃爱诗歌、音乐和战争。我们可称其为“倒霉鬼”，这里暗含一个限制性条件：国王必须自求多福。

丹麦国王就好运连连。当他在994年围攻伦敦之时，埃塞尔雷德花了一笔大价钱贿赂他。这就给他养成了习惯。如今丹麦人看在眼里，英格兰的怯懦与富裕是成正比的。这就是他们一门心思攻打英格兰的原因。这类侵袭活动持续了好多年，直到后来一位丹麦人登上了英格兰王位为止。在1002年，埃塞尔雷德娶了诺曼底公爵的女儿为妻，这件事对英格兰历史产生了重要影响。这次和亲行为，本来是为了维护英格兰东南部沿海地区的安全，但是在这次通婚之后，英格兰人的命运就和诺曼人的命运密不可分了。

到了11世纪，一场血雨腥风降临英格兰。编年史作者大书特书维京侵略者如何野蛮凶暴，写他们劫掠修道院，烧毁城镇。就在成婚那一年，埃塞尔雷德下令屠杀英格兰各地的丹麦人，以报复丹麦人的袭击；据说，在屠杀期间，“每个教区都在除害”。十年之后，坎特伯雷大主教被一支丹麦部队杀死，成为英格兰教会首批殉教者中的一员。

1013年，丹麦国王“八字胡”斯韦恩认定，英格兰即将天下大乱、分崩离析。各郡乱成一锅粥，领导人物拿不出统一的策略。埃塞尔雷德本人在御敌和贿敌之间摇摆不定。有位自称“老狼”的英格兰主教乌尔弗斯坦在全国布道，他宣称：“四处是兵火、饥馑和血光之灾。偷盗、谋 82
杀、瘟疫、诬陷、憎恨和抢劫，以恐怖之势降临在我们头上。”这是上帝对罪恶民族的惩罚。贵族们都把财力都用在奢侈享受方面去了。

在这种形势之下，斯韦恩和他的儿子克努特带着一支庞大的舰队驶向英格兰。他们的战船镶金饰银，他们的盾牌擦得铿亮，太阳一照，让人为之目眩。这景象让人又敬又怕。丹麦法地区的所有人都表示降顺，埃塞尔雷德先是逃到伦敦城中避难，后来又逃到诺曼底。斯韦恩一死，他就回来了，但年轻的克努特对埃塞尔雷德及其诸子毫不客气，痛下杀手。克努特踩着他们的尸体，爬上了英格兰的王位。随着埃塞尔雷德及太子“刚勇者”埃德蒙的死去，早期英格兰国王的世系中断了。阿尔弗雷德的后代、沃登的子孙曾统治英格兰长达 145 年。在他们当中，没有一个人被称为暴君。

克努特国王最初的一些行动相当血腥。他大肆屠杀英格兰的领头贵族及其儿女，为的是确保自己的子孙江山稳固。他在释放被扣押的人质之前，总要砍掉人质的胳膊或者大腿。克努特既狡猾又残忍；王权总是会利用虔诚来完成自己的深谋远虑，因此克努特在皈依基督教之后，对教会慷慨解囊。当他步入大教堂时，按照一位编年史家的说法，他恭恭敬敬地低下头，“真诚的泪水夺眶而出”。这眼泪可不是白流的。他利用了英格兰教会维护自己作为合法君主所应有的精神权威。为了巩固自己的地位，他又娶了埃塞尔雷德的遗孀，即诺曼底的艾玛为妻。但是，他所统治的这个国家已经遭受了 30 多年的战乱和侵袭，人们普遍要求和平稳定，哪怕不惜一切代价。然而，这个代价相当巨大。为了犒赏部队，克努特从英格兰各郡勒索了 8.2 万英镑金银。

然后，他着手恢复国内秩序。他把全国划分为四大军区，派出他看重
83 的侍卫去管理各郡，取代了英格兰的大乡绅。英格兰人再次沦为臣虏。如今，克努特凭借自身的实力成为大帝。他自称是苏格兰、爱尔兰和威尔士的最高统治者。有一位名叫麦尔比斯的苏格兰贵族曾经向他致敬，此人就是后人耳熟能详的麦克白。克努特也是丹麦和挪威的领主，这样一来，他就建立了一个斯堪的纳维亚帝国，英格兰只是其中的一部分。他把女儿嫁给了日耳曼皇帝，他还到罗马参观了女婿的加冕仪式。他被称为克努特大帝，但他很清楚自己的斤两。据说，他曾经让河水听命于他，结果未能如愿，这个故事的发生地就在威斯敏斯特附近深受潮汐影响的泰晤士河畔；这里是他的王宫所在地。他死于 1035 年冬天，据认为，他的遗骨就埋在温切斯特大教堂的某个地方。

克努特的两个儿子“飞毛腿”哈罗德和哈特克努特的统治时间都比

较短，他们也不得人心，这就益发让人感到：有虎父必有犬子。哈特克努特只相当于半个克努特。他和兄长的统治只是“忏悔者”爱德华施行统治的前奏。“忏悔者”爱德华是埃塞尔雷德与诺曼底的艾玛所生的儿子；因此，他有一半英格兰血统，也有一半诺曼人血统。他与阿尔弗雷德的曾祖父威塞克斯国王有亲属关系，但他也是维京人；毕竟诺曼人就是过去定居在诺曼底的维京人。

不管怎么说，他对诺曼底公国的同情是真心实意的，他在那里生活了28年。他到伦敦时带领着一支诺曼人卫队，这是诺曼人入侵英格兰的开端。他在1043年的复活节加冕。在几年之内，有三位诺曼人教士被任命为英格兰主教，爱德华还将一些外国显贵引入英格兰；这些显贵遵循自己的民族传统，他们兴建城堡，而非府第。新国王把苏塞克斯的港口赏赐给费康修道院，而该修道院位于诺曼底沿海，他还把位于多盖特的港口赏赐给鲁昂的商人，作为他们出入伦敦的港口。11世纪大戏的第一幕已经拉开了。1066年的威廉入侵只是这个漫长过程的尾声。

然而，英格兰的伯爵们，那些控制着各郡的显贵，本能地敌视这些诺曼闯入者。他们当中有威塞克斯伯爵戈德温和麦西亚伯爵列奥弗里克；戈德温娶了一位丹麦女贵族，列奥弗里克与克努特的夫人有姻亲关系。丹麦
人与英格兰人很快就融为一个民族了。与此相关的一个事实值得我们注 84
意，在黑斯廷斯战役中，丹麦人与英格兰人也曾一度并肩作战。

有两位伯爵已经被后人遗忘了，但奇怪的是，列奥弗里克妻子的名字却保留在民间传说中。戈德吉甫夫人有一个更为人们所熟知的名字，那就是戈德瓦（Godiva）；她全身赤裸，仅以长发遮羞，骑马穿过市场，这件事成为英格兰最有名的一个民间故事。她之所以如此行事，就是为了让丈夫减轻市民的税负。也有人说，为了不让市民看到她的裸体，她下令各家都关上窗户；然而，有人违背这项规定，成为后人所说的“偷窥者”（peeping Tom）。英语词汇表里又多了一个词。这个传说当然是荒诞无稽的，其中只有一点是真的：戈德瓦的确是11世纪的“考文垂夫人”。1 000年后，当年列奥弗里克的“黑鹰”族徽如今成为考文垂市徽的一部分。

虽说英格兰的伯爵都敌视诺曼人，但他们也反感动乱。当威塞克斯伯爵戈德温起兵造反、攻打爱德华的时候，其他显贵纷纷前来勤王救驾，迫使戈德温出逃布鲁日。各地首领担心由此引发内战，也害怕再次诱使维京人入侵。这是他们不敢兵戎相见的原因。这种效忠于同一个对象的心理纽带，有助于国家的稳定，保证了爱德华的生存。戈德温死后，他的儿子哈罗德成为威塞克斯伯爵；他将成为英格兰最短命的君主之一。

作为国主，“忏悔者”爱德华几乎没有给编年史家留下任何印象。他也没有给英格兰人的生活进程留下深刻的印记。关于他个人的性格和品行，我们所知甚少。在这个残酷无情、动荡不安的社会中，他毕竟生存下来了，这就足以表明，他不乏精明和适应能力。他之所以被称为“忏悔者”，那是因为有人认为他见证了基督教信仰发挥功效，但在现实生活中，他不是特别虔诚。有一首诗赞美他“正派清白、性情温和”；之所以
85 说他“清白”，那是因为他不放荡，他没有子嗣；说他温和，那是因为他有仁慈之心。但他并不虔诚。他固然赏赐教堂和修道院，但那不过是国王的分内之事。他在外交和治国方面也没有特殊的才能。他胸中也没有宏伟的规划；他一路走来，利用偶然性，顺应必然性，从容不迫地应对每一场危机。他秉持的原则不外乎个人利益第一、生存至上。机缘和运气是他的导师。在这方面，他与其他英格兰国王没有什么区别。或许，这就是英国历史最重要的教训。

在他死后，英格兰的生活进入了一个崭新的阶段。从 8 到 11 世纪，英格兰的民族身份在这一时期成形了。“忏悔者”爱德华成了“英吉利民族的国王”，他的臣民成了“英吉利人”；他控制的是“英吉利军队”和“英吉利王国”。同样是在这一时期，英格兰国家的基本构成因素（郡制、百户和十户）都建成了。英格兰成为一个拥有强大政权的独特国家。英格兰的法律也被提出讨论，编成严密细致的法典，有关财产和继承的法律沿用了好几百年，没有发生大的变化。这一时期的文学和艺术，包括史诗《贝奥武甫》（估计是 8 世纪的作品）和《林迪斯法恩福音书》（8 世纪初，参见插图 6），成为英格兰文化遗产的组成部分。最重要的是，这片国

土上的风俗得以维持，其传统得以保存下来。英格兰民族的基本延续性得以传承下来。

爱德华把王冠留给了谁？这个问题至今没有令人满意的答案。据说，他在临终之际指定戈德温之子哈罗德为继承人。哈罗德继位并不名正言顺，其实王位应该属于爱德华的侄外孙埃德加·阿塞林，当时他年仅十四岁。诺曼底公爵威廉也声称，爱德华将王位留给了自己，哈罗德还曾经把手放在圣徒的遗骨上发誓效忠威廉。由于历史是由胜利者书写的，这种说法得到了普遍的接受。但是，它很可能是不实之词。

无论如何，哈罗德都认为自己更有资格上位，哪怕他并非王族出身。86
他是国内家族历史悠久的伯爵，身兼东盎格里亚和威塞克斯两大伯爵称号，占有大量土地和财富。他还是已故国王爱德华的小舅子，在爱德华生前，他就被视为“副王”。按照编年史家的说法，此人开朗奔放，他的行为可以证明，他还是个英勇善战之人。在 1063 年，他和弟弟陶茨格一道征服了威尔士。在 1066 年 1 月 6 日，也就是爱德华下葬的那一天，他加冕为英格兰国王；这是刚刚经过祝圣的威斯敏斯特大教堂举行的第一场加冕礼。不过，这个愉快的先例不一定带来好兆头。他的执政时间仅仅维持了 9 个月又 9 天，他是英格兰历史上执政时期最短的国王之一。

如今，他的王国面临两大威胁。一个来自北欧的斯堪的纳维亚诸王，他们急于恢复克努特帝国；另一个则来自诺曼底，哈罗德继位让威廉感觉自己受到了怠慢，甚至是侮辱。据说威廉听说哈罗德继位的消息后，他顿时勃然大怒，暴跳如雷。贪婪和权力欲支配了他的行动。

威廉自幼身处逆境，喜欢打打杀杀。他早年有一个绰号“杂种”威廉，因为他是私生子，他的母亲是一个制革工人的女儿。他本人曾经说过：“自孩提时代开始，我就在战争中接受教育。”他八岁就当上了诺曼底公爵。他统治的这个地区，历来以宗族械斗和血亲复仇而著称。因此之故，这里乱象丛生。但个性强悍的威廉痛下杀手，制服了对手。他年方十九岁便首战告捷，使附近的曼恩和布列塔尼沦为藩属。此人作风强悍，为人残忍，贪恋财富，喜欢抢地盘。但他有一个了不起的本事，那就是驭下极严，令行禁止。如果有人不服，就严惩不贷。

这就是他能够按照自身形象再造诺曼人政权的原因。诺曼底本质上还是一个古老的斯堪的纳维亚国家，它还在延续10世纪初挪威入侵者的风尚；当时挪威人侵入此地，从法国国王那里拿到了居住许可。诺曼人实际
87 上就是北方的斯堪的纳维亚人。他们构成了武士阶层，他们的文化和社会要比英格兰更粗糙、更简单。但他们精通新的战法，而这恰恰是英格兰军队所匮乏的。威廉公爵连打带骗，软硬兼施，统一了领地内的割据势力。他属于那种典型的"强人"、国家的缔造者。世界历史的各个时期都会出现这种人。此人身高5英尺7英寸（1.7米），中年发福，肥胖不堪，嗓音粗粝嘶哑。他力大无穷。据说，别人借助脚力还拉不开的弓，他在马上用手就能拉开。

这就是让英王哈罗德望而生畏的对手。除了用武力征服之外，威廉是不可能登上英王之位的。然而，登上王位就是他着手要做的事情。就很多方面而言，这桩事业相当危险。诺曼人没有水师；若要完成这次侵略行动，需要建造500艘船只。威廉还面临一个强有力的对手；英格兰更富裕，也更强大，它能募集很多士兵参战。战争的结果如何，实在难以预料，明智之举是应当不惜一切代价避免两军正面交锋，最好是采取袭扰和破坏的办法，而不是毕其功于一役。

然而，威廉公爵的意志是坚定不移的；他说服了诺曼底的各个领主以及一些法兰西盟友，随他跨海西征。他向他们承诺，事成之后，要以丰厚的战利品回报他们。威廉还取得了一位更高级人物的帮助。他说服罗马教宗为此次出征祈神赐福，他给出的理由是很可疑的，他说哈罗德违背了当初向公爵称臣的神圣誓言。教宗送给威廉一枚戒指，这枚戒指里面藏有圣彼得的一根头发。在此期间，威廉把女儿塞西莉亚送到了卡昂的一所修道院，让她出家为尼。实际上，他为了取胜，把女儿当作祭品奉献给了上帝，就像阿伽门农出征特洛伊之前用伊芙琴尼亚献祭一样。

威廉做了大量准备工作，到了1066年6月中旬，他在英吉利海峡对

岸的滨海迪沃集结了一支庞大的水师，总共有 14 000 名军人整装待发。 88
哈罗德听到这个消息后，让水师驻扎怀特岛，将陆军布置在沿海，严阵以待。然而，法军遇到了逆风，无法出海。当它终于可以扬帆驶向对岸的英格兰时，船队又被大风吹得偏离了航线，只好躲在索姆河上的圣瓦雷里港避风。它在那里一直待到 9 月份的最后一个星期。此次出兵运气之坏真是前所未有，威廉手下的将校一定认为，上帝未必会出手帮忙。

在此期间，哈罗德一直严阵以待。四个月来，他一直在准备应对来犯之敌。到了 9 月 8 日，他解散了手下的军队。因为粮草用光了，而手下人又急着回去收割庄稼。肯定有人向他报信，说威廉的船队出师不利，他也一定会盘算：暴风季节即将来临，今年不会再有侵略行动了。他回到伦敦不久，就得到消息：大难即将临头。正如《盎格鲁-撒克逊编年史》所记载的那样："挪威国王哈拉尔德从北方突袭，进入泰恩。"在 9 月 20 日，哈拉尔德·哈德拉达兵临约克。一听到这个坏消息，哈罗德赶紧召集手下兵马；他向北方急速行军，日夜疾驰，所到之处，均有地方武装随他出征。马蹄飞扬，烟尘滚滚，丹麦人一看就知道他的大军到来了。12 月 25 日，他与敌军会战于斯坦福桥，大获全胜。此次战役充分体现出他的军事指挥能力。哈拉尔德殒命疆场，维京人彻底打消了他们对英格兰的觊觎。哈罗德对哈拉尔德的评论是："此人相貌堂堂，绝非平凡之辈，但我想他的气数已尽。"

哈罗德本人的气数很快也烟消云散了。事实上，他成了英格兰人的末代国王。正当他庆功之际，他收到了威廉兴兵入寇的消息。威廉命人在座舰上挂上提灯，引领船队横渡英吉利海峡。1066 年 9 月 28 日上午 9 点钟，诺曼军队在佩文西湾登陆。这是英格兰历史上最有决定性意义的一次异族入侵。诺曼人从这里沿着海岸划船驶向黑斯廷斯，他们认为这里才是最理想的作战地点。威廉在此兴建了一座临时性堡垒，以此为基地，发兵劫掠 89
附近的乡村。但他没有沿着大路向伦敦进兵；他的作战方针本质上是防御性质的，为的是靠近自己的战船。

在威廉入侵两三天后，哈罗德听到了这个消息，立即率领主力部队南下，准备在苏塞克斯迎敌。他的行动十分迅速，可是他手下的人马刚刚打完一场恶战，减员甚多。或许，他是想出其不意地拿下诺曼人，正如他奇袭哈拉尔德那样；显而易见，他想把敌军困在黑斯廷斯所在的这座小小的半岛上。到了 10 月 13 日，他已经完成了这个目标。他对这一带的地形地貌了如指掌；苏塞克斯是他的故乡，他在那里有大量的地产。他命令苏塞克斯当地的民兵团前往科尔德贝克山会师，但威廉得知了他即将进攻的消息。他有时间从容不迫地排兵布阵，迎战尚未集结完毕的英格兰军队。

英格兰军队驻扎在科尔德贝克山上，这里是附近地区的制高点，诺曼军队就部署在他们的眼皮底下。诺曼人向南坡发起进攻，从理论上讲，这个地点对他们是不利的。山顶上的英军驻地，就是后来的“战争修道院”高高的祭坛所在地。英军的队形是紧紧收缩的，而诺曼人的阵型更适合展开行动。英军有 6 000 或 7 000 人，人数不及诺曼人。英军都是步兵，这是他们的作战习惯，而诺曼人有大量的骑兵留在后方以逸待劳。

双方开始交战。诺曼人一边冲锋，一边高喊：“上帝助我!”英格兰人则高呼：“基督的十字架，神圣的十字架!”威廉的脖子上戴着一件圣物。当诺曼人扑上来的时候，英格兰人挺起盾牌，形成一面“墙壁”。他们基本上处于守势，似乎要坚守不动的样子。但诺曼人另有计谋，他们有两次佯装战败逃走，为的是杀个回马枪。然而，英格兰主力全天坚守阵
90 地。在黄昏时分，哈罗德为流矢所杀。英军群龙无首，士气大跌，于夜间四散奔逃。如果哈罗德不死，英军很可能获胜，但历史不允许假设。

威廉和他的军队休整了五天，然后取道多佛和坎特伯雷，向伦敦进军。如今他身处异国，周围净是不服从他统治的封建领主。北方诸郡的伯爵坚决反对他，伦敦人也是如此。所以他充分地发挥了暴力本能；他主动进攻，肆意杀戮。他在伦敦桥附近被打退，为了报复，他将萨瑟克烧成一片瓦砾。接下来，他在伦敦周围四处放火，劫掠四周的乡村。从汉普郡、萨里和伯克郡，他一路烧杀抢掠。《末日审判书》收录的“荒原”条目，讲述了他进兵的经过。英格兰的首领在伦敦坐困愁城，只好答应投诚。他们派出议和代表前往赫里福德郡的博克姆斯泰德，正式向他投降。英格兰

人毕竟已经习惯于接受异族人统治了，从克努特和半个诺曼人“忏悔者”爱德华，再到这位威廉，他们都能够接受。投降总比抵抗好，比起流血牺牲，那就更好了。另外，由于哈罗德战死，他们也缺少一位英勇善战的首领。

就这样，威廉领兵进入了伦敦。伦敦人在家乡进行了抵抗，但威廉大获全胜。圣诞节那天，他在威斯敏斯特加冕为英格兰国王。作为诺曼底公爵，他在理论上还是法国国王的封臣。这种双重身份在未来的若干年中，甚至在未来好几百年当中，都结下了苦果。从此之后，英格兰将卷入法国及西欧事务。此后，许多血战和围攻接连不断，直到1815年打败拿破仑之后，才真正停息下来。 91

8

房　舍

不列颠的圆屋、罗马人的别墅和盎格鲁-撒克逊人的大厅曾接连数百年，建在同一处土地上，如今都已化为泥土，湮没无闻了。只有极少数别墅的废墟至今犹存，成为古代文明在这里存在过的证据，大部分罗马人别墅都与它们脚下的土地合为一体了。

在 11 至 12 世纪，标准的住房有两层，底层是一个正方形大厅，楼上有四个正方形卧室；楼梯设置在住房的外侧。家具样式简单，与盎格鲁-撒克逊人时代相比，几乎没有太大的变化。在架子上搭一块板子就是餐桌，大多数就餐座位就是长条凳子。在石头房子里，壁龛或凹室发挥着类似的功能。除了贵族家里的豪华座椅，普通人家几乎没有椅子或凳子。有些比较富裕的人家可能有柜子、箱子和壁橱；铺盖就是放在石头架子上的一包稻草。

只有富人家才能住得起一层带“大厅”的石头房子。大部分人家的房子都是用木头盖的。屋顶苫着稻草、芦苇或欧石楠；窗户不带玻璃，但木制的遮阳板在夜间可以插上，以保证安全舒适。虽说如此，木房子里还
92 是有过堂风，也有烟雾弥漫的时候。与石头房子一样，这种住房也分上下两层。一楼是起居室和厨房，二楼是主人一家的卧室。在穷人家的房子

里，一家人只能睡在地上，铺上稻草或欧石楠就算是床铺了。房子前面可能摆一个货摊，出售商品和土特产；房子后面可能有一座货栈或一个手工作坊，生产货摊所售的商品。

比较贫困的人家连这些东西都没有。他们中的大部分人住在用篱笆条搭建的、四周抹泥的草棚子里，几乎无异于当年布立吞人的住所。这么多年过去了，人们的绝对需要几乎没有变化。乡间的农舍留存下来的概率很低，要么是自己坍塌了，要么是被人扒了，也就是两代人的事情。它们源于大地，又回归大地。汉普郡实行一种名叫“户主保有权”的房屋保有权；如果某人在一夜之间建起一间房子或茅草屋，在黎明之前能生火做饭，他就有权在此居住。

农舍的建造风格和方法即便没有延续几千年，也有好几百年了。例如，在20世纪初，托马斯·哈代回忆起他儿时人们使用的建筑方法。“所谓的泥墙，”他写道，“的确是由白垩、黏土和稻草混在一起，实际上就是没有烧过的砖建成的。这些东西在施工现场搅成一团，人上去用脚踩踏，用铁锹搅拌，有时候还让妇女上去帮忙踩踏。加稻草是为了起到黏合作用……然后用干草叉将一团团泥巴甩到墙上去……晾那么一两天。”在阳光的照射下，房子的四壁晒干、硬化，之后就开始建房顶。这就是罗马人到来之前布立吞人使用的营造法式，一直延续到了维多利亚时代。

在13世纪，一座中等住宅的大小可见于1281年伍斯特法院司法卷宗中的描述：这是一座平房，30英尺（约9米）长，14英尺（约4.3米）宽，有三扇门，两扇窗户。窗户在房屋两侧，一侧一扇，凉风习习的时候，就打开窗户，天气严寒的时候，就用稻草或蕨类植物的叶子塞紧窗缝，使之不透寒风。全家人吃住可能就在一间屋子里。在这个时代，个人 93
毫无隐私可言。伯克郡出土过一间13世纪的农舍，只有一间屋子，12英尺（约3.6米）长，10英尺（约3米）宽，屋子直通房顶，房子中间放一个炉子。同一时期使用的长屋都是人畜混住的，房子里还存贮粮食。房中居民与家畜一同起卧。

由于时代和环境的需要，房屋可能接长、重建或者扩建，许多改进是依靠英格兰人的勤奋和心灵手巧才得以实现的。11 世纪的房屋不带木头框架，全是靠黏土垒成的；到了 13 世纪，大多数房屋使用木头框架，过了不到一百年，墙下又开始打石头地基，以隔潮防腐。在夯得结结实实的泥土地面上通常会铺上一层灯芯草；这层灯芯草被踩得又潮又脏之后，就被称为“湿地”。烟筒管帽存在的最早证据，来自伦敦弗里特街以南的白衣修士区，早在 1278 年，拉尔夫·克罗克赖恩就在这一带卖烟筒管帽。

然而，住房的基本结构数百年来没有变化。家具极少，家庭用具都是很粗糙的制品；勺子和碟子都是自己家人用木头做的。铜锅和铜杯极为少见。晚上用来睡觉的床就是白天的座椅。这些房间都是不带陈设、仅供居住的。或许令人感到吃惊的是，英格兰的农夫无论贫富，住的往往都是同样的房子；不管他们的经济状况如何，他们都喜欢仿古。就另一方面而言，这种现象说明了传统习俗在农村地区的延续性。在比较大的住宅中，我们可以发现住房的目的具有同质性。在这样的房子里，中间是大厅，两侧分布着小房间。有一种变化的确发生了：到了 13 世纪末，至少较大的城镇为了改进下水道和污水系统，提供了更多的经费和设施。

在现存于世的房子当中，14 世纪以后的远远多于先前的。总体而言，它们比以往的房子更结实、更坚固。伦敦的屋宇经常有三层，高达 30 至 40 英尺（约 9 至 12 米）。乡下人若见到都市里的这些“摩天大楼”，肯定
94 会感到吃惊。在当时的英格兰，它们还是新鲜事物。零零碎碎的小黄砖就是 14 世纪中期的伦敦人留下来的。从 14 世纪开始，富商家的联排住宅里开始讲究精装修，室内装饰得色彩缤纷，造价昂贵；墙上装饰的是挂毯、帷幔和各种挂件。地上铺的不再是灯芯草而是瓷砖；锃明瓦亮的瓷器是从法国和西班牙进口的；闪亮的玻璃是从威尼斯进口的，丝绸则是从波斯进口的。这与普通人简陋的家居形成了全面反差。对奢侈品和颜色的爱好逐渐在富人家流行开来。到了 15 世纪，富人家会有靠垫和挂毯、印花布与地毯、脸盆与屏风、护墙板以及椅子、长凳的外罩。按照现代人的品位标准，他们家里的色彩搭配不够协调，因为亮黄色与紫色、绿色放在一起。他们就是想制造出一种溢彩流光的效果。正因为这个原因，当时的人们经

常在布匹、挂毯以及衣服上绣太阳。本着同样的精神，人们脚下穿的鞋子也是五颜六色的。砖和玻璃都成了常见之物。平炉逐渐被壁炉所取代。

中世纪的许多生活用品依然能够从地下发掘出来。在温切斯特和比佛利，发现了木凳子和其他家具的遗迹，它们已经在地下沉睡了好几百年。有两把锁头被人砸碎后扔掉了；还有一把锁头被主人修好了。为数众多锁头和挂锁纷纷出土，表明当时生活中充满了凶兆，至少时人疑心四起、小心谨慎。

考古队还从地下挖出了铅铜合金的烛台。到了 15 世纪，这些烛台的尺寸相较于过去变大了，这说明蜡烛变粗了。相应地，这也表明社会财富增加了。所以说，从小小的物质材料细节入手，我们可以得出宏观的大结论。到了 13 世纪末，玻璃挂灯开始取代石头挂灯或陶瓷挂灯；在 14 世纪初，油灯（小碟子里装上油，点燃漂在油上的灯芯）被蜡烛取代。木制
的器皿（通常已腐化成灰）此时随处可见，但是到了 14 世纪，富人家盛 95
行使用玻璃制品，有玻璃长颈瓶、玻璃广口瓶，还有玻璃杯。装尿和验尿用的玻璃尿壶也比较常见。

考古队还发现了死者的其他遗物。有一杆称量硬币重量的秤被人做了手脚，后来又被销毁掉；或许这杆秤的主人已经被戴枷示众了。铜合金器皿或陶瓷器皿经常被锔过，这种现象说明，在家庭经济生活中，这些最廉价的物品很受重视；陶瓷表面的裂缝是用铅封上的。一顶铁头盔翻转过来，安上一个手柄，就成了做饭的家什。纺锤到处可见。缝衣针和顶针也是如此。在那个年代，无论男女，人人都会穿针引线。这是一种常见且必要的家庭工作。有许多勺子和勺子把至今犹存，其中有一些还刻有图案或记号，这是物主留下的标志；这让人联想到人们集体就餐的情景。有些出土的器皿上还刻着这样一行字：“当你用餐时，首先应当想到穷人。”13 世纪的一枚胸针上刻着这样一句话：“我是保卫乳房的胸针，看哪个流氓敢把手放在上面。”14 世纪的一枚戒指上有这么一句铭文：“挥霍金钱、入不敷出之徒，无须他人动手，便会自我了断。”哨子、书本夹子、文具、钩子、铰链、柜子、小箱子、皮鞋，这些物件都是被遗忘的生活的无

声见证人。

最常见的住所当然就是地下室了。许多地下室的四周铺着白垩或燧石，地上铺着瓷砖。有证据显示，地下室的台阶直通大街，地下室的小窗户与地面在一个水平线上。过去的生活还在这个世界留下了其他印记。如果仔细观察破损的地面，就会看到一扇可以前后开合的门在这里留下的
96 刮痕。

9

妖魔与恶徒

胜利之后便是掠夺。威廉于是着手组建他的新王国。他没收了英格兰敌手的地产，尤其是在黑斯廷斯战役中与他为敌的那些英格兰人的地产。英格兰的大乡绅有的逃走了，有的流亡国外了。正如以前的克努特，他突然下令征税，筹集了大笔款项。此人确有征服者的胃口，非常贪婪。在这片新领土上，还有一样东西体现出其势力的崛起。他所到之处，都要建造城堡。其中有一座就建在伦敦，位于现在的伦敦塔的对面。

在治国理政的过程中，他得到了许多前朝遗老的帮助。正如此前的许多异族统治者一样，威廉意识到自己需要英格兰旧臣的理政经验和知识。在执政之初，他还保留了英格兰人的郡长职位。修道院依旧归英格兰院长管理，尽管其中有两位修道院院长是他在黑斯廷斯战役中的死敌。曾在“忏悔者”爱德华朝中担任书记机构首脑的雷根巴尔德，也成为威廉手下的书记官。

然而，还是有些英格兰人想反抗。威廉的势力仅限于英格兰的东南
部，哈罗德本人的近亲在西南部的埃克塞特建立了基地。1068 年，他们 97
趁着威廉回诺曼底的机会，兴兵造反。这次起事的资深主角是哈罗德的母亲吉萨，她得到了爱尔兰人，甚至还有丹麦人的协助。吉萨是丹麦国王的

姨妈。威廉意识到了问题的严重性，立刻返回英格兰，兵临埃克塞特城下。这场围城战持续了 18 天，最后吉萨从埃克塞河上逃走，城里的人旋即投降了。

然而，这只是北方诸郡声势更为浩大的反叛行动的开端。1069 年，北方诸郡的英格兰人获得了丹麦人的帮助，攻占了约克。丹麦法地区的历史记忆依旧强大。威廉领军北上平叛，在停留之处兴建城堡。他并没有马上攻打约克，而是用上了三年前对付伦敦人的策略；他在周围地区四处搞破坏。这就是著名的“北方之劫”，威廉行军所到之处，杀光、抢光、烧光。他就像电闪雷鸣的风暴一样扑了过去。生灵涂炭，庄稼遭殃，村镇损毁。所有粮仓被付之一炬，四处都在闹饥荒。据说因此死去的人有 10 万之多。约克和达勒姆之间没有留下一块可耕之地。在 100 年后，这场大破坏的遗迹依然清晰可见。按照《末日审判书》上的说法，这一地区的乡村成了“一片废墟”。然而，北方人不再反抗了。他制造了一片荒漠，却称之为和平。据说，威廉在临终之际忏悔说：“我像一头饥饿的狮子扑向了北方各郡的英格兰人。”

在这次北方劫难中，威廉毫无英格兰国王的风范。他表现得就像是个暴君。正是因为这个原因，其他地区不断有人起义，很多英格兰人建立了我们现在所说的游击队，袭扰侵略者。面对着这个拥有 300 万或 400 万人口的国家，人数仅约 1 万的诺曼人唯一的武器便是残酷的暴力和恐惧。谍
98 报和英奸、殴打惩罚和秘密谋杀，这些东西都是少不了的。11 至 12 世纪的英格兰编年史作者奥尔德里克·维塔利斯写道，英格兰人“在诺曼人的铁蹄下呻吟，那些不从王命的骄横领主也没少祸害他们”。换句话说，诺曼领主将自己的权力发挥到极致。所以说，在诺曼人统治的前四五年间，到处都有扯旗造反的消息。从 1067 到 1070 年，英格兰人每年都起来反抗诺曼人。

有一股义军因为出了一号名为赫尔沃德的人物，其事迹一直流传到今天。他藏身于伊利周围的沼泽地里，以此为基地，时不时地袭击追捕他的诺曼官兵。他手下的这拨人马被称为“绿林好汉”。有一支丹麦人的武装在

岛上登陆，加入他的队伍，两家合伙攻打了彼得博罗修道院。显然，这样做是为了防止这里的财宝落入诺曼人之手。诺曼人用了一年时间也没有把他从山寨中赶走。有人说，由于伊利的僧侣叛变，给诺曼官军带路，他才功亏一篑。的确，诺曼人只有经过长时间的进攻，水陆并进才攻克他的山寨，迫使他逃亡。从这时候起，威廉只任命诺曼人当领主和修道院院长。

没收英格兰人土地的进程加快了。国王是英格兰全部土地的最终拥有者，这成了公认的原则。英格兰就是他的领地。威廉把这项原则付诸实践。到了 1086 年，全国的贵族领主当中，只剩下两个英格兰人：林肯的克尔斯韦恩和阿登的瑟基尔；他们只有和新政权积极合作，才能保住自己的地产。其余的大地产落入为数不多的诺曼显贵手里，作为回报，他们要率领骑士为国王服兵役。英格兰变成了一个军事化国家，供养着一支占领军。

相比之下，英格兰的小地主更有机会保住自己的土地，但还是要付出很高的代价。他们中的许多人沦为佃农，耕种自己曾经拥有的土地。有些 99
人遭到了残酷的虐待。埃里克曾经是白金汉郡马什吉本的自由佃农，但到了 1086 年，他不得不向一位“刻薄寡恩、令人痛恨的”诺曼新领主交租。12 世纪初的编年史家达勒姆的西蒙曾经说过：“很多人从此卖身为奴，只为了维持可悲的生活。”还有些诺曼家庭移居到这块新发现的宝地，这种殖民化模式一直延续到 12 世纪。

其他一些变化也有案可查。新式建筑被引入英格兰的景观，其中最显眼的是新式的城堡和教堂。到了 1100 年，所有的英格兰大教堂要么是重修的，要么是新建的。与以前的大教堂相比，它们规模更大，也更结实；正厅更长，礼拜堂的数量剧增。诺曼人善于建造；他们非常喜欢发挥石头的威力。巨大的圆形拱门借鉴了罗马式建筑巍峨壮观的风格，表达了他们必胜的信念。厚重的城墙、联排的石柱和拱廊，传达的也是同样的气魄。达勒姆大教堂气势恢宏，游人一旦置身其中，就会被淹没在直刺天穹的石头建筑中。

诺曼人的城堡都是正方形的巨大砖石建筑，墙壁极厚，窗户很小。它们碾平了脚下的土地，体现出一种大无畏的精神。它们散发出一种幽暗的，甚至可以说是绝望的气息；按照1137年英国编年史家的说法，这里面“装的都是些妖魔与恶徒”。它们既是监狱，也是堡垒；既是法庭，也是兵营。由于它们乃是压迫者的据点，英格兰人对它们痛恨有加。然而，它们又是独具一格的辉煌建筑，是大权独握的诺曼人的意志和控制欲的产物。按照《盎格鲁-撒克逊编年史》的说法，在威廉的统治下，社会治安状况非常好：“任何怀揣黄金的良民，游遍全国都不会受任何伤害；没有人敢互相动刀子……”

在其他方面，英国的自然面貌也发生了变化。全国各地兴建了数以百计的修道院。皇家鹿苑和兔苑也划出来了。大片的土地受到《森林法》的管辖；《森林法》是诺曼人的发明，按照它的规定，田地里的所有野果和动物都是国王的财产。如果有人胆敢打鹿，就会被戳瞎双眼；没有人敢
100 猎杀野猪，就连野兔也不敢打；树不敢伐，柴火也不敢捡。这部法律管辖的范围可不止森林，全国三分之一的土地都成了王室的保留地；整个埃塞克斯都被圈了起来。新森林、埃平森林、温莎大猎苑，以及达特穆尔和埃克斯穆尔的“森林”都是这部法律留下来的遗产。

历任国王无一不喜欢打猎。这是他们权柄的一部分。阿尔弗雷德就曾带着猎杀丹麦人的精神去猎杀野兽。狩猎是和平时期的一种练兵方式。它相当于一个小型战场，可以用来检验人的胆量和力量。对于威廉而言，打猎也有商业价值，因为鹿肉价格昂贵，如能从自己的领地中轻易获得，岂不更划算？然而，《森林法》是英格兰人痛恨的社会负担，因为英格兰人过去一直都把树林中和野地里出产的东西当成自己家的。与以往一样，王公骄横放纵，穷人受害最深。

语言造成了社会的大分裂。新的统治精英使用的是诺曼法语，而广大百姓当然还是使用英语。过去人们认为，诺曼王族在施政过程中用法语完全取代了本土语言，其实情况并非如此。事实上，英语与拉丁语在很大程度上还是治国理政的语言。不过，国家领导人使用法语口语却产生了其他后果。例如，它给某些英语单词的发音造成了问题，它把斯诺丁汉（Snottingham）变成了诺丁汉（Nottingham），将达诺姆（Dunholm）变成

了达勒姆（Durham）；将希普顿（Shipton）变成了斯基普顿（Skipton），将亚罗（Yarrow）变成了贾罗（Jarrow）。

到了1110年，温切斯特本土语言的名字从70%降到了40%；在这一过程中，被繁荣的英格兰经济吸引而来的外国商人可能发挥了一定作用。威廉本人甚至想学英语，以便执法断案，但结果证明英语对他来说实在是太难了。事实上，在这几百年中，法律用语中充斥了法语派生词，例如："合同"（contract）、"协议"（agreement）、"契约"（covenant）等。法庭上使用的行话被称为"法律法语"。"主人"（master）和"仆人"（servant）这两个词就来自法语。与"金钱"（money）和"支付"（payment）一样，"犯罪"（crime）、"背叛"（treason）和"重罪"（felony）也是法语。廷臣 101
使用的语言是经商和惩戒时的语言。侵略者和本地人在外貌上也有所不同：英格兰人留长发，而诺曼人头发极短。然而无论是在这方面，还是在其他方面，英格兰风俗最终占据了上风。

正是因为这个原因，在整个11世纪，有许多英格兰旧物得以保留下来，丝毫不受政治事件的影响。英格兰的法律和政府原封不动地保存下来了。威廉宣布，"忏悔者"爱德华的法律理应受到尊重，虽说他也重新颁布了克努特制定的法律。

塞恩如今被称为骑士，但他们依旧发挥着原来充当领主和法官的基本功能。名称变了，但制度依旧。郡、百户和十户保存完好。郡长的位置也保留了下来，尽管后来任命的诺曼人郡长对自己的辖区非常苛刻。郡县的法庭还是按照以前大家都熟悉的方式行事。城镇享有的各种特权和风俗保留不变。全民征募的兵役制度一如既往。制造货币的依然是英格兰人，诺曼人还没掌握这项本领。文书还是按照大家熟悉的方式书写和颁发。由大地主组成的议事会，还保留着古老的形式。无论我们把目光投向哪里，延续性的标志都无处不在。这就是英格兰的基本特征。郡制的深层结构完整地保留了下来。毫无疑问，威廉无疑是强势国王，权倾整个国家，但克努特和埃塞尔斯坦也是同样的货色。

后来我们认为是诺曼人带来了许多发展和变化，但是那更多的只是英格兰风俗加速推进的结果。关于诺曼人的封建制度，后人多有撰述论及，根据这种制度，整个国家受制于一纸军事契约。然而早在威廉征服之前，这一制度的大部分内容在英格兰已经存续多年了。封建主义的关键原则是宣誓效忠的行为；某人在领主面前下跪，伸出双手，领主则伸手握住这双手。这位恳求者低着头，举着手，他的动作就像忏悔之人在祈祷一样。他承诺“承蒙恩赏，愿麾下效劳”，并且“以生命、手足和世俗荣誉为担
102 保，向您宣誓效忠，（除了国王之外）可以反对其他任何人”。但是，在英格兰，以土地换取兵役的做法早就存在。誓言的内容可能不同，但社会义务没变。从 8 世纪的英格兰诗歌中可以看出，领主与手下的人总是结为一体。然而，有一个重大变化发生了。按照以前的传统，户主去世，财产由诸多亲人继承。但是到了 12 世纪，财产只留给其中的一位男性继承人。这些东西合在一起创造了英格兰的社会结构。

英格兰教会是这个结构的重要组成部分。威廉引进了很多诺曼式改革措施，也引进了诺曼僧侣，为的是整顿英格兰的宗教团体。在 1087 年，英格兰 21 位修道院院长中只有 3 位是英格兰人。并非所有新院长都同情自己的英格兰下属。埃尔宾顿的修道院院长不再保留某些英格兰圣徒的宗教节日，他依据的原则是：英格兰人是“乡野村夫”。在格拉斯顿伯里，新上任的院长命令自己的武装扈从（一群诺曼弓箭手）向手下的僧侣开弓射箭，因为他们反对采用新的礼拜仪式。有些修道院院长很有协调能力。塞尔比的修道院院长亲自动手，帮助教民建造第一座石制的教堂。他戴上了工人的风帽，亲自扛运石头和白垩等建筑材料；与其他民工一样，他在周末领工资，然后又送给穷人。

威廉还任命意大利人朗弗兰克担当坎特伯雷大主教。朗弗兰克此前住在贝克的诺曼人修道院中，国王对他早有了解。此人学问高深、信仰虔诚，很像后来的坎特伯雷大主教安瑟姆和贝克特，并且对英格兰人的生活产生了深刻和持久的影响。朗弗兰克为教会法规制定了首要原则，威廉承认教会事务由教会法庭来处理。正是在朗弗兰克的带领下，一些大教堂拔地而起。他也制定了一些清规戒律，好管束那些经常不服管教的英格兰僧

侣。1076 年，他下令禁止英格兰的神职人员结婚。

教宗曾为威廉的侵略行动祈福，但是这位新加冕的国王却不愿意受制于教廷。他决心亲手掌控自己的臣民。难道他的职位不也是神圣的吗？当 103
教宗选举出现分歧，不经威廉同意，英格兰就不承认任何人当选为教宗。如果不向威廉报备，教宗通谕就不可以发到任何一位臣民手中。不经他同意，教宗使节不能踏入英格兰一步。主教和修道院院长的任命，都要经过国王的批准。国王与教宗之争，或者说国王与大主教之争，持续了好几百年也没有产生一个明确的结果；直到宗教改革时代，它们才遇到关键性的危机。

有一样东西成为威廉执政时期的标志，那就是一份原名为“土地税负调查书”的文件，比较通俗的说法是《末日审判书》。它之所以叫这个名字，那是因为里面罗列的证据就像末日一样，都是无法躲避的。这是一份全国性质的资源调查报告，在欧洲极为独特，但在英格兰并非不常见。实际上，这类文献记录在英格兰早就存在，既有全国性的，也有地方性的。按照《盎格鲁-撒克逊编年史》的说法，威廉向咨议会成员和派往各郡的调查员发表了一篇内容“深刻的讲话”。调查员的任务是摸清楚“每一位土地拥有者到底掌握了多少土地和家畜，以及它们值多少钱”。他们的调查做得非常细致，内容非常丰富，一定参考了先前的记录。这份调查报告书共有两大卷，第一卷有 475 页，第二卷有 413 页，有些首字母还用红墨水润色。它记录了 13 000 处场所的情况，它们大部分至今还在。《盎格鲁-撒克逊编年史》的作者特地说明：“这份记录没有遗漏一头公牛或母牛，也没有遗漏一头猪。”从下面这个条目我们可以看出记录之详细。调查书上写道：“女佣埃尔福基斯拥有半海德土地，这是郡长戈德里克拨给她的，只要他在郡长任上，这块土地就归她所有，条件是她必须教他女儿用金线刺绣。目前这块土地归罗伯特·菲茨瓦尔特所有。”

编写《末日审判书》的工作是威廉在 1085 年圣诞节那一天委派下去的，并于一年后完成；如果没有一个现成的行政体系，它是不可能这么快

完成的。如果英格兰人的财产记录早已不复存在，没有一份现成的财产记
104 录作为依据，威廉入主英格兰后，就不可能将英格兰人的土地转交给法国来的显贵。这份调查报告一方面是这次土地转移的记录和证据；另一方面，它也有助于政府更有效地征税，更准确地下达军役命令。它也有助于更加公平地分配威廉施加给全国各地的财政负担。他将大地主都召集到索尔兹伯里，让他们再次宣誓效忠；但是，现在他摸清了他们的家底和每年的进项。他提醒大地主，他们的土地都是直接或间接地来自王室。他才是他们的主人。《末日审判书》如今藏在基尤的国家档案馆，置于一个玻璃柜子中。

从这份调查报告中，我们得知英格兰的可耕地占国土面积的35%，林地占15%，牧场占30%，草地占1%；其余为山地、沼泽、荒地、荒原和野地。我们还了解到，从丹麦人和撒克逊人那里传承下来的庄园，是农业生活和经济生活的基础。就“庄园”的本义来说，它指的是住所；按照《末日审判书》中的记载，一个村庄的名下可能有好几座庄园；但是，到了这一时期，它已经开始泛指一份地产或者依附于某位领主的佃农耕作的土地。领主的土地被称为“领主自用地”；它很可能紧挨着庄园主的住宅，也可能以条块的形式分散在田地中。

拥有人身自由的佃农要向领主交租，在秋收时节还要帮领主收割庄稼；没有人身自由的佃农每周都要给领主服劳役，例如脱粒和筛粮。这种工作的期限按照传统而定。有将近10%的人口注定处于被奴役状态，有40%的人口被称为“自由人”；其余的人口在二者之间来回变动。

庄园本身建立在古老的风俗和义务的基础上，这些风俗和义务使人们结成一个个小型的共同体。一座庄园可能就是一个村庄，里面零星分布着茅屋草舍，村民们都要为领主服劳役。它也可能涵盖好几座村庄。无论它
105 呈现出何种形式，它都是英格兰社会秩序的关键。地方法庭就是庄园法庭，它负责安排和审查生活的方方面面。道路和树篱必须得到维护，耕种或继承的权利必须得到贯彻。

庄园的起源依然是一个有争议的问题。庄园制度是不是强加给先前更

加自由的农村公社的一种制度？更有可能的是，领主一直存在，只不过在过去的几百年中，他们的控制变得更强了而已。这一切都无法确定。我们必须习惯于看待事物的变化。

《末日审判书》当然没有描写11世纪末期英格兰的实际生活状况。1086年的夏季给人们留下了最为沉痛的记忆。庄稼歉收，英格兰的一半人口染上了某种恶性的热病。《盎格鲁-撒克逊编年史》写道："受苦受难之人差一点死于这场热病，过后又来了一场饥荒，这下子他们彻底完了。"

威廉本人死于1087年秋季。此前他一直在诺曼底边境地区四处征战。他经常回到自己的公爵领地。有一次，他在那里得了重病，浑身燥热、四肢无力；当他的坐骑跳过壕沟的时候，他的内脏受伤破裂。他被送往鲁昂的一座小修道院中，在那里停留了三周。当他被送往卡昂的圣斯蒂芬修道院安葬的时候，尸体突然爆裂，散发出一阵恶臭，熏跑了吊唁的人们。或许这个结局正适合这个满腹贪欲的残忍之徒。

他把诺曼底公爵领地传给了长子罗伯特。此前，罗伯特曾经向他索要过这片领地，威廉的答复是：他的习惯是直到上床才脱去衣服。死去的国王将英格兰托付给上帝和次子"红毛"威廉保佑。为了安抚小儿子亨利，威廉送了他5 000英镑的白银；亨利在拿走银子之前，把它仔仔细细地称量了一遍。这种遗产分配办法为三兄弟后来的矛盾和纷争埋下了祸根；他们尤其为诺曼底的归属权争执不休，就像小孩子们为一块馅饼而打成一团。

"红毛"威廉占有英格兰。此人脸是红的，胡须是红的，脾气也像红 106
辣椒一样火爆，简直就像他父亲的漫画版人物。此人身材短小粗壮，大腹便便；他身强力壮，在这方面不让乃父，但没有老头子雄辩的口才。中世纪有句谚语道出了"红毛"威廉的一些特征：有谁见过聪明的高个子，实诚的红头发，或谦卑的矮个子？

他一旦情绪激昂或勃然大怒，就会结结巴巴，语不成句。但他也有一些富有魅力的特征。他能用玩笑来救场，喜欢用猥亵的言辞激怒身边满腹经学思想的教士幕僚。这让他的朝臣很是开心。他最有名的一句誓词是

“以卢卡的面孔（发誓）”；他指的是在卢卡的圣马丁教堂里安放的耶稣木像面孔。此人性情奔放，自吹成瘾；他总喜欢虚张声势，自抬身价。

在青年时代，他一直维护父亲的利益，他认为这是他自身的优势所在。他在诺曼底一直待到二十多岁，所以说，他的英语不大可能说得很流利。我们可以称之为“红毛的纪尧姆（威廉）”。为了争夺王位，他抛下垂死的父亲，离开了鲁昂，渡过海峡。在三十一岁那年，他在威斯敏斯特由朗弗兰克加冕，史称威廉二世，显然，这都是朗弗兰克倡议的结果。这位坎特伯雷大主教是当时英格兰最有权势的人物，就某种程度而言，他就是上帝的代表。加冕过程用的是盎格鲁-撒克逊仪式，但语言用的是法语和拉丁语。

国王的能力很快就经受了考验。英格兰的一些诺曼贵族拥护他的兄长罗伯特，他们决定要起兵造反。威廉扑灭了这次反叛行动，他动用的基本上是英格兰军队。有位编年史家说，他的麾下有3万人之多，但这只不过夸大其词而已。不管怎么说，为了国王的利益，英格兰人奋起反击造反的诺曼显贵。民族情感再次奔涌而出，民族意识的复苏体现在士兵们高呼威廉赢得了整个“阿尔比恩帝国”。

107 威廉对此的回应是带兵北伐。在1091年春天，苏格兰的马尔科姆侵入英格兰北部，想把这里的一大片土地纳入囊中。作为苏兰格南部的首领，马尔科姆·坎摩尔（也就是“大脑袋”马尔科姆）过去经常奇袭寇边，向威廉一世发起挑衅；只是最后落得甘拜下风。现在，他又考验老威廉的儿子来了。

“红毛”威廉应声出击，拿下了坎布里亚，然后成为苏格兰的霸主。他攻陷和重建了卡莱尔，在这里安置了很多英格兰农民及家属，重新划定了英格兰西北部的边界。直到今天为止，这里仍旧是这两个地区的分界线。他在南部的王室领地中征召苏格兰定居者，毫无疑问，他们都没有人身自由，只能听从国王的召唤。不过，他们代表了英格兰殖民主义的开端。在追求“阿尔比恩帝国”的过程中，“红毛”威廉调动起英格兰人的帝国主义精神。他还着手征服威尔士。当时威尔士境内公国林立，彼此争战不休。英格兰人步步为营，缓缓进军，在这里四处兴建城堡。但这些城堡陷入威尔士反抗军的围攻中，到了最后，威廉手里只剩下格拉摩根和彭布鲁克的一座城堡。在战场上，他从来没有完败，也没有完胜；但他的冒险精神让他锲而不舍。

国王总是需要很多钱。他不断地在苏格兰、威尔士、诺森伯兰和诺曼底与对手交锋。每到备战和作战之际，他就非常活跃。这是国王的职责。有一次，他扬帆出海远征诺曼底，准备攻打罗伯特，一场大暴风雨骤然而至。但他在船上跳脚大喊：“我还没听说过有哪个国王淹死，快速前进！松开缆绳！天气会听我的命令。”

1093 年初，他得了重病，在生命垂危之际，他想到了上帝。他的宗教顾问催促他赶快忏悔自己的罪孽；他一定不知该从何说起。他至少应当立刻改过一桩严重过错。三年前，朗弗兰克死后，坎特伯雷大主教的位子空了三年，他之所以不肯及时任命新的大主教，就是为了享用它的收入。一想到未来的地狱之火，他就采取了行动。幸运的是，有一位杰出的候选人就在手边。贝克修道院院长安瑟姆当时正在英格兰进行友好访问。由于 108
虔诚和博学，即便他为人十分谦逊，他的名字还是在整个诺曼底无人不知。

威廉将他召到病床前，任命他为坎特伯雷大主教。安瑟姆不肯从命，他的理由很充分，他并不信任国王；他已经预见到，将来自己很难与之共事。按照威廉身边一位僧侣的说法，国王一听这话就大声喊起来：“安瑟姆，你想干什么？你为什么要让我背负十字架，承受永久的惩罚？”他气呼呼地说了很多话。但安瑟姆一直不为所动，国王只好命令屋子里的人给这位圣人下跪。安瑟姆也跪下了，他祈求他们另寻高明。

最终还是到了诉诸武力的时候，这个办法带有彻头彻尾的中世纪性质。廷臣们把安瑟姆拖到威廉的床边，把大主教的象征（牧杖）递给国王。安瑟姆拒不接受国王递过来的牧杖，廷臣们就上去掰开他的手指。他们强行合上他的食指，这一下让安瑟姆痛得大叫起来。他们将牧杖一把塞进他被箍得紧紧的手中，然后匆匆忙忙地大声宣读任命诏书，随后开始高呼："主教万岁！"他们不顾安瑟姆的反对，把他送到最近的一所教堂，用那位僧侣的话说，他们在此举行了"恰当的仪式"。这是一个不吉利的开端，事后证明，国王和大主教之间的关系闹得很僵。正如安瑟姆当时所说，一只老绵羊和一头桀骜不驯的公牛被套在了一起。国王病好之后，立刻忘掉了病危之际发下的神圣誓言。他问道：有谁能够履行自己全部的承诺？

安瑟姆非常尊重大主教的职位，在他看来，坎特伯雷大主教的权威与国王不相上下。当年的大主教朗弗兰克认为应当小心谨慎，不要得罪国王，如今的大主教安瑟姆却更讲究良知。他也是一位训练有素的逻辑学家，有着严谨和执着的做事习惯。他履行自己的职责，向国王进言，但威廉总是以他惯有的强横、鲁莽的态度予以答复。有一次，威廉对他说："这件事嘛，只有我认为可以办了，才能办。""我做事情可不能顺你的心意，它得顺我自己的心意。"有一次，他劝谏国王必须清除国家的罪孽，
109 威廉听了冷笑道："这件事对你有什么好处？"

安瑟姆回答说："这对我本人没什么好处，我希望它对陛下和上帝大有好处。"

"行了，行了，别再说了。"国王回答道。

当大主教恳求他补上修道院院长的空缺时，他十分生气。"这些修道院难道不是我的吗？我想怎么处置自己的庄园就怎么处置。难道我就不能按照自己的心思处置自己的修道院？"最后，双方分道扬镳。安瑟姆准备离开英格兰，退居罗马，一去不返。国王仍旧耿耿于怀，一心想报复。"告诉大主教，"他说道，"我昨天恨他，今天更恨他。告诉他，我以后天天恨他。他那一套祈祷和祝福，就让它们见鬼去吧！我回敬他一脸唾沫！"

问题的症结在于，威廉不想让别人在自己的地盘上和他平起平坐。提起教宗和大主教，他满口鄙夷之词。这是教会与国家之间永恒的困境。教权与王权有时候是相互对立的。教宗的敕令有时候与王国的风俗相抵触。国王有权任命主教和修道院院长吗？他能够根据自己的意愿处置教会财产吗？他可以拒绝教宗使节入境吗？麻烦事还不止于此。严格来说，大主教

是国王的封臣，他对国王宣誓效忠；但他同时也是教宗的仆人。有时候，一仆不可能同时伺候二主，后来托马斯·贝克特的经历就证明了这一点。

“红毛”威廉一刻也不消停，总是带着宫廷四处游荡。食品箱、餐具、美酒储藏柜等设施都放在大车上，国王想去哪里，就把它们拉到哪里，猎犬也放出来随行，跑在前面开路；宫廷人员都骑着马，后面跟着食客和娼妓。这伙人就像一小股部队在行军，它们也确实像部队那样令人害怕。廷臣们喜欢什么，就去拿什么，或者去偷。他们一路敲诈勒索，蹂躏乡村和城镇。这就是当时英国王权的真实本性。它的底色是暴力和贪婪。

从另一种意义来讲，宫廷也是流言蜚语的对象。传闻说国王的佞幸都是鸡奸犯。这在武士精英当中根本不算新鲜事。斯巴达人就是首屈一指的 110
例子。所以说，这种事情与诺曼人的精神特质并非格格不入。威廉二世从未结婚，就连私生子也没有。他很可能一直在行龙阳之好。按照编年史家的说法，威廉的身边净是些“娘娘腔”，他们扭扭捏捏地迈着碎步，身穿艳丽的服饰，头发飘飘，无异于女人，还留着长鬈发，泻落在肩上。宫廷夜间总是黑着灯，在黑暗夜色的掩护下，他们做着逆天败德的苟且之事。

威廉二世死于1100年，这件事来得实在太突然，很像他生前的行事风格。据传说，他在死前的那个晚上梦见自己被蚂蟥叮出了血；他的血一直往上空涌，漫得满天都是，使得白天变成了血夜。他吓得醒了过来，向圣母玛利亚祈祷，然后命人给室内点灯。关于这个夜晚的情况，还有一个故事。据说，格洛斯特修道院的僧侣做了一个梦，有人将它讲给了威廉。这个僧侣梦见威廉攻击十字架，去咬耶稣的胳膊，但耶稣一脚踢下去，踢得他满地乱爬。这个梦被说得活灵活现，但还不足以吓倒威廉。据记载，他对此一笑了之，派人给那位僧侣送去100先令。

还有份资料说，格洛斯特修道院的院长致信国王，向他报告僧人的梦中所见。威廉的反应很有趣。“难道他认为我的行事风格会与英格兰人一样？”据说国王这样问道，“他们是不是一听说小个子老太太打个呼噜、做个梦，就不敢出门、做事？”英格兰人的迷信和虔诚的确是非常有名的；威廉很可能说过那样的话，他打心眼里瞧不起他的英格兰臣民。

他早已决定，在1100年8月2日这一天去新森林打猎。这里是国王的狩猎专区。当他为出猎做准备的时候，一位铁匠呈上了六支箭；他给自己留下了两支，另外四支送给了一位随行人员，他的名字叫瓦尔特·提勒尔。上马出发之前，他还吃了顿饭，吃得有点多。然后，他与提勒尔动身出发。他们没有和大队人马在一起，为的是方便射猎大部队驱赶过来的猎
111 物。国王先发一箭，射中了一头牡鹿。瓦尔特拈弓搭箭准备射另一头牡鹿，结果阴错阳差，竟把这支箭射到了国王的前胸。威廉踉踉跄跄地向前走了几步，一头栽倒在地上。提勒尔惊慌失措，逃离了国王的死亡现场。

这是威廉之死的通行版本。事实上，没有人怀疑他死于意外。打猎的时候，难免会出现这样的意外。历史上的许多大事件都纯粹出于意外。但国王之死令人疑窦丛生。他的幼弟亨利也在打猎队伍当中。他对王位有觊觎之心吗？是否有外国宫廷充当幕后黑手，利用诺曼人当帮凶？是否某一位私敌利用国王身处森林的机会下黑手？古代的哲学家说过，真相往往藏在水井底下。

关于他的死亡，还有一个比较善意的说法。据记载，他在最后垂死挣扎之际，命人主持领圣餐仪式。可是，在森林中上哪儿找面包呢？一位狩猎同伴把鲜花和野草放在他的嘴里，权作天然的圣餐。

他的结局给人留下了强烈的印象。这个印象实在太深，结果，他的死亡成为他当政期间唯一留在英格兰人心中的一件事情。他的来去就像闪电那样迅疾。他的所作所为颇有王者风范。他为了自己的利益盘剥整个国家，他还试图开疆拓土，扩大自己的势力范围。在他统治期间，国土面积扩大了。虽然他在别的方面几乎毫无建树，但是他在一个派阀斗争激烈的时期，能够保持国家的统一，这就足够了，即便这种统一是在令人痛苦的状态下进行的。

他血流如注的尸体被人用马车拉到了温切斯特，按照老教堂*的教规举行了全套仪式。据说他的尸体仿佛被猎人刺穿的野猪。“红毛”威廉被

* 这里所说的老教堂（Old Minster），指的是盎格鲁-撒克逊时代的威塞克斯教区的大教堂，在660到1093年间，它是温切斯特教区的大教堂，也是现在的温切斯特大教堂的前身。

安葬在塔底下，葬礼的场面既不豪华，也不令人感到悲伤。几年之后，整座塔倒塌了，只剩下一根石柱子，也被称作“红毛”石柱，立在他于新森林倒地之处，权作标志，至今犹存。

威廉本人兴建的一些纪念性建筑在他身后依然存在。他建造了白塔， 112
修建了威斯敏斯特大厅，施工的主力军是一群群被苛捐杂税压榨得不断苦吟的劳工。他还重建了伦敦塔，但一场大水袭来，冲垮了它的大部分结构。威斯敏斯特大厅至今犹存，虽说形式有所改变，但它是威廉强权的最佳象征。这座庄严肃穆的黑色建筑，墙壁厚实，石柱高耸，在时人看来，大得难以想象。但对威廉来说，它还不够宽敞。完工之后，他宣称它还不及自己预想的一半大。他说：“它也就够当我的一间卧室。”这位英格兰诺曼君主那股不屈不挠的傲慢，由此可见一斑。

三兄弟里的老幺就像狼奔羊群一样迅速出手了。一听到兄长去世的消息，亨利立即快马加鞭，赶到了温切斯特，占领了那里的国库。三天之后，也就是 1100 年 8 月 5 日，他在威斯敏斯特加冕为王，时年三十二岁，史称亨利一世。两位兄长都曾收买和欺负过他，因为他们都参与了诺曼底领主权的争夺战。但是，占有英格兰的好处更大。比起威廉，他更加节制、寡言和小心谨慎，他开始小心翼翼地处理他的奖品。他有个外号，叫作“儒雅者”；因为他识文断字，会说拉丁语。他的成就还不止于此；他留下了 20 多个私生子。

他在加冕诏令中承诺，他要更正前任国王犯下的错误。他邀请安瑟姆返回坎特伯雷，他的措辞有礼，后者因此接受了请求。他赏罚分明，获得了外省显贵的衷心拥护。他消除了贵族之间的私人战争。他娶了苏格兰新王的侄女伊迪丝为妻；或许更重要的是，伊迪丝与盎格鲁-撒克逊诸王世系有血缘关系，她是阿尔弗雷德大帝的直系后裔。在英格兰人看来，诺曼王朝由此具有了合法性。不过，她还是放弃了自己的英文名字，取名玛蒂尔达；这是亨利母亲的名字。

亨利专心致志地巩固统治。在被诺曼征服 40 年之后，英格兰人终于

113 征服了诺曼底。亨利率兵进入诺曼底公爵领地，他在坦什布莱战役中俘获了兄长。罗伯特公爵被带到了英格兰，在监狱中度过了余生。对于这位新王来说，这是一场重大的胜利。在他执政的 32 年里，只有头两年不是国泰民安。他在南安普敦和迪耶普之间启动了航运业务。亨利还有一个创新举措值得一提，在 12 世纪初，兔子被引进了英格兰。

亨利坚守英格兰与苏格兰之间的边境，但他并没有主动去扩张。他继续推进他的兄长在威尔士的征服行动，他采取了一些举措，鼓励盎格鲁-诺曼人到那里定居，还安抚威尔士王公。有一位威尔士编年史家宣称，亨利“将整个不列颠岛上的大岛纳入囊中”。这话不完全是真的。威尔士的东部和南部已经落入诺曼领主之手，他们兴建城堡，设立法庭，兴建了繁荣的城镇。但是，威尔士的中部和北部地区依然由当地的王公统治。许多弗兰芒人由于家乡遭受水灾而移民英格兰，国王把他们安置在彭布鲁克郡。直到 18 世纪末，他们还保留着自己的语言和文化。

亨利是一位强势君主，但不一定是仁君。他只关心眼前的利益，英格兰的国家治理变成了地产经营，他大肆搜刮地皮。这就是诺曼人的行事方式。在他当政期间，彼得博他的罗修道院的僧侣哀叹“花样繁多的压迫和税收”。庄稼连年歉收也削弱了人们承受苛捐杂税的能力。一位盎格鲁-撒克逊编年史家写道：“这个可悲的民族遭到多么严重的不公，只有上帝才知道。首先，他们被剥夺了财产。然后，他们被弄死。如果某人有些财产，就会被抢走。如果他一无所有，就任由他在饥荒中自生自灭。”国王的确劳心费力地保护他的支持者。当货币的锡含量降低，亨利的士兵抱怨
114 他们的军饷几乎一钱不值时，他就下令阉割所有的铸造者，砍断他们的右手。他还通过赏赐和发放津贴的方式去增加显贵的利益；歌功颂德之辈也及时赞美英格兰的和谐与忠诚。换句话说，贵族总是能够被收买的。

当然，他也呵护自己直系亲属的利益。他精心地安排错综复杂的联姻关系，把私生女嫁入欧洲各国的王族，以此来增强他的实力。他把自己合法婚生女儿玛蒂尔达嫁给了安茹公爵；这次联姻造就了一个新的王族血统。

据说，他不断地打探手下显贵的生活状况。在阴谋策划者还未产生警觉的情况下，他就已经预知了反对他的种种阴谋。他天生具有极大的好奇心，他的一位亲属送给他一个绰号“牡鹿脚”；他能够根据牡鹿的足迹判断出这头鹿长了几只角。

然而，有一件大事是他无法预料的。这件事发生在1120年11月25日晚。十六岁的太子准备从诺曼底乘船返回英格兰。这一行人欢天喜地地登上了“白船”，太子的光临让船上的气氛变得欢快。船员和乘客都喝得酩酊大醉。桨手们一直发疯地向前划，但舵手的注意力不够集中。这艘船就朝着死亡的命运一路向前，最终它撞上了暗礁。太子和许多年轻的贵族溺水而亡，只有鲁昂的一名屠夫活了下来。

换个角度来看，还有人捡回一条性命。国王的外甥布罗瓦伯爵斯蒂芬得了严重的腹泻，没有随太子上船。15年后，他加冕为英王。因此，我们可以认为，这次腹泻决定了国家的命运。政治家可能有宏谋大略。学问之士可能精于算计和总结。外交官可能擅长辩论和搪塞。但偶然性支配了人类身边发生的事情。

据说在这次海难之后，亨利再也没有笑过。不过，这只是童话中的说
法。更为现实的后果接踵而至。王位继承问题马上变得尖锐起来。亨利只 115
剩下一个合法婚生后代了：他的女儿玛蒂尔达。在他执政的后15年中，他没能留下子嗣。此前，还没有女性登上英格兰王位的先例，但这难不倒亨利，他将全国的大贵族召集到威斯敏斯特大厅，命令他们宣誓，拥戴他女儿继位。亨利声如洪钟、气场强大，把这些人都给镇住了。他们赶紧奉命宣誓。然而，一件始料未及也无法预见的事情再次发生了。王位继承产生的危险后果就是长期的内战。

在诺曼底的皇家森林狩猎期间，亨利染上了烈性热病。据记载，由于食用“过量的七鳃鳗”，他的死亡加快了，他确实一直喜欢吃海鲜。在一份特许状中，他允许伦敦主教从泰晤士河捕捞鼠海豚，“但［鼠海豚的］舌头要留给我”。他身体虚弱、神志不清，一连躺了好几天；他在许多证人面前忏悔了自己的罪行，也得到了赦免。他的尸体被交给一位倒霉透

顶、手艺不佳的防腐师处理，由于尸体发出恶臭，此人惨遭处死。编年史家亨廷顿的亨利评论说："他是亨利害死的许多人中的最后一位。"尸体流出了黑色的液体，最终被送往雷丁修道院。这所修道院是亨利为了纪念他的儿子而兴建的。它的遗迹今天依然可见。

要用正面的话来评价他的功业并不是一件容易的事情。他维护了国内的和平。他善于经营商业，通过任命所谓的"新人"，增强了国家的治理。按照奥尔德里克·维塔利斯的说法，这些"新人"是"出身低微的"诺曼或布列塔尼牧师，国王将他们从"篷窗草牖"中识拔出来，"加以重用"。他很善于利用他们，也不吝赏赐。他们代表了一个新兴的职业官僚阶层，他们有固定的官署，不会随着王室到处巡游。他们是中央政府的标志。

国王总是要想办法弄钱的，而王室政府增强自身的实力，本质上也是为了增加王室的收入。货物和土地被没收后都要交给国王。各式各样的原
116 告可以花钱行贿，获得皇家恩典，就罚金进行讨价还价。这就是历史学家所描述的法律改革。亨利宫廷中的一位法官对同时代人的评论非常严厉。"由于金钱的欲望，我们都成了暴君，"他这样写道，"打官司让人如此焦虑，催生了如此多的欺诈行为，人们都想方设法避免这些敲诈勒索和不确定的申诉结果。"有人将亨利描绘成"公正的狮子"，其实他也不过如此。狮子的法律就是丛林法则。

他还找到了其他敛财的方法。在他统治期间，负责预算的财政处和审查账目的官署变得益发重要。钱来自税收和关税。一位有钱的孤儿可以卖给出价最高的投标者，这个人就成了他的监护人；富裕的女性继承人可以买来做新娘。这一切只不过是能否抓住机会的问题。"国王明察秋毫，事事过问，"奥尔德里克·维塔利斯写道，"他有过目不忘的本事。"

国王是什么样的人，这个时代就是什么样子。在12世纪初，现在所说文官政府（bureaucracy）稳步发展起来了；而这个词的词源是bureau（写字台）。此时，书面文件在计算收入和支出的过程中成了不可或缺的工具。在这一时期，宫廷中的两个核心部门（书记处和财政处）逐渐成

形了。书记处的官员由牧师充任，处理各式各样的政务，从缮写条约到颁布特许状，都由他们承办。财政处是掌控国王收入和支出的部门。英格兰的“政权”就这样缓慢和几乎悄无声息地建立起来了。没有人有兴趣建立“政权”。它的意义本来不会为人所知。然而，它的确是所有这些互不相关的活动的直接后果。

亨利从来没有真正喜欢或信任过英格兰人。他从不任命他们当高官，他更多地依靠法国的牧师和廷臣。“无论是美德，还是功业，都不会让英格兰人得到提拔。”一位同时代人写道。亨利的儿子威廉说，如果他统治英格兰，他就会把英格兰人像牛一样绑在耕犁上。此人淹死在海峡里或许 117
真的是一件好事。然而，英格兰人还是挺了过来，缓慢的同化过程已经开始了。诺曼定居者实实在在地定居下来，他们开始称英格兰为自己真正的家园。整片英语诗歌的世界出现了。英格兰的僧侣开始撰写他们的国家建业史和当地的圣徒传记。

还有另一股力量也在开发英格兰，这里也应追溯一下。在 12 世纪初，一个新兴修道会的僧侣从法国来到了英格兰。这些人都是白衣僧侣，来自法国的西多修道院，被称为西多派修士。他们独特的宗教使命要求他们离群索居、远离市井，他们以种地和垦荒为生。土地应当是他们收入的唯一来源，他们生活简朴，远离各种奢侈品。很快，他们就在英格兰北部开垦出大片荒地，雇佣俗家子弟当农工。这样一来，原来的大片荒地逐渐种上了庄稼。沼泽排干了，林地清除了。然而，比较有争议的是，为了种植果树，他们有时候会毁掉村庄。不久，西多派修士也显示了他们出色的牧羊水准。在他们的管理下，当地的经济繁荣起来了。他们被称为英格兰最重要的羊毛生产大户，虽说他们是神职人员，他们仍旧发家致富了。这就是教会的历史。 118

10

条条大路

史前时代的人们在生活和旅行中使用的古代道路，到了中世纪依然存在。但是，中世纪时期的英格兰也修建了自己的道路。在12世纪，人们还在农舍之间修了许多弯弯曲曲的胡同道，修了许多地面下沉的凹形道路，通往夏日午后令人昏昏欲睡的村庄。这是一个兴建石头桥的伟大时代，桥的两岸都是需要修路的，城镇的发展需要频繁地使用大车和驮马当作商贸和运输的工具。大约在1360年左右绘制的“高夫”地图，标出了连接伦敦和其他主要地区的道路网。到了13世纪，小路和小径也比12世纪增多了不少。

御道的宽度早在12世纪就规定下来了。按照这种规定，它的宽度大约为30英尺（9米），两辆马车可以同时通过，16个骑士可以并排而行。御道的状况不一定很好，有证据显示，御道上有沟壑、凹坑，甚至有人在上面挖井。人们像履行宗教义务那样，被迫捐钱修筑“令人讨厌的道路”；御道所在地区的城市居民和地主必须负责维修和养护附近的马路。

119 路上行人居住的客店就建在大路两边，这些大路在撒克逊时代就已经存在了。“客店”（inn）这个词来自撒克逊语，类似于客栈和馆驿，为风尘仆仆、疲惫不堪的旅客提供住宿。艾尔啤酒馆的标志是门口附近立着一根长长的竿子，上面挂一根常青藤枝。这个传统一直延续到21世纪，只不过现在的酒馆通常在室外挂一只花篮。

时人最常见的旅行方式是骑马，虽说本地的马不如欧洲大陆的强健，但是在其中白马最受珍视，其次是菊花青马和红鬃马。路上常有盗贼和强人出没，所以旅行者为了互相保护，经常搭伴而行，组成“商队”。就连附近的骑士和地主也会跑到大马路上“剪径”。旅客为了过桥或过河而支付高昂的过路费，根本不是什么罕见的事情。商队的成员随身携带火石和火镰，以备生火之需。他们也随身携带简单的卧具，以免找不到打尖的地方；他们还随身携带面包、肉类和啤酒。

世代留传的好客传统让人们不好意思将旅行者拒之门外。当时的英格兰有一个风俗，旅行者可以在主人家住两个晚上，告别之前，可以吃主人家的饭，睡主人家的床。住下来之后，主人要对陌生人的行为负责。当时还有个风俗，陌生人一到主人家要先洗手洗脚。但主人做这些事情还是有好处的。你来自何方？有何新消息？见到什么了？在通信速度缓慢，甚至可以说根本不存在通信的国家里，陌生人的到来的确是一件很重要的事情。

有时候，旅行的速度很慢。从伦敦骑马去坎特伯雷，要走54.5英里（88千米），得用三四天时间。不过当时也有“朝圣路线”。有一条路从温切斯特通往坎特伯雷，被称为“朝圣大道”，希莱尔·贝洛克称之为“旧道”。在所有的旅行者团队当中，香客的队伍最为庞大，也最容易辨认。他们或步行，或骑行，前往达勒姆参拜圣库斯伯特的墓地；他们来威斯敏斯特参拜“忏悔者”爱德华的圣陵；他们前往格拉斯顿伯里参观荆 120
棘树，这棵树是阿里玛西亚的约瑟夫用神奇的方式种下来的；他们去格洛斯特郡的黑尔斯修道院参拜圣血瓶，瞻仰钉死耶稣的那块十字架的残片；他们前往温切斯特，到圣斯威辛的陵前去祈祷。通往圣阿尔本斯的马路两边的树林都被砍光了，这是为了拓宽道路，方便成群结队的香客前往殉教的圣徒陵前。

有两个朝圣地点最为有名，一个是沃尔辛厄姆的圣玛利亚大教堂，另一个是坎特伯雷的托马斯·贝克特墓地。从纽马基特到沃尔辛厄姆的这条路仍被称为“香客之路”，香客是朝圣者的别称。这条路上经常挤满了虔诚的信徒。道路两边尽是客栈和礼拜堂。坎特伯雷有许多神迹治疗的记录。人们用一根线去测量病人生病的那只胳膊或那条腿的长度，然后用蜡做出一个仿制品，再把这个仿制品带到贝克特的墓前。许多残疾人被装上大车，拉到贝克特墓前祈祷，但这位圣徒也被用来给鹰和马治病。大教堂里的嘈杂声总是震耳欲聋。

英格兰的香客早已成为陈年往事，但那个世界的某些做法至今仍留有影响。巴克斯顿的圣水被大量瓶装销售；饮用这种瓶子里的水，奉行的是中世纪的传统：当时的朝圣者用巴克斯顿的圣安妮的圣井里的水洗浴，因
121 为时人以为君主有治病的本领。

11

王纲纽解，无法无天

国王一死，王国便无法无天。国王驾崩之际，必是乱局之始。只有当新君践祚之后，法度才能重回正轨。一听到国王驾崩的消息，骑士们纷纷跑回自己的城堡，以防别人突袭自己的老巢。每当社会暂时失序，人们就得想方设法自保。亨利的外甥布罗瓦公爵斯蒂芬得知舅舅去世的消息后，立刻离开法兰西，乘船前往英格兰。他带着骑士随从驰往伦敦。伦敦的市民按照古老的习俗拥戴他为国王。随后，他又骑马疾驰前往温切斯特，接管那里的国库。

斯蒂芬是亨利姐姐的儿子，长期以来，他一直与英格兰王室保持着紧密的关系。他毕竟是“征服者”威廉的外孙。他显然自视为亨利的受监护人，既然亨利没有合法的婚生子，他理所当然就是亨利的继承人。他说服了很多头领，拥护他继位。有一个人无须说服，那就是他的弟弟温切斯特主教亨利。催促斯蒂芬下决心争夺王位的很可能就是这个亨利。他把国库的钥匙交给了哥哥。在亨利一世去世三周之后，1135 年 12 月 22 日，斯蒂芬在威斯敏斯特加冕为王。

显贵们一度向亨利一世的女儿玛蒂尔达宣誓效忠，但实际上，他们不 122
愿意接受女性的统治。英格兰历史上还未出现过女王，另外，玛蒂尔达性情傲慢，这是人所共知的。据传闻，亨利在临终之前取消了女儿的继承权，将来打算让外甥接班。这个传闻可能是假的，但它来得正是时候。

所以说，斯蒂芬的开局还真不错。他没有被当作篡位者，而是被视为合法的继承人。他还有一个巨大的优势，那就是国库充盈，这是亨利在太平年月苦心经营、使劲积攒的结果。有了这笔钱，他就可以招募大量的雇佣军，保卫他位于法兰西的领地以及位于英格兰与苏格兰接壤处的边境地区。苏格兰国王大卫声称，诺森伯兰、坎伯兰和威斯特摩兰三郡应该属于苏格兰，他想兴兵南下，夺取三郡。在 1138 年的旗帜之战中，斯蒂芬的军队在北方领主的带领下打败了苏格兰人，此役之所以被称为“旗帜之战”，那是因为有三位英国圣徒的旗帜出现在战场上。编年史家伍斯特的约翰满怀欣喜地说道：“我们赢了！”这里他用的是第一人称复数“我们”，这种做法具有不同寻常的意义。英格兰人正在团结起来。

但是很快，资金就开始告罄。斯蒂芬花钱过于大手大脚。一个没钱的国王必定是一个倒霉的国王。为了支付军饷，他只好降低货币的成色，这必然会推高物价。接下来，到了 1139 年秋天，玛蒂尔达来到英格兰，要求继承王位。她的支持者当中有其同父异母的兄弟、亨利的私生子罗伯特；亨利曾经册封他为格洛斯特伯爵。表兄妹之争演变成内战。玛蒂尔达在西部地区实力强大，尤其是在格洛斯特的布里斯托，而斯蒂芬在东南部占据主导性的优势。在中部和北部，双方平分秋色。在这些地区，当地的显贵才是天然的统治者。

盎格鲁-撒克逊贵族天性好战；他们像传说中的火蛇一样生活在战火之中。威廉一世意识到了这一点，故而他像暴君一样统治他们。他曾经说过，他手下的领主“急于造反，准备作乱，喜欢干各种不法之事”，所以必须压制和制服他们。为了自保，诺曼国王必须保持强势。但斯蒂芬可不
123 是强势人物。不管怎么说，他都是一个和蔼可亲的人，容易接近，也易于接受别人的意见。更遭人诟病的是，他对敌人也仁慈宽厚。以前哪有国王像他这样。他把任命主教和修道院院长的权力拱手让给教宗；他还同意主教有权支配“神职人员”。君权一下子就缩小了。他与手下大领主讨价还

价，这就把自己降低到了领主头子的位置上。

贵族们很清楚，玛蒂尔达的到来会瓦解臣民的忠诚和纪律。这可是扩充个人权力的好机会。他们加固了城堡，放纵士兵到处抢劫。在接下来的16年当中，国内毫无太平与公正可言。显贵们以依附斯蒂芬或玛蒂尔达为借口，彼此大打出手。敌对双方没完没了地进行着小规模的冲突和围城战、奇袭战和伏击战。教堂遭洗劫，农庄被抢劫。城镇之间、贵族之间都打成一团。格洛斯特伯爵手下的人马是支持玛蒂尔达的，他们进军伍斯特，试图烧毁此城。他们抓住了一些俘虏，把他们像狗一样拴了起来。伍斯特城中的大部分人都带上财物躲到大教堂中去了。

下面简单交代一下战事的始末。玛蒂尔达到达英格兰之后并不得民心，她的统治没有得到百姓的热情支持。虽然西部的大部分贵族支持她，但是她的主要盟友依然是她同父异母的兄弟。格洛斯特的罗伯特成为她手下雇佣军的首领。她的第二任丈夫安茹的杰弗里，则忙于法兰西内战，分身乏术。

当她于1139年在阿伦德尔登陆后，西部诸郡爆发了许多小型战役，例如萨默塞特和康沃尔。有些城堡被攻占，落入敌手。零零星星的战斗一直持续到第二年，从布里斯托到伊利岛，冲突事件不断。即便如此，双方还是没有决出胜负。英格兰的大领主发现，史无前例的内战蓄势待发；有人浑水摸鱼，有人忧心忡忡、垂头丧气。斯蒂芬被普遍认为是神圣不可侵 124
犯的国王，没有人支持玛蒂尔达当女王；甚至她的同党也被要求称呼她为“女主”，而非女王；前者本质上是对封建主的称呼。斯蒂芬本人精力不凡，在全国各地转战不休，但他的进军突然被打断了。1141年初，他在林肯被俘。

他被关在布里斯托的地牢里，几周之后，玛蒂尔达被冠为“英格兰的女主”。不过她并没有加冕。然而对于那些认为国王神圣不可侵犯的人来说，这无异于晴天霹雳。在此之前，还没有哪一位国王在自己的国家里被人囚禁起来。玛蒂尔达因获胜而变得颐指气使，异常傲慢，她要求落败的对手交钱纳贡。伦敦市民勉强允许她入城，他们都是斯蒂芬的热情支持者。玛蒂尔达却急扯白脸地朝伦敦市民要钱，结果进一步丧失了民心。她进京几天后，教堂的钟声敲响了，当时她正在威斯敏斯特准备参加宴会，一群乱民冲了进来。她赶紧上马，驰往牛津。这是她诸多幸运出逃经历中的一次。有一次，她化装成尸体的样子，身上包着亚麻裹尸布，被人用绳子绑在停尸架上，这样才从迪韦齐斯城堡中顺利撤退。后来，在一个冬天的晚上，她被围困在牛津城堡中，她穿上白衣，以雪地为掩护，走过冰冻的泰晤士河，跑到了沃灵福德。

斯蒂芬虽然被俘，但他手下人马仍然以他的妻子为名义上的领袖，在战场上占据主导地位。玛蒂尔达向西部节节后退。她的许多同党都逃命去了。但是，就在斯蒂芬被俘的那一年，格洛斯特的罗伯特也被俘了。他是玛蒂尔达军队的实际领袖，用他来交换国王是唯一可行的方案。这样一来，斯蒂芬得到释放，再次领导王军。致命的棋局继续进行，骑士与城堡也不断地失而复得。战争又打了12年。

有些地区受到的破坏比其他地区要严重。温切斯特的僧侣描述了饥荒的后果，村民们只好吃狗肉和马肉。彼得博罗的僧侣详尽地描述了城堡领
125 主巧取豪夺的行为；他们在自己的领地上盘剥村民，征收苛捐杂税。村民不堪重负，撇家舍业，四处逃亡。然而，暴力事件只限于局部地区，并不普遍。

这段简短的历史时期一直被称为“无政府时期”，这是一段耶稣和他的圣徒都沉睡不醒的时期，但这么说实际上低估了或者完全忽视了这个国家的潜力。总的来说，过去数百年来建立的国家管理秩序基本上完整地保存了下来。在这一时期，大部分城镇的城墙都加固了防御工事，但城里的活动还一如既往。更令人啧啧称奇的是，在斯蒂芬统治时期，新建的修道院数量是英格兰历史上最多的。西多会继续繁荣壮大。蒂克斯伯里修道院的宝塔和彼得博罗大教堂的唱经楼都是在战争期间建成的。

战争本身还在继续。每到大斋节和基督降临节等悔罪的节日，一切战争都会暂停。尽管玛蒂尔达的雇佣军与盎格鲁-诺曼贵族互相厮杀，大部分英格兰人还是未受影响，他们还在各过各的生活。当然，内战也会造成

伤亡，彼得博罗和温切斯特的僧侣对此已有大致描述，但是没有必要将那个时代说成是哀鸿遍野和一片萧条。在“无政府时期”，或许有一件事情值得大书特书，那就是雨伞被引入英格兰。雨伞至今还在使用，超过了许多大教堂和宫殿的寿命。

断断续续的战争催生了一件事。国王不再信任亨利创设的中央集权式文官政府，他逮捕了其主要成员索尔兹伯里主教、伊利主教和林肯主教。他怀疑，这些人暗中支持玛蒂尔达和格洛斯特伯爵。他夺下了他们的城堡（当时的主教也是有城堡的）。这样一来，在处境艰难、不同寻常的环境下，他凭借本能或者有意的设计，推翻了前任国王的国策，将自己的权力下放给下属。他让伯爵担任大部分郡的领导人；他们是国王的全权代表，可以在自己的辖区内拥有兵权和行政权。换句话说，在英格兰国家的发展过程中，没有什么事情是可以避免的；凡是提议都有可能被推翻。正是因为这个原因，后来的亨利二世一登基就要拾起他的外祖父制定的原则。他 126
是强势君主，因此，他也是中央集权的拥护者。

1147 年，亨利年方十四岁，他以安茹公爵的身份驾临英格兰。他带领了一小股雇佣军，准备为玛蒂尔达的王位而战，但他并没有给母亲带来实际利益。他在泰晤士河畔的克里克莱德被击败，出于典型的慷慨大度，斯蒂芬本人助他返回诺曼底。在双方冲突的最后几年，所有人都看明白了，斯蒂芬是胜利者，但他们也同意，安茹的亨利是天经地义且无可争议的继承人。现在，大部分显贵都支持他将来登基坐殿。

1153 年，在教会头面人物的协助和恳求下，双方在温切斯特起草了一份协议。协议中规定，斯蒂芬可以继续执政，但他必须立亨利为继承人。亨利向斯蒂芬宣誓效忠，斯蒂芬发誓收养他为义子和继承人。一些重要的城堡（沃灵福德、牛津、温莎、温切斯特和伦敦塔）的监管权得到了保障，冲突双方的主要贵族为和约做证。玛蒂尔达退隐鲁昂，在残年余生中致力于慈善事业。双方恶斗 16 年的战争终于结束了，这场斗争基本上是徒劳无功的。它没有解决任何问题，也没有证明任何问题。就这层意义而言，它是大部分中世纪冲突的象征。这件事很容易让人怀疑，王公贵族皆是为了战争而战争。这就是他们的分内之事。

斯蒂芬发誓决不做一个被废黜的国王，事实上，他确实避免了这个命运，但是他的绝对王权并没有享受多长时间。他原本打算着手恢复社会秩序，但是就在和约签订的一年后，他因肠道感染而病倒；他于 1154 年 10 月 25 日死在多佛的一所奥古斯丁会修道院。他很可能是被人毒死的，很多人都盼着他早死，希望青年国王能上位，其中当然包括青年国王本人。
127 君主的生和死都是惨烈和危险的。

12

名　字

英格兰人的名字也随时间的流逝发生了变化。在威廉一世入侵之前，英格兰人的名字多为列奥弗韦恩（Leofwine）、埃尔弗韦恩（Aelfwine）、西沃德（Siward）和莫尔卡（Morcar）。诺曼人到来之后，取而代之的常见名字则为罗伯特、瓦尔特、亨利，当然还有威廉。1171 年，有一场宴会召集了 110 个名叫威廉的骑士，其他名字的人不得参加。

当亨利一世娶了苏格兰的伊迪丝时，国人打趣她，称她为戈德吉瓦（Godgiva）。这个名字很古拙，它是对英格兰人名字的戏仿。在 12 世纪初，惠特比一个名叫陶茨格（Tostig）的小男孩将自己的名字改成了威廉，因为他在学校受了欺负。农奴和奴隶保留古老名字的时间较长。1114 年的一份记录显示，一个大庄园里的工人名字有苏恩（Soen）、雷纳德（Rainald）、艾尔温（Ailwin）、勒马尔（Lemar）、奥尔德里克（Ordric）、萨洛依（Saroi）、乌尔维特（Ulviet）和乌尔法克（Ulfac）；庄园本身则是奥尔姆（Orm）租下来的。这些名字很快就会消逝。到了 13 世纪前 25 年，大部分英格兰人都取了新的名字，许多人的名字来自欧洲的圣徒，因为当时英格兰正盛行圣徒崇拜。所以，我们就有了托马斯和斯蒂芬，有了伊丽莎白和阿格尼丝。

诺曼人教会了英格兰人世代相传的姓氏观念，姓氏逐渐被用来界定统
128 一的家族及其财产。它通常取自家族所拥有的住地或领地。不过在 14 世纪之前，代代相传的姓氏传统还没有那么深入人心，只有一些显赫的家族才有自己独特的姓氏。通常情况下，为了辨别一个人，人们经常给他贴上标签，比如厨师罗杰、德比的罗杰、威廉之子罗杰。名字也可以描述一个人的特征，例如大鼻子罗杰或“娘娘腔”罗杰。麦布斯（Mabbs）是麦布尔（Mabel）的女儿，诺里斯（Norris）则是护士的女儿。

甚至职业名称也发生了改变。1455 年，马修·奥克斯摆脱了奴籍，获得了自由，就把自己的名字改为马修·格鲁姆（Groom，马夫）。一些古老的名字依然存在，所以我们在人名目录中依然可以看到库克斯（Cooks，厨师）、巴伯斯（Barbers，理发师）、索耶斯（Sawyers，锯工）、米勒斯（Millers，碾磨工）、史密斯（Smith，铁匠）、布里沃思（Brewers，酿酒
129 师）以及卡彭特斯（Carpenters，木匠）这样的名字。

13

不安分的教士

玛蒂尔达的儿子安茹的亨利在1154年加冕为王，史称亨利二世。他是英格兰安茹家族的首位国王。他的父亲安茹的杰弗里也被称为“金雀花杰弗里”；这是因为他每次骑马外出，头上总是别着一枝金黄色的金雀花。这枝花繁衍出一个绵延300多年的伟大王朝；英格兰此后几百年里的所有国王，从亨利二世到理查三世，都属于金雀花王族，直到他们被都铎王朝所取代为止。根据传说，这个家族是撒旦的后代，最早的安茹公爵夫人就是魔鬼的女儿，她一看到圣体就会尖叫着逃走。据说，克莱尔沃的圣伯纳初次见到亨利二世，便面带忧凄地说：“他们从魔鬼那里来，也会回到魔鬼那里去。”英格兰历史上有许多事件可以证实，这种怀疑的确是存在的。

亨利二世加冕的时候年方二十二岁。他的早年生活是在戎马倥偬和政
治纷争中度过的。他十六岁的时候成了诺曼底公爵，两年之后父亲去世，
他又成了安茹公爵。接下来，他又娶了阿基坦的女公爵埃莱诺，这样一来
他又成了阿基坦公爵。尽管他名义上是法国国王的封臣，但他现在拥有相
当一部分法国的领地。当他登上英格兰王位之后，他罔顾事实，大肆吹 130
嘘：他获得的这个帝国要比300年前查理曼的帝国更大。

然而，他继承的是一个问题丛生的国家，在长达 16 年的内战之后，它正在恢复政治平衡。虽然他只有四分之一的诺曼人血统，但他有着诺曼人的权威意识。他喜欢发号施令，以此显示个人的意志。他要求别人无条件服从命令。他强迫许多显贵交出城堡和地产，他认为这些东西都属于他。他将诺丁汉伯爵逐出英格兰；他夷平了斯蒂芬的弟弟温切斯特主教的所有城堡。在限制和削弱贵族个人权力的过程中，他引导英格兰走向中央集权制。他命令为交战双方卖命的雇佣军离开英格兰；如果在限期之内还不走，就会遭到捕杀。这些雇佣军立马就消失了。

1157 年，苏格兰国王马尔科姆四世同这位中兴之主达成妥协；为了确保苏格兰南部与英格兰交界处的领土安全，他向亨利二世宣誓效忠，他还向亨利二世交出了诺森伯兰、威斯特摩兰以及坎伯兰，在斯蒂芬当政的动荡年代，他曾经统治过这三个地方。马尔科姆时年十六岁，而亨利刚刚二十四岁。这个世界是为年轻人准备的。接下来，亨利着手出兵威尔士。威尔士的王公正式向他效忠。他还制订了一个宏伟的计划：他要入侵爱尔兰。他还没有正经八百地打过一仗就把这些事情搞定了。他的天才在于围攻和夺取城堡。

亨利性情急躁，不受任何人控制；他从来没有安安静静地坐下来的时候，即便是在参加弥撒的过程中，也是坐立不安，与廷臣说个不停。他闲不下来，总得找些事情做，哪怕是赌博或辩论也无妨。他经常站着吃饭，所以他吃饭的速度比别人快很多。他身材精壮结实，一发怒更是满脸红光。不过，他也算是一个和蔼可亲的人，当臣民围着他乞求开恩的时候，他会表现得谦虚、宽厚，这方面史料上多有记载。臣民会抓住他的袖子，
131 迫不及待地想和他说话，但他从不发脾气。他有个小丑弄臣，名字叫作“臭屁王罗兰”，“每到圣诞节，他都在国王面前跳来蹦去，吹口哨，放臭屁”。

有一个故事很能说明他性格中令人感到愉快的一面。有一次，亨利把林肯主教休夫叫来解释，问他为何将一位王家林务官革除教籍。亨利很为此事生气，他命令手下廷臣：主教到了之后不要通报，也不必迎接。因

此，休夫来了之后根本没有人上去搭理他。不过，他还是自行挪步到亨利的身边。当亨利手拿针线给受伤的手指缝绷带的时候，休夫一动不动地看着国王；亨利对手下人总是很冷漠的。休夫突然来了一句："您看起来多么像你在法莱斯的表亲呀！"一听这话，亨利顿时笑瘫了，乐得在地上直打滚；"法莱斯表弟"是亨利二世的曾外祖父"征服者"威廉的亲属；众所周知，此人是诺曼底城中地位低微的皮革匠。国王明白对方是在拿他曾外祖父的私生子身份开他玩笑。

在处理国务的过程中，他一直小心谨慎地行事；用同时代的人话说，他非常善于经商，他善于记人、记事。如今，这种本事已经成为君主的必备素质。他的主要目的是保卫和治理国家，因此，他必须成为一名计算大师。正是出于这个原因，他轻易不会向人表露自己的真实情感，但对他的亲信例外；为了达到自己的目的，他需要摆出深不可测的样子。然而在重大国策上，他还是要表态的。

制服显贵之后的那一年，他扬帆驶向诺曼底。在这里，他又本着类似的毅然决然的精神，牢牢地控制住自己的公爵领地。他随身带着手下的年轻大臣。托马斯·贝克特是他的亲密伙伴、朋友和幕僚，国王的秘书彼得·德·布洛瓦写道："如果国王看上了某人，他很少放弃这个人。"然而，这种忠诚度到了贝克特那里就失灵了。若想说清他们的关系，真得需要想象力生动的诗才。

贝克特是伦敦人，也是诺曼人的后裔。他很快就被人相中，开始为王
家效力。他头脑机智，口齿伶俐，为人严肃，但不够博学。更重要的是， 132
他或许还有强烈的自尊心和傲慢自大的精神。通过坎特伯雷大主教西奥波德的引介，他逐渐引起了国王的注意。坎特伯雷大主教很欣赏这位领班神父，他是个能力高超的神职人员和幕僚。不久，贝克特就成为国王不吝施恩的对象，并且很快就成了亨利二世不可或缺的大臣。贝克特和后来的坎特伯雷大主教沃尔西属于同一类人，他们能够为君主分忧解愁，而又不伤害他们的自尊。亨利讨厌帝王那套繁文缛节，喜欢当机立断，迅速采取行动；所以贝克特就成了说客和大使，欣然处理国王感到棘手的国家大事。

贝克特出门总是大搞排场。他在1158年出使巴黎的时候，随身带着一支庞大的队伍，以250名步兵为先导，200名骑士和侍从在周围当护卫。他本人有24套可供替换的丝质长袍。三年之后，当亨利用兵图卢兹城及附近地区时（图卢兹靠近亨利位于加斯科涅和阿基坦的领地），贝克特率领700名骑士参战，这些人都是他的私人武装。

不久之后，国王让他接替西奥波德，担任坎特伯雷大主教。国王本人不是特别虔诚。他想要的是一个听话的教士，充当自己的爪牙。他原以为贝克特还会是一个忠实的仆人和幕僚。然而在这个问题上，他打错了算盘。

托马斯·贝克特的性格一直是一个富有争议的话题。一提到他的名字，我们就会想到他的圣徒和殉道者名声。他的天性令他愿意充当这种角色。就像后来的英格兰圣徒和殉道者托马斯·莫尔一样，他终生都在表演。真实的他会脱掉24件丝质长袍，穿上虱虮丛生的粗麻布衬衣，吃面包，喝浊水。他的身上集中了两种截然相反的生活方式，就此而言，他本质上还是一个中世纪人。他为人也很傲慢、固执，过于自以为是。

1162年，他刚当上大主教就和国王针锋相对。他不允许坎特伯雷的
133 郡长将税金上缴国库；接下来，他又挑战国王的决策：由宗教法庭认定为罪犯的神职人员，应当交给世俗司法机构进行判罚。他甚至还说：“你没有权力任命主教。”然而，这恰恰是国王想做的事情。亨利决心仿效诺曼国王，恢复王室对英格兰教会的支配权。诺曼国王曾经阻止教廷干预英格兰事务，只有受到国王的邀请，教宗使节才能入境。作为教廷的代理人，贝克特的行为激怒了亨利。亨利并不打算挑战教会的神圣权威，但他认定教会也不应当侵犯王室的权利和职责。

亨利发起火来，怒气简直不可遏抑。发怒是安茹王朝的专长，这股黑色和凶猛的力量可以毁掉一切试图螳臂当车的事物。有位廷臣记录下国王生气的样子：“国王勃然大怒，一把从头上扯下帽子，拽掉了腰间的皮带，甩掉了斗篷和外衣，扯下了卧床的外罩，气哼哼地坐在那里，就像蹲在粪堆上一样，嘴里嚼着草棍。”这就是托马斯·贝克特的死敌。

在1164年初，国王及其幕僚起草了一份包含16条条款的声明，也称《克拉伦登宪章》。这份文件意在伸张王权，违抗教宗的利益和要求。贝克特一开始同意其中的内容，但后来又表示反对，不肯在上面签字。同年秋天，国王在北安普敦召开会议，与会人士都是国内的主教和大领主。贝克特被指控藐视朝廷，被处以罚金，但国王还准备进一步采取措施。亨利命令贝克特交代他当大臣时所经手的国库岁入以及他所负责的其他款项。亨利根本没有给他留下玩花招的空间。接下来，该轮到贝克特登场了。他骑马进入北安普敦议事堂的院子，身穿官服，手擎一枚巨大的十字架。

这个故事早已众所周知，但讲起来难免添油加醋。他一下马，就有主教走到跟前，想从他手里拿走十字架。“如果国王亮剑示威，而你手拿十 134
字架，你们之间还能和解吗？”其中一位主教如是说。贝克特则回答说：“我在干什么，我自己心里有数。我拿十字架是为了保护上帝赐予我本人以及英格兰教会的和平。”说罢，他昂然而入，在议事厅中，他不允许主教对自己进行审判。国王只好让领主们对大主教进行宣判。贝克特对此充耳不闻。他对领主们说：“我行不更名，坐不改姓，我是你们的神父，而你们是王室的贵族、世俗的权要、没有出家的人。我不会听从你们的审判。”他快步走出房间，手拿十字架，一路大喊“叛徒”！不久，他就化装逃亡国外了。

他取道去了桑斯，当时的教宗和教廷正在此地流亡。他一头跪倒在教宗的脚下，开始发表长篇大论，痛斥国王如何傲慢自大、亵渎神明，居然想摧毁教会的力量。说完这番话后，他又转向了大主教的职务。“我很不情愿地接受了这副重担，其实是人的意志而非神的意志让我这样做。”他责怪亨利说：“那么，到底是怎样不可思议的人让我陷入这样的困境？”他一边哭，一边从手上摘下印章戒指。“我向您请辞坎特伯雷大主教的职务。”在场的枢机希望教宗收下这枚官印戒指；他们不想和英格兰国王弄僵关系。但亚历山大三世还是把戒指还给了贝克特，他说道：“还是让这个职位保留在我们的手上吧。”

亨利二世的囊中之物就这样让人骗走了，可以预见，他该有多么恼火。他逮不到贝克特，就报复他在坎特伯雷的部下。他们的土地被夺走，他们的亲属被给予“安全保证”；他们被逐出家门，是生是死，就凭国王一句话。这场大戏的第一幕结束了。

亨利二世不会说英语，他在生活和执政中用的是法语和拉丁语。这对他来说没有什么大碍，他一年之中只在英格兰待三分之一的时间，其余时间都待在诺曼底及法国其他地区。他出生在勒芒，死在了希农；这两座城
135 镇都是他的世袭财产，他深深地眷恋着父母之邦。他身上穿的是安茹人的短外衣，而非诺曼人的长袍。安茹帝国本质上是私人封地。除了追逐个人利益和优势之外，亨利不讲什么“外交政策”。在这方面，他无异于这一时期的其他君主。

在长期居留法国期间，英格兰没有出乱子，这主要归功于手下大臣的施政能力；这也是管控国家的深厚力量的另一种体现。关键在于有效的管理，或者说有效的剥削。名目繁多的苛捐杂税层出不穷；不过，这些免服兵役税、摊派税和犁头税现已成为词典学家而非经济学家的研究对象。我们有足够的证据说，国王的权力是稳固的。1170 年，他革除了英格兰所有 23 位郡长的职务，命他们接受调查，其中只有 6 人重新得到任命。这种情况在斯蒂芬统治时期是不可能出现的。

据我们目前掌握的资料，英格兰在亨利二世统治时期变得更加繁荣了。到了 12 世纪末，全国有 150 个定期集市，350 座市场。1185 年，首座风力磨坊在约克郡建成。第一批教堂尖塔出现在北安普敦郡和林肯郡的石灰岩地带。马匹而非耕牛的使用，加快了农耕的速度。英格兰的羊毛和锡有很大的市场需求。

英格兰的村庄也兴旺起来了。正如前文所述，它是一种非常古老的社群，但它也容易发生改变。到了 11 世纪，村庄的基本结构大致如下：一座教堂和一座庄园宅邸，周围是一排庄园佃农居住的小房子。村庄的周围是敞田。然而，到了 12 世纪，新的村落建立起来了，它们的规划者是大地产领主。新的劳工被引入进来；市场和商业区创建起来。劳工的住宅通

常建立在一小块长方形草地周围，这是为了方便放牧家畜。每一所住宅都有自己的园子。

12 世纪的庄园法庭记录充斥着乡村日常生活的内容。有个名字叫菲
利普·诺塞尔斯的鞋匠，因为惯于偷听邻居家的谈话而被捕；一个名字叫 136
作玛蒂尔达的女人因为破坏树篱而被带到庄园法庭；安德鲁·诺特曼揪着割茅草的罗杰的女儿的耳朵，将她从农舍中拖了出来；玛蒂尔达·克莱因由于经常偷鸡而被逐出村庄；一对被指控淫乱的男女受到警告，如果他们再这么干，就得结婚。

很多村庄都建于史前时期，它们在生活中讲究习俗，固守传统。在一份文件中，有位年轻人被称为“村子里的世家子弟”，突显出特殊亲属关系的存在。集体性仪式就算没有几千年的历史，也举行了好几百年。直到最近，康沃尔郡的波尔佩罗村还保留一种风俗：村民们用车将“冒牌市长”拉到海边，再把他扔到浅水里。在德文郡的霍恩村，人们会将一只公羊拴在大石头柱子上，一帮青年割断它的喉咙。

村民们种植小麦和黑麦、大麦和燕麦；他们饲养马、牛、羊、猪；他们酿造啤酒。有些土地的终身保有者因为负债而出卖土地；他们中的一些人也会相互交换土地。村中的管事每年由选举产生，要么是由领主选出的，要么是由村民们推举出来的，他们负责收取罚款等事项。全村雇用一个牧羊人，负责放牧全村的牲畜。这是一个等级分明，但是凝聚力很强的社会，它在主要的农业生活领域都依赖集体协议。就一定程度上而言，它也是一个建立在互助基础上的社会。然而，这个国家到底有多少物质财富能够惠及底层的农夫和劳工，我们还不清楚。历史总是忽略穷人。

新兴城镇的数量增长很快。在同一时期，随着乡村经济生活的快速发展，从 1191 年到 1230 年这 40 年间，约有 49 座新城镇建成。这些城镇都由大领主规划，目的是为周围的农村地区创建市场。接下来，他就开始收租收税，用这种方式赚来的钱远远多于种地所得。例如，林肯主教在一个村庄旁边规划了一条满是商铺和房屋的街道；接下来，他又改了主道，使
村庄与街道直接相通。牛津郡的泰姆镇也是这么产生的。利兹建于 1207 137

年，当时利兹庄园的领主在艾尔河的渡口建了一条街道，街道两侧规划了30多块建筑地皮。这些都是有利可图的投资。900年后，这里依旧繁荣，这足以证明当年投资的成功。如今某些现代建筑的地基下，还埋着13世纪早期的面包房、厕所、酒馆以及监狱。

在这些新兴城镇当中，也有一些是国王下令或主张建造的，它们被称为王家市镇。建造它们的目的并无不同，也是为了赢利。国王曾在1155年下令，斯卡博罗“每一所正面朝街的房子，每年都要付我六便士，每一座侧面朝街的房子，每年付我四便士”。

有些古老的城镇始建于1世纪，甚至更早，它们的规模在后世也不断扩大。它们的自我意识越来越强。它们的城墙得到加固，显得更加壮观；例如赫尔完全用砖块修建了它的第一道围墙。以市长为首的市民头面人物组建了市民委员会。1192年，伦敦建立了市长和市政官制度。城镇领导人开始讨厌外来干预；例如，伦敦的市政官也敢于蔑视威斯敏斯特的王家宫廷。

城镇领导人兴建城墙和大门，让主街直接通往商业区。相同的行业（例如制鞋的和烤面包的）喜欢扎堆，比邻而居。有些城镇的名字已经和它们的主要产品联系在一起。因此，我们有了科尔切斯特的黄褐色土布和考文垂的肥皂。圣殿骑士在白金汉郡兴建了一座城镇，命名为巴格达，他们想模仿亚洲的巴格达，在这里建立一座大市场；现在它的名字叫巴尔多克，这个名字就比较平庸了。波士顿、林恩、温切斯特和圣伊维斯都设置了“集市”。在一些较大的城镇，一整条街可能从事的都是同一个行业。人口与其他事物一道增长。到了12世纪末，伦敦有8万人，诺里奇和考文垂各有2万居民。

138 艾汶河上的斯特拉福德的最初蓝图是由伍斯特主教在1196年绘制的，直到现在，我们依然可以从现代街道上看到当年的影子；房屋住宅仍然坐落在主教当年选定的地块上；许多街道的名字沿用至今。13世纪的女商贩依然能够在如今的城镇街道上给人指路。即便是像伦敦这样的大城市，也保留着建城之初的痕迹。

这些城镇的新商人和旧商人都参与建立了强制执行行业标准的行会。这些行会商人（这是时人对他们的称呼）的财富和权势越来越大，最终拿下了大部分城镇的管理权。行会的历史相当漫长，它的成立可以追溯到9至10世纪。但在最初阶段，它们本是由虔诚的教徒建立的“兄弟会”；他们为死去的教友祈祷，也会支持那些急需帮助的成员。

同一个行业的从业人员自然会加入同一个行会；这样一来，经济利益以及宗教利益就发挥了作用。他们建立了自己的组织，制定了商业及制造业标准。他们反对外来者偷师他们的“秘密”，于是建立了一套严密的学徒制度。他们一度在教堂庭院或市镇大厅开会，但到了12世纪末，许多商人已经有了自己壮观的议事场所，这些地方被统称为行会会馆。

不过，他们依然继续从事虔诚的事业，为慈善事业募捐，为死者募集丧葬费用；他们当中的许多人有自己的礼拜堂，或者至少在附近的教堂中拥有一盏圣堂灯。他们出资修桥补路，虽说这里面也有自利的成分。手艺行会还负责安排神迹剧演出，改善交通；在莎士比亚之前，神迹剧是英国戏剧最重要的组成部分。宗教力量、社会力量以及经济力量的密切结合，属于彻头彻尾的中世纪现象。

12至13世纪城镇漫长的繁荣昌盛时期，也是城市共同体意识高涨的时期。不过，在某些方面，共同体观念还是虚妄的，因为比较富裕的城镇居民（所谓“人上人”）建立了一套权力寡头制度，让权力集中在几个家族构成的关系网中。在诺里奇，60%的财富掌握在6%的人手中。正是 139
这些人在城镇法院中担任陪审员，他们还把持了当地政府机构中的职位。然而，在维护新获得的特权以及传统的过程中，人们还是产生了公共利益的感触。伦敦的市民委员会就成立于商人和工匠激烈对抗的时期，如今在这里依然可以听到市民聚会时发出的“行，行！（Ya Ya!）”或“不行，不行！（Nay Nay!）”的叫喊声。

这种团体意识受到了自由的城镇氛围的强化。聚居于此的人们因一份商业协定而团结在一起，他们不受制于乡村劳役法规的限制。到了12世纪初，人们已经树立起一种根深蒂固的观念：如果一个隶农在城镇里居住了一年零两天，他就获得了自由。城镇的氛围确实不同。

我们可以想象当时用木头搭建的房屋和店铺，在它们之间的空地上，老母鸡在地上扒土，矮种马也被拴在那里。许多木头房子是双层的，底层是商铺，上层是卧室。永久性的商店建起来了，但许多摊位还是可以移动的，白天搭起来，晚上就拆掉。在任何城镇，石头房子大概都属于富裕的商人。

在切斯特，地面平整的街道上加盖了一层木制的人行道，这样一来，它就与两侧的商店橱窗同高，行人也就可以“逛街购物”了。英格兰的城镇四处都是尘土和垃圾，有一部分被猪和家禽清理干净了。地上流淌的溪水经常被生产废品和粪便弄得肮脏不堪。讨价还价的声音、争吵的声音很是激烈。由于中世纪英格兰特殊的刺耳尖叫和兴奋劲儿，这里总是忙忙碌碌的。

国王的幕僚在多大程度上改革了司法部门，亨利本人到底做出了多大贡献，这是一个有趣的问题。据传闻，他在许多个不眠之夜与幕僚争论法
140 律的要点，这种说法很可能出自善意的虚构。毫无疑问，在亨利当政时期，英格兰的法治得到了加强。瓦尔特·梅普指出，国王对“新司法程序做了精心的设计”。例如，他下令让王室法官定期巡视各郡，处理先前由郡长或郡法官审理的案件。王家法官共有六组，每组三人，每组负责巡视四到八个郡，这样一来，整个国家都被涵盖在他们巡视范围之内。他们的总部就设在威斯敏斯特，但核心职能是向外辐射的。

他们的种种举措当然主要是为了国王的利益，因为国王要收缴罚金以及其他款项。众所周知，王家法庭比法官更爱钱财，国王期待在司法程序的每个阶段都能有所“斩获”。如果富人犯了罪，他得花一大笔钱去“获得国王的恩泽”。在这个乱象丛生、暴力肆虐的社会中，这种安排被认为是天经地义的。看病得花钱，见法官也得花钱。法律是权力的另一种形式。它只是在变得更加灵活、更加有效罢了。

但是，自利行为有时会产生令人始料未及的结果。在全国推行统一的

王家司法为习惯法的发展创造了条件。国家法律凌驾于地方风俗之上。当法律统一之后，它最终成为所有人“共同”遵守的规则。为了强调这种共同法理论，当时的社会出现了好几种说法；“按照英格兰的风俗”或“根据这片土地上的风俗”都成为标准的公式。人们将法律简化为命令，简化为惯例的要求；它也由此可以被编成法典，变得标准化。英格兰历史上最重要的法律著作之一是伦诺尔夫·德·格兰维尔的《论英格兰的法律和风俗》，此书就写于亨利二世统治时期。在亨利二世活下来的几个儿子当中，理查居长，他在1189年登上王位，而“司法记忆”在理查一世登基之时注定要启动，这并非偶然。亨利的行为是在替自己牟利，但他的举措能促进人们遵纪守法，保证司法行政的连贯性。他对改革毫无兴趣，也没有改革的计划。他的行为只是出于个人的私利，而且完全是形势所迫。除了这 141
些行为能给他带来更多的金钱，他从来没有想过它们的后果。这就是英国法律宏大体系的基础。亨利误打误撞，建立了一套延续至今的制度。

新的司法程序还产生了另一个令人始料未及的后果。法官的一项职责是裁定财产纠纷。当时是否有人抢夺他人的土地？这是12世纪普遍存在的问题，当时的大小领主总想扩充自己的地盘。在处理这类案件时，法官往往会叫来12名当地人，征求他们的意见。英格兰的陪审团制度到底起源于何时，至今仍有争议，但我们至少看到，它在12世纪已经得到系统应用。50年后，刑事案件也采取了陪审员制度。陪审团审判也顺势取代了决斗和神明裁决。争议各方被用传票叫到法庭，从这个时候开始，传票呈现出标准化的形式。传票价值六便士。英格兰的司法制度以偶然且不可预测的方式建立起来了。

然而，法律并不会独自进展，王家法律（也称国家法律）在创设之后，需要一群训练有素的追随者去阐释和修正司法原理。11世纪还没有出现职业律师，法官只是国王的仆从。在亨利二世当政时期，这个空白终于得到填补。到了12世纪末，牛津开始讲授“后天习得的法律”。在威斯敏斯特法庭，汇集了各种专门的法律“流派”。不久，一群名为“法律人”的群体出现了。他们组建起一套分工多样、等级多重的职业体系。他们吃住都在一起，他们居住的各式客栈和旅店后来变成了林肯法学院、格雷法学院等。

中世纪社会的一个悖论在于，它一面存在着极端的暴力和混乱，一面又渴望繁文缛节和等级制；就很多方面而言，英格兰是一个无法无天的社会，但它也是一个好打官司的社会。人们喜爱法律，正如他们漠视法律；对于他们来说，法律管得还不够多。法律有抚慰人心的作用。它代表了权
142 威和传统，即便它们遭到藐视，它也不曾缺席。如果你在开庭日来到威斯敏斯特大厅，置身于一片嘈杂声中，你仿佛会听到国王的声音：

> “另外，我感到好奇的是，你没有说到点子上。”
>
> “先生，点子就像矛靶，是很难击中的。”
>
> “别和我争论法规，我才是这条法规的制定者。”
>
> “它是以眼还眼，以牙还牙！”
>
> “亚里士多德是我们伟大的朋友，但我们更伟大的朋友是真理。”

大厅的地板上铺着灯芯草，灯芯草中又掺杂香草，以冲淡人们以及囚犯身上发出的臭味。法官随身带着洋茴香和黄春菊浸泡过的亚麻沙球。

王座法院、普通诉讼法院以及理财法院均有自己的审判小组；有庭吏之称的专门答辩人就是后世的出庭律师的先驱。当时的答辩人都希望自己能晋升为法官。法律的职业化由此彻底完成。申诉变得越来越专业化，往往依靠判例。我们可以谈论法治而不只是法条了。法官身穿猩红色长袍，头戴金黄色绸缎帽子。庭吏身穿深紫红色和蓝色相间的竖纹长袍，头上戴着白绸缎的圆帽子。

法律的清晰明了和标准化还意味着，社会本身也在变得更有条理。当时有一项新的程序被称为“遗产占有令”，它保证自由人有权继承遗产。领主剥夺不能剥夺自由人，尤其是自由佃农的土地租用权。但还是有些人没有资格到王家法庭申诉。没有人身自由的人、耕种领主土地的隶农都被王家法庭排除在外。他们只能依赖更小的地方法院来维护自己的权利。换

句话说，他们依然处在主人的控制之下。

法律规定："伯爵、男爵以及自由佃农可以……像卖掉公牛和母牛那样合法地卖掉他们的农奴（rusticos）。"不自由的人被称为"头天晚上不知道明天早上干什么活计的人"。领主可以随意给他们戴上镣铐和枷锁，可以任意地囚禁、惩罚他们，只是不能夺去他们的性命或砍掉他们的四 143
肢。这里说的当然是极端情况，实际上，传统习俗还为农奴保留了许多权利。领主还得证明自己手下的人是没有人身自由之人；正如当时的一份司法文书所说："你若想剥鹿皮，必须先逮到鹿。"

自由人与隶农的差别已经成为当时英格兰最重要的一条社会分界线，它构成了既有的、错综复杂的等级制的基础，而等级制规定了人们的社会角色与功能。它也成为骑士传奇的主题。在骑士传奇中，农民与骑士也是有严格区别的。骑士的地位也悄然发生了变化，现在更看重财产而非马上功夫或作战能力。在这一过程中，骑士们扮演了一个不同于以往的角色。他们主要在当地（而非全国）的社交界占有一席之地。他们不失时机地成为"乡绅"（gentry）；这个词最早由《坎特伯雷故事集》的巴斯妇使用。"贵妇人"（gentlewoman）一词在 1230 年就已经出现。"绅士"（gentleman）一词的出现还要等 45 年。所以我们才会有约翰·鲍尔的如下歌谣：

> 当亚当耕田、夏娃织布时，
> 绅士在哪里呀？

渐渐地，以财产为基础的英格兰阶级制度建立起来了。

城镇居民依据其定义便是自由身，所以自由的城镇生活与不自由的乡村生活的差别也就变得更加明显了。粗鲁无文的乡巴佬与温文尔雅的城里人相对立，这类人的神话就始于这个时期，这么说是公允之论；乡巴佬的神话后来还成为伊丽莎白时代小册子和复辟时代戏剧的一大特色。

托马斯·贝克特与亨利二世之间的冲突长达六年之久，在此期间，教宗及其他利益相关方都从中进行了调解。这两个死对头在法国见过两次面，但他们的会面变成了徒劳无益的对抗。两人的自尊心都太强，太好面子，也过于敏感，因此他们无法相互妥协。然而在 1170 年春末，在亨利
144 的守护下，亨利的儿子小亨利举行加冕礼，约克大主教在威斯敏斯特大教堂为其加冕。幼王亨利在父王生前就当上了“共治王”，成为王朝世袭罔替的象征。

这对贝克特来说是一次沉重的打击。英格兰的两大主教（坎特伯雷大主教和约克大主教）一直因为各自的权力和领地而不和。按照常规，为国王和太子加冕的权利属于坎特伯雷大主教。结果，国王却从贝克特手里夺走了这一特权。在那个年代，时人最看重地位和惯例；它们就是世界的运行模式。此前，亨利曾旁敲侧击地说，如果坎特伯雷大主教肯返回英格兰，他仍旧可以给太子加冕。贝克特太看重这个位置的尊贵地位了，亨利的建议让他动了心。亨利和贝克特的第三次会面在法国举行，双方达成了协议。1170 年 12 月 1 日这一天，大主教返回英格兰。

据说在桑威奇登陆的时候，贝克特曾遭到恶意的接待。但也有传闻说，不久后他带领一队骑士，骑马穿过英格兰。无论哪个传说都没有真凭实据。不过，只有一件事情是肯定的。在渡过英吉利海峡前夕，贝克特将约克大主教和其他几个主教逐出教会，因为八个月前，他们曾在威斯敏斯特大教堂参加加冕典礼。

有句拉丁文谚语说得好：ira principis mors est。大意为：君主一怒，臣民伏尸。贝克特就想要证明这一点。当革除教籍一事传至亨利这里的时候，有人进言：只要大主教还活着，英格兰就不得安生。贝克特对约克大主教的激烈报复行动似乎证实了这一点。贝克特是一个极为自负和自以为是的人。

国王可能从未说过如下这句话：“难道就没有人给我除掉这个不安分的教士吗？”但是大家把这句话算到他头上。不过这种说法确实非常接近当时亨利的金玉之言。他本人后来也承认了这一点。他手下的四名骑士相信这是他的真心话。他们离开了亨利位于法国北部的宫廷，然后分道扬

镳，直奔海峡。按照预定安排，他们将在肯特郡的索尔特伍德堡会合，此地距离坎特伯雷不远。他们将从那里策马直奔大教堂。 145

当骑士们冲进门的时候，贝克特正在内室办公，他心平气和地与他们打招呼。他不知道他们的来意，恐怕这些骑士本人也不完全清楚。有迹象表明，他们想逮捕他，或者强迫他再次离开英格兰。但接下来乌云密布，骤雨来临。他们开始侮辱和威胁大主教；贝克特和他们争执起来，他不愿意被这种敌对行为吓倒。他不管不顾，径直进入大教堂，准备听取晚祷。僧侣们想把门闩上，但他不同意。当时有位名叫威廉·菲兹斯蒂芬的僧侣就在他身边。据他说，贝克特本来随时可以逃走，因为他周围都是黑暗的过道和弯曲的楼梯；他本可以躲在地下室中。但他继续待在教堂里，准备亲自主持礼拜仪式。

四位骑士进了门，手拿宝剑跟在他身后，其中一位骑士用剑拍了一下他的肩膀，说道："你这个祸害！你死定了！"他们试图将他拖出大教堂，但他奋力反抗。他头部负了伤，跪在地上。又一剑袭来，削掉了他的半个天灵盖。他们当场将其残杀。

他这一死反倒让自己成为赢家。基督教诸国的首脑对大主教在教堂遭到杀害的惨剧深感震惊；这相当于谋杀教宗。亨利二世心里很清楚，他会遭到千夫所指。于是，他幽居密室，闭门思过，一连斋戒三天。他的对手也没闲着，他们琢磨着该如何找出一个令人满意的报复措施。法国国王路易七世宣称："对自己母亲［教会］施暴就是反人类……这种史无前例的残暴行为理应受到前所未有的惩罚。让圣彼得之剑出鞘为坎特伯雷殉道者复仇吧。"现在贝克特也戴上了殉道者的冠冕，虽说直到三年之后他才被正式封为圣徒。

不久，他的殉难地就成了世人崇拜的对象。贝克特刚死，他的亲属（或许还有当地人）就冲进了大教堂，割碎了他的衣服，浸上大主教的鲜血；他们用这种珍贵的液体涂抹自己的眼睛。据传闻，有人还拿着瓶瓶罐 146
罐去接他俯卧的躯体上流出来的鲜血。后来，坎特伯雷的僧侣还借机推出一门红红火火的生意，他们开始销售带血的"贝克特圣水"，说这东西可以治病。他们制造了大量的锡铁罐子，上面镌刻着一行拉丁文：“消除一切虚弱和痛苦之症，治愈后吃喝无碍，还能摆脱邪恶与死亡。”如果没有出现神奇的疗效，大家就会说是病人不够虔诚。当贝克特的陵墓建好后，后人又为他建造了一座神社，大批朝圣者纷至沓来。乔叟的《坎特伯雷故事集》收录的就是朝圣者所讲的故事。

亨利也去朝圣了。1174 年夏天，他陷入四面楚歌之境，敌人从苏格兰、弗兰德斯入侵英格兰，他决定郑重其事、大张旗鼓地为贝克特之死悔罪。他在距离坎特伯雷 1 英里（约 1.6 千米）的地方下马，脱掉丝质袍服，然后赤脚走向大教堂，他的双脚被扎得鲜血直流。一进教堂，他就拜倒在地，在神社前痛哭流涕。坎特伯雷大教堂的钟声响了起来，这是为了招来更多的人，来围观国王的虔诚之举。国王被引入地下室，他在那里脱下衬衫。围在旁边的主教用鞭子在他身上抽了几下，以帮助他“改正”邪恶。他们肯定不会下重手。接下来，国王用了一天一夜时间热忱祈祷，他不进食，只喝带有贝克特圣血的凉水，以此结束朝圣之旅。他的罪孽被洗干净了。效果很快就显现出来，灵验得近乎神奇。他的苏格兰敌人被他打败了。

然而，他付出了很大的代价才重新获得教廷的接纳。他不得不做出让步：神职人员只能由教会法庭审判。这样一来，就出现了一条名为“教士特权”的司法惯例。这条惯例的应用范围变得越来越广，就连识文断字的人也被纳入其中：任何人只要能读上一小段《圣经》——通常是第 51 首圣歌的开篇，就可以免除死罪；这首诗由此而得名“护颈诗”。事实上，直到 19 世纪 20 年代，刑法才删除了“教士特权”的条款。

147 上帝或许保佑亨利御敌，却用他的孩子们诅咒他。在他当政的晚年，他主要与自己的四个儿子做斗争；这四个儿子一如他们的安茹前辈，个个都是残暴、贪婪之徒。亨利在理论上将其帝国分成几份：他的长子亨利注定继承英格兰王国、安茹公国和诺曼底公国；次子理查被封为阿基坦公爵；三子杰弗里通过联姻，成为布列塔尼公爵或伯爵。只有幺子约翰什么也没捞着，因此有了“无地王”的绰号。

这真是个爱争吵的家族，莎士比亚可能从它的荣枯当中获益颇多。父子失和、兄弟阋墙，这出大戏比《李尔王》还要“李尔王”。兄弟几个只有出于个人私利才能团结一致；自私自利已经深入他们的骨与血。他们只在意自己的面子和权力；为了扩大自己的领地，他们之间大打出手；他们在对方的地盘上兴建城堡，还拒绝国王从中调停。

由于王朝政治的癫痫症发作，两位兄长决定起兵反对父亲。在这次颠覆性行动中，他们得到了母亲的协助和支持。而她早已出于现实目的，同丈夫分道扬镳了。当国王率兵进发到幼王亨利的大本营利摩日时，对方箭如雨下。不过，国王的军队还是取得了胜利。由于担心自己被俘，幼王亨利从城里逃走。他在自己的领地上四处游荡，几乎孤立无援。在此期间，他罹患痢疾，不幸殒命了。幼王亨利缺少乃父的决心和能力；他虽被视为完美的王子，彬彬有礼、温文尔雅，但他很可能会是一个令人失望的国王。他似乎具备治国之才，但前提条件是，他不能当国王。他死于1183年夏天，他至死也没有与父亲和解。

现在，老亨利的四子只剩下三个了。如今理查成为长子，应当由他来继承王位。作为回报，亨利要求他把阿基坦公爵的头衔让给约翰王子；但理查坚守自然权利原则，不肯相让。他从宫廷中逃走，返回阿基坦。国王 148
建议约翰招募一支兵马讨伐兄长。但约翰没有自己的人马，他只好与三哥杰弗里联盟，后者在布列塔尼拥有一支强大的雇佣军。兄弟两人合伙讨伐二哥。但是，除了在小规模的战斗中获得一些自吹自擂的胜利外，他们几乎一无所获。

在亨利看来，他的帝国已经处于风雨飘摇之中，它有可能会因为这些自相残杀的战争而解体。他把三个儿子叫到英格兰。父子达成一致意见，让约翰当爱尔兰国王，这样一来，就取消了他对阿基坦的所有权。理查返回阿基坦公国。但他并没有因为这场表面上的胜利而安分下来。目前看来，国王已经决定颠倒长幼顺序，将英格兰和诺曼底交给杰弗里；这些盎格鲁-诺曼领地正好与杰弗里的封地布列塔尼连成一片。这份新版的领土示意图看起来干净利索，但不久它就失效了。杰弗里死于巴黎的一次比武大会。

这样一来，兄弟四人只剩下两人了。在19世纪浪漫派的史学家笔下，理查和约翰分别被称为“狮心王理查”和“邪恶的约翰王”。实际上，兄弟两人差别不大，他们都是贪婪、傲慢之辈，除了搜刮钱财之外，他们对英格兰王国没有什么兴趣。亨利把儿子们一晾就是五年，他主要的办法是不立王储。但是，随着他年事增高，立储一事变得益发重要。1185年，理查将他的公国置于法国国王的管辖范围之内，这让亨利相当不快。

后来，理查、英王亨利和法国国王等利益相关方举行会议，提出继承权问题。理查要求父亲保证立他为王储，亨利拒绝了他的要求。理查说：“那好，我只能把以前看似不可思议的东西变成现实了。”他解下佩剑，跪在法王面前，为了诺曼底和阿基坦，他向法王宣誓效忠。换句话说，他这是在变相否认父亲对安茹帝国大片领土的主权。父子由此分道扬镳。

149 现在回头看这件事，亨利不大可能取消长子继承权。因为如果他这样做，就严重破坏了中世纪的法定继承原则。但是，理查也拿不准父亲的心思。他性子太急，下手又猛，公开宣战，父子兵戎相见。他在法国北部各个城镇和城堡征战不休。1189年夏天，气候炎热，英格兰国王病倒了。战争形势不利于他。谁愿意帮助老迈的英格兰国王去对付一个年轻的王子和法国国王呢？

亨利被迫讲和，他承诺立理查为王储。当他按照仪式亲吻儿子以示和平之意时，按照理查的说法，亨利向他耳语：“愿上帝在我向你复仇之后宽恕我。”但是亨利已行将就木。他被人用担架抬到了希农，这个地方位于卢瓦尔河的谷地中。他命人拿来一份向理查宣誓效忠的人物名单。排在首位的就是约翰。他扭过头，面朝墙壁，不愿意听人念下去。显然，他最后的遗言是“丢人哪，被征服的国王真是丢人哪”。但死者的遗言通常是道德家伪造的。亨利被安葬在丰特夫罗修道院的教堂里。

如果说，如今的后人还能记得起亨利二世的大名，那是因为他与托马斯·贝克特联系在一起。然而，更值得我们注意的是，他在全国实施了统一的司法制度和习惯法制度。他之所以带来这些改变，是出于敛财的考虑，而非出于治国之策，但是，这些至为宝贵的制度的起源很难经得起检视。一切都是混乱和说不清楚的。历史撰写经常便是厘清混乱。 150

14

逝去的乡村

荒无人烟的霍拉姆珀西村位于约克郡的边缘地带，坐落在山谷的一段斜坡上。村中的教堂叫圣马丁教堂，如今只剩下一片废墟；从残存的土方中，我们可以分辨出居住区的轮廓，那些长方形的土堆就是过去小房子的所在地，野草丛生的洼地就是过去的马路和胡同。庄园长屋的断壁残垣现在依然清晰可见，白垩建的小房子的轮廓至今犹存。然而，大部分石头建筑已经埋入地下，大地上已经绿草如茵。村庄不复存在，但它留下的痕迹却存续了好几百年。

英格兰有 3 000 多个荒村，它们是过去村社生活的无声见证。在莱斯特郡斯泰尔福德公园的树林中，一座古老的市场十字架茕茕孑立，旁边的市场和村庄早已无影无踪了。围墙旁边的湿地里长出的一排毛茛，大致位于当年村子内外的分界线上。这些荒村的居民之所以背井离乡，原因不一而足。在数百年中，火灾、饥荒和疾病都发挥了作用；农村地区还悄无声息地进入了人口持续下降的阶段。而有些村庄之所以被夷为平地，是为了给养羊的牧场腾地方，村民们被这片土地上的领主强行赶走了。在诺福克
151 的索普村，有 100 人“流泪离开了家园，成了无业游民，可以想象他们最后死于贫困。他们的一生就这样结束了”。西多会的僧侣就以驱逐村民而

臭名远扬。

霍拉姆珀西村的考古发掘工作一连进行了 50 多年，结果发现，这里的墙壁和部分墙壁曾经被不断地重修。这个村子在 10 世纪基本形成，在两条主街的两侧盖起了一排排独栋的房屋。村中的第一座庄园住宅就是在这一时期兴建起来的，第二座在 300 年后建成。第二座庄园包括一所带大厅的房子、一座鸽房和一个谷仓。在这一时期，村子周围种植大麦、小麦，蓄养牛羊；这里也种亚麻和大麻。

当年的房屋中有些是长屋，面积约为 15 英尺×50 英尺（约 4.5 米×15 米），人生活在房子的一侧，家畜则养在另一侧。在这一时期，这些供人居住的长屋中大部分只包含两间农舍，面积大小不一，视房主的财力而定。农舍最初采用木制结构，但到了 13 世纪后期，逐渐被石材所取代。小村不断地修建和重修，所以它仿佛依然在呼吸和运动。农舍一般会有后院，后院直通后胡同，后胡同就是村庄和附近农田的分界线。村中有两个磨坊水池，一块三角形的公共绿地。绿地上有两处牲畜围栏，其中圆形围栏可以用作斗鸡场或斗熊场。

然而，这种中世纪气息十足的景致具有一定的迷惑性。因为，决定村庄选址的是附近的六孔泉水，显而易见，这块地盘曾经吸引过早年来英格兰定居的人。考古工作者在考察田野路面时发现，村庄附近就有一处中石器时代遗址，还有新石器时代和青铜时代砍伐森林的证据。石斧和燧石的出土表明，这个地区一直有人居住。考古人员进入教堂南边的一片洼地，从层层累积的土壤中看出这些土层的年代，从新石器时代到中世纪晚期始终不曾中断。在圣马丁教堂的旁边，有一块天然形成的梯田，这里发现了铁器时代大型墓葬的遗迹。这里一定是宗教祭祀的场所。在第一座庄园房屋的地下，考古人员还发现了罗马-不列颠建筑的证据。在这座村庄的下 152
面，人们发掘出三个罗马-不列颠农庄的遗迹，它们旁边就是古道（人踩出来的小路）。村中还有 6 世纪的两座撒克逊风格的建筑遗迹。

因此，我们在霍拉姆珀西村依然可以看到人类生活的延续性，自从首批定居者在此安营扎寨，它持续存在了好几千年。非常有可能的是，村子自身的形态是由史前田地的布局决定的。直到牧场的需求下降或疾病的侵袭，它的生命才走向终点。霍拉姆珀西村的人口在 15 世纪开始下降，到了 16 世纪初，它已被彻底抛弃，荒无人烟。

霍拉姆珀西村并非个案。它只是英格兰唯一一个被人们大书特书的村庄。这表明（虽然不能证明）还有其他许多英格兰乡村诞生于史前时期。之所以没有人能够将它们发掘出来，是因为地面上还住着人。这个国家最古老的村落的历史掩埋在沉默的泥土中。不过，我们还是可以得出结论，
153 在中石器时代和新石器时代村落的遗址上，人们的生活依旧繁盛。

1. 铁器时代的有角神祇塞努诺斯的银浮雕。它很可能是一位生育之神

2. 罗马征服不列颠期间主要人物的脸谱化肖像，出自18世纪晚期的一部史书

3. 一位日耳曼领主的头盔，据说属于雷德瓦尔德，此人于 7 世纪初葬于萨顿胡

4. 准备参战的撒克逊士兵。一位 5 世纪的罗马编年史家宣称“撒克逊人在所有民族中最为残忍凶猛”

5. 肯特国王埃塞尔伯特在 597 年接受圣奥古斯丁的洗礼。这位圣徒由此开启令日耳曼定居者皈依基督教的传教使命

6.《林迪斯法恩福音书》中的“Chi-Rho”花押字页。这部装饰华美的手抄本于7世纪末或8世纪初在诺森布里亚的林迪斯法恩成书

7. 维京人自790年开始不断地入侵英格兰，这是对他们所乘船只的非写实描绘

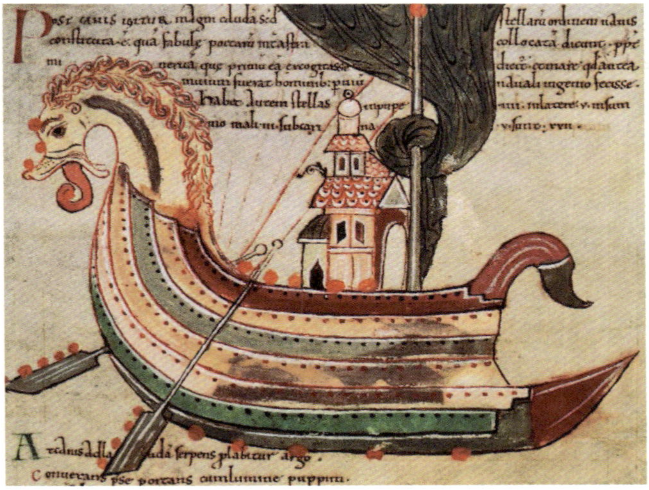

8. 外号“决策无方者”或“听信谗言者”的埃塞尔雷德像，他是10世纪末、11世纪初的英格兰国王。这柄巨剑无疑被用来凸显其勇猛和雄壮

9. 英格兰国王“忏悔者”爱德华，1042至1066年在位。之所以称他为“忏悔者”，是因为他被认为是基督教信仰的证明，但实际上他的信仰并不是很虔诚

10. 诺曼骑士冲锋，取自巴约挂毯。这幅艺术作品描绘了威廉一世征服英格兰的历史

11. 最早的描绘托马斯·贝克特遇害场景的泥金装饰画之一

12. 理查一世（大名鼎鼎的“狮心王”理查）监督手下处决3 000 名战俘的场景。这些人是他在第三次十字军东征期间围攻海法湾的阿卡城时所俘获的

13. “无地王”约翰在猎鹿。他也被称作“软剑”约翰

14. 一年四季的各种农活。在许多中世纪的泥金装饰画中都可以看到长柄镰刀、短柄镰刀、打谷用的连枷、扬谷风扇和犁

15

《大宪章》

据说，英王理查一世只在意自己的武功业绩，只有上阵杀敌，他才开心如意。他有着狮子般的凶猛，但没有狮子般的雄心。他年幼的时候就打过不少架；正如前文所述，他经常与自家人大打出手。

他于 1157 年出生在牛津，虽说出生地是英格兰，祖先可是地地道道的法国人。作为阿基坦公爵，他的公国疆域辽阔，那里的财富和声望都可以和英格兰相提并论；它绝不像是安茹帝国的附庸，而是它的中心。然而，他在法国只不过是个公爵；在英格兰，他却是国王。这就是区别。他对英格兰没有兴趣，也不关心；他只想让人知道他是上帝授权的君主，这就足够了。在 1189 年秋季举行的加冕礼上，他脱掉了上衣，露出胸膛，由坎特伯雷大主教施行涂油礼。大主教在他的胸部、头部和手上涂抹了圣油，这是君权神授的象征。接下来，他披上了礼服，行加冕礼。正常来说，程序应该是这样：大主教拿来王冠，放在国王头上。理查却抢先将王冠递给了大主教。这是典型的妄自尊大的举动。当然，他看起来就是这副 154
德行。他身材高大，估计有 6 英尺 5 英寸（约 1.9 米）；在 12 世纪，这是巨人般的身高；他四肢强健，体态匀称，长着一双锐利的蓝眼睛。

如果我们因为理查好战而谴责他，往好了说也是犯了年代误植的错误。国王的任务就是战斗，一位好战的统治者会被认为是好的统治者。如果上帝善待某位君主，就会保佑他在战场上旗开得胜。领兵作战是君主的一项基本特权或职责，这种看法反映了当时战乱频仍的社会状况。在中世纪的英格兰，两位最为文弱的国王理查二世和亨利六世，都是公认的失败者，两人都惨遭废黜和谋杀。所以说，勇武善战是君主最基本的素质。

若想理解理查未必复杂的性格，我们可以抓住一条线索，那就是骑士精神以及与之伴生的“典雅爱情”。我们可以这样理解骑士精神，这种惯例用荣誉法则取代了权利法则或公正法则。因此，在双方交战状态下，骑士可以赦免对方骑士的性命，不侵犯对方的特权，但与此同时他也可以兴高采烈地屠杀当地的妇女儿童。虽然围城战也有细致周密的战争法则，但是对骑士精神的崇拜与战争实况之间的关系微乎其微，犹如经院神学与教区的日常礼拜无甚瓜葛一样。

理查喜欢参加比武。这可不是15世纪的那种精心安排的马上长矛对刺，而是真刀真枪的打斗。比武场通常设在一大片空地上，两组训练有素的骑士互相对打。这种比武与实战极为相似。按照规定，骑士落马后必须退出战场，将自己的战马和铠甲送给对手。虽说如此，死伤并不罕见。实际上，比武大会相当危险，因此亨利二世禁止英格兰举行比武大会，但它在阿基坦依旧十分流行。

在法语区，对典雅爱情的崇拜也蔚然成风。这是一种深受普罗旺斯和阿基坦吟游诗人赞美的情感冲动；这些吟游诗人以歌曲和故事的形式颂扬男欢女爱是一切美德和快乐的源泉。骑士为情人而战，这种爱情让骑士变得更加强壮和勇猛。爱情是供人欣赏的，而不是人们贪求的对象。正如先
155 前的文明倡导的柏拉图式恋爱（当时在男性之间很普遍），典雅爱情也是天国和睦的缩影或回响。在理论上，骑士应当贞洁、虔诚；骑士精神的典范是亚瑟王的骑士加拉哈特爵士。骑士精神与典雅爱情的相似之处在于，它们都远离生活的直接经验，但确实代表了一种虔诚主义的企图，并且将战争和通奸置于神圣世界的背景之下。所有这一切都影响到理查一世对自己和王位的认识。据信，当时他手头有一把亚瑟王用过的宝剑。不要忘

了，托马斯·马洛里的《亚瑟王之死》是从法国传奇翻译过来的。

登基不久，宝座还未焐热，年轻的国王就着手准备参加十字军东征，攻打萨拉丁，收复耶路撒冷。十字军圣战是骑士精神的重要组成部分，因为两者都具有明显的宗教目的。参加十字军的骑士要准备守夜、斋戒和祈祷。基督的战士既应当是朝圣者，也应当是军人。崇拜军事圣徒（例如圣乔治和圣马丁）的风气发展起来了。圣殿骑士团和医院骑士团集骑士与僧侣的角色于一身。在理查看来，第三次十字军东征来得正是时候。在他加冕两年之前，耶路撒冷已经落入敌手，理查立刻“佩戴十字”。现在，他终于有机会戴着十字参加战斗了。事实上，他是史上唯一参加过十字军的英格兰国王。*

为了实现这个目的，他需要金钱。加冕之后，他在英格兰逗留了三个月。在这么短的时间内，他试图卖掉手中拥有的一切：土地、爵位、主教职位、城堡、城镇和宫廷职位。他甚至说，如果能找到买家，他愿意卖掉整个伦敦。对于他来说，国家就是一台造钱的机器。他夺取了父亲的所有财宝，强迫别人借钱给他；他增加百姓的税负。他采取的这些举措在很大程度上促成贵族造反，进而导致了《大宪章》的签署。大领主不单单反抗后来的约翰王的统治；他们也反对安茹王朝敲诈勒索的理念——其强势中央政府的发展，使得大领主的生存状况恶化了许多。

除了让国家财政损失惨重之外，理查一世的东征并没有对英格兰的历 156
史产生直接影响。不过理查用行动证明，在步履维艰的圣地，他是个出色的军人，也是个才能卓越的管理者。他能够带领一支舰队和一支陆军到达地中海东岸。在这一过程中，他还收获了一件珍贵的“礼物”：攻陷了塞浦路斯岛；理查曾经向岛主许诺，不会给他戴上铁镣铐。理查果然像真正的骑士那样信守诺言，为了限制这位倒霉鬼的人身自由，理查专门为他打造了一副银镣铐。更为重要的是，理查在与萨拉丁的对抗当中并没有退缩，而萨拉丁是那个时代最足智多谋、最能干的军事领导人。理查气性很

* 后来的爱德华一世也参加过十字军东征，但当时他还没有继位。

大，从一件事上可以看出来。他下令将自己在阿卡城俘虏的 3 000 名战俘砍头。他的手下虽不见得爱戴他，但绝对对他唯命是从。12 世纪的一位叙利亚贵族和军人乌萨马·伊本·穆齐德将欧洲十字军描写成一群只会英勇作战而别无其他美德的畜生。这很可能是对英格兰国王的描述。

这次十字军东征的一位编年史家评论说，理查之所以被称为“狮心王”，原因就在于他从来不原谅冒犯过他的人。他脾气大，易发怒，凶猛残忍。如果仅以军事能力为标准来评判国王的话，理查一世堪称英格兰最伟大的国王之一。他并没有成功收复耶路撒冷，但是在他死后，理查一世的传奇故事还在圣地流传了很长一段时期。据说有那么几百年，土耳其母亲在吓唬孩子的时候，就用上“马利克里克”（理查王）。

可是，一旦不再领兵打仗，理查就不那么走运了。从十字军战场返乡时，季节已经流转至冬季，由于海路不通，他决定经由陆路返回。他打扮成朝圣者，穿过敌人和死对头的地盘。显然，一直有人在监视他，或者说早有人等着他落网。1192 年末，他被奥地利公爵利奥波德*手下的人给抓住了。

抓获英格兰国王可是大功一件。他被押送到一座古堡中。这座城堡建在一道岩石林立的山坡上，俯瞰着脚下的多瑙河；当他在这里受罪的时候，欧洲的几位重要君主为他的命运争论不休。奥地利公爵将他卖给了自
157 己的领主——神圣罗马帝国皇帝亨利六世，而法王路易也浑水摸鱼，希望尽可能从中捞到好处。他把理查的弟弟约翰招到法国宫廷中。两人达成协议。约翰向法王效忠，作为交换，法王支持约翰篡位。约翰返回英格兰，宣布兄长已经死亡，但没人相信他的话。

约翰遭到了攻击，处于守势。理查出国之前任命承担留守任务的教士（主要是索尔兹伯里主教）招募了一支部队，将约翰围困在他名下两座大城堡的范围内。主教成了真正的政府当家人。接下来，有消息说神圣罗马帝国皇帝准备释放理查，开出的价码是 7 万马克，后来这个价码又涨到了

---

* 理查在十字军东征时期得罪过奥地利公爵利奥波德，有一次，攻下一座穆斯林城市后，理查看到利奥波德率先将自己的军旗插上城头，就命人扯下了这面旗，这对奥地利公爵来说，是极大的羞辱。

15万马克。理查没死；他起死回生，要求臣民为他支付大笔赎金。为了拿出这笔钱，王室向所有个人收入和动产征收25%的税负；教堂里的黄金和金餐具都给拿走了。西多会卖羊毛的收入也被拿走了。整个国家都被剪了羊毛。

法国国王和约翰送给亨利六世一大笔钱，要求他不要释放理查。但经过多次谈判，他们的建议最后遭到拒绝。不过，这并没有限制住约翰背信弃义的行为，他继续想方设法延长哥哥的囚禁时间。1194年2月，亨利六世收到赎金后释放了理查，法王捎信给约翰：“小心！魔鬼已出笼。”魔鬼在获得自由的一个月后于桑威奇登陆英格兰。据说当地的一位领主是约翰阵营的，名下有一座城堡，他听到这个消息后惊厥而死。这一现象表明，在这个时期，少数人（他们彼此大多是亲属）掌握了国家的命运。一场家族内讧可能导致数千人丧生。

理查对约翰的谋反并未产生应有的警觉。据说，他在囚禁期间曾经说过这样一句话：“只要有一个人反对，约翰就征服不了这个国家。”在这方面，历史证明他是正确的。他回国后，对这位手足兄弟十分大度。约翰
躲在诺曼底，不敢回英格兰。当国王渡海而来，他向理查屈膝下跪。“你 158
还是个孩子，”理查告诉他，“你的同伙有问题。”他心里很清楚，将来有一天约翰可能继位，他不想完全疏远他。不管怎样，他还是采取了预防措施，宣布他的侄子布列塔尼的亚瑟（三弟杰弗里之子；杰弗里本人死于巴黎的比武大会）为继承人；可是，有谁能比他更清楚命运的兴衰荣枯呢？理查本人在东征途中结了婚，但没有孩子。有人臆测，他与其他武功高强的英雄人物一样，也是同性恋。

理查从囚禁地回到英格兰，就在温切斯特大教堂郑重其事地举行了一场“升冕”仪式，此举意在提醒臣民，他的君主权威丝毫没有降低。他并没有在英格兰逗留很久，不到两个月后，他就渡过海峡，向法王开战，誓要收复他在诺曼底的地盘，并且收降阿基坦的个别谋反领主。在他被囚期间，很多人都认为他几乎没有生还的可能，这就助长了叛乱活动。在此后的五年中，他一直待在法国，焚烧城镇、围攻城堡，用火与剑征服周围

国家。他要英格兰臣民出钱、出人，他的索求数量惊人；按照当时一位作家的说法，全国一片赤贫，哀鸿遍野。

在他去世的那年夏天，林肯主教休夫前来觐见。主教来到诺曼底的盖拉德堡，找国王申诉；想让国王归还没收的教区地产。他发现理查正在礼拜堂中做弥撒，王座左右侍立着达勒姆主教和伊利主教。休夫向国王致意，但理查扭过脸不理他。“主上请吻我。”休夫说道。理查依旧侧着脸。接下来主教就抓着国王的外衣。“你欠我一个吻，”他说道，“因为我走了这么远的路来见您。”“你不配。”国王回答道。主教摇晃着国王的斗篷。“我有充分的权利得您一吻。吻我。”理查笑了笑，表示同意。他后来说道：“如
159 果其他主教都像他这样，没有哪位国王或统治者敢抬手反对他们。”

社会动荡不安的迹象益发明显，这是国王敲诈勒索的结果。伦敦市民认为，他们承受了充满恶意且不公正的税收负担，他们的抱怨受到了威廉·菲茨-奥斯博特（“大胡子”威廉）的利用。此人留着长头发和大胡子，这是他盎格鲁祖先的标志。他被称为“人民的辩护人”。他在圣保罗十字提出，富人们应当承担战争的费用。据说有5.2万名伦敦人支持他，但市政当局四处追捕他。他杀死了前来追捕他的官吏，逃进了圣玛丽-勒-波恩教堂的圣所中避难。四天后，仿佛出于天意，一场大火迫使他跑出教堂。被他杀死的那位官吏的儿子上前刺倒了他。受伤的他遭到逮捕，被人用马尾巴拖到位于泰伯恩的绞刑台。他的同伙宣布他是殉教者，这样一来，将他绑在绞刑台上的铁链子成了具有神奇疗效的工具，就连绞刑架也备受尊崇，人们蜂拥而至，从他的遇难地拾取带血的泥土，结果这里被生生挖出一个大坑。

理查一世再也没有返回这片他曾经君临，但绝不喜欢的土地。他在利穆赞作战负伤，最后死于伤口感染。临死之前，他发布命令，将他的心脏埋在鲁昂大教堂，他的尸体被葬在丰特夫罗修道院的教堂，安放在他父亲的坟墓中。英格兰总算不再受他折磨了。

如今，在亨利二世的四个儿子当中，只有小儿子约翰尚在人间。他是

英格兰历史上最令人感兴趣的国王，这主要是因为他的名声太臭。他与理查三世旗鼓相当，被认为是英格兰历史上最“邪恶的”国王。实际上，约翰也好，理查也罢，比起其他很多备受赞美的国王，他们并不更缺德、更狡猾。他们只是比较倒霉，碰上了讨厌他们的编年史家。在约翰当政时期，先后出现的两位隐修院出身的编年史家，分别是文多弗的罗杰和马修·帕里斯，他们都对他持有敌意。当然，莎士比亚也为后人留下了约翰
的刻板形象，他以完全戏剧化的、极度夸张的手法呈现了上文所描述的 160
事件。

我们已经简略地谈过约翰的早年生活，他对父母兄弟全无孝悌之义。然而，他还是金雀花家族的一员，家族的神圣血统是很重要的。亨利二世任命他为“爱尔兰国王”，但结果证明他并不称职；他年轻气盛、妄自尊大、蠢行不断，让爱尔兰当地的首领离心离德。他的庄园和城堡遍及整个安茹帝国。他掌管英格兰六郡，这些地方的税收直接进入他个人的金库。在理查东征圣地期间，他在英格兰和诺曼底设置了自己的朝廷，他的周围聚集了一群阴险狡诈、野心勃勃的显贵。他成了冉冉上升的太阳。

然而，他不是唯一要求继承王位的人。理查生前曾经立布列塔尼的亚瑟为王储，正如上文所交代的那样，这位十二岁的侄子对约翰的继承权构成了真正的威胁。安茹公爵领地是安茹帝国的一部分，那里的贵族已经开始支持亚瑟了。阿基坦的贵族分为两派，双方的力量旗鼓相当，左右摇摆。英格兰和诺曼底的贵族则小心翼翼、满怀疑虑地支持约翰。虽说约翰不可能被视为英格兰人，但他总比布列塔尼人亚瑟更像英格兰人。听闻兄长的死讯后，约翰立即赶往诺曼底，在鲁昂大教堂经过祝圣后，成为诺曼底公爵；接下来，他又乘船驶往英格兰。1199 年，他在威斯敏斯特加冕为王。他仅仅用了一个月的时间就将自己的大权昭告天下。

他的个头比理查矮 12 英寸（约 30 厘米），有如此光辉的父亲和兄长在前，他内心可能十分自惭形秽。当然他生长在内斗成风、处处提防、异常残酷的宫廷环境中，手足相残与父子失和乃是家常便饭，因此他留给人们的印象必然是小心谨慎、生性多疑。他外出时总会全副武装，有保镖

护卫。

此人并非没有幽默感，只不过展现出来的都是冷幽默。有一次，在诺森伯兰，他连人带马都陷入阿尼克附近的泥地中，为了惩罚那些不用心维护马路的市民，他发明了一个妙招：每一位新近成为该地市民的人，都必
161 须在圣马丁日步行穿过这片泥塘。这个风俗直到 19 世纪初还奉行如仪。当教宗把全体英格兰人逐出教会之时，约翰下令将所有教士的情妇都关押起来，直到她们的教士情夫拿钱来赎才肯放人。这种惩罚很有趣。当时为此编写的司法卷宗之多，是史无前例的。有一份卷宗记载了这样一桩事：“休夫·德·内维尔的妻子送给国王两百只小鸡。这些小鸡可能是她和丈夫在某天晚上孵出来的。”这句话的内涵不甚明了，但它可能想表达的意思是：这个女人是国王的情妇，她请求国王允许她短暂地返回夫家。这三件小事显示：在中世纪的生活中，诙谐与残酷是并行不悖的。

约翰王正如金雀花家族的前辈那样非常容易动怒。当法弗舍姆的僧侣占领了自家教堂，拒不接受国王派来的上级神父时，约翰就下令将整座修道院付之一炬；然而没有人敢服从他的命令，他后来也就心软了。君主总是有些坏脾气，这是他们权力的一部分。

他的残酷无情在执政初期就有所体现。布列塔尼的亚瑟很快就跑到了法国国王的宫廷中，他这样做是为了躲避叔父的谋害。不过在 1202 年，约翰还是逮到了机会。两人为争夺安茹公爵领地大打出手。法王将这片土地赏给了亚瑟，而约翰认为那是自己分内的财产。亚瑟年方十五岁，他领兵包围了米尔博古堡。这座古堡位于法国中西部的普瓦捷附近，他的祖母就在城堡中。从孙子威胁祖母的这一幕，我们可以进一步看出金雀花家族所作所为的本质。

约翰听到这个消息后，带领一部分军队，日夜兼程前来解围。他出其不意地将亚瑟及其手下人马包围起来。亚瑟成了约翰的阶下囚，被打入诺曼底的地牢中；他与约翰叔叔有过一段对话，言语中尽是蔑视之词。他要求约翰将英格兰以及理查留给他的全部领地还给自己，另外他还扬言，只
162 要他不死，就不会让约翰有片刻安生。这样说话或许不够明智。他被转移

到诺曼底首府鲁昂的一间地牢里，此后再也没有人见过他。

有人生动地描写道：约翰一时怒从心上起，就像金雀花家族的成员那样，拿剑刺穿了侄子的身体，然后抛尸塞纳河。也可能是他雇了刺客，反正这件事谁也说不清。不过，事实显而易见：亚瑟就死在这几个月内。到了 1203 年春天，世人普遍认为国王在谋杀侄子的过程中发挥了至关重要的作用。人们经常把这件事与后来理查三世在伦敦塔谋杀两位王子一事相提并论。但二者之间其实没有可比性。据传闻，教宗英诺森三世曾经说过，亚瑟在“米尔博被俘，他背叛了自己曾经宣誓效忠的主上和叔父，他死得最为可耻，无须审判，他理应受到谴责”。一个十五岁的少年在那年代已经被当成了成年人。

虽说杀死亚瑟是约翰的必然之举，但这件事还是令他疏远了诺曼底及其他地方天经地义的支持者。有人向他提出更为严厉的指控。有人批评他对法国作战表现得懒散消极。他的行为举止有失国王的风范。有位编年史家声称：他的兄长是那么勇猛善战、威风凛凛，可他却如此无精打采。于是，他就有了一个绰号叫“软剑”约翰。据说他还着了王后昂古莱姆的伊莎贝拉的道，被她用巫术给迷住了。不过更大的可能性还是，他被君主的权威和力量冲昏了头脑，不肯相信最糟糕的事情会发生。但是，最糟糕的事情确实正在发生。法王腓力步步紧逼，杀入诺曼底境内，在这里，约翰手下的大部分贵族都反水了。他们对约翰的信任已经动摇，不再效忠于他。很快，约翰就丢光了自己在法国的地盘。当安茹帝国在他手里垮台的时候，约翰乘船回到了英格兰。1204 年 6 月，腓力进一步拿下了诺曼底；如今，在整个诺曼底公爵领地，只有海峡群岛还在约翰手里。至于整个帝国，只有加斯科涅还归他所有。在整个执政生涯中，这件事对约翰的打击最为沉重。 163

事后看来，英格兰与诺曼底经过 150 年的统一之后终于分手，这是必然的历史结果。在整个过程中，法兰西人逐渐意识到了自己的民族身份。它预示了法兰西民族意识的崛起，它将遭到卡佩王朝诸王的利用。没了诺曼底、安茹和曼恩的税收，约翰就失去了大部分收入。当然，他也丧失了大部分威望。不只于此，这件事还有其他后果。盎格鲁-诺曼贵族因此失去了一半身份。一旦他们失去诺曼底的地盘，显而易见，他们就不得不专注于经营“家园”附近的土地。他们逐渐英格兰化。海峡已经变宽，如同10世纪那样，约翰不得不兴建一支水师来保卫英格兰沿海。国王失去了诺曼底，这样一来，他就得花更多的心思经营英格兰。

他留下了前任国王的班底，他心里很清楚，政府的运作得依靠他们。例如，从13世纪开始，我们可以看到，文字记录得到广泛使用，已成治国理政工具。进出口许可证书需要草拟；贸易规则需要书面记录；税收系统必须标准化；货币和信贷必须严加监管，所有这一切都依赖书面而非习俗或口头传统。朝廷的各个部门开始养成建立档案的习惯。日常开支都有记录，并保存至今。书写速度更快的新字体出现了，而修道院的美术体渐渐让位于现在所谓的“草书体”（cursive）。这个词来自拉丁语 cursivus，意思是“流畅的”。世界的步调变得更快了。

战争和战备消耗了大量的国家财富。约翰王依旧想要收复他业已失去
164 的安茹帝国，但是这首先需要金钱。他的敲诈勒索不逊于父兄，但他的做法更加巧妙。他找到了新的征税方法。1207年，他向社会各个阶级征收13%的收入税和动产税；这是走向全民课税的第一步。国内民怨沸腾，他只好罢手，不敢再出幺蛾子。接下来的十年里，他继续在国内到处搜刮钱财；他马不停蹄，四处乱窜；他总是风风火火，在一个地方待不上两天。1205年，他在伦敦和威斯敏斯特只待了24天。其余时间都在路上。在寒冬将尽的时候，他跑到了大北方；他嫌约克和纽卡斯尔对他招待不周，排场不够大，就对这两个地方处以罚金。有一次，他到了诺森伯兰的赫克瑟姆，有人告诉他，附近的科布里奇埋藏着罗马人的财宝；他命令手下人去挖，掘地三尺之后一无所获。

在怒马疾行的巡游途中，他有时候一天要行进30英里（约48千米）。在此期间，他尤其感兴趣的是，他要给臣民立法。这在很大程度上也是因为他想敛财。不过，他在少年时代曾经师从伦诺尔夫·德·格兰维尔，此人的法学著作上文已经提过。二者之间或许有些联系。约翰曾经宣称：

"我们的和平不容破坏，哪怕和平只被赋予一条狗。"

所以，约翰关心行政与司法的细节问题，他做事勤奋，不像兄长那般逍遥自在。如果说他多疑，那也是出于警惕和好奇。大部分英格兰人从未见过国王本人，然而，他就那么突然而至，身着王袍，前来审案断狱。他的话就是金科玉律。他喜欢漂亮的珠宝首饰，浑身上下珠光宝气。他经常洗浴，这在15世纪可是史无前例的。国王的身体（血肉之躯）可是神圣的。这是中世纪的治国之道的精髓。

这个时代也是物价上涨的时期；人口数量激增，意味着共同的生活资源变得更加稀缺、昂贵。英格兰从德意志东部矿区进口白银，导致货币流通大量增加；结果，在12世纪的最后20年，物价上涨指数高达100%到200%。这就是贵族造反和签署《大宪章》的时代背景。由此导致的"通 165
货膨胀"（用当代的话来讲），给国王带来的影响，不亚于它对领主和平民的影响。尤其是打仗变得更加费钱了。随着经济衰退，军费开支的问题变得益发严重了，毕竟国王将越来越多的流通货币用于满足其军事野心了。所以约翰几乎处处受到掣肘，似乎天意不利于他。

当安茹帝国在1204年倒台之后，约翰王开始在不列颠岛上逞威风。他向威尔士、苏格兰和爱尔兰发动了战争。在爱尔兰，他想方设法设置王家政府，以约束彼此不和的盎格鲁-诺曼贵族，正是这些人瓜分了爱尔兰南部和东部的统治权；约翰也获得了当地盖尔人国王的效忠，被他们奉为宗主。在1209年，他出兵北伐苏格兰，迫使苏格兰国王奉他为宗主。他暂时性地征服了威尔士的各个公国；换句话说，他通过暴力来威胁他们——在开战之前，他在诺丁汉绞死了28名威尔士男孩，这些孩子都是他们的酋长父亲送来当人质的。这种残酷行径他可没少干，而且这也不是最后一次。但是，他的残忍政策确实行之有效。在战争结束之时，当时的一位编年史家宣称："如今在爱尔兰、苏格兰和威尔士，无人不服从英格兰国王的命令；众所周知，他的任何一位祖先都没有做到这一点。"

然而，他只能勉强控制住手下的显贵。他们不仅不急于助他光复安茹帝国，而且痛恨约翰花样繁多的敲诈勒索。馈赠遗产继承权，他要收取巨额费用；买卖富有的女性继承人的婚姻权，他也要抽取巨额费用。有的时候，他还想把富人名下的大地产收归已有。为了免服兵役，人们可以缴纳“免服兵役税”；约翰在仅仅16年之内就征收了11次“免服兵役税”。他敲诈起来连实物都不放过。有一位名叫威廉·德·布劳斯的显贵，因为国王准许他的诉求而送给国王300头奶牛、20头公牛和10匹马。这事儿到
166 这里还没完，从后来的事态发展中我们可以看出，国王对这个家族的恨意有多持久。由于威廉后来再也拿不出钱来了，他被流放到外地。他的妻儿面临的却是另一种命运。玛蒂尔达·德·布劳斯是极少数清楚亚瑟王子九年前的遭遇的人之一，但她似乎口风不严；约翰下令将她连同其子一起逮捕。最后，母子饿死在监狱中。

据说约翰对别人妻女的贪婪不亚于他对金钱的贪婪。约翰一旦驾临她们的城堡，她们就岌岌可危了。然而，安茹王室的庞大力量在总体上是与大领主的封建特权相对立的。文官制度的发展以及中央政府的发展，无疑都削弱了显贵们盘剥领地居民的力量。诉讼也正从地方上的庄园法庭转移到王室法庭。这样一来，显贵们必然要承受经济上的损失。历史学家总是满怀钦敬之情回顾“王家政府”的茁壮成长；可是在当时，“王家政府”就是王家剥削的代名词。雇佣军的出现也削弱了显贵们作为国家军事领袖的地位。甚至到了这个年代，他们中的许多人还自比骑士传奇中的人物。他们以为自己就是聚集在国王身边的圆桌骑士。然而，约翰王可不是亚瑟王，他唯一关心的圣杯就是黄金。

约翰对宗教事务也基本上持漠视态度。1205年，坎特伯雷大主教出缺，他不肯安排接替人选。他想从这个富庶的教区敛财，以充实自己的国库。在过去，他也曾经用这种办法处理过其他主教职务。教宗英诺森三世理解他的心理，对此不置可否。但教宗的忍耐可是有极限的。1207年，教宗直接任命斯蒂芬·兰顿为大主教。兰顿无疑是最佳人选；身为英格兰人的他出生在林肯郡，是巴黎大学优秀的神学教授。他也曾出任过罗马的圣克里索格努斯大教堂的枢机主教和约克大教堂的咏礼司铎。

约翰果然摆出一副怒火冲天的样子。教宗竟然管起英格兰的事情来

了？在这个问题上，他要仿效前几任国王，任命忠诚可靠的人担任主教和
大主教。他认为，教宗无权在没有英王首肯的情况下任命坎特伯雷大主 167
教。他把赞同教宗做法的坎特伯雷僧侣都流放到国外。他将英格兰境内所有的意大利主教撤职，换上自己的人马。他不许教宗使节踏入国门一步。1208 年，教宗下令禁罚英格兰，禁止教会举办任何仪式；除了新生儿的洗礼和临终者的告解礼之外，禁止英格兰举办任何圣礼。马修·帕里斯在描述这次禁罚事件的经过时，为了生动起见，特地使用了一幅钟绳紧系的插图。神圣的时间在英格兰停止了。

约翰王也采取了报复措施，他没收了所有的教堂和教会土地，理由是既然教会不能发挥作用，也就不需要财产了。1209 年，约翰被开除教籍。在理论上，这就意味着他手下当官的神职人员不必为他效力或听命于他。有些神职人员离开他的宫廷，逃亡海外，但留下来的教会律法学专家和官员也足以保证教会和政府的平稳运行。据估计，在这次禁罚实施期间，大多数主教没有外逃，而是选择留在英格兰。整个国家并没有因为教宗的动怒而发生重大变故。英格兰从来没有把教宗的敕令当一回事。这个国家根深蒂固的韧性，以及这个民族的世俗风俗依然牢不可破。当然，英格兰国王和罗马教廷随后展开了旷日持久的谈判。国王最终同意斯蒂芬·兰顿前来就职，但他明确提出下不为例。没有国王的同意，将来的教宗将无权任命坎特伯雷大主教。然而教宗不肯接受这样的条件。战争已近在咫尺。

据说约翰王的烦心事接踵而至，真可谓屋漏又逢连夜雨。1209 年，英格兰出现了内乱的迹象，北方贵族与法国国王鸿雁传书，暗通款曲，商讨着如何引法军入侵英格兰。就在同年，约翰用兵北方，恐吓苏格兰国王威廉，此事不是出于偶然。他还采取措施，严密防控英格兰北部的事态发
展。密谋逐渐平息了。三年之后，约翰王感到有必要加固自己的城堡，尤 168
其是边境地区的城堡，这里的豪强领主独立倾向一直比较严重。有谣言说，贵族正在设计废黜国王。约翰于是向比较顽固的贵族索要人质。1213 年，他夷平了罗伯特·菲茨瓦尔特的所有城堡，据说此人准备带头发动叛乱。在此之后，君臣之间才勉强恢复和平局面。

国王树敌太多，真的有必要先安抚其中最重要的那位对手。1213年初，四处都在传说，教宗英诺森三世发表了一封公开信，要废黜约翰。与此同时，他还敦请法国国王腓力入侵英格兰。到了春天，约翰终于举手投降了。5月11日，他同意接受教宗的全部条件和要求。他甚至做得更绝。他同意将英格兰献给教宗，同时把它当作自己的采邑而收回。他这样做，实际上就把自己变成了教宗的封臣。从表面上看，这种做法是出于无奈的投诚之举，但实际上非常明智，其中的好处有好几条。法王腓力正在集结部队，准备跨海西征，他在这样的形势下也不得不取消侵略计划。他怎么说不能进攻教宗的新领地。约翰王既然成了教宗的封臣，想要造反的贵族也就知难而退了。正如后来的事态发展所证实的那样，英诺森三世成了约翰最强大的同盟军，也成了震慑臣民反抗的王权捍卫者。约翰王成了新近蒙受神佑的上帝代表。正如造访英格兰的教宗使节所说："国王领主在蒙圣恩之后已经变成另外一人。"

所以，这位国王领主决定尽量利用当前的有利条件，从法国国王那里收复安茹帝国。第二年，他组建了一个王公大联盟，其成员包括神圣罗马帝国皇帝奥托四世和弗兰德斯伯爵（他一心想攫取法国的领土）。伯爵和皇帝从东北部向法军进攻，而约翰从西部的普瓦图进攻。战略谋划得很出色，但在执行中出现了误判。双方之间发生了混乱的小规模战斗和围攻战。1214年7月27日，约翰和奥托的部队在布瓦恩村外被法王腓力彻底打败。这是为了光复安茹帝国而进行的最后一战。约翰已经彻底失去了他最在意的这一切。

169 布瓦恩战役的失败实际上是贵族叛乱的前兆。豪强领主不太关心安茹帝国能否收回，但劳师糜饷、一无所获让他们怒火中烧，这件事让他们深信，国王缺乏判断力，在军事上是无能之辈。这次战败的余波便是出现了人所共知的"贵族党"，这是由多重原因和各种不满造成的结果，上文已经约略提到。横征暴敛、奸臣当道、社会腐败和军备废弛，皆是贵族反叛安茹王朝的专制和残酷统治的部分原因。

反叛的几大中心分别位于北部、西部和东盎格里亚；但是这些反叛的贵族并没有因此而形成团结紧密的集团。家族内部发生分裂，争斗不休；地区内部互相冲突，打个不停。在全英格兰的 197 名贵族当中，有 39 位公开反对王室；忠于王室的贵族大致也有这么多。其余的人举棋不定，很可能是害怕押错了宝。

不过，令造反者感到意外的是，新上任的大主教竟然站在他们这一边；斯蒂芬·兰顿一回到英格兰，就重申《亨利一世法》这部文献中推崇的旧原则：除非“凭借权利和理性，凭借国家的法律和正义，以及凭借法庭的裁断”，否则，国王无权索取任何东西。显而易见，这不符合约翰王的做事方式。

国王与叛乱贵族多次会面，然而谈判几乎没有什么进展。教宗经人劝说后，给反叛者写信，禁止他们使用暴力反对合法的国王。他还致信斯蒂芬·兰顿，指责他站在造反贵族一边。接下来，国王又采取了一项新的举措——他可能认为这将给叛乱贵族带来致命一击。1215 年 3 月 4 日，他戴上了东征十字军所佩戴的十字架徽章，谁敢放马过来攻击基督的骑士？

可惜这一招没有奏效。5 月 5 日，在罗伯特·菲茨瓦尔特的领导下，贵族们宣布不再效忠国王，进而开始拥兵造反。他们包围了王军据点北安普敦城堡，5 月 17 日，他们占领了伦敦。占领伦敦本身就是一个引人注 170
目的成功，军事形势已明显有利于造反的贵族。更多的贵族开始向国王宣战。

国王决定利用所谓的谈判实行拖延战术。他请求斯蒂芬·兰顿安排双方停战，以便达成某种协议。不过，我们明显可以看出，他根本就不想达成任何协议。他认为自己对付造反的臣民，只是在行使最高统治者的权力。教宗也持有这种看法，站在了国王这一边。不过，贵族们还是接受了他的邀请。他们答复说，就把日子定在 6 月 15 日，地点设在兰恩米德。兰恩米德位于温莎附近泰晤士河畔萨里一侧的一片草地；河中央有一个小岛，据说双方的谈判结果就是在这里签字画押的。当年生长在那里的一棵红豆杉树至今犹存。

预备性谈判期间留下的一些非正式的记录一直保留到今天；它们反映

了国王实际的措辞。记录一开头就宣称“约翰王承认，他不会不经审判逮捕一个人，也不会徇私枉法、接受贿赂，也不会行事不公”。贵族们想为自己争取更多的权力。他们想保住自己的土地和城堡，摆脱国王及其手下的骚扰。他们也希望摆脱约翰施加给他们的财务勒索。

在斯蒂芬·兰顿的调停下，敌对双方多次会晤。接下来，书记处的书办起草了一份临时性文件，名为“贵族条款”。《大宪章》即脱胎于此。之所以称其为“大”，倒不是因为它的重要性，而是因为它的长度。然而，它的确是出于智力高超、行政经验丰富的官员之手，他们几乎可以说是完全站在国王这一边，敦促双方做出妥协、保持克制。他们还发挥一项重大作用；他们说服了贵族将比他们个人利益更有意义的事项纳入协议之中。6 月 19 日，双方达成协议。贵族向国王献上和平之吻，国王于是颁布宪章。

171 在后来的五天当中，《大宪章》被复制后分发到全国各地；有四份保留至今，其中一份目前藏于大英图书馆的考顿图书室中。这份羊皮卷子长 20.5 英寸（约 52 厘米），宽 14.5 英寸（约 36.8 厘米），总共有 86 行文字（算上附录部分）。它现在已经皱皱巴巴、残缺不全；它至少遭过一次火灾，上面的御印已被烧得模糊不清。据说它由罗伯特·考顿爵士在 17 世纪初收集，他花了四便士从一个裁缝手里买下了它，当时这个裁缝正准备将它剪掉加以利用。书办们抄完副本之后，即交由各郡郡长在郡法庭内当众宣读。

不过，这并不是一部全新的法典，甚至谈不上是对重大立法原则的总结。它本质上是贵族们想回到安茹王朝统治之前的状态而已。它并不代表人类事务中某种“进步”或“发展”的精神。没有哪一位参与者知道它未来的意义。它在某种程度上还是一部保守性质的文献。上面没有提到当时占人口大多数的农奴和奴隶。非自由人是无足轻重的。在后来的好几百年中，《大宪章》的“进步性”显得十分缓慢和不确定。这是仅仅为自由人制定的宪章。

《大宪章》的 63 条条款包括许多具体的措施。教会旧有的自由理应受到尊重。不经过御前会议的同意，不得征收赋税，这里针对的正是所谓的“免除兵役税”或“贡金”；有人认为，这意味着“无代表，不纳税”原则的兴起，但当时御前会议的组成人员全是大主教、主教、伯爵、男爵和皇庄的庄头（国王土地的直接承租人）。他们根本不是一个自治王国里的“人民”。

宪章还规定，不精通法律的人不得担任法官或行政司法官（郡长）。法庭应当成为常设机构，而不是随着国王四处巡游。王国的各个城镇应被赐予古老的自由。允许自由人自由地旅行。《森林法》应当放宽，国王治下的所有林地都应该开放。第 39 条声明：“未经贵族同侪的合法审判，未经国家法律的合法审判，不得逮捕或监禁任何自由人。”第 40 条宣称： 172
“我们不得向任何人出卖权利或正义，不得取消和延误任何人的权利或正义。”《大宪章》上的这三条声明至今仍保留在英格兰的法律汇编当中。

17 世纪初的首席大法官爱德华·库克写道：“正如黄金精炼师为了保证金子的成色，绝不允许一丝一毫的灰尘掺入金粉或金片中；读者为了领略《大宪章》的妙笔，也不应忽略其中的一字一句。”库克曾经迫使查理一世接受了《权利请愿书》，而这份请愿书后来又得到 1689 年《权利法案》的高度重视，此外库克的著述对于美国宪法的起草也发挥了至关重要的作用，因此，我们应当认真看待他的如下看法：“《大宪章》就是一份目无君王的文件。”

然而，他的这番话是在《大宪章》起草 400 年后说的。宪章的第 39 条和第 40 条可能同现在关系最大，对于当下最有意义。但在当时，它们只不过是从教会法规、普通法以及社会风俗中总结出来的一些乱七八糟、东拼西凑的原则而已。谈判者对自己的所作所为是否心里有数，我们还不清楚。他们主要想更正明显的不公不义行为，而非宣示显而易见的权利。他们找到什么，就往里面填什么。伟大的历史事件和学说产生于混沌不清和偶然出现的环境下。这种情况早有先例。这部《大宪章》没有核心的原理，它只是一份零散的、不成系统的文件。因此，它可以随遇而安。它的意义可以重新阐释。它潜在的影响只能被逐渐和缓慢地理解。它被重新发布了三次，经历过各种修订，只有 1225 年的最终版本才成为法律。它被历代国王批准了38次，最后一次由亨利六世批准。

然而，即便在盖上御印之前，约翰王仍然决心将其视若空气。对他而言，这63款什么也不是。他原本打算在表面上与这些贵族达成协议，这样一来他就可以分化对手，获得喘息之机，然后重竖旗帜，卷土重来。他刚刚在《大宪章》上盖上大印，就派使者到教宗那里告状，说自己的每
173 一次让步都是对教廷的侮辱，他不配做教宗麾下的领主。他下令自己旗下的所有城堡都囤积粮草，加强防守。他派遣将校前往弗兰德斯、普瓦图和其他地方招募雇佣军。战事已然山雨欲来风满楼。教宗英诺森三世发信：废除了《大宪章》的各项条款，他说这些内容侮辱了他在英格兰的权威地位。“在教友的建议下，”他写道，“我们一起指斥这份宪章，禁止国王奉行，禁止贵族强制执行，违者逐出教会。”

但教宗的信来时已晚。国王和贵族已经开战了。叛乱贵族的首领罗伯特·菲茨瓦尔特在康沃尔郡的土地被王军攻占。在这一时刻，国王占据了决定性的军事优势；迄今为止，他占领了数量众多、带有加固防御工事的城堡，掌握了一支职业雇佣军。有那么一伙贵族躲在罗切斯特的一座城堡中；约翰带兵将其团团围住。他命人将燃烧的火把绑在猪尾巴上，猪群带着火冲向城堡下面挖好的坑道，将支撑坑道的木桩点燃，城堡墙壁随之坍塌，城堡就这样被攻克了。这是中世纪时期的一种非正规战术。

很多叛乱贵族跑到伦敦避难。国王本有可能围攻首都，但伦敦可不是罗切斯特。这种战术是有风险的。与此相反，约翰决定逐个摧毁叛乱贵族的城堡。他带兵向北进发，那里是很多叛乱贵族的老巢，从诺丁汉到贝里克，他一路破坏；他走到哪里，就烧杀抢掠到哪里。只有一个叛乱分子的城堡没有被摧毁，那便是约克郡的赫尔姆斯利城堡。

叛乱贵族从大本营伦敦发出吁求，向法国国王腓力求援。他们决定拥立法王之子路易为英格兰国王，因为路易的妻子与金雀花家族有血缘关系。1216年春天，路易率军在多佛登陆，直取罗切斯特。首战告捷之后，他又攻下了吉尔福德、法恩海姆，还有更为重要的温切斯特。上帝或者运气似乎站在他这一边。英格兰的大伯爵原本有很多都拥护英王，如今纷纷

向他投诚。约翰退守西部，在1216年的几个月中，他一直在多塞特和德文各地发起突袭，到了9月初，他突然发力，领兵前往东部；他进入诺福克郡和林肯郡，未能取得任何辉煌的战绩。在这次进兵过程中，诞生了一 174
个流布较广的传说，他在沃什湾丢掉了财宝。据说当时水流实在太快，就连王冠也被湍急的海水给卷走了。这很可能是其近侍编造的故事，他们很可能利用人人为己的原则在损公肥私。真相也许永远消失在海水的激流中了。

不管怎么说，他都知道自己的末日即将来临了。当国王感到自己逐渐失势，他的死期也就不远了。他得了痢疾，发起了高烧；他死在林肯主教的要塞中，时年四十九岁。有位编年史家写道："他的到来，让地狱都感觉到自己被玷污了。"不过，约翰想到的肯定是另一个去处。他被安葬在伍斯特郡的大教堂，应他生前要求，他的墓地选在11世纪英格兰圣徒乌尔弗斯坦主教的神社内。1797年，他的陵墓被好奇的古物研究者打开。据报道，"这位显赫人物的遗体保留得相当完整"。他身高5英尺5英寸（约1.65米）。遗体的一侧摆放着一把宝剑，按照骑士的葬仪，"他左胳膊上的骨头被安放在胸前，牙齿完好如初"。自从诺曼人入侵以来，他是首位出生在英格兰，并且安葬于此的国王。

无论是当年的还是后世的编年史家，一提起约翰的名字，无不破口大骂。对于这样的人物，我们应该怎么评价？就贪婪无度而言，他和以前的国王没有本质的区别。他只是具备了诺曼王朝和安茹王朝的先王皆有的残忍和顽固的特征。然而，他的不幸之处在于，他在一个特别不利的环境下追求王权独断：他把安茹帝国输给了一个更加富强的君主，物价直线上升造成社会混乱以及贵族离心离德，这一切为他的统治抹上了阴影。所以只需简略说一下他贪婪或残忍的事例，便足以让编年史家把他写成一位完全不合格的国王。

然而，他的统治却催生了一种崭新的或者至少说是强化的国家意识。这就是《大宪章》的意义。13世纪的英格兰人已经熟知普通法观念；他们习惯于行会和同业公会的角色。约翰本人在争夺王位的过程中，曾于

175 1191 年允许伦敦成立自治镇，让富裕市民用自己选举出来的机构进行自治。从这个时候起，自治镇的档案和文献记录就都存放在行会的会馆里。时代的发展势头紧紧追随着这种新的身份。在约翰统治期间，其他许多城镇也要求建立自己的自治镇，选举镇长，铸造市镇印章。自治镇的成员都会宣誓保卫城镇及其自由。

这样一来，就不可避免地出现了如下现象：贵族在反抗国王的过程中伸张起英格兰共同体的价值观，并且引入“王国共同体”这种概念以及相关的自由。在 13 世纪，它被称为“王国共同体”，到了 13 世纪末，就发展出“乡村共同体”的认识。这就是英格兰自我意识不断发展的前后阶段。这就是威廉·朗兰德在《农夫皮尔斯》的开篇所提到的“遍布人
176 烟的原野”的意义。他在幻想中看到了一个共同体。

16

罪与罚

1208 年 9 月 7 日，在赛伦塞斯特（英格兰南部的集镇）附近的阿什利，当地林务官在自家售卖酒水，与众人喝酒助兴，纪念圣母玛利亚的诞辰。这实际上是一种地方税，当地居民担心得罪他，不得不去捧场。约翰·司各特从酒馆里出来后上马回家，他邀请克卢德维尔的理查德也上马，让他坐在后面。理查德原以为约翰会送他一程。结果，约翰拿出刀，刺向他的肩膀。理查德随即落马。约翰下马后再次刺向理查德，然后从他的钱包中抢走了 43 先令。理查德挣扎着爬回了家。第二天，他向王家巡佐报警。结果，这一举动惹恼了约翰·司各特。五天之后，他闯入理查德的母亲家，把她打得死去活来，几乎性命不保。

约克郡东雷丁的沃顿附近有一所女修道院。在 12 世纪 60 年代，有位修女与年轻的教士私通，暗结珠胎，后来腹部渐大，实在瞒不下去了。众修女讯问她：究竟是谁干的好事？她讲出那人的姓名后，众修女便将他逮捕归案。她们将他带入怀孕修女的小房间。她们递给她一把刀，强迫她阉割了自己的情人；完事后，众修女将该男子的生殖器塞入这位倒霉的修女 177
口中。她挨了一顿鞭子后，就被戴上枷锁，关入监牢。在这个时代，人们笃信天堂召唤，普遍漠视肉体的命运或折磨。曾有人问一位英格兰国王，他是否后悔将数以千计的士兵送上屠场。他回答说，他们到了天堂后会感谢他的。编年史家讲完野蛮的修女故事之后惊呼道："这些捍卫贞洁的人，这些挚爱上帝的人，这些与不洁行为不共戴天的人，是有多么狂热啊！"

这类残害肉体的故事是当时所有英格兰人耳熟能详的；在那个时代，人们对于暴力的容忍程度是令人吃惊的。乡村的司法活动可能十分粗野和霸道，大多没有记录在案。领主对农奴的暴行通常不会出现在历史记载中。在这样的社会中，男男女女都随身携带武器，甚至小孩子都有刀。十一岁的威廉·帕尔弗雷在剑桥郡的威尔特兹福德村子外面捅死了九岁的威廉·戈塞。现代我们所说的暴力文化，在当年几乎无处不在。大人们用严厉的肉体规训来教育儿童。体罚是社会各色人等所熟悉和常见的。各种各样的违法犯罪行为从通奸到诽谤，无不受到体罚惩治，当众鞭笞乃是家常便饭。

人们也从激烈的争论、谴责和诋毁中获取真挚的快乐；这是一种重视夸夸其谈和口头表达的文化。各式各样肮脏污秽的词语大行其道，出轨行为通常被大张旗鼓地公之于众。在一个等级森严的社会中，人们只能追求良好的名声和社会地位。有的时候，争端要在教堂的庭院中通过仪式化的决斗来解决。怠慢和侮辱行为会引发血腥的争端。微不足道的小事也可能让人大打出手。某人进入一家客栈，看到一群陌生人在里面饮酒，就问了这么一句："这都是些什么人？"结果，他就被人捅死了。有些残酷行径简直来得莫名其妙。例如，某人被强行拖入当地的酒馆中，被迫喝下由啤酒和他的血液调制的鸡尾酒。

178 由于这个原因，中世纪英格兰的犯罪率非常高。1202 年，巡访至林肯的治安法官接手了 114 起谋杀案和 49 起强奸案，这还没有把大量的偷盗和袭击事件计算在内。被谋杀者的尸体一经发现，四邻就会被召集过来，尸体被悬挂在木头架子上，一连示众七天，到了晚上，架子周围还堆起木柴，点上篝火，以便人们辨认死者的身份。附近四个村子里的男性，只要年满十二周岁，都要来接受验尸调查。

当时的人们常用一个词组来形容重犯——“人人得而诛之的狼头”，任何人见到他，都可以杀死他。事实上，13 世纪的英格兰依然有狼，它们要直到 1290 年才灭绝。据记载，就在同一年，理查德·德·洛韦拉兹因为帮助别人猎杀汉普郡“人人得而诛之”的野狼而获得土地。狼被视为有害动物，除了杀死之外别无用途，所以它的命运也就被转移到了倒霉的罪犯身上了。

如果说这个国家的生活是严酷残忍的，那么其惩罚和死刑制度也是如此。手足枷和绞刑架是英格兰人生活中的常见之物。法官处理完绞刑案件后，都要说一句“让他去见神父吧”。如果你在威克菲尔德被判有罪，你会被绞死；如果你在哈利法克斯被定罪，你会被砍头；在多佛被捕的窃贼会被人从悬崖上扔下去。在桑威奇，他们会遭活埋，地点就在一个名叫贼坑的地方。在温切尔西，他们会在盐沼中被吊死。在哈利法克斯，人们用滑轮吊起一把大斧子，用销子把它固定在断头台上。如果罪犯偷了人家的牛或马，就把他连同牲口一起带到断头台旁边，用细绳子拴上牲口，绳子的一端系在销子上。一经宣判，便有人鞭打牲口，奔走的牲口就会令销子脱落下来。在整个行刑过程中，有悲怨的风笛声在伴奏。这是一个非常古老的习俗，或许在撒克逊人时代之前就存在。人们当然贪求拥有私人绞刑架的古老特权；根据古老的“领地盗窃法”，领主也有权力绞死在他的地盘上捕获的窃贼。在 13 世纪初，仅在德文一郡，就有 65 座私人绞刑架。

但窃贼不一定总会被处死。年轻的犯人也经常被戳瞎双眼或割掉生殖 179
器。1221 年，伍斯特郡埃尔德斯菲尔德的托马斯被指控恶意伤害他人，法官命令受害人的亲属剜掉他的双眼，割掉他的生殖器。他们将托马斯的眼球扔在地上，把他的睾丸当球踢。在一个暴力丛生，但鲜有罪犯被捕获的社会中，严厉惩罚是非常必要的。由于缺少警察或常备军，这样的惩罚措施势在必行，这是履行社会责任的为数不多的手段之一。这就是中世纪人喜欢围观处决场面的原因，它有助于维持秩序。

在审理刑事案件的过程中，浮水裁判和神明审判也被视为可以接受的惩罚措施。神明审判得到了教会的支持。被告被给予三天时间斋戒和祈祷，到了第三天，教堂在一个僻静之处架起火堆烧开一锅开水，然后把一块石头或铁块扔入锅中。被告和原告各有 12 名亲属陪伴，两相站立，锅在中间。神父向当事人身上喷上圣水，念上一段祈祷文，再次检验水是否烧开。被告把手和胳膊探入水中，取出重物。然后用细亚麻布包裹烫伤的皮肉；三天之后，如果皮肉烫伤已经痊愈，被告无罪，如果皮肉烫伤发生溃疡，犯人就会遭到惩罚。

此外还有所谓的浮水裁判。把犯人绑起来，放到冷水坑里；冷水坑宽 20 英尺（约 6 米），深 12 尺（约 3.6 米）。神父为水祝圣，然后呼吁上帝“明断是非，做出正确抉择”。如果犯人沉入水中，则视其无罪；如果他浮在水上，则说明他有罪，因为受过祝圣的水不肯收容它。

点火裁判要来得更为巧妙一些，这种仪式也是在教堂中举行。弥撒一
180 开始，就燃起一堆火，在火上架起铁块。弥撒一结束，就把烧红的铁块放到一个小石柱上。被告必须捡起通红的铁块，向前走三步，才能扔下它。判决方式与上文所说的神明裁判别无二致。

还有一种奇怪的惩罚方式叫“卡喉”裁判法，专门用来对付神职人员。把 1 盎司（约 28 克）的小块奶酪放在经过祝圣的面饼上；然后，把它交给被指控犯罪的神职人员，同时郑重其事地对他说，如果他真的有罪，奶酪就会卡在他的喉咙里：这是大天使加百列从天上下来堵住了他的嘴。实际情况到底如何操作，目前尚不清楚。

避难权的概念则比较清楚易懂。重犯如能逃到特定的教堂中，他可以在那里待上 40 天，政府不得进去抓人；旁人可以给他送吃送喝。在此期间，教堂受到严密监控，以防他逃走。40 天后，领班神父可以正式驱逐这个窃贼或谋杀犯，但也可以允许他留下来。不过，他也可以选择离开英格兰，流亡海外。如果是这种情况，就把他带到教堂的门廊下，为他指定扬帆出海的港口。嫌犯只能沿着王家大道前往海港，既不能向左走，也不能向右走，手里还得拿着十字架。到了港口后，他必须在潮起和潮落之间的这段时间内找到出海的办法；如果找不到，他每天都得下海，站在水深没膝的地方，直到发现出海的船只。

暴力犯罪当然和酗酒密切相关。在整个欧洲，英格兰人都是有名的酒坛子，好喝麦酒、葡萄酒和苹果酒。法兰西人傲慢，德意志人下流，而英格兰人是酒鬼。英格兰的修道院每天都要供应 1 加仑（约 4.5 升）的烈性麦酒和 1 加仑的低度麦酒。每个村庄都有艾尔啤酒馆。编年史家威廉·费茨斯蒂芬申斥 12 世纪的伦敦，因为这里的“蠢货纵饮无度”。这里既有私人酒会，也有公家宴请。在英格兰农村妇女当中，最兴旺的行当就是酿酒。这是民族生活当中代代相传的一项事业。霍夫登的罗杰写道：“全国各地都盛行饮酒之风，酒徒到处都是。”

法院的卷宗记载了很多饮酒后发生的事故。有人从窗户掉下去，有人 181
掉进锅里，有人落马，有人一头扎进河里。1250 年，本尼迪克特·里特尔在萨福克郡汉恩斯泰德的一家酒馆喝酒，喝到最后，“他走不了路，也骑不了马，几乎站不起身”。他弟弟罗杰扶他上马，结果他从马上摔了下来。罗杰再次将他拖上马背，他又掉了下来。罗杰决定采取一个比较极端的措施。他让本尼迪克特仰躺在马背上，然后把他捆在上面。结果本尼迪克特从马背上滑了下来，掉在地上毙命了。

金匠约翰·德·马克比在朋友家“喝多了酒，四处乱跳”，结果用刀扎到自己，受了致命伤。爱丽丝·奎恩贝特尔大醉之后，骂两个工人是“懒猪”，结果被两人杀死。理查德·勒·布鲁尔喝醉了酒，扛着一袋子麦芽回家，结果绊倒在地，摔成重伤。皮货商人威廉·伯恩弗恩特“醉酒后赤身裸体，独自一人站在一段楼梯上……为了发泄天性中的东西，结果一不小心头朝下扎在地上，摔死了”。

关于疯人的记载体现了中世纪人普遍的心理状态。罗伯特·德·布拉维克德的妹妹天生驼背，为了抻直她的后背，罗伯特把她扔进了热水锅中，然后又拖出来，在她身上乱踩一通。阿格尼丝·富勒不肯陪杰弗里·瑞奇睡觉，瑞奇就拿剑砍掉了她的脑袋。他对邻居说，自己是一头猪，说完后就藏在了猪圈的食槽下面。最后，他回到家，找出针线，想将阿格尼丝的头重新缝到身体上。 182

17

无为的国王

约翰王一死，内战便暂告停止。路易亲王仍待在英格兰，等着继承王位，但他遇到了阻碍。约翰九岁的儿子亨利还在英格兰的西南部。这个小孩的支持者立即宣布英王由他继位。1216 年秋天，他在格洛斯特大教堂加冕，是为亨利三世；当时的威斯敏斯特大教堂还不能使用，因为伦敦还掌握在路易的手中。另一个不利条件上文已经说过了。由于王冠在沃什湾"丢失了"，这位小国王只好从母亲那里借来金箍戴在头上。亨利向教廷宣誓效忠，相应地，教宗也报之以祝福。这时候，路易亲王和造反贵族的对手已不再是一位残暴的国王，而是受教廷保护的幼王。路易亲王不再是解放者，而成了漠视宗教的篡位者。甚至连路易的父亲都劝他就此罢手。由于路易夺权上位的本能十分强烈，他又坚持打了一段时间的仗。他占据了伦敦和东南方大部分地区，但他并不得人心；他还遇上了一件相当倒霉的事情。他的同党在林肯郡被击垮，一直负责运送后援的法国船队在桑威奇遭遇战败。最后他只得同意罢兵休战，从亨利那里索要了大笔金银就启程回国了。

183 贵族们要求国王确认《大宪章》中关于"自由权利和自由风俗"的条款，这样一来，即便是忠君如故的贵族也意识到他们可以用这份文件来限制王权。它已经变成了一份共同纲领，能够让内斗不休的贵族团结起来。会议在圣保罗大教堂举行，会议发布的《大宪章》在内容上略有改动。它在本质上是一份新的加冕宪章。亨利三世的统治实际上已经开始了。亨利三世的统治延续了56年，在这些年中，他一直稳坐王位。也许这种状况让他有所放纵，有失谨慎，毕竟他从来不需要为自己的统治而战斗，或者为自己的土地而战斗。

自“决策无方者”埃塞尔雷德以来，英格兰就没出现过真正的幼王。因此，在国事艰难之际，亨利最重要的支持者组建了一个摄政委员会，由三人担任辅佐大臣，分别是温切斯特主教、教宗使节和第一代彭布鲁克伯爵威廉·马歇尔。作为摄政大臣，他们掌握治国理政的实权。他们做事干练，富有效率，在几个月内，财政部就开门办公了，法官也受命四处巡视办案。

但是内战所引发的后果同样一目了然。忠于国王的贵族能够保留他们从叛乱者手中夺取的城堡和土地吗？贵族内部的各个派别会不会再次大打出手？1219年，彭布鲁克伯爵的去世令我们看到，幼主统治下的王国还不太稳定。某些有权有势的大贵族不肯交出王家的城堡。他们还拒绝缴纳应征的税款。由于土地边界纠纷，小规模的战争开始此起彼伏。

新成立的摄政委员会以教宗使节潘多尔夫为首。司法系统的首脑（最高法官）由休伯特·德·伯夫担任。国王的导师和监护人是温切斯特主教彼得·德·罗什。在亨利继位初期，这三个人是政海风云中的要角。他们为争夺首辅的位置内斗不休，这种情况必然会在各地挑起战争。他们根本不知道国家的福祉为何物。或许除了潘多尔夫之外，余者都在追求个人及
家族的利益。这实则就是统治的真义。例如，德·伯夫和德·罗什各自家 184
族就有世仇。在一次会议上，两人吵了起来；德·伯夫指责德·罗什是全国所有麻烦的唆使者，而德·罗什扬言要让德·伯夫“屈膝投降”。然后，他怒气冲冲地离开了会议室。英格兰竟由这些人教导国王该如何施行善政。

显而易见，在国王还未成年的时期，统治权掌握在最强大的政治派别

手中；休伯特·德·伯夫通过威胁或暴力最终掌握了政权，开始对付那些不服气的贵族和过于强势的臣下。国家基本维持了秩序，但一切都得听德·伯夫的。在他秉政期间，亨利似乎并没有特别焦躁或不安，但现在该轮到国王自己挺身而出，建立权威了。1227 年初，他到了十九岁，他宣布自己成年，该亲政了。

我们或许应该借这个机会仔细审视一下这位年轻的国王。他中等个头，长相一般，左眼皮有些许下垂。他为人和蔼，但不是很温顺。他试图拿下弟弟康沃尔的理查的封地，结果引起贵族的众怒，他只好罢手。这是他早年得到的教训，让他明白了王权的局限性。

对于他的个性，各类说法不一。但毫无疑问的是，他的个性是多种因素作用的结果。有些人认为他是个呆子，有人则认为他是个傻瓜。他被说成是头脑简单之辈，意思是他既不狡猾，也没有辨别力。有人批评他软弱轻信、卑躬屈膝和意气用事。他耳根软，易受他人影响，往往只听最后一位建言人的主意。他的爱憎都不会持续太长时间。因此，我们可以说他不像乃父和乃祖，不是一个心狠手辣的强势人物。他与祖辈不同，没有经过逆境的历练。他好发脾气，出语尖刻，但他绝不是肆意妄为的残忍之辈。

185 国王有时需要凌驾于教会之上，对于这样的角色而言，亨利的虔诚程度或许有些碍事了。他每天都要听三次弥撒。在前往巴黎途中，一旦路过正在做弥撒的教堂，他就要参加仪式，否则就不肯走。每当牧师在庄严肃穆的举圣体时刻抬起手，亨利都要握住他的手去亲吻。法王路易曾对他说，自己喜欢听布道胜过参加弥撒，亨利则回答说，他更愿意见朋友而非听别人谈论朋友。

上帝是他的直接领主。世上没有人比这位国王更加接近上帝的了。亨利恢复了对“忏悔者”爱德华的崇拜，这位先王成了他的精神守护神。为了缅怀“忏悔者”爱德华，他重修了威斯敏斯特大教堂，如今他的坟墓就在这位圣徒的神龛附近。就某种意义而言，他算是英格兰人，至少他出生在英格兰。他的绰号是“温切斯特的亨利”；他给儿子起名字用的都是盎格鲁-撒克逊圣徒的名字。

耶路撒冷大牧首和圣殿骑士团大团长给他送来一件礼物：耶稣的圣血。这件圣物一到，他便把它安放在伦敦的圣母教堂，派人严密看守。年轻的国王拿着圣血瓶子，带领游行队伍，从圣保罗大教堂一直走到威斯敏斯特；一路上，他的眼睛始终盯着这件圣物。他身穿朴素的袍子以示谦卑，但仪式设计本身便是为了再次突出君权神授论。当威斯敏斯特的仪式结束之后，他戴上王冠，穿上了金丝王袍，从此成为指引天堂的偶像。亨利对于君主的概念具有仪式化和展示性。他用神职人员的手法画十字。每到基督教节日，他都命人在他面前演唱《基督得胜》。他的父亲把时间都花在了路上，他则相反，没有什么火爆的脾气，他更喜欢舒舒服服、风风光光地过稳当日子。

他最想得到，也最希望后世铭记他的，乃是和平的统治。他不喜欢战争。他也绝不是军人。他在一份声明的开篇公布，他执政伊始便结束了“冲突和大战”，他声明自己从未停止“为大家努力创造和平与安宁”。他甚至可能算得上一个“好”人（虽然好人很少能成为国王）。我们在他身上找不到任何堪称伟大之处。还有两件事可以说明他的为人。他喜欢新鲜 186
的空气，所以他床尾一侧的窗户必须打开。他喜欢面带微笑的形象。他让人在伟大的圣马丁教堂的圣坛屏两侧造了一排微笑天使的雕像。

事实上，他是英格兰历史上最舍得花钱赞助宗教艺术的国王。他兴建礼拜堂和教堂；他赞助修士史学家和插图画家；哥特艺术在他漫长的统治时期获得了大发展，当时的石头都在呐喊：“神圣！神圣！神圣！”在这位国王的眼皮底下，威斯敏斯特大教堂才拥有了盛期哥特式的建筑风格，而它最宏伟壮观的特点体现在八角形的牧师会礼堂。虽说亨利三世有时候可能优柔寡断，但他下令建造了许多英格兰的建筑杰作。在他统治期间，157 所大大小小的修道院和各类宗教场所破土动工；这也是圣母礼拜堂的全盛时期。

亨利三世继位之初正好赶上第一批托钵修士来到英格兰；多明我会的修士出现在 1221 年，方济各会的修士则要再等上三年。他们对于英格兰的重要意义已经逐渐锈蚀了，但刚到英格兰的时候，他们对这个民族的文化和精神确实产生了实质性的影响。他们在主要城镇建立了根据地，结交当地的重要商人；由于商人对教区的神父早已兴味索然，所以托钵修士就直接在市场上传教。

他们不像本笃会的僧侣那样生活在修道院里；他们置身于世俗环境当中。他们是修士也是乞丐，游荡在街上乞讨衣服和食物。他们不会问别人要钱，至少一开始是这样。在首批到达伦敦的方济各会修士当中，有些人居住的街道现在名叫臭味巷。他们以穷人的身份传教，因此也就改变了城镇居民的情操和见解。他们讲故事、说笑话；他们描述神迹和奇闻。他们把英格兰的传教变成了民间艺术。对于大部分民众来说，这是一种全新的体验。事实上，直到 14 世纪中期，首批布道坛才建立起来。

187 托钵修士走的是众生之路；他们成功了，走红了；他们也讨得了主顾的欢心，后者对他们不吝捐赠；他们修建的小型修道院，在舒适和豪华程度上不亚于大型修道院。他们成为大人物的忏悔神父。读过《坎特伯雷故事集》的人都知道，在到达英格兰的 150 年后，他们已经变成世俗，甚至是放纵的代名词。他们的堕落映衬出一切人类制度的宿命，无论是神圣的还是世俗的皆不能例外。

1232 年 7 月 29 日，休伯特·德·伯夫被免职，从此无缘接近国王。有人指控他鼓动攻击意大利神父并没收他们的财产。教宗当时已经在调查他的第三次婚姻，而德·伯夫图谋报复。他算错了青年国王对教廷的忠诚程度。国王听从了某些“信仰虔诚之士”的劝告，就把他免职了。其中一位无疑就是彼得·德·罗什。德·伯夫一倒台，德·罗什就趁势崛起。不久，温切斯特主教将他的外甥（或许是他的儿子，这事儿谁能说得清楚呢？）引入宫中，安排他担任财政大臣和王室大管家。与彼得·德·罗什一样，彼得·德·瑞沃也来自普瓦图。这是国王母亲的故乡。还有一些普瓦图人来投奔他们。这些人彼此照应、相互提携，当时人们普遍认为，国王对这伙人和他们才干的欣赏，超过了对自己同胞的关切。

然而，英格兰毕竟是欧洲更为广阔的秩序的组成部分。亨利的姐姐嫁给了有着“世界奇迹”之称的神圣罗马帝国皇帝腓特烈。亨利本人在1236年娶了普罗旺斯的埃莱诺，而她的亲戚在英格兰宫廷中有着不小的势力。埃莱诺的姐姐则嫁给了法王路易九世。这些继承王室血统的少数派相互通婚，这样一来，欧洲诸王国的命运也就掌握在一帮互为亲戚的人手中。但是这个超级大家庭不一定是个幸福的家庭。亨利也几乎如命中注定般卷入了法国和意大利之间无休止的争端中。欧洲的各个公国之间总是征战不断，没有哪一个国家像英国那样拥有内在的和谐。法国国王、教宗和神圣罗马帝国皇帝总是互相警惕、互相猜疑，准备抓住一切机会占对方的便宜。 188

亨利与法兰西的关系紧张且充满了变数。他父亲约翰王实际上已经丢掉了安茹帝国，另外，虽说他喜欢和平，但他也有收复安茹帝国的决心。不过，他所面临的对手非常强大。法王路易已经占领了整个普瓦图。安茹帝国的另外一块领地加斯科涅，则面临着法王路易以及卡斯蒂利亚、纳瓦尔和阿维尼翁等王国君主的威胁。国王的弟弟康沃尔的理查曾率领远征军挽救下这块公爵领地（如果说维持住安茹王室对自作主张的地方领主不甚稳定的控制权可以称得上“挽救”的话）。除此之外，可谓一无所获。亨利率领水师进军诺曼底，他希望这里的人们会闻风起义，响应他的军事行动，但这种情况并未发生。国王的这次出兵没打一仗就返航了。这是一次无效的侵略行动。国王手下的将领仿佛就像是参加了一场圣诞游戏似的。

12年后，英王重返法兰西，但他的军队遭遇了溃败；亨利被迫撤退到波尔多，这里是加斯科涅的行政中心，安排与法兰西停战。除了失败之外，还有一个原因让这次出征引人注目。英格兰的贵族都极其不愿意出钱、出人为亨利打仗。他们认为英格兰国王不应该为祖先位于法国的土地而战。诺曼底也好，普瓦图也好，还有加斯科涅也罢，都不再被视为英格兰国土的延伸。岛国就是岛国。这就是亨利之子爱德华一世一门心思征服苏格兰和威尔士的原因。

另外，显而易见的是，安茹帝国一旦解体就再也不可能恢复如初了。只有加斯科涅保留了下来，它为英格兰提供了大量的葡萄酒，波尔多年份酒至今依然深受欢迎。我们可以说，安茹帝国依然保留在英格兰的葡萄酒架子上。但加斯科涅也结出了令人生厌的果实：为了保住加斯科涅公爵的头衔，亨利必须付出代价，他得向法王宣誓效忠。可是，一国之君如何成为别国君主的封臣呢？这个地区夹在英法两国之间，它的不确定性地位将成为百年战争的一大起因。

189 亨利三世是无能之辈，这在英国史上是老生常谈。到了统治中期，他更换了御玺图案；在原来的图案上，他手拿宝剑，如今，他手持节杖。但是在他的统治期间，国家的经济水平提高了，这种普遍的繁荣得益于没有战事的和平局面。国王不再动员领主和佃农离开土地，到国外打仗，这样一来，他们就可以专心致志地从事农耕。现存的文献材料表明，当时的土地交易量上涨了。很快就出现了一股撰写农事手册的风气，小册子提供了很多务农建议，从积肥到制作奶制品不一而足。14 加仑（约 63.6 升）的牛奶能够产出 14 磅（约 6.3 千克）的奶酪和 2 磅（约 0.9 千克）的黄油。自从罗马人占据英格兰以来，农业从来没有这么有利可图过。

比起先前的国王，亨利从臣民那里勒索来的税负要少得多，这就促成财富在国内流动。亨利依赖的是对王室领地的剥削和司法领域所得的钱财。理查一世和约翰王都曾狮子大张口，吞掉英格兰的白银；亨利三世在一定程度上受《大宪章》的约束，不得不有所收敛。

促成经济繁荣的原因永远是复杂且立体的。到了 13 世纪 30 年代末，英格兰和法兰西以及弗兰德斯之间变幻无常的关系开始缓和了，这样一来，英格兰向这两个国家出口的羊毛数量大大增加了。在整个 13 世纪，英格兰的海外贸易量增长了三倍。白银大量涌入，这对城镇和沿海的商人十分有利。有人写了一首合辙押韵的打油诗，赞美“科夫的大理石”、“林肯郡的鲜红色布匹”、“格洛斯特的铁”和“格里姆斯比的鳕鱼”。这个大背景有助于我们理解亨利为何要大肆兴建教堂和礼拜堂。

在国家的经济健康与国民的身体健康之间存在着某种不为人知的紧密联系。其中最突出的标志是，在亨利统治时期，英格兰的人口增长迅速。如此一来，国内对谷物、奶酪和羊毛的需求也增长了；经济与参与经济活动的人口数量一起扩张。英格兰有500万人口和800万只羊。然而，增长并不总是一件好事。由于需求增长，物价也随之上升；工作人口的增长导 190
致工资水平一直处于低位。能力较强或比较富裕的农民发家了，他们的地产也扩大了，与此同时，他们比较贫困的邻居的耕地却变得越来越小了。

亨利曾经说过，英格兰的重要人物不超过200号人，而他熟悉其中的每一个人。他们中的许多人通过联姻或者从政而紧密地结合在一起；这些人在地方行政和司法事务中沆瀣一气。他们彼此之间都是亲戚和盟友；正如亨利在不久后就会亲身经历的那样，他们经常联合行动，并且因此令他付出代价。

问题的症结在于，在这些重要领主当中，大多数人因为国王宠信普瓦图的谋士，而对他抱有不信任的心态。在这些谋士当中，最位高权重的便是彼得·德·罗什和彼得·德·瑞沃。就某种程度而言，问题出在他们的外国人身份。到了13世纪，英格兰的领主都是在本国出生的，从文献中可以看出，他们对“本地”或“本土”满怀热爱之情。在亨利统治的第六个年头，圣乔治节变成了全国性的节日。圣阿尔本斯的修士编年史家写道，不会说英语的人开始“受到轻视”。

由于普瓦图人欲壑难填，他们的外国人身份也益发招致怨谤。他们在宫廷中能拿到年俸。他们也急于获得土地和金钱，可是如果他们如愿以偿，就必然有损本土领主的利益。1233年春天，这些显贵放出话来，如果有“外国人”在场，他们就不会参加御前会议；国王的代表答复说，国王有百分之百的权力选用客卿，他将动用必要的武力来平息这场贵族哗变。1233年6月，国王召集领主到牛津开会，却遭到领主的拒绝。他们发出信号，大意是要推翻亨利，驱逐外国人，另立新王。亨利宣布贵族犯下了藐视权威之罪，他们成了流放犯人和亡命徒，他们的土地在名义上被赏赐给来自普瓦图的廷臣。

战争就这么打了起来。贵族发起进攻，在六个月内打败了王军。“外 191
国人”的土地和财产被洗劫一空。主教促成双方签订停战协定，国王投降认输了。反叛的贵族得到赦免，部分普瓦图廷臣被赶出朝廷。然而，亨利还是本能地偏向大家族中的法国亲戚。他本人就是半个法国人，他的母亲是昂古莱姆的伊莎贝拉。

1236 年，他娶了普罗旺斯的埃莱诺为妻，这只会使问题复杂化。按照马修·帕里斯的说法，“他没有征求朋友和本国臣民的意见，就娶了一个外国人”。十二岁的新娘带来了一群扈从，其中就有她的叔叔萨伏伊的威廉。威廉是法王同父异母的兄弟，他的母亲是伊莎贝拉。他知道亨利耳软心活、易受他人影响。他就在这里留了下来。很快，到处都出现了萨伏伊人的身影。萨伏伊的彼得被赐予约克郡的里士满。在斯特兰大街和泰晤士河之间修建萨伏伊宫的就是此君，如今这里是萨伏伊宾馆所在地。萨伏伊的博尼法斯被册封为坎特伯雷大主教。亨利还没有吸取这个简单的教训。他认为这个国家只属于他个人。如果他愿意的话，他为什么不能将国土分配给他的同父异母的兄弟、堂兄弟或侄孙呢？他可是贵为一国之王啊。

在后来的岁月中，贵族反对亨利的方式不一而足，各种怨谤纷至沓来。普瓦图人和萨伏伊人依旧备受恩宠。王后发挥了支配性作用。国王听到的都是些馊主意。他在政策制定过程中优柔寡断、朝令夕改。他也过多地受制于教廷。某位英格兰贵族抗议他忽视了《大宪章》中的条款，他的答复是：“为什么我非得遵守这部宪章呢？我的大人们，无论是教宗使节还是贵族，都没把它当回事啊。”对方回答说，作为国王，他应当树立榜样。总之，他的政府给人的印象是软弱无能和糟糕透顶，需要充分干预。

1244 年，他向议会索要一大笔钱。贵族趁势提出要求，希望授权他
192 们推选掌管司法和财政部门的首席政法官和财政大臣。国王仅仅同意再次发誓接受《大宪章》的各个条款。四年之后，当他向议会索要更多款项时，贵族纷纷提出反对意见。他们告诉他，国库收入都被他浪费在蜡烛和无用的游行上了；他们还告诫他，他吃的喝的穿的，都是从它们的合法主人那里巧取豪夺来的。五年之后，亨利再次向议会要钱，说他要组织十字

军远征圣地。没有人真的相信他的话。他只好郑重其事地发誓遵守《大宪章》中的规定，才勒索到这笔钱。然而，他也再次违背了自己的誓言。我们由此可以看出，这位史无前例地在法律的约束下苦苦挣扎的英王，他的统治是多么不稳固。

接下来就出现了所谓“新突变”。1257 年 4 月 7 日，议会召开，因为国王又需要钱了。他曾经许诺付给教宗一笔高达 135 541 马克的巨款，换取儿子埃德蒙登上西西里国王的宝座；虽然西西里的冒险遭遇惨败，债务却保留了下来。

因为正赶上饥荒之年，国王的索求也就显得益发无度。1257 年庄稼歉收，到了第二年春天，小麦的价格涨了两倍半。如果我们光顾着关注王侯将相的活动，有时候就会忽略历史的另一面：受苦受难之人的生活。马修·帕里斯在书中记载，在这个饥荒之年，“有数不清的穷人浑身浮肿，肌肤溃烂，三五成群地倒在猪圈里、粪堆上和街道的尘土中”。国家的资源都掌握在极少数人手中。据估计有将近 60% 的农业人口穷得交不上税。没有人救助他们，也没有人保护他们。“国家”没有发挥应有的作用。不管发生什么情况，国王只关心自己的财政问题。

英格兰的贵族可不愿意认这笔账。1258 年 4 月末，经过徒劳无功的争吵后，一伙贵族闯入威斯敏斯特王宫。他们故意把宝剑放在大厅的入口处，然后才按照规矩向国王行礼。国王一看到武器便吓得心慌意乱。有目击者曾经描绘过当时的场面，这段文字收录在《蒂克斯伯里编年史》中。 193
“这是怎么回事？”他问他们，“莫非你们想俘虏我这个可怜人？”

诺福克伯爵罗杰·比格德替大伙儿回答说：“不！主上！不过，还是让那些令人忍无可忍的可恶的普瓦图人以及所有外国人像惧怕狮子一样，从你我眼前滚蛋吧。这将是身在天堂的上帝的光荣，也会平息国内良善之士的怒气。”

从这几句话中，我们可以感受到 13 世纪言辞的丰富多彩和活泼生动。接下来，比格德请国王接受“我们的建议”。亨利自然会问他们有哪些需要。贵族们私下里已经就需求达成了协议。国王应当接受一个由 24 人组成的委员会的指导和建议；在这些人中，有 12 人由国王选定，另外 12 人由贵族推选。如果国王不接受这些条件，等待他的将是一场内战。亨利心里还是有数的，所以他在考虑一番之后，接受了贵族的条件。不过，他的决定在一定程度上也受到了贵族另一项建议的影响：他们同意“协助”国王解决捉襟见肘的财政问题。

双方推选出一个由 24 人组成的委员会。1258 年夏天，他们就国内外形势发表了一篇类似宣言的文告，其中的主要提议清楚明了。国王应当接受一个由 15 人组成的咨议会的指导，咨议会成员由贵族推选，并且由议会自行选举产生首席政法官和财政大臣。这份被后世称为《牛津条例》的文件采用英文、法文和拉丁文发表，这足以彰显英格兰的独特身份。事实上，这个国家的统治者很快变成了咨议会。它掌管着印玺。它无须国王在场即可处理所有国务。如果国王向他们抱怨，他们则回答：“这正是我们所希望的。”亨利再次成为“幼主”。这已经不再是国王的统治。

正是出于这个原因，这种办法行不通，也不可能行得通。31 年来，国家大权一直掌握在一个人手中，怎么可能由 15 人分治？贵族就他们控制国王的性质和目的争吵不休，他们发现，如果没有国王直接出面与其他
194 君主斡旋，他们很难处理国际事务。贵族都有自己的地方利益，他们毕竟是各个地区的豪强，而他们的地区利益未必与国家利益保持一致。据说，咨议会成员都只顾扩大个人的势力。

贵族政府维持不到两年就宣告垮台了。教宗发表通谕，宣告亨利不必履行他在贵族强迫之下所做的承诺；通谕中说，国王被臣下扣押，如同樵夫被自己的斧子砍伤。亨利还宣布，贵族剥夺了国王的“权力和尊严”。他躲进了伦敦塔；伦敦塔既是对抗敌人的手段，也是王权的象征。

亨利没有经过太多的磨炼，就重新执掌政权。但是这次掌权的时间也仅仅持续了两年。“外国人”（尤其是萨伏伊人）再次因为“势力过大”而受到谴责。亨利还引入了一批外国雇佣军，这就引发了谣言：外敌要入侵英格兰了。所以说，到了 1236 年，一群心怀不满的贵族找到了一位新领袖，并且提出他们的要求：统治他们的应当是本土出生的人士。

西蒙·德·孟福尔应英格兰贵族之召，坐船来到英格兰。据说，他是英格兰历史上首位政党领袖。由他来领导和代表英格兰事业其实有几分古怪。他出身法国贵族家庭，出生地是法国。由于他的祖父曾经娶了前任莱斯特伯爵的妹妹为妻，他也就继承了莱斯特伯爵的爵位；这条继承路线虽然绕了一个大弯子，但确实合情合理。他还娶了国王的妹妹埃莱诺。所以，正如一位编年史家所说，他成了“英格兰人的盾牌和捍卫者，外国人的敌人和驱逐者，虽说就民族成分而言，他本人就是个外国人”。贵族将各郡代表召集到圣阿尔本斯聚会，而此时国王发出邀请，让他们前往温莎。

亨利三世与孟福尔之间的冲突几乎是无法避免的。孟福尔本人头脑固执，性情偏狭，疯狂地痛恨犹太人和异端分子。在英格兰，他是个独行侠式人物，他看不起英格兰同党的妥协和犹豫，说他们“三心二意，诡计多端”。他无法容忍蠢人。无论他的态度，还是做事方法都堪称专横跋扈。 195
换句话说，他就是一个恶霸。他非常自以为是，也自认为知道什么时候该做什么。他曾经指挥过军队参加十字军东征，亨利本人也曾派他到加斯科涅出任总管或总督。国王害怕风暴天气是出了名的。这是他性情幼稚的体现。但有一次他竟然对孟福尔说：“凭神性起誓。我怕你胜过怕世上全部的风暴和雷电。”

孟福尔天性中自以为是的部分有助于向别人（甚至向他本人）掩饰他的真正目的。他其实与家族的其他成员一样，一心只想扩大自己的权力和领地。这是那个年代的荣誉之所在。他喜欢强人政治，他把强人政治当作一种道德和理论上的律令。但是，如果让他秉政，政府就一定能够变得更加强势吗？除此以外还有其他问题：如果他能够获胜，他会允许国王在贵族的约束之下继续执掌政权吗？他本人是否会取而代之？

自从他到了英格兰，双方的冲突就没有消停过。冲突双方也卷入了现代所谓的宣传战之中，双方都致信郡法庭和教堂庭院的布道会，宣传己方观点。这一时期还出现了政治歌谣。在1269年初的几个月里，双方的政治斗争演变成为公开、激烈的战斗，其规模之大，是约翰与贵族大战以来从未有过的。国王渴望的和平局面消失了。他与长子爱德华的关系也不和睦，因为爱德华的个性更加强悍、更为好战。在爱德华的怂恿下，国王领兵攻打造反的城镇北安普敦。王旗上绣着一条愤怒吐舌的红龙；这面猩红的大旗表明，国王决不宽容投降派。国王攻下了北安普敦。紧接着，爱德华就洗劫了斯塔福德郡和德比郡的叛乱地区。孟福尔本人则以伦敦为大本营，伦敦市民坚决反对国王。他在伦敦是所向无敌的，但亨利的军队拥有人数优势。

196 大决战是不可避免的，否则整个国家都会因为千疮百孔而陷入无政府状态。5 月 11 日，亨利及其扈从来到了苏塞克斯郡的刘易斯，进驻一所克吕尼派小修道院。王军在北边 10 英里（约 16 千米）以外布好了阵地。两天过去了，双方的谈判还没有得出结果，但接下来孟福尔率军占据了地势较高的丘陵地带，从这里可以俯瞰刘易斯。两军对垒，交战开始，爱德华猛烈地攻击由伦敦人组成的分遣队，打散了他们的队形，他一连几个小时都在追逐四散而逃的败兵，这是错误之举。当他返回主战场时，叛军已经大获全胜，国王本人被囚禁在小修道院中。孟福尔还没有将红龙放在自己的军旗上，所以双方迅速达成停战协议。爱德华王子作为国王的人质被关进了多佛城堡中。

在这次事件后，有人用拉丁文写了一首 968 行的长诗，名为《刘易斯之歌》，颂扬孟福尔所说的“共同事业”。它认为贵族的武装叛乱是正义之举，因为只有这样才能保证他们在治国理政当中发挥应有的作用。“大家都说，如果国王的心愿实现了，法律就荡然无存了；实际情况是，法律岿然不动，反倒是国王倒台了。”在显而易见的不公不义面前，整个国家萌生出某种共同的情感，这么说并非完全是异想天开。一些实实在在的证据表明，乡下的劳动人民也参与进来，支持叛乱的贵族。例如，莱斯特郡的村民包围了替国王作战的一位副将及其手下；他们想扣住这些人，理由是他们“反对国家的集体福祉，反对贵族”。这可不是假大空的概念；它们是活生生的现实的组成部分。

许许多多村民化身步兵和骑兵并肩作战。他们当中最穷的人只能拿小刀和镰刀当武器，比较富裕的人则配备了铁头盔和长矛。他们都揭竿而起反对国王的敲诈勒索。在19世纪初，有人在刘易斯发现了三个大坑，每个坑里都埋着将近500具尸体。他们都是被一个个堆放在里面的，这些人都是战争中无人悼念的死者。有编年史家说，他们都是平头百姓。在这场 197
战斗中，极少有骑士被杀死。

战败后，亨利三世被押回伦敦，为了安全起见，贵族们把他安置在圣保罗大教堂。在孟福尔的领导下，一小伙贵族掌握了国家政权，政府的各个部门继续以国王的名义运行，但只是徒有名义而已。孟福尔如今成了掌权的强人。臣子居然从受膏的国王那里夺取了政权，这在英格兰历史上尚属首例。他没收了18位贵族的土地，只因他们站错了队，为国王而战。孟福尔还私自吞下了赎金。他甚至排挤和他一起谋反的贵族，并把其中一人关进了监狱，迫使另一位逃亡国外。孟福尔成了僭主暴君。这是寡头政治中的常态；总有一人爬到其他人的头上。结果，他的支持率直线下降。在国王和暴君之间，有谁会更喜欢暴君?

然而，他为了寻求支持，召开了两次议会。在其中一次议会上，出席人士有各个城镇的代表以及骑士和领主。专制统治时期反而哺育出了自由的工具。我们可以说，英格兰日益发展的民族身份是在臣民和国王的对立过程中逐渐成形的。从对比中出现了发展；从对立中出现了原则。理查和约翰对英格兰的盘剥有助于农村和城镇形成一种共同体意识；而亨利的软弱无能则导致“王国共同体”得到了更加广泛的认可。

议会的产生和发展就是这一过程的组成部分。类似议会的机构其实早已有之。在议会形成自我意识、获取自我认同之前，这种结构就已经存在了。我们也许无法回溯黑暗的史前时代，但我们可以确定，部落首领入侵英格兰的时候就带来了“贤人会议”（witan，盎格鲁-撒克逊时代的议会议员）的理念，字面意思是“有智慧的人”；这是一个由主教和贵族组成的咨询性质的委员会，每年召开一到两次会议。他们是国王咨询的对象，他们负责思考和制定新的法律或征收新的赋税。他们甚至有权推举、废黜
国王。 198

诺曼人在1066年入侵英格兰后也建立了自己的小规模御前会议，大约由35名教会领袖与世俗领主组成。在1095年，“红脸”威廉召集了一次规模较大的会议，与会人员有各地的修道院院长、主教和世俗领主。这成为后来历代国王的御前会议的模板；由于诺曼王朝和安茹王朝的国王总是远居法国或其他什么地方，由显贵们组成的委员会便学会了如何运用集体行动强制执行其意志。他们也因此获得了一种集体身份。在亨利二世统治时期，巴特尔修道院的院长甚至宣布，在没有征得贵族的“意见和同意的情况下”，国王不得更改国家的法律。

英格兰最早的议会召集者是约翰王。1212年夏天，他要求各郡郡长带上“六名守法谨慎、可供差遣的骑士”聚集到他身边。这些骑士可不是给国王提建议的。他们要负责将国王的旨意传达给各个地区。然而三年后，限制王权的《大宪章》出台了；它特别规定，在没有征得王国的“共同意见”之前，无论哪一位国王都不能额外征税。这里所说的王国，当然仅仅指主教和贵族。

1236年，亨利三世在威斯敏斯特召集议会。这是“议会”（parliament）一词首次被官方使用，但参会人员仅限于世俗显贵和主教，没有各郡或各城镇的代表。国王需要从不同的渠道获得资金。他不可能仅仅依赖贵族上交的封建税或者从他们的佃户那里收到的租税。所以，在1254年，各郡接到命令，每个郡法庭需要选出两名骑士参加议会议程。下级神职人员也受邀参加议会。

孟福尔打败国王之后，从每个城镇召集两名代表参加议会。骑士与城镇的头面人物，也就是所谓的“议员”，在议会中结为一股力量，同主教与贵族分庭抗礼。下议院的雏形就这样出现了。不过，当时似乎没有人注意到这一点，因为迄今为止，我们还没有发现时人对这种变化做出过评
199 论。它绝不是一场伟大的民主演习。孟福尔的直接目的是争取更多的同党，去对付反对他的大领主；而且大规模人群的聚集也有助于掩盖他排挤对手的行为。所以他才把骑士和市民也引入了议会。

议会的出现产生了始料未及、无法预见的后果。例如，它日益增长的

重要性抬高了骑士和富裕市民的地位。骑士通常都拥有一座或者几座庄园。一般来说，他们都会参与所在地区的管理，充当郡长或者林务官。他也会在郡里从事王家行政和司法工作。

骑士会被称作 buzones（意思是“大人”），在英格兰的人数约为1 100至1 200名。英格古老的教堂中摆着他们的木制或石制雕像。他们全副披挂，有的欲拔剑，有的持盾牌；还有的双手合十做祈祷状；他们经常盘腿而坐。有些人更喜欢制作夫妻双人雕像。正是在这个时期，有关纹章的记载出现了。各式花里胡哨、稀奇古怪的纹章学也出现了。在14世纪初，骑士的墓地都摆放着死者的等身雕像，以示纪念。

骑士的地位高高在上，地位低于他们的人还可以细分为各种各样的等级和阶层。最晚在14世纪中期，所谓的绅士阶层的雏形开始出现，包括了骑士、大乡绅和绅士。大乡绅是饶有资财的地主，由于各种原因，他们放弃了骑士身份。绅士的地位低于大乡绅，只是地主家族的首脑人物。到了1400年，这种差别已经可以用货币说清楚。大乡绅的进项在20英镑和40英镑之间，绅士的进项每年在10英镑和20英镑之间，骑士和大乡绅可以出任郡长或治安官，而绅士只能担任较低的官职，例如代理郡治安官和验尸官。绅士通常是教区级别的士绅阶层，而骑士通常是郡级别的士绅阶层。有意思的是，这种社会结构经过一些修正，一直保留到19世纪中叶。它完好无缺地延续了500多年。

如果我们考察13世纪英格兰的任何地方，我们都会看到社会在变得 200
更加注重繁文缛节，社会控制在逐渐加强。在英格兰的城镇，富裕的商人与王家官员勾结在一起，形成了组织严密的寡头制；工匠和商人聚集在一起，组建了行会和同业公会。官僚机构变得越来越复杂，越来越讲究条理性。行政制度史家已经注意到，在亨利三世统治时期，各式文书大量增加。甚至从英格兰前往圣地的骑士都人手一份书面合同，上面规定了某些共同的服役条款。每一项权利或裁决都形成了文字。王家委任的乡长跑到小农那里收税时会告诉对方：“你的名字就登记在我的文件上。”在一个性格软弱、优柔寡断的国王的统治时期，王室的机器居然更有效率，更有适应性，这或许是一个悖论。但除此之外，我们又如何能解释如下现象：虽说亨利三世的政权屡经大难，但他统治时间非常久长；虽说表面上经常电闪雷鸣，一副暴风雨骤然而至的样子，但国家还是逐渐稳定下来，变得风平浪静。

1265 年 5 月末，又一场暴风雨降临了。身为人质的爱德华勋爵可以出来骑马放风了；他毕竟是有着王家血脉的王子，贵族也不敢过于为难他。在这个春天的上午，他试了一匹又一匹马，走得越来越远；当他看到远处有位骑马的绅士向他发出信号时，他便纵马疾驰，绝尘而去。不久，他就来到了相对安全的卢德罗城堡。爱德华自由了。他可以自由地举起父亲的王旗，对抗孟福尔和其他反贼。

战争就在眼前，结果很快就要见分晓。8 月 4 日，两军在伍斯特郡的伊夫舍姆相遇。当孟福尔看到队伍整齐的王军向他逼近时，他评论道："他们已经从我这里学会排兵布阵了。"一马当先的爱德华年方二十六岁，如今是王国的实际领袖。孟福尔也把亨利当作人质带到了战场上；双方激战正酣之际，他和手下骑士将国王团团围定，继续作战。保王党人罗杰·雷伯恩一直想把亨利从混战中解救出来。爱德华早已让人组成敢死队，他
201 们唯一的任务就是杀死孟福尔。他们成功了。孟福尔的脑袋被砍了下来，他的睾丸被悬挂在鼻子两侧；胜利的奖杯被送到砍倒孟福尔的好汉之妻手里。大屠杀接踵而至，这在中世纪英格兰还是头一次。按照当时的规矩，叛乱的领主和骑士不至于被杀，一般来说他们会被用来换取赎金。国王为了保持骑士的声誉，一般也不会伤害他们的性命。爱德华和他父亲可不是同一种类型的国王。

孟福尔的尸身被交给了伊夫舍姆的僧侣，埋在这所修道院里。如今，他的墓地已成为一片废墟。它坐落在高高的祭坛之下，以一个花岗岩做的十字架为标志。他死后，有人把他视为圣徒，他的葬身之所也就成了朝圣之地。这里是追求正义事业的造反分子的墓地，他的失败反倒为他的名声增光添彩。有传言说，这所修道院能够产生神迹。

但是这不足以拯救他的同党。那些没有在战场上被屠杀的人四散奔

逃。有些人逃到了肯尼尔沃斯，这里是孟福尔的城堡，还有些人跑到伊利岛避祸去了。有些人跑到莽莽苍苍的山林当中，罗宾汉的传说很可能就起源于流浪领主的生活。他们被称为“失去继承权的人”，他们只有花上一大笔钱，才能重新蒙受王恩，得到宽宥。

亨利继续执政。御玺也还给他了。与以往一样，他又参加御前会议了，秩序很快恢复如初。事实上，国家并没有受到战争的严重影响。只有靠近战场的地区遭了殃，整个王国还像以往一样运行。太子爱德华觉得自己可以前往圣地参加十字军东征了。他准备先替基督服务，再登上王位。

国王本人终于可以放开手脚，重修威斯敏斯特大教堂了。他急于将“忏悔者”爱德华的遗物搬进新教堂。这座大教堂本身就是王国共同体的另一例证。在25年当中，有800人参与建造这个宏伟的建筑群。它新建了内殿、牧师会堂，它的门脸也缓慢地建起来了。这个工程需要几代人才能完成。伯贝克（多塞特郡的一个产石地区）的石匠、全英格兰的能工巧匠、水手和运货马夫都参与建造了这项巨型工程。制瓦工、马赛克工和五金工人齐心合力，以满足国王追求奇淫巧技的爱好。他耗费大量资金打 202
造的这座建筑，成为他统治时代的永久性纪念物。1274年11月16日，他在执政的第50年咽气，享年六十五岁，他很可能死于年老体衰。亨利三世的陵前竖立着一尊黄铜雕像，现存于他亲手修建的大教堂中。 203

18

历法与农时

在英格兰的各种纪年法中，国王纪元法相对无足轻重；教会历法和农历则比较重要。它们体现了这个世界约定俗成和恒常不变的本性；它们表现出人们对土地的深切归属感，也呈现出人们对永恒的强烈向往。在中世纪，永恒才是人们真正向往的东西。农历时间与神圣时间是交织在一起的。

冬季始于9月29日的米迦勒节，终于圣诞节，这是播种的季节；正因为这个原因。小麦和黑麦被称为冬天的种子。有些牛被从夏季牧场赶到相对暖和的牛棚中，其余的则被宰杀；猪也被赶进猪圈里。11月被称为屠宰月。没吃完的肉全都用盐腌起来。圣诞节庆这12天是农夫和劳工在一年当中唯一能够享受到的长假；这些天就是大吃大喝的日子，也是表演圣诞剧里种种神秘仪式的时候。

春季始于1月6日的显圣节，终于复活节的前一周，男人开始伺弄葡萄园，挖沟开渠；他们还伐木筑篱，种植菜园。劳动的世界又开始运行了。显圣节之后的第一个星期一被女性称为“纺纱织布的星期一”，被男
204 性称为“耕地的星期一”，它简明扼要地道出了人们的两种职业：男耕女织。

每当“耕地的星期一”，一群身披缎带、佩戴各式华丽装饰物的青年农夫就会在村子里拖着一具“傻瓜犁”（也称“白犁”），挨家挨户讨要零钱，如果谁不给，就用犁翻开他家门前的土地。这群农夫（绰号“耕地阉牛”）里领头的青年男子会打扮成“贝茜老太太”，另一位同伴的头上会蒙着一张狐狸皮，屁股上拴一条尾巴。这个古老的仪式一直延续到 20 世纪初，或许它正是英格兰乡村风俗习惯的证明。时至今日，英格兰东部仍有部分地区在举办这种仪式，据说它源于丹麦法地区。2 月 2 日举办的圣烛节宴会是纪念圣母玛利亚产后净秽、携耶稣前往圣殿的日子，这一天也是农耕重启的日子；就在这一天，燕麦、大麦和蚕豆的“大斋节种子”开始播种。这一天也是修剪树枝的日子。

夏季始于霍克节，也就是复活节后的第二个星期一和星期二，终于 8 月 1 日的收获节。正因为这个原因，五朔节女王（花神）被称为夏季女王而非春季女王。在霍克节的前夕，村中女子一见到男人，就会把对方捆绑、扣押起来，让他家里出钱赎人。在霍克节的这一天，村中男子对女子如法炮制。节庆日都安排在重要的农活重新开始之前。在这些日子里，农夫们会施肥、伐木、剪羊毛、除杂草、修篱笆、重修鱼塘堤坝和磨坊。他们还要耕种去年休耕的土地。仲夏是施洗者约翰的诞辰，人们设宴欢聚，庆祝节日。在 13 世纪，温奇科姆的一位僧侣看到，在圣约翰节前夕，“男孩子们拾来一堆骨头和其他垃圾，点火焚烧，烧得烟雾弥漫。他们还燃起火把，举着它在田地里四处奔走。此外，他们还玩滚轮游戏”。滚轮就是火轮，点上火后，顺着山坡放下去。异教仪式与基督教历法就这样统一在同一项庆祝活动中了。在圣约翰节，人们开始打干草。所有干草捆好后， 205
人们就把一只绵羊放在田里当作奖品，让割草人去抓，谁抓住它就归谁。直到圣约翰节过后，人们才刈除田地里的蓟草；据说如果割得过早，它们的数量就会增加两倍。

从收获节到 9 月末的米迦勒节，迎来了收获谷物的季节，也就是秋季。收获节（Lammas）来源于盎格鲁-撒克逊语“大块面包”（hlaf-Mass）；在风调雨顺的年头，秋天是迎来累累硕果的季节。当人们以充满仪式感的方式割完最后一捆庄稼之后，丰收家宴就准备开始了。正如托马斯·塔瑟在16世纪所写的那样：

> 收获季节，收割的人们、仆人和所有人
> 在大厅里欢聚一堂，群情振奋。

他们在欢声笑语、载歌载舞中顺应着季节时令，庆祝大地的亘古不变；他们与天地运行节奏合为一体，他们对此会有所体验，但未必能够深刻理解。

收割完毕，就可以赶牛入田，啃食庄稼的残株了。与此同时，农民在耙过的休耕土地上种植黑麦和小麦。播种完毕，农民按照习俗又摆上宴席，大吃饼糕、馅饼和用牛奶、小麦、葡萄干和香料做成的香甜牛奶麦粥了。接下来，就该打场了，让庄稼穗脱离茎秆，再到后面，就该扬谷颠麦，让庄稼破壳脱粒了。与此同时，农夫还得收拾羊圈和猪圈。

所以说，一年四季，农耕与仪式如影相随。正是由于这个原因，英格兰教堂和主教座堂的柱头和柱身上经常雕饰着各种形象，代表各个月份；收割者的雕像代表7月，手执镰刀的农夫象征着9月。在索斯韦尔大教堂的石头雕像中，有一群猪吸着鼻子在橡树落叶中寻找11月的橡树果实。人们所熟悉的自然界也亘古不变。夏日的闲适与冬日的痛苦都是永恒秩序的组成部分，即便是最卑微的劳动者也厕身其中。在中世纪的诗歌中，农
206 夫是神圣的。在宗教节日里，教区教堂里做礼拜的人们与田野中劳动的农夫共同参与了这一相辅相成的仪式。在耶稣升天节之前的三个祈祷日里，教区居民会围绕教区行走一周，为田地祝福。

在时人看来，祈祷可以治疗折磨牛羊的瘟疫。人们先礼赞圣灵，演唱弥撒，每位教区居民都会捐一便士。羊群会被赶到田野里，人们向它们宣读几段福音书；再向它们身上洒圣水，吟唱赞美诗。之后便背诵《主祷文》和《圣母颂》。尽管如此，牲畜的死亡率仍居高不下。

几百年间，农业的本质几乎没有发生变化。在英格兰中部，敞田随处

可见，不设围栏的大块田地被条块分割，为各家所有；小块圈地在肯特和威塞克斯无处不在；在北部和西部，长方形的田地一块连着一块。从 13 世纪开始，圈地方法出现了，各家农户利用这种方法，相互交换成条的田地；这些条块分割的土地被树篱或围栏圈起来，就形成了大块农田。

小村庄和小块农田是英格兰北部的典型特征，而中部则遍布大村庄和大块田地。不过，即便在各郡内部，情况也不一而足。萨默塞特东部盛行敞田制，西部则施行圈地制。萨福克东部盛行圈地制，西部盛行敞田制。南部租地以“雅兰”（1 雅兰约为 12 公顷）为单位，北部以“奥克斯冈”（1 奥克斯冈约为 5—6 公顷）为单位。在地契文书中，土地位置的好坏取决于光照。南边和东边被认为是光照良好的地方。土地的位置、土壤的性质、气候的模式，这些因素都影响着每块土地的耕作制度。威尔特郡的部分地区位于黏土带，其他地区则属于白垩土质；汉普郡的土壤属于盆地沙砾。

传统和习俗进一步强化或决定了各地农耕方法的多样性。在每个村庄里，有些家族可能一连几百年伺候同一片土地，他们与土地形成了极为密切的联系，已然成为土地的一部分。在早年的法律汇编当中，我们发现一 207
个小村子应当有“九座房子、一副犁、一孔窑、一口盛奶的大罐子、一只猫、一只公鸡、一头公牛和一个牧人”。不同种类的田地和牧场反映出，那些无稽可考的部落习俗一直在发挥着影响力。分割小块田地的村社历史如今已无法复原如初了；但是我们所能回顾的历史有多久远，它存在的时间就有多长久。在过去的几百年里，每一片土地都具有自己的使用、权利和责任特性；它是被风俗和习惯创造出来的具有生命力的事物。

人的荣誉、声望和财富都来自土地；一个人所拥有的土地面积，决定了他所肩负的军事责任。一个人如果没有土地，他常常就没法结婚生子。在农村地区，没有土地的人是无足轻重的人。法律在本质上反映的是土地拥有者的意志。社会生活由土地买卖支配，90%的人会以各种形式卷入土地交易之中。自 11 世纪以来，城堡就一直是攻守杀伐的中心，原因就在于城堡支配了周围的土地。中世纪最严厉的惩罚措施就是毁掉一个人的土地。决定每个地区以及每个郡的性质和政策的乃是土地持有模式，而非行政区划。

事实上，土地是导致暴力和社会不满的最重要的原因。曾有位名叫爱德华的骑士，他不想通过为圣弗莱德斯威德修道院院长服役的方式，拿到对方在黑丁顿的1海德（约48公顷）土地。法庭让他们通过决斗来解决这场官司。“双方打了好几个回合，爱德华一方被打瞎了眼睛。双方终于都坐了下来，因为谁也不敢向对方发起进攻了，他们开始讲和……”人们也可能采取相对温和的方式来解决官司问题。伊夫舍姆的一个农民向当地修道院讨要土地；他事先在鞋子里装上了自家地里的泥土，这样一来，他就可以在修士面前发誓，他确实脚踏在自己的土地上。

208 某些地区耕种的时令要早于其他地区，然而，劳动的报偿是一样的。长柄镰刀和短柄镰刀、连枷和扬谷风扇以及犁具，都是劳动人民共同遗产的一部分。中世纪的一首民谣赞美“燕麦、豌豆、蚕豆和大麦”的出现，到了莎士比亚的《暴风雨》中，这些东西变成了“小麦、黑麦、大麦、野豌豆、燕麦和豌豆”。大片田地中有50多人在劳作，他们分散在各条地块当中，弯腰弓背，辛苦劳动。他们的形象出现在历书的插图中：他们身穿紧身裤，外加一件布罩衣，腰间系一根皮带；在寒冷的天气里，他们穿带有兜帽的羊毛披风，遮住上身。有时候，他们还戴羊毛帽子。

有位农民在10世纪的一篇文章中历数道：“早起第一件事便是赶羊去牧场吃草，无论寒暑都要带上猎狗看顾羊群，以防恶狼吃羊。吃完草我就把它们赶回牲口棚，一天挤两次奶，还要开关羊栏……”在村子的公共用地上，羊群则由牧童照管。

中世纪时期的家畜比现在的瘦小，那时土地的生产力也远不如今天。对于农夫和劳工来说，生存问题始终存在，不可儿戏。他们的生活环境经常是肮脏的。这个世界并没有在进步；据当时的人讲，它正在从黄金时代向铁器时代堕落。以上对一年四季的描述可没法给“快乐的英格兰”做广告。甚至连历书上记载的娱乐性活动、狩猎、比赛和仪式，都经常是极为残忍和暴力的。这是一种充斥着汗水和尘土的生活，而且往往还没活够
209 就匆匆结束了。

19

不列颠皇帝

在亨利晏驾之际，太子爱德华勋爵正在西西里养伤，此前他曾遭到暗杀。他远征过圣地，但一无所获。在阿卡城，有人拿着一把涂有毒药的匕首向他直刺过来，他差一点因伤死去。由于毒药的作用，他的肌肉已经发黑，必须割掉，做手术的危险程度不亚于遇刺，但他还是活了下来，乘船安然来到西西里。他就在这里收到了父亲的死讯。

爱德华没有急于赶回去加冕。在他出国期间，他就已经被宣布为国王，又等了 18 个月才返回伦敦。他在法国一直逗留到 1274 年夏天。他虽然出生在威斯敏斯特，但从家族谱系来说，他本质上是法兰西人；更重要的是，他还是欧洲王室的成员。他之所以推迟加冕，其中一个原因在于他想处理好加斯科涅的事务。在他眼里，加斯科涅与英格兰同等重要。

在他去国期间，议会召开了一次会议，这表明英格兰的行政确实具有坚韧的延续性。但是显贵之间也有不太平的情况，乃至发生互斗。新国王不得不出手平息事端。他是那种要求别人绝对屈服于他的人；与乃父不同，他是一名出色的军人。他带着一群十字军骑士回国，这些人构成了王 210
室的班底，他们实际上是国王的私人保镖，他们与先前时代的武士群体一脉相承。显而易见，爱德华的统治具有军国主义的性质。当加冕礼在新建的大教堂（尚未全部完工）举行时，他的随从骑马进入耳堂。在马蹄嘚嘚声中，新的统治时期开始了。

爱德华一世人如其貌，熟识他的多明我会学者尼古拉·特里维特说他“身材伟岸”。他有一双大长腿，故而绰号“长腿”爱德华；他打猎的时候能够手拿宝剑，在公鹿后面飞跑疾驰。他被视为“天下第一长矛”，也就是说他体现了自豪与气节等全部骑士美德。爱德华暴躁易怒，但他的急脾气来得快，去得也快。特里维特说，国王秉持宽宏大量的原则，但这只是一种适用于武士国王的陈词滥调。他说话有些结巴，左眼皮像父亲一样下垂。他可能十分凶暴。当圣保罗大教堂的教长走到他面前，向他抱怨政府对教士课税过重时，这位不幸的教士当场咽气。约克大主教受到爱德华的斥责之后也抑郁而死。国王的气场十分强大。

在加冕礼上，当漂亮的王冠被戴在他的头上时，他一把将它摘了下来。然后，他不顾既定程序，发表了一通声明。他宣布：“除非我收复先王被英格兰的伯爵、男爵、骑士以及外国人抢走的土地，否则我再也不会戴上这顶王冠。”他果然没有食言。在之后的二十年中，他组织委员会专门去调查全国的地主是否真的拥有土地的权利和所有权。于是就出现了以下说法：你“凭什么权利或头衔”持有土地？当然，这种说法的意思是——它们肯定属于我吧？整个过程催生了一批律师。正如当时的一首诗所说：

> 凭什么权利或头衔，
> 211 就够我们忙活的了。

有位老贵族被问到“你凭什么权利拥有土地”的问题时，他干脆拔出了宝剑。这是一种古老、本能的反应。为了土地，放马过来跟我一战吧。然而，无论领主多么强大，他都不可能斗得过爱德华。爱德华已经汲取了父亲漫长、混乱的统治教训。

爱德华执政时代的第一次议会于1275年在威斯敏斯特召开。在这次会议上，他进一步强化了他对王国的掌控。会议规模超过以往任何时期，与会人员多达 800 名。事实上，爱德华是首位以建设性的方式利用这个机构的君主。他邀请与会人员投诉领主的渎职违法或劣政行为，这种投诉在设计之初无疑是为了削弱强势领主的力量。这些投诉被称为“请愿”，从这个时候起，议会在某种程度上被当成了法庭。很快，全国各地都出现了请愿活动，甚至多到阻碍了议会的工作，但它们发挥了宝贵的作用，令国王体察到各地的民情。

与此同时，正是因为国王要求加税，才使得骑士和富裕市民变成一个角色清晰的群体；国王得依靠他们，从他们所在的郡和市镇征税。因此他们开始在威斯敏斯特大教堂的牧师会礼堂里共商事宜，这样一来，他们也就逐渐与教宗使节和贵族们区分开来。他们还算不上是“下议院”，但他们有着共同的利益。他们在本质上是议会中的委员会，听命于由显贵组成的正式议会。他们并非总是由国王召集，但他们的重要性与日俱增。主教和显贵仍旧负责决定国家大事，但骑士和市民开始发出纳税人的声音。很快，他们的赞同和监督变得至关重要。不过，这里需要强调的是，当时各个市镇和郡还没有普遍要求向议会输送代表。将骑士和市民召集起来的人是国王，是他将参加议会的义务强加给臣民。由此，他就可以在议会上向他们发号施令、征收税金。一旦他们服从他的意愿，他就将他们打发走。

在 1275 年召开的议会上，爱德华向与会的领主、骑士和市民勒索到 212
一笔新的税金：羊毛出口税；从此往后，英格兰每出口一袋羊毛，国王就可以得到 6 先令 8 便士。他的财政状况一下子就得到了改善。他将财务交给卢卡的里卡尔迪银行家去打理。在其他立法方面，他严厉处置犹太人，这件事留待下文展开。在这次会议期间，议会通过了一部冗长、复杂的法案，它的名字叫《威斯敏斯特第一条例》。国王想借此“复兴由于先王的软弱而陷入长眠的法律”；这些陷入长眠的法律当然是那些意图巩固王权的法律。他还把全国大部分郡长都换成了自己人，以此巩固王室的支配地位。

爱德华一世不像先辈那样执掌着庞大的帝国。相反，他只有一个王国，而他决心壮大和巩固这个王国。他首先进军威尔士，他在那里修建的城堡至今犹存。这些城堡巍峨壮观，在某种程度上，它们是被当作骑士传奇中的宏伟建筑而设计出来的。爱德华对亚瑟王和圆桌骑士的神话非常着迷，他声称自己与这位传说中的先辈有着亲缘关系。这样一来，他就有权君临整个大不列颠岛了。亚瑟被称为“最后一位不列颠皇帝”。很多人认为，他是一位曾经抗击撒克逊敌军的威尔士或不列颠国王。有人散布流言说，他根本就没有死，只是想休息一阵子，他会再次出山，摧毁威尔士的敌人。然而这种流言对爱德华麾下的英格兰军人来说可不是什么令人舒心的消息。

所以爱德华必须想办法证明亚瑟已经死亡，必须确认他已经永远地离开了战场。幸运的是，在亨利二世统治时期，有神迹显示亚瑟王和格温纳维尔（传说中亚瑟王的王后）就埋在格拉斯顿伯里修道院的地下。爱德华下旨将两人的遗体挖出来，重新放进宏伟壮观的石棺中下葬。爱德华和王后亲自动手，给这两具遗体（如果真的是他们的遗体的话）裹上绸布，把它们安放在黑色的大理石陵寝之中。他们的头骨被留下来供人参观。这样一折腾，他们的死亡就变成一件确凿无疑的事情了。不过，由于人们虔诚地相信历史所具有的效力，那么精心设计安葬仪式就十分必要了。

213 爱德华一世在威尔士兴建的城堡，就像罗马帝国和诺曼人在英格兰建造的大型石头建筑一样，都是蛮力的象征。位于康韦的城堡墙壁厚度达到了 10 英尺（约 3 米）。它需要 1 500 名工人和匠人耗费整整四年时间才得以建完。卡那封城堡的戍楼和砖瓦工程参照了 5 世纪的狄奥多西皇帝在君士坦丁堡周围修建的两道城墙；据传说，君士坦丁大帝的父亲就埋葬在卡那封，所以说历史影射的痕迹十分明显。新建筑还保留了诺曼人城堡的护堤，它也是英格兰主权的象征。卡那封、康韦、哈勒赫和博马里斯等城堡工程均由圣乔治的詹姆斯大师督造，他是这一时代的伟大人物，也是武士贵族之天才的体现。

爱德华相信，征服威尔士只是追求他合法的王室权利，在这一过程中，他所秉持的正是启发他展开土地调查的精神。至少他宣称威尔士就是他的土地。大西洋沿岸的老百姓已经在这片地区生活了好几千年，他们可能并不同意他的看法。爱德华带领约 1 000 名骑兵四处追杀威尔士人，直到本地王公束手投降为止。他把英格兰的法律和郡制强加给威尔士。借助城堡围墙的保护，英格兰殖民者开始在威尔士建立定居点。市场周围出现了城镇。这里的生活节奏加快了。随后的叛乱和造反行动破坏了当地的和平局面，但定居点本身从未被破坏。一切骚乱平息之后，国王在沿海小镇尼芬（据说《梅林预言》就是从这里传播出去的）举办了一场比武大会。

征服威尔士的战争耗资巨大。这就是为什么爱德华在即位之初就召集那么大规模的议会。网撒得越大，鱼抓得就越多。很快，整个王国就建立起一套完整的税收制度，财政国家开始崛起。它因偶然的战争需要而兴起，却变成了英格兰行政管理的首要内容。

议会通过的羊毛税对国王的财政带来了实质性的帮助，但它也产生了 214
进一步的后果。不管是好还是坏，爱德华建立的关税制度从此成为英格兰经济生活的一大特色。人们首次看到国王与商人共进退，如今他为商人提供保护。外国商人也被授予某些特权。他们来去自由，不受地方官员的干涉，不用交地方税。加斯科涅和其他地方来的商人在与伦敦人的交易过程中被授予公民地位。

国王与卢卡的银行家过从甚密，这就意味着他也被牵涉到国际金融的问题中；这就是为什么他会小心翼翼地保持货币供应的标准。货币成色的降低只会令他在欧洲掮客那里的信誉受损。英格兰从威尼斯和热那亚的银行家那里借鉴了一整套严密细致的信用制度。战争的必要性再次为创新提供了背景。

爱德华还发现了一种巧妙的敛财方法。法律规定，每年土地收益达到 20 英镑的人必须接受骑士封号；但是骑士是个非常费钱的头衔，单单购买装备就要花很大一笔开支。许多地主干脆花一大笔钱摆脱这项荣誉。爱德华于是发布了一道“骑士抵押令”。他规定所有符合条件的人都应该披挂武装，这样一来，他就可以堂而皇之地从希望免服兵役的人手里收钱了。这是一种披着合法外衣的敲诈。

爱德华一世曾被称为“英格兰的查士丁尼”，依据在于正是他赋予英格兰的法律以后世的形态与意旨。17 世纪的大法学家爱德华·库克评论说：“比起以往的法律，他制定的法律更稳定、更可靠、更持久不衰、更经久可用。”自他治下的第一届议会通过《威斯敏斯特第一条例》后，后续又有九部条例陆续出台，涵盖内容很广，从法律、秩序到商人债务都包
215 括在内。它们都是着眼于眼前问题的具体且实用的措施。例如《温切斯特条例》规定，大路两侧 200 英尺（约 61 米）之内的树篱和灌木丛必须清理干净，这样一来，它们就不会被贼人用作藏身之所了。

这项措施的制定犹如一场及时雨。部分农村地区深受抢劫团伙的困扰，他们中的很多人参与过爱德华发动的战争。老兵们没有得到应有的报偿，只能落草为寇。还有流氓团伙受雇于当地乡绅，参与宗族械斗或者吓唬佃户。于是乎，一个名为“执仗法庭”的特殊法庭应运而生，专门处理暴力犯罪和侵害行为，顾名思义，执仗便是手握大棒或木棍。这个词原本被用来描述暴徒，后来成了审判他们的法官的代名词。

国王当然得益于司法流程，法官本人也因此发了财。他们让人既恨又怕。在当时的民谚中，法官被比作啸聚山林的强盗。毕竟，隐藏在山林中的盗贼和身在官府的盗贼有何区别？在一首民谣中，法院的门房对被告说：“可怜的家伙，你为何要自寻烦恼？你为何要在此等候？除非你在法院上下打点，否则你就是白忙一场。如果你身无分文，干脆出局算了。”在这里，我们看到了中世纪的一大悖论。尽管法律正在成形，得到完善，法律的拥护者却遭到嘲笑和诋毁。王家法律在发展的同时，也在遭到谴责。

不过，形式和程序还是要得到遵照；法律惯例发展起来了。在爱德华统治时期，律师的数量从 10 人增加到 200 人。他们成为新的精英阶层。哪里有赚头，哪里就有人想要将其纳入自己的特权之下。这种现象本身与 14 世纪初的其他新事态十分相似。大人物的家庭事务都由训练有素的管家打理，农庄由庄头料理。战争本身也在职业化。国王不再从各郡征集军
216 队；相反，国家越来越依赖由专职的指挥官带领分发军饷的部队。随着国

务变得越来越复杂，它就越发成为专职官员（也就是我们所说的公务员）的职责。仅书记处就雇有 100 多名职员，并且将本部常设在威斯敏斯特。第一份真正意义上的议会记录（其中记载了各项议程）可以追溯到 1316 年。

然而，王室的意志仍然具有压倒一切的力量。有一次，两位法官就某个案件在国王面前争论起来。爱德华渐渐地对他们冗长的商议过程失去了耐心。他最终打断了他们的谈话，对他们下达命令说："我不干涉你们的辩论，但是在你们离开这里之前，得给我拟出一道好敕令。"这里所说的"好"并不是指有价值，而是指合乎他的心意。创作《刘易斯之歌》的修士曾在作品中议论过爱德华的行宜，那时还是王储的"他认为凡是自己想要的就是合法的，他认为自己的权力不应受任何法律的束缚"。

从 1286 年到 1289 年，爱德华一直住在加斯科涅，他想控制这里的局面。对他而言，这块领地的重要性不亚于英格兰。按照一位编年史家的说法，他一回国即发现"全国上下弥漫着一片压抑的氛围"。他手下有位名叫亚当·德·斯特拉顿的文官，此人营私舞弊，大肆敛财，臭名远扬。在国王离开英格兰的三年中，贿赂和腐败甚嚣尘上，比以往任何时候都严重，斯特拉顿便是这个贿赂与腐败系统的一分子。国王发起怒来很有看头。他冲进斯特拉顿的房间，嘴里大喊着，"亚当！你在哪里？"国王从亚当位于弗利特监狱附近的斯莫尔胡同里的家中搜出 13 000 英镑。

爱德华只信任自己带到加斯科涅的幕僚，他下令让幕僚去调查与所有指控相关的真相。调查结果显示，许多法官都有明目张胆的腐败行为。民事法庭的首席法官甚至因为罪行暴露，逃到了一所方济各修道院避难。他不得不发誓，从那里启程离开英格兰。他手拿十字架，赤脚走向多佛。归国的国王化身复仇天使。他再一次证明了自己的实力。

1290 年 11 月，王后去世了。卡斯蒂利亚的埃莱诺在历史上并不是很 217
有名。据说她笃信宗教，但一门心思替家族捞取利益。她大搞土地投机，占尽了欠下犹太人重债之人的便宜。有位同时代人揭露说："这位夫人日复一日地利用诸如此类的手段获取赃物和他人财产。全国各地对此公然抗议，流言四起。”在这方面，她和家族的其他成员没有什么不同，他们追随爱德华的步伐，贪婪无度、唯利是图。英格兰有一条既定国策，爱德华的亲族都被赐予广大的伯爵领地。他的四个女儿都审慎地嫁给了最富有的显贵，并被赐予广袤的土地。

王后之死对国王影响很大。送葬队伍从诺丁汉郡的病床一直延伸到威斯敏斯特的陵寝。爱德华命人在沿途竖立起一座又一座十字架，这就是“埃莱诺十字架”，其中有三座依然屹立在戈丁顿、北安普敦和沃尔瑟姆十字。查令十字街的“埃莱诺十字架”则是复制品，摆放的地方也不对。葬礼结束后，国王静养了一个多月。

不过，在1291年3月，他动身前往苏格兰边界，裁决苏格兰王位的继承问题，毕竟他一直以苏格兰的最高领主自居。他选中了一位名叫约翰·巴里奥尔的苏格兰贵族，将此人视为自己的封臣。苏格兰人不可能长期忍受这种情况。四年之后，在手下人的劝说下，巴里奥尔不再向英格兰国王宣誓效忠，转而与法国王室结盟，并且宣布独立。爱德华率兵北上，数月之内就大败苏格兰军。邓巴向他敞开了大门，爱丁堡只是象征性地做了一番抵抗；珀斯和圣安德鲁斯皆无条件投降。他摧毁了贝里克郡，野蛮地屠杀了当地百姓；按照一位编年史家的说法，数以千计的居民“像秋天的落叶一样倒在了地上”。他似乎嗜血若狂。

如今爱德华真的把自己当成了苏格兰的正牌君主。“命运之石”被
218 从苏格兰的斯克恩宫搬到了威斯敏斯特大教堂，一直摆放到1996年。据传说，当年雅各就是枕着这块石头，得到了上帝的恩准，看到了天使们沿梯而上的景象。它实际上是一块长方形的石灰岩，由于岁月的流逝遭到了严重的腐蚀，上面净是坑坑洼洼。但它是苏格兰命运的象征。当爱德华将苏格兰的印玺交给新任总督时，他说道：“清理秽物之后，正事才能开张。”有一位苏格兰爱国者决定杀一杀他的傲气。威廉·华莱士在被判谋杀罪后逃到安全的森林中，他将在那里聚集一群心怀不满的人士。

令人称奇的是，爱德华将巴里奥尔摆放在一个与自己相似的、招人讨厌的位置上。爱德华是加斯科涅的领主，也是阿基坦公爵，所以他在理论上还是法国国王的封臣。这就意味着在现实当中，他将不断地与巴黎朝廷的利益发生冲突。只要有一点火花，就能引发一场不小的火灾。有一回，一些英格兰水手和诺曼水手之间因为打架斗殴而导致双方互相报复和对抗；法国国王因此召英王入宫，英王不肯，法王竟然就宣布没收爱德华在法兰西的领地。

1297 年，爱德华带兵渡过了英吉利海峡，不过他的手下有很多人不愿意参加这次出征。此次兴兵是为了保全爱德华在法国的领地，这对他们没有什么好处，所以他们何必为此而战？英格兰元帅诺福克伯爵罗杰·比格德就拒绝出任指挥官。国王愤怒地说：“比格德，你要么出征，要么上吊！”伯爵回答说：“上帝做证！主公，我既不打算出征，也不打算上吊！”他果然没有服从。事实上，爱德华并没有在战场上与对手交锋。他乘船前往弗兰德斯，准备从北方攻打法王，但这一切只不过是虚张声势。最后，他签下协议，保住了加斯科涅。他娶了法王的妹妹玛格丽特，确保自己的家族中留有欧洲大陆的权柄。

比较令人担忧的反而是家门口的消息。国内到处都在流传苏格兰入侵的消息，1297 年秋天，威廉·华莱士及其人马在斯特灵桥击败了英格兰军队。更重要的是，由于官府的敲诈勒索，国内出现了叛乱的形势。远征法国所带来的赋税十分沉重。国王拿走了神职人员五分之一的收入；神职 219
人员最初不肯如数上交，国王立马剥夺了他们受法律保护的权利，理由是既然他们不支持国家，也就不应得到法律的保护。就算教士被抢走了私人财产，法庭也不会受理他们的诉状。他们的佃户也不肯交租，经常对他们进行人身攻击。最后，他们不得不向这位残暴的强势国王低头。

他们并不是唯一遭到国王掠夺的人。伦敦的市民被迫交出了动产的六分之一。爱德华提高了羊毛的出口关税，商人们只好降价收购羊毛。羊毛税成了“苛税”。深受其盘剥的乡下人的痛苦境遇充分体现在创作于 1300 年的诗歌《农夫之歌》中：

然而官差傲然而至：
“按照公文规定交银子
你的名字已记录在册，
你自己心里清楚！”

人民手头的每一便士，国王都要收走四分之一；为了筹钱交税，农民们卖掉了粮食种子，以及没有成熟的谷物；国王的地方长官抢走了公牛，赶走了牲畜；农民只好向王室官员行贿。有些人无力支付税金，只好逃离故土。王室官员拿走了农民的谷物，去供养驻扎在法国的军队。爱德华也向显贵摊派罚款和赋税，他和这些人的关系始终不睦。

伯爵们（其中包括罗杰·比格德）下定决心，应该向国王叫板了。国王与贵族之间的战争似乎又一次变得不可避免。在爱德华去国期间，主持国务是以国王的幼子为名义首脑的摄政委员会。为了安全起见，该委员会退守到了伦敦城内。贵族在北安普敦集结了一支部队。就在这个时候，国王一方屈服了。斯特灵桥传来了战败的消息，他们不敢两面作战，唯恐
220 腹背受敌。众伯爵要求重新颁布含有附加条款（例如废除“苛税”）的《大宪章》。他们的要求得到了满足。如今双方郑重发誓，不经过纳税人的同意，国王绝不会开征新税。一个月后，国王没能赢得任何战果就从法国返回，他也只能勉强同意了现状。如今《大宪章》已经慢慢地成为反抗国王侵犯的英式自由（或者至少是英式经济）的守护神。

随后，众伯爵也将注意力转向苏格兰的威胁。爱德华在约克召开议会，此举表明他确实想要征服北方地区。他带领一支人数多达 28 000 人的大军，其中包括先前驻扎在弗兰德斯和加斯科涅的士兵。1298 年，英军在法尔科克大败威廉·华莱士的军队，然而事实证明，这次大捷并非决定性战役。此后长达六年的苏格兰战争多是一些季节性的战役，英军不断地遭到本地人的激烈抵抗。苏格兰人最终于 1304 年屈服。一年之后，威廉·华莱士被俘；他被放在草垫子上，从威斯敏斯特一路被拖到史密斯菲尔德，并且在那里被绞死。他活着的时候就被开膛破肚，然后被分尸示

众。在遇害场所附近的墙上，一块指示牌矗立至今。然而，屠杀行径并没有吓住这个意志坚定的民族。华莱士被处决一年后，罗伯特·布鲁斯在斯克恩宫加冕为苏格兰国王。战争还将继续下去。

只要战事顺利，显贵就会支持国王；但是，一到战败或胜负难分之际，他们就开始忧心战争带来的巨额赋税了。国王向来都是不可信的；他总会采取各种手段规避他所签署的《大宪章》条款。他还深信自己是正义的化身，因此他为了达成自己的目的所采取的手段都是可以接受的。这就是问题的关键所在，无论他提出什么要求，进行怎样的勒索，他都不认为自己有错。他只是在做国王应做的事情。他从自己的国家汲取自己的财富，目的只是攻打那些威胁王权的人。这就是他的义务。显贵们心怀疑虑，满腹怒气。他们骚扰他、责骂他，但他们不想推翻他的统治。爱德华 221
年纪越大，脾气也变得越固执，极易发火动怒。他们静等他的死亡和王子的继位。未竟的战争，还有节节上升的债务，在爱德华人生的最后十年中令他备受煎熬。国王的财政情况已如一团乱麻，先前的谨慎措施已被弃之不顾或遭到忽视。爱德华因战争而成事，也因战争而坏事。

1307 年，罗伯特·布鲁斯带领着一支军队出山，作为苏格兰的国王，他准备向英王提出主权要求。在艾尔郡的卢顿山上，他打败了奉命前来追捕他的英军。爱德华决定进兵北方，一举摧毁苏格兰人称王的野心，从此断绝后患。但计划制订得再周密，也不可能是完美无憾的。1307 年夏天，爱德华一世驾崩于索尔威湾（位于苏格兰南岸与英格兰西北海岸之间）的巴勒拜桑德斯。

我们很可能已经对帝王的生死感到厌倦了，但是，当我们讲述中世纪英格兰的历史时，实际上没有哪些事件比帝王的生死更可靠、更准确了。整个国家的历史大流在行动与事件的表层下流淌着，我们确实难以用记年法将它描述出来。国家的制度同样也没有留下记录，只能按照大致的历史间隔加以推断和描述，其中并没有适当的年代标识。行政史也没有准确的叙述。英格兰城镇的出现和发展也符合这种情况。至于英格兰民众，他们的事迹只在政治歌谣和宫廷档案中留有一鳞半爪的记载。他们的苦难和欢乐几乎不为人知。他们之所以与文字记载无缘，只是因为他们被视为无足轻重的人物；他们“不值一提”。

然而，某些庄园的档案记录中包含关于他们的记载。例如，从萨顿庄园的档案记录中，我们可以了解到斯蒂芬·布托克这个人的情况。他是当地人，于 13 世纪末住在萨顿庄园里，为伊利修道院院长种地。他向领主服劳役，婚丧嫁娶的时候，他还得进贡或者交罚款。例如，他曾经两次娶
222 妻，每次都得交罚款；他的妹妹结婚时也交了类似的税金。当他未能服劳役的时候，他也受罚了；他很可能是因为疏于种植或收割领主的庄稼才遭到惩罚。然而，他是他们村子里的重要人物。他有自己的一大片土地，他被任命为社区的采邑总管和艾尔啤酒的品酒员；他还经常被推选为陪审员。他贪婪地买地置业，一买就是好几亩。斯蒂芬·布托克是这里的风云人物，他的所作所为都符合无声无息的传统与习俗。他没有人身自由，但他的生活很富足；他既是劳工，又是地主。他是责任与义务中的一环，他也是村社中的要角。如今，他已经化为英格兰的土壤了。

读者若想了解这一时期的基本生活状况，还有一个办法，那就是查阅卷帙浩繁的宫廷报告。这些报告中的记载虽然比较凌乱，内容以民事或刑事案件为主，但很有启示意义。捕猎野禽的罗伯特挥金如土，但没有人知道他的钱是从哪里来的；晚上他总在外面游荡，引起别人的怀疑。约翰·沃克斯因为砍伐了自家土地上的两棵白蜡树被罚款。还有人因为在领主的池塘里捕鱼而受惩罚。鱼贩子伦诺尔夫提前去港口迎接牡蛎船，以便趁着它到市场之前，买光船上的所有海货。有三个人因为“合伙破坏树篱，引起公害”而被捕。斯普罗斯顿的屠夫贱价收购病猪，然后做成有害健康的香肠出售。牧师约翰·福克斯由于持刀攻击威廉·庞肖恩而被罚款一便士。梅德斯通的木匠瓦尔特在米尔恩德召集木匠大会，商量如何对抗市长。彼得博罗的屠户接到通知，让他们将家里的狗送到教堂墓地，清理那里的秽物和骨头。某些人“与不知名的吟游诗人、敲鼓的人和吹小号的人混在一起，吹打个不停”，搅得四邻不安。

这里不妨再讲一段中世纪英格兰的小插曲。约翰·佩奇和阿格尼斯·佩奇是肯特郡的村民，他们把约翰·皮斯托尔告到了庄园法庭上。阿格尼斯·佩奇原先用一头价值 3 先令的猪换来了约翰·皮斯托尔的老婆；约翰·皮斯托尔一开始对这次交易感到满意，后来又要求赎回自己的妻子，223
但他只愿意为此支付 2 先令。双方仍旧达成协议，但皮斯托尔赖了账。陪审团的判决认定他不占理。

由此可见，当时的生活要远比现在艰难。那时的人比较敏感，也比较易怒。不同的人生活反差更加强烈，风险更是显而易见。种种迹象显示，那确实是个争吵不休，并且人们经常拳脚交加的社会；在这个社会里，人口日益增长，冲突和不安也随之而来。

据估计，14 世纪初的英格兰人口已经超过 600 万。如果孤立地看，这个数字根本无足轻重。但我们应该意识到，此后的英格兰人口要直到 18 世纪后半叶才恢复到这个数量。爱德华一世时代的英格兰要比伊丽莎白时代或乔治三世时代更为人口稠密。14 世纪初的英格兰人口相对过剩，在这种条件下，土地的价格是畸高的。林地和灌木丛都被清理出来。农田经常一分再分，越分越小，农民也要额外做些木匠或者鞋匠的活计维生。当时也很容易雇到无地农民；因此，工资一般来说不是很高。在社会经济生活中，各个行业都存在巨大的压力和竞争。最早的“罢工基金会”成立于 1300 年，为那些不肯收割谷物的工人提供支援。

从 1315 年开始，庄稼连年歉收，英格兰的状况也随之江河日下。另外，商品的价格一涨再涨。当时的一位编年史作者写道：“唉！可怜的英格兰！你曾经用自己充足的财富帮助过其他国家，如今你贫困不堪，只好要饭了。”这是英格兰社会史上最糟糕的一个时期，爱德华一世统治的末年，以及爱德华二世悲惨的执政时期，就处在这样一个乱象丛生的背景下。我们可以说，当时的英格兰国王除了害人之外，无所作为。224

20

铁　锤

爱德华一世号称“苏格兰铁锤”，但是如果称他为“犹太铁锤”，可能更恰如其分。他剥削犹太人，骚扰犹太人，最后还驱逐犹太人。他们的罪行在于无法满足他的要求。中世纪英格兰犹太人的历史是悲惨的，甚至是血腥的。他们在11世纪末从鲁昂迁来，最初被安置在伦敦，聚居区连跨九个教区。但是在后来的几十年里，他们还搬到约克、温切斯特、布里斯托尔以及其他市镇。先前的英格兰统治者（9至10世纪的国王）并不欢迎他们；犹太商人给盎格鲁-撒克逊商人带来了太多的竞争压力。

“征服者”威廉发现诺曼底的犹太人非常会做生意，于是就把他们带到英格兰；他们有办法从莱茵兰地区弄来白银。鲁昂的犹太人很可能资助过威廉入侵英格兰，为了回报他们，威廉就允许他们来到先前禁止他们入境的国家。国王之所以青睐他们，还有一个原因。由于基督徒不得放贷生
225 利，就得找另一伙商人干这件事情。犹太人在当局默许的情况下成为放债人，他们遭到的伤害和鄙视也得到了默许。但他们不光放债，他们还是钱商和金匠。他们提供现钱，这种商品的供应经常是短缺的。

因此，英格兰的诺曼国王都觉得他们很有用。他们可以找犹太人借钱，但更有利可图的是，他们可以收犹太人的税。所谓的“摊派税”可

以让国王一次性征收犹太人总财产的三分之一或四分之一。这样一来，12世纪的犹太人就得到了王室的保护。犹太人不能成为英格兰公民，也不能拥有土地，但犹太人的聚居地就像王家森林一样不受普通法的管辖；犹太人完全是国王的奴隶，他们的生命和财产都由国王说了算。他们被赐予王室法庭的保护，契约安放在威斯敏斯特王宫的专藏室内。那里还设有犹太人的理财法院，设有自己的职员和法官。

为了回报王室恩典，犹太人给王国的商业带来了活力和繁荣；他们提供的贷款成全了诺曼建筑的丰功伟绩；林肯和贝里圣埃德蒙兹的独特石屋也有他们的功劳。雅各布·勒·土鲁克在伦敦的圣尼古拉·阿肯教区的凯南大街上就拥有一座宏伟的石屋。犹太人也带来了先进的医学知识，甚至为本地人行医看病。罗杰·培根本人就曾在牛津师从犹太拉比。

不过犹太人也受制于一些离谱的法律。例如，“红脸”威廉曾经下令犹太人不得皈依基督教；他不想减少犹太人的数量。此举实非虔诚的基督徒之所为，不过，“红脸”威廉从来都不是虔诚的基督徒。他之所以支持犹太人，部分原因在于此举可以激怒主教；他喜欢招惹神职人员。

王室保护权不可能持续长久。1189 年，在理查一世的加冕礼上，有些犹太人因为坐到前排而遭到驱赶和殴打；人们对他们破口大骂，一些人开始聚众闹事，袭击伦敦的犹太人居住区。暴力冲突的消息一传开，这件事就再次点燃了人们对于犹太人的怒火；它激发起本地人对犹太人的敌
意，为进一步屠杀犹太人提供了借口。500 名犹太人及家属躲到了约克郡 226
的城堡当中，而市民们将城堡团团围住。这些犹太男性在绝望之下杀死了自己的妻子儿女后自杀身亡。当时理查一世甚至正筹备十字军，准备东征圣地；由此我们可以感受到当时的暴力和宗教偏执。理查的后继者约翰恢复了英王对犹太人的保护职责，但他这样做是为了从犹太人那里获取重金。1201 年，英格兰朝廷草拟了一份正式章程，允许犹太人拥有自己的法庭。他们可以“自由且光荣地”生活在英格兰，这就意味着，他们要奉命为国王赚钱。九年之后，约翰接管了犹太人（无论死活）的所有债务，他榨取欠款方的钱财，来充实自己的金库。这是贵族发起叛乱，并最

终逼迫他签署《大宪章》的一大原因。

反犹主义是整个基督教欧洲世界的基调。犹太人因为“杀死基督”而惨遭凌虐，但基督徒都自私自利地忘记了耶稣本就是犹太人，此外这种种族仇恨还有着其他世俗的原因。到了12世纪中期，几位犹太放债大户已经将大笔的钱借给英格兰的显贵了；只有林肯的艾伦这样极少数的犹太名人，才能够满足显贵们大量借债的要求。如果他们受到攻击或被杀身亡，并且他们手中的借据被毁掉，大贵族将受益不浅。每逢财政危机，社会上便传出犹太人举办“仪式谋杀”基督教小孩的神话，此时民众就会被煽动起来，采取残暴血腥的报复措施。据历史记载，英格兰在排斥犹太人方面可谓引领风潮。有关仪式酷刑的传言最早出现在1144年，其内容与诺里奇的威廉之死有关。此后，有关仪式谋杀的故事就传遍了欧洲。英格兰是首个将犹太人谴责为“抢钱犯”的国家，林肯大教堂的西墙上就有反犹的图案。

1239年，在亨利三世统治时期，英格兰王室针对犹太人及其债务展开了一次大调查。英格兰各地的犹太人都被召集到伍斯特开会，最后被迫同意上交国库20 000多马克。这个举措让一些犹太人破产，这就意味着
227 他们很快就失去了利用价值。14年后，亨利三世颁布了一项《犹太法案》，制定了许多惩罚措施，其中包括犹太人必须佩戴犹太人身份标识的徽章。这种戴在罩袍上的徽章由黄毡子制成，3英寸宽，6英寸长（约7.5厘米×15厘米）。所有七岁以上的犹太人都必须戴上。两年之后，亨利着手调查林肯郡一个名叫休夫的小男孩的死因。他认为这是一桩仪式谋杀案。结果，城中有19名犹太人遭到处决，有100人被关进了城堡中的监狱。

爱德华一世的残暴程度有过之而无不及。他颁布命令，重新审查过去曾被指控从事仪式谋杀，但后来又被无罪释放的犹太人。1278年11月，600名犹太人被关进了伦敦塔。他们的罪名是篡改货币。六个月后，269人被绞死。1290年，他将剩下的所有犹太人驱逐出境；当时他们的数量将近2 000人。他之所以采取这项措施，并不是出于不合时宜的宗教狂

热，而是应议会的要求，因为只有这样，议会才允许国王增加新的税种。事实上，许多当时的编年史作者认为，这道逐客令是爱德华在位期间最重要、最开明的一项举措。由此可见，中世纪英格兰人的反犹主义是多么昭然若揭。有些人认为，这种反犹主义经过改头换面之后，以微妙的形式流传至今。 228

21

国王的宠臣

新继位的爱德华二世出生于1284年，其降生之地靠近其父位于卡那封的新城堡。城堡在前一年刚刚动工，他母亲埃莱诺就是在城堡旁边的临时住所里分娩的。国王有意把她带到这里，为的是拥有威尔士的主权。新国王号称“卡那封的爱德华”。1301年，他被册封为“威尔士亲王”，王位的第一继承人就这样选定了。

然而，他并不在乎自己的公国。1305年，他致信表哥埃弗勒伯爵路易，承诺要送给对方“几头奇形怪状的威尔士灵猩，只有等野兔睡着了，它们才能将其逮到；还有几只勉强能够跟得上缓步前行的座马的赛犬。另外，亲爱的表哥，如果你还喜欢我们威尔士的其他东西，我就送给你一些野人，假如你愿意的话，他们知道怎样教育你们的贵胄子弟”。此人虽然没有别的本事，倒是很有幽默感。

他生长在军人世家，参加过父亲发动的最后几场苏格兰战争。罗伯特·布鲁斯在卢顿打败英军之后，他曾发誓说，如果未能报仇雪恨，他就
229 绝不会在同一个地方待两个晚上。他不像乃父那般英勇好斗和盛气凌人。他始终不愿意参加比武大会。当时的国王传记作者拉诺尔夫·希格登评论说：“他不喜欢与领主为伴，反倒喜欢与婊子和戏子为伍。”他在“赶车

的、掘地的、挖沟的以及水手、船夫和匠人”面前最怡然自得。后一句话不大好解释，除非我们认为它的大意是：这位年轻的王子对王图霸业不是特别感兴趣。在以后的岁月中，爱德华二世将一直遭到这种指责。他的行为表现不似人君。

1307 年的加冕礼并未按计划举行。让大领主深感耻辱的是，手捧王冠之人竟是一位名叫皮尔斯（彼得）·加维斯顿的佞臣。参加典礼的人数众多，乃至挤塌了一面灰土墙，连带着弄倒了高高的祭坛和国王举行仪式的台子。一位骑士被砸死了。仪式刚开始举行就草草收场。这种迹象表明，这位新王完全不靠谱。加冕誓词又添了一条新的内容。如今国王宣布，他将“维护和捍卫王国共同体所选择的法律和正确习俗”。这里所说的王国共同体，指的就是显贵和高级教士。开局就已经出现了不祥之兆。

典礼结束后，王家宴会也办得一塌糊涂。皮尔斯·加维斯顿一袭华丽的紫色袍服，浑身上下珠光宝气，似乎盖过了国王的风头。爱德华居然让加维斯顿坐在了只有王后才有资格坐的榻上。见此情景，法兰西的伊莎贝拉的亲属义愤填膺地打道回府了。王室的灾难就这样一步步地酿成了。

加维斯顿与爱德华是同龄人。当初，老国王之所以把他安排在王储身边，就是想给儿子找一位武艺超群的人作榜样，但这两个人的共同兴趣却不在于此。两个年轻人不久就情好日密，难舍难分。有人认为他们发生了性关系，还有人认为，这只不过是结义兄弟的情分罢了。有人说他是爱德华二世的“佞幸”，但这是宫廷和骑士时代的术语，没有同性恋的暗示。亨利八世就有自己的佞幸。在宫廷里，国王确实会倚在佞幸的肩上。这 230
是一种正常的姿态。现代的性术语在 14 世纪的英格兰是没有意义的，也是时人无法理解的。爱德华二世在继位之前就有了一个名叫亚当的私生子。后来，伊莎贝拉又给他生下两子两女。

时至今日，只有一件事可以肯定，这位年轻的国王更喜欢与加维斯顿为伍，而不是与新娘为伴。他之所以迎娶十二岁的伊莎贝拉，只是谨遵父命罢了，目的是与宏伟、繁盛法兰西建立联盟。婚礼比加冕礼早了一个月，地点位于法国。在离开英格兰期间，爱德华任命加维斯顿为护国公。

别的不说，单凭这一条，就足以让英格兰的显贵感到嫉妒和愤怒了。爱德华刚一继位，就册封加维斯顿为康沃尔伯爵，按照常理，这个爵位应当赏给王室成员。此举严重违背了宫廷礼仪，此外，它不仅仅涉及礼仪问题，它也涉及土地、金钱和封号等问题；如果国王在处理这类问题上胡作非为，谁还会有安全感？据说，加维斯顿本人就在宫廷中滥施赏赐，他不同贵族商量，就赏赐他人财物，许诺好处。在14世纪的王宫中，他已经处在了一人之下万人之上的位置，国王的判断力马上遭到了质疑。

加维斯顿说话尖刻的歪才和过分自大的做派更是火上浇油。据记载，他为人“骄横跋扈”，傲气冲天，令贵族们忍无可忍。他喜欢给显贵起外号。他管沃里克伯爵叫“黑狗”，管林肯伯爵叫“大肚子”。王恩浩荡让他忘乎所以。

议会于1308年春天开幕。林肯伯爵在会上援引加冕誓词中的新规定，要求国王解除加维斯顿的朝中职务，但是爱德华没有应允。两个月后，显贵们带领武装骑士发动兵谏，国王只好同意将自己的宠臣流放到爱尔兰。他在写给教宗的信中承认，国内出现了“乱局和异见”，而他尚未“完全恢复团结”。也正是在这个时期，他的堂兄、亨利三世的孙子兰开斯特的
231 托马斯也心生不满。当时他或许是国内最富裕、人脉最广的显贵。这就给皮尔斯·加维斯顿带来了致命的后果。

流放爱尔兰一年之后，这位宠臣又回来了。国王召回他是为了征讨罗伯特·布鲁斯。苏格兰人不打阵地战，国王只好疲于应付各种突袭和小规模冲突，这就导致北方国土门户大开，易受攻击，他已无力维持和平的局面了。

他也没能信守承诺。其统治的未来是什么样子，现在已经是一目了然，显贵们认为他软弱无能。他每天睡懒觉。他撒谎成性。对于现代君主来说，这些行为根本不成问题，但是在14世纪的英格兰，它们都是不可原谅的，因为国王是国家力量和活力的体现。苏格兰战事的失利就是国王无能透顶的具象化。有人进而论述说，正是他的治国无能导致整个家族衰败；结果他只能用不公正的手段榨取钱财。还有许多人具体指出了他违背

《大宪章》的地方，例如掠夺土地和滥发诏书。

1311 年召开的议会颁布了 24 条法规，规定了国王的治国方略。法规宣称“由于压迫、捕获和破坏”等行径，国家即将发生公开叛乱。“捕获”指的是宫廷的没收行为。当时的一位编年史作者写道：如果爱德华不肯顺从，他就面临着被废黜的危险；如果此说为实，那么，反对国王的力量实在太强大了，足以媲美于 100 年前反对约翰王的势力。这些造反的贵族自称是“王国共同体”，但他们并不是某种抽象或客观的力量；他们也不是宪法所规定的“政党”。在当时的世界，个别大人物的力量足以构成行动的原因和源泉；个体之间的对抗和联谊构成了这一时期的政治。

这些法规的出台，是在为所谓贵族治国造势。不经过贵族的同意，国王不得发动战争，也不能离开英格兰；国王的法官和国库必须受到贵族的 232
监督。议会自然也在他们的控制之下，它将每年召开一次。还有一项规定要求加维斯顿必须走人。他必须在 11 月 1 日万圣节之前被驱逐出国。

国王并不同意这些要求，并且准备发动内战。加维斯顿确实在规定日期的两天之后从多佛动身出发了，但一个月后，他又卷土重来。爱德华和他的宠臣一边向北方进发，一边招募军队。就在这个关键时刻，国王的堂兄兰开斯特的托马斯成了国王最有力的挑战者；兰开斯特致信王后，承诺永久性地为宫廷除掉皮尔斯·加维斯顿。他果然开始着手做准备了。贵族的军队包围了斯卡伯勒，一举俘获了加维斯顿。一个月后，他在兰开斯特面前被斩首示众。当时有两句谚语流传至今，它们都和这件事情有关。一条谚语里的国王抱怨说：“没有人为我感到难过，没有人为了我的权利与贵族作对。”另一条谚语说得比较笼统、模糊：“显贵的宠爱就像掷骰子游戏，富人的欲望就像飘浮的羽毛。”

按照惯例，如此处决加维斯顿是有违法度的。个中原因在于，他作为康沃尔伯爵本应接受贵族法庭的审判，但处决他也使得内战的威胁一下子被解除了。这种毫无法律依据的行为似乎让所有人感到吃惊。有些造反的贵族又回到国王身边。此时如果发生内战，只会让苏格兰人从中受益。一想到恶斗升级，一想到敌人在边境虎视眈眈，领主们的思想开始统一了，分歧也开始减少了。议会内外的谈判进行了将近两年时间。1313 年 10 月，造反领主在威斯敏斯特大厅公开道歉，而国王重新掌权，几乎没有受到 1311 年法规的影响。他获得了一时的胜利，也获得了局部性的胜利，喜上加喜的是，他还有了一个儿子，王朝有了后继之人。他也抑制住了对“佞幸”被害的仇恨。

但是，他的权力很快就又要分崩离析了。他带领着一支部队深入北方，想一鼓作气干掉罗伯特·布鲁斯。但是，他在班诺克本吃了一场大败仗。这场战役的战场位于“邪恶、深暗、潮湿的沼泽地”，这里的地形和
233 地势让英格兰骑兵失去了用武之地，却不妨碍苏格兰步兵的作战；格洛斯特伯爵一马当先，冲入苏格兰军队中间，却被砍倒在地。苏格兰军队随后向骑兵发起进攻，嘴里喊着：“追啊！追啊！追啊！他们完了！”英格兰人惨遭屠杀，尸横沼泽地与班诺克河。国王逃命去了，他带着少数随从人员乘船来到贝里克郡，想到这里找到安身之所。他已经丢掉了苏格兰。班诺克本战役确保了苏格兰的独立地位，这次战役或许是中世纪的英格兰国王所经历的最凄惨的一次败仗。

封建君主往往很难挺过战败带来的耻辱。战场的失利暗示他没有尽到自己最重要的职责：保护王国。爱德华一世别称为“常胜国王”和“王国征服者和骑士之花”。他的儿子却无缘这些称号。当爱德华二世最终抵达约克的时候，他大势已去。兰开斯特的托马斯坚持主张，国王应当再次遵守 1311 年通过的法规。据当时的一部编年史记载：“国王同意执行，对伯爵有求必应。”

兰开斯特就在这样的局面下掌握了王国的实权，但与堂弟相比，他既不见得更得人心，也不见得更有本事；在旁人看来，他为人傲慢自大、盛气凌人。他固守在自己的封地上，既不愿意参加御前会议，也不愿意参加议会。他也听不进去别人的进言。有传言说，他还和罗伯特·布鲁斯秘密接触，他这样做所秉持的原则是：国王的敌人就是朋友。然而爱德华国王开始振作起来，他甩掉了软弱无能的帽子，开始召集同党。这样一来，英格兰就同时出现了两个权力中心和两位君主。国王的家臣与伯爵的家臣争

夺起控制权。天无二日，人无二主，诚哉斯言！

一个软弱的国王似乎总是预示或代表着国家的软弱。在中世纪时期，国家的状态与君主的状态有着一种奇怪的连锁反应。从 1314 年开始，英格兰年年都是大雨滂沱，连绵不绝。结果，一连三年庄稼歉收，按照一位编年史作者的说法，出现了“我们这个时代史无前例的”惨状。这就是历史上著名的“大饥荒”。从那个时候起，在整个 14 至 15 世纪，英格兰 234
的人口持续下降。在 1315 年夏天，坎特伯雷大主教下令，每个教区的居民都要郑重其事地列队行进，吟唱赞美诗；牧师们要光着脚走在队伍里，钟声四起，齐声吟唱，祈求上帝的怜悯。

但上帝对他们的哀求无动于衷。每夸特（约 12.7 千克）小麦的价格从 5 先令涨到了 40 先令。面包经常脱销。生活必需品价格涨幅惊人，打破了历史纪录。由于瘟疫的暴发，牛羊成群结队地死去。人口不仅因为饥荒而下降，还染上了各种致命的伤寒。四处都在流传着人吃人的消息，虽然这些传言言之凿凿，但可能性不大。不过，贝里克郡的英格兰守军的情况让我们看到了饥荒的严重性：由于马匹开始死亡，骑兵们煮马肉吃，然后把骨头留给步兵。

由于成群结伙的苏格兰人时不时地发动突然袭击，整个英格兰北方的形势异常严峻。由于饥民和贫民都在设法活命，暴力犯罪率也节节上升。“游民”团伙的抢劫和袭击留下了记录。关于“腐败空气”，以及大气发生奇怪变化的报告也经常出现。在巨大的自然灾害面前，人类一如既往地束手无策、无能为力。尸体横卧街头。按照《布鲁特编年史》的说法：“死者那么多，死得那么快，几乎没有足够人手去掩埋。”对于大多数英格兰人来说，生命是污秽不堪、朝不保夕、野蛮不化的。

然而，就在这个时期，为了支付苏格兰战争的军费和王室的花销，政府有两年时间都在向人民直接征税。供养军队需要 12 000 夸特（约 152 480 千克）的谷物和麦芽，这就进一步剥夺了人民必要的口粮。国王和贵族领主虽说自称代表“王国共同体”，但他们并不是特别在意英格兰人的苦难；他们只关心自己的财富和权力。布里斯托尔的市民因绝望而起义，他们占领了城堡。史料中出现了这样的一句话：“为了给国王弄到银子，我只好卖掉了种子。”

235 到了 1318 年，大饥荒最难熬的阶段终于结束了，由于庄稼丰收，饥饿的幽灵总算被赶走了。物价平稳下来，然后开始回落。但全面衰退的迹象依然明显。由于羊群普遍感染瘟疫，农业生产整体上呈萎缩状态。在接下来的 100 年中，英格兰不会真正持续地恢复生机。

国王总得需要强势的心腹来处理国务；他信不过兰开斯特的托马斯，因为这位堂兄是他的死敌。所以他开始信任一位新的宠臣。加维斯顿的后继者是休夫·德斯潘塞，他与自己的父亲同名。这对父子在很大程度上左右了优柔寡断的国王。德斯潘塞很快就获赐许多（尤其是在威尔士，他的家族在这里的势力相当强大）封地和城堡，结果他也因此疏远了威尔士当地领主。他手下的官员常常会袭击或威胁他们的对手；他们会焚烧谷仓，并且诬告大地主。

作为国王的宫廷大臣，德斯潘塞打着合理合法的幌子，试图掩盖自己鸡鸣狗盗和敲诈勒索的行径。井然有序地管理威尔士是他义不容辞的义务，但无人不知他是在招摇撞骗。国王的新宠竟然又是一个只会损害贵族利益，骄横自大、盛气凌人的家伙。兰开斯特的托马斯挺身而出，宣称国王及其廷臣均是不可靠之人。1321 年春天，德斯潘塞家族的土地和财产遭到攻击，而攻击者正是被德斯潘塞剥夺继承权的人；这种复仇方式很危险，它已经接近内战的边缘了。编年史作者雷丁的罗伯特写道，如今的国王“已然臭名昭著，他的麻木不仁、胆小如鼠，以及无视江山社稷的行为，开始广为人知”。

就在这一年的 8 月初，北部和西部的大领主带着武装扈从来到伦敦，他们坚持要把德斯潘塞家族驱逐出国。这个家族受到的指控有“侵害王权，阻塞大臣觐见国王的通道。他们父子曲解法律，非法获得他人土地的所有权”。爱德华看到政敌严阵以待，只好屈服。德斯潘塞父子因此被逐出英
236 格兰。

然而，这只是全面内战的开端。国王决定各个击破政敌。他带兵攻克了一位心怀不满的贵族的大本营利兹城堡，并且处决了守军。由于这种行为有违骑士道准则，因而招致普遍不满。然而，这一行动却证明，国王的决心十分坚定。接下来，他召回了德斯潘塞父子，开始组织军队，整肃他眼中的叛乱分子。1322 年 3 月，他集结部队，打败了兰开斯特的托马斯。他最后将这名老对手逼入绝境，经过草草审讯之后就将其斩首处决。兰开斯特曾经砍掉加维斯顿的脑袋，如今爱德华经过卧薪尝胆，终于为他报了仇。

其他曾经拥护兰开斯特的贵族家族的成员，如今只能听凭国王发落。爱德华二世传的匿名作者写道：“唉！灾祸来临了，不久之前还穿金戴银的人，如今衣衫褴褛、铁链缠身、身陷囹圄。”

其中很多贵族被绞死在自己的领地上。国王总共处决了 25 人。从来没有哪位英王如此残酷地惩罚贵族敌手。

兰开斯特被处决之后发生了一件令人匪夷所思的事情，这里不妨多说两句。许多人认为他是邪恶国王的高贵对手，凡是纪念他的活动都会受到尊崇。在他被处决的地方，以及在他的埋骨之所庞特弗拉克特修道院，都兴起了一股朝圣热潮，种种神迹得到验证。一个溺亡的孩子被送到他的坟墓旁边，居然又活了过来。一个瞎眼的牧师来到兰开斯特的殉难处，顿时恢复了光明。为了侮辱兰开斯特，休夫·德斯潘塞的一个仆人在他的坟头拉了一泡屎，不久他的肠子就被人从身体中掏了出来。另一处朝圣中心位于伦敦的圣保罗大教堂，竖立在这里的纪念兰开斯特的石碑成为显灵之所。
国王颁布法令禁止人们前往庞特夫拉科特修道院或圣保罗大教堂朝圣，但 237
他根本遏制不住人们的虔敬之心。

在这个兵荒马乱的时期，全国各地不断发生各种暴力事件。1326 年，财政部首席贵族罗伯特·贝勒斯在梅尔顿莫布雷遭到袭击后身亡；当地由尤斯塔斯·德·弗尔维尔领导的团伙素有恶名。庄园主约翰·德·弗尔维尔的五个儿子结成犯罪团伙，他们制造了许多起谋杀和抢劫案件，在他们的家乡莱斯特郡闹得人心惶惶。他们充当雇佣军，绑架当地名流，勒索巨额赎金。他们甚至受雇于贵族，充当扈从，参加对外战争。

五兄弟中的理查·德·弗尔维尔被长兄任命为泰福的教区长。这个职位变成了掩护犯罪的手段。有一天，长兄及其同党受到治安官员的追捕，他们就躲在他执掌的教堂中。他们利用教堂的有利地形乱箭齐发，至少射死了一位追捕者。不过当地人也当真把司法装进了自己的口袋；他们将理查从教堂里拖了出来，当场砍下了他的脑袋。其他几位兄弟则想方设法逃过了审判。

我们还可以从史料中读到一些小型的骚乱事件。罗伯特·萨顿曾在法庭上公然侮辱伦敦郡法院书记员波特兰的罗杰，他指着对方的鼻子，大声骂道："Tprhurt!"

约翰·阿什伯恩海姆曾骑马来到郡司法长官的露天法庭上，威胁过郡长后便逃走了；当时的他把手指放在嘴里，吹了一声口哨，表示他手下的人马就埋伏在附近，他们闻声就会出手救他。

阿格尼丝·莫特收到逮捕令后请求邻居帮助；他们手拿武器强迫来人吞下了逮捕令、封蜡和羊皮纸。

利恩市长试图改变贸易规则，结果修道院院长带领一大群商人将他从
238 家中拖了出去，扔在市场的货摊上，强迫他当众发誓收回命令。领导大伙起义之人居然是修道院院长，这一点颇为耐人寻味。不过其他神职人员也曾参与无法无天的行动。鲁福德修道院的六名修士曾结成团伙，袭击并劫持了当地的一位绅士，借此索要赎金。

曼彻斯特的教区长曾邀请当地的一对夫妇及其女儿到自己家里做客。结果教区长的仆人抓走了他们的女儿，打折了她的两根肋骨，然后把她安排在教区长的床上；就在当天晚上，教区长与她发生了性关系而这个不幸的姑娘在一个月后因伤势严重而去世。

就连威斯敏斯特的王家法庭上也会上演无法无天的闹剧。曾有一位律师坐在大厅里的一张桌子跟前（"紧挨着珠宝商"），突然之间，对方的当事人就威胁说，如果他不放弃此案的话，就要杀了他；他们将律师从桌子旁拖走，有人敲打他的脑袋，有人还拿刀子向他比画。律师想方设法摆

脱了这些暴徒，跑到法庭中求援；结果这伙人拔剑紧追不舍，幸好法院官员总算及时插上了门闩，将这伙凶徒挡在了外面。后来，他们被解除武装，关到了伦敦塔里。

在1322年夏天，国王在约克召集议会开会。这次会议通过了一项法规，允许他行使完全且独立的统治权。1311年的法令再次遭到废除。时人对此毫无疑虑。如今的显贵已吓破了胆，不敢违逆国王的意志。议会已经说话不算数了。理性已经让位于威胁和惩罚。任何可能取悦于爱德华的事情，如今都具有了法律的力量。他在各郡搜捕叛乱者，没收他们的土地或予以重罚。有了这些财富，他的国库越来越充盈。他致信财政部的官员："尔等效力，应使我们富裕起来。"

然而他在战场上并不得意。他带兵讨伐罗伯特·布鲁斯，但是除了抓
获六名苏格兰囚犯之外，此行一无所获；而且由于缺乏后勤供应，其军队 239
遭受严重影响，他只好越过边境向南撤退。但苏格兰军队在后面穷追猛打，他差一点在东约克郡的布里德灵顿附近被俘；他惊慌失措地逃往约克，这次徒劳无功的出征就这样无比凄惨地结束了。1323年初，他被迫与罗伯特·布鲁斯签订和约，但他几乎马上就违反了和约原则。国王的私生子亚当也在这次出征中阵亡。

此外，英格兰与法兰西就加斯科涅的归属产生的纠纷也尚未解决。法国人甚至在这块公爵领地的中部兴建了一座城镇，派重兵把守。爱德华国王派妻子伊莎贝拉去法国谈判，因为她是现任法国国王的姐姐，所以他似乎还抱有侥幸成功的希望。但这里面有一个问题，爱德华并不信任伊莎贝拉，伊莎贝拉对爱德华也并无眷恋。一旦两人在海峡两岸分开，任何事情都有可能发生。国王又做出一项重大决定；他派遣长子爱德华前往法国宫廷，向法王宣誓效忠，以便保住这块公爵领地。如今，他的老婆和孩子都去了法国。

国王本人没有亲自前往法国，因为他很关注国内局势的稳定。据说当时德斯潘塞父子也主张他留在国内。因为他们很担心一旦国王不在国内，

其他贵族会借机向自己发难。爱德华的统治已经成为赤裸裸的暴政。用一位编年史作者的话说，他变得“像狮子一样疯狂”。他取消了许多贵族的继承权，使得德斯潘塞父子可以攫取他们的土地；结果，地主们人人自危。历史告诉我们，当英王无视财产权时，他就很难长治久安。不过四年之后，他又大封宠臣，赋予他们伯爵等爵位；他时常掠夺和迫害不合己意的贵族。他的作为令战利品都进入了国王的金库而非国家的财政，而且国王还给手下官员下了封口令。他的这些举措令他像极了后世一位喜欢坐在账房里数钱的国王。可是他的对手又无能为力。在处决兰开斯特，监禁了其他显贵之后，他已然成了傲视群雄的人物。

然而，流亡者当中还藏有他的敌人，尤其是那些流亡法国的人。罗杰·莫提默便位列其中；此人曾经起兵反对德斯潘塞父子；他向国王投降
240 后，被囚禁在伦敦塔。在朋友的帮助下，他从那里逃了出来；据传说，他下药麻翻了俘虏他的人，然后顺着绳子从囚室中坠了下来。这种说法虽可疑，但有可能属实。毕竟除了上绞刑架之外，可以离开伦敦塔的途径并不多。他乘船去了法兰西，为法王效力。在法王的宫廷中，他开始与王后伊莎贝拉发动真正的密谋。如今王后的周围聚集了一批心怀不满的流亡贵族和主教。当她的儿子前来向她弟弟宣誓效忠的时候，她如获一件完美的武器。国王命令她归国，但她不肯；她宣布，只有放逐德斯潘塞父子，她才会回国。不管怎么说，她都更喜欢法兰西宫廷温和的氛围。

在整个 1325 年，英格兰到处都散布着外敌入侵的流言，全国上下人心惶惶。人们都认为，伊莎贝拉将和法国国王一道前来，但其实王后更希望能在西北欧进一步取得彼此关系错综复杂的各家王族的支持。她向北来到埃诺（弗兰德斯的一个省份，位于现在的比利时南部），埃诺伯爵欣然同意她的建议，将女儿菲利帕嫁给了爱德华勋爵；毕竟这个十四岁的少年将来极有可能成为英格兰国王。伊莎贝拉和莫提默利用菲利帕的嫁妆招募了一支部队，开始准备入侵英格兰。

这 15 000 人马从荷兰的多德雷赫特港口上船，挺过了大海上肆虐的风暴，于 1326 年 9 月 24 日在萨福克的奥威尔港登陆。英方根本没有人前来

阻挡他们，实际情况可能是爱德华始终认为入侵者会从诺曼底出发。不管怎么说，东海岸的王家水师指挥官放了她一马，让她毫无阻碍地登陆了。此人过去曾反对过国王，如今再次同他为敌。也有传言说，英格兰水师因为痛恨德斯潘塞父子，不愿意攻打伊莎贝拉。

王后进军神速。她的同党聚集在她麾下，国王隐忍的敌人如今都公然站出来反对他。王后移师邓斯特布尔，她的军队在途中劫掠了德斯潘塞家族的领地。她在那里得到消息，国王和德斯潘塞父子惊慌失措，已经离开伦敦，逃亡西部了。他们丢下了大部分财宝，这说明他们已经手足无措 241
了。国王的同党也都改旗易帜；始终忠君的温切斯特伯爵老德斯潘塞，在布里斯托尔依照军法遭到处决。他的儿子休夫被俘，等待审判。

爱德华逃到了威尔士，身边只剩下几个同党。他在任内留下的最后一份文字记录是后人在卡菲利发现的一部账本。他已经走投无路。伊莎贝拉的人马四处追捕他。11 月中旬，他在尼斯附近落网。他被武装人员押送到位于肯尼尔沃斯的王家城堡。

休夫·德斯潘塞被俘之后不吃不喝，只求速死，以免惨遭虐杀。他被带到了雷丁，头上戴着用荨麻做的冠冕，皮肤上被人刻上诅咒的话语。他在一片锣鼓、喇叭的声响以及观众的叫喊声中被吊在绞刑架上，离地 50 英尺（约 15 米）；当他还活着的时候，他就被开膛破肚，眼看着刽子手烧掉自己的肠子。最后，他被砍头示众。

伦敦仍处在癫狂之境，所以德斯潘塞是在雷丁被处决的。伦敦市民长期受到国王的财政盘剥，如今他们因获得自由而欣喜若狂，凡是被揪出来的前朝官员，无不受到他们的突袭。曾任王家司库的斯特普尔顿主教，被人从马上拉下来杀掉。曾经资助过国王的商人和银行家也遭到谋杀。

然而，胜利者如何能废黜一位合法的国王？这可是史无前例的非法之举。国王本应受到上帝的保护。对受膏国王下手可是一件非常棘手的事情。1327 年，议会开幕（其实称其为大会更合适，因为国王本人没有出席）。这届议会以国王之子威尔士亲王的名义召开，他因国王身在“国外”而成为护国公，当然爱德华实际上被关在肯尼尔沃斯城堡。会上通过

的各种表决和宣言都偏向伊莎贝拉和爱德华王子，由此可见，伦敦的政治
242 势力坚定地同他们站在一起。有两位主教被派往肯尼尔沃斯城堡晋见国王。但是，他们与国王的谈话记录没有保存下来；据传言，他不肯随两人返回伦敦，还出言诅咒了他们。

在莫提默的操控下，这场大会的第二次会议在威斯敏斯特召开。他言辞谨慎地宣布，国王已被领主们废黜，理由在于国王违背了加冕誓词，任由身边宵小摆布；他一心要让教会和王国的显贵们走上毁灭的道路。赫里福德主教亚当·奥勒顿发表了一篇布道词，主题就是“如果没有正当的统治者，人民就会走向灭亡”。人民似乎已经达成共识。

又一个代表团再度来到肯尼尔沃斯城堡。他们向国王发出了最后通牒。亚当·奥勒顿再次向他说教，他的傲慢自大和统治无道皆是恶行。主教随后宣布：“如果他同意退位，将由其子继位。”国王的同意至关重要，因为它至少可以赋予他们的行为以合法性的虚饰。据说，当时身着黑袍的国王光顾流泪叹息；当他面见代表团时，他几乎因恐惧而昏迷。等到神志清醒之后，他最初不肯交出王冠，又经过一番争吵之后，才勉强同意。当然，威胁内容不外如下：如果不从，就强迫他退位，另择他人取而代之。他们到底采取了何种逼宫办法？真相永远不为外人所知。但我们可以推断，整个事件是肮脏的，充满了不确定性和不可预测性。兹事体大，牵扯太多的利益，结果只能如此。某些显贵和主教必定会怀疑整个程序的合法性。

然而，程序终究要履行。他们把废王从肯尼尔沃斯城堡接走，送到格洛斯特郡的伯克利城堡看管起来。他最初享受的待遇还不错，但废黜的国王不可能求得安宁。据说，曾经有两拨人马试图营救他，其中一次还差一点就成功了。正因为废王有可能逃出生天，故而他的命运注定会悲惨。有人曾经说：“国王的监狱和墓地几乎可以无缝对接。”他死于 1327 年 9 月，死法之野蛮，在英格兰编年史上堪称无与伦比。据说，有人用烧红的
243 铁条插入了他的肛门。正如拉诺尔夫·希格登在他的《史综》中所写：“有人用烧得火热的炙叉置入他身后的隐秘之处，置他于死地。”然而，

这很可能是一种诗意笔法，影射他的鸡奸倾向。他的心脏被挖出来放在银瓶中保存，后来随葬在伊莎贝拉的棺材里。他的尸体供格洛斯特的骑士和显贵远距离瞻仰。在格洛斯特修道院举行的葬礼上，教堂为了阻挡人群蜂拥而上，还特意放置了大型路障。看管他的守卫没有一人因国王之死而被判罪。有两人被定为无罪，有一人后来为爱德华三世效力，第四位离奇遇害。

事情到此还没完，后续更为精彩。有人在法国朗格多克省的档案馆里发现了一封写给爱德华三世的信。写信人是罗马教廷的要员曼努埃尔·狄·菲奇。信中反复提及某位隐士的忏悔内容，他称这位隐士为“您的父亲”。隐士讲述了自己出逃、被捕以及在肯尼尔沃斯城堡和伯克利城堡被拘押的全部经过。内容具体，背景翔实。他写道，伯克利城堡的守卫曾经警告过他，有两位骑士要来取他的性命，一位是托马斯·德·高尼勋爵，另一位是西蒙·德·埃斯博福特（贝里斯福德）。他也就此提供了具体的细节。国王更换衣服，混出了城堡。他杀死了睡在最后一道门旁的门卫，拿走了他的钥匙，最后消失在夜色中。

信中还说，两位骑士因为原计划受挫，担心王后发怒，便挖出了门卫的心脏，将他的尸体放在木箱里，然后向人伪称心脏和尸体都属于爱德华二世本人。如果这封信所言不假，那么陪葬在王后身边的其实是门卫的心脏，而他的尸身现在依然埋在格洛斯特大教堂的爱德华二世王陵中。

隐士又继续讲道，他在科夫城堡中躲了一段时间，然后在爱尔兰和法兰西各地漫游。他在阿维尼翁得到教宗若望的接见。他在那里逗留了两周。他一副隐士打扮，一路走到德意志，后来又去了伦巴底，并且在这里写下了自己的忏悔。这封信的最后一句话是曼努埃尔·狄·菲奇写给国王的：“为了证明前文所述的真实性，我附上玺印，供阁下明鉴。”他指的
或许是国王随身携带的御玺。这一切听起来就像是天方夜谭，让人只想一 244
笑了之。但是，写信人可是一位名望卓著的教廷官员。他不大可能突发奇想给英格兰国王写这样一封信。信中的一些细节也是准确无误的，有史书记载可供参照核对。所以说，这件事的真假难以断定，乃是未解之谜。最

令人称奇的说法是，爱德华二世很可能以隐士的身份在意大利度过了余生。此人一生无足称道，这个结局本应有教育意义。

伊莎贝拉和罗杰·莫提默秉政的时间不长，仅从1326年秋天延续至1330年秋天，他们的执政过程也并不光彩。废王和德斯潘塞家族的所有土地和财富皆落入胜利者之手。王后和情夫拿走多数，其余分给了同党。他们还赏赐了从埃诺带来的雇佣军。这样一来，王室的财政储备基本耗光了。1326年，爱德华的国库还有61 921英镑，但到了1330年，就只剩下41英镑。税收和佛罗伦萨银行家的贷款成为他们唯一的应急之策。

年轻的国王于1327年加冕，但他只是名义上的当家人，手中根本没有实权。他被由各路贵族和主教组成的御前会议所支配，朝政大权落在了罗杰·莫提默手中。罗伯特·布鲁斯自然不肯放过这个主少国疑的机会，遂领兵进入英格兰北方地区；莫提默和国王领兵抵挡，但一无所获。据说爱德华三世因出征失败而哭泣。双方签订和约，英格兰承认布鲁斯为苏格兰国王。这对爱德华的未来统治来说，可不是什么好兆头。

然而，这位新国王不像乃父。到了十八岁，他开始心生焦躁、牢骚满腹。他与祖父爱德华一世一样渴求立下军功，将其奉为君主独有的权利。他因苏格兰战争的失败而怪罪莫提默，并因为国库收入下降而对他横加指责。莫提默也因为权倾朝野而与主上产生不和。

伊莎贝拉此时又怀上了莫提默的孩子，这使得爱德华非常担心自己会
245 被废黜，被迫让位给这个孩子。有人告诉他，与其坐等狗来咬自己，还不如自己主动去咬狗。于是，他便密谋暗杀莫提默。有一回，莫提默和伊莎贝拉双双前往诺丁汉城堡。爱德华就带上一伙骑士埋伏在城堡外的灌木丛中。城堡中的一位官员向他们透露了一个秘密：有一条隐秘地道直通生活区。于是，爱德华就以此发动奇袭，并且逮捕了莫提默。伊莎贝拉一边冲出房间，一边大声尖叫：“好儿子，可怜一下高贵的莫提默吧！”但是，在那个年月，怜悯之心是人世间最为稀缺之物。莫提默受审之后就被匆匆
246 处决了。伊莎贝拉被送到一处私宅。爱德华三世正式成为国主。

22

生与死

在中世纪时期，婴儿的死亡率相当之高，有三分之一的男孩和四分之一的女孩在出生时或出生不久后便死去。正因为这个原因，对于生养孩子的家庭来说，洗礼是头等大事；如果来不及举行洗礼，婴儿就会永远堕入地狱边缘的世界，享受不到天国之乐。万一孩子有夭亡的迹象，接生婆就会朝孩子身上洒水并且宣布：“我以圣父、圣子和圣灵的名义为你洗礼。”如果产妇在分娩时死亡，接生婆就得剪断婴儿的脐带，以此挽救其灵魂。在极端情况下，婴儿甚至出生前就接受洗礼，并且起上“生命力”、“造物”或“上帝之子”的名字。

产房本应当是温暖、昏暗的，空气中弥漫着玫瑰花瓣的幽香。但是，并非所有的分娩都是在理想的条件下进行的。这是婴儿死亡率奇高的主要原因。当时的男人不得观看分娩过程。丈夫可以向天空射一支箭或者打开一口箱子，做出象征分娩的模仿动作。

但是，对许多婴儿来说，即使幸存下来，他们也将进入一个充满痛苦和磨难的世界。有大量证据表明，当时有许多人患有贫血症、鼻窦炎、麻风病和肺结核；关节炎和糖尿病虽然也很常见，但患病率不会高于 21 世 247
纪初。眼部发炎、红眼病、泪眼和“眼部灼热”等眼疾更是无处不在。

医生或“郎中”的出诊费不菲。但是他们的医术其实并不高明。14世纪的名医埃尔德恩的约翰在文章中写道，年轻的医生应该学会“与自己的手艺相关的谚语，以便安抚病人。另外，郎中还得会讲故事，能援引《圣经》和悲剧，好逗患者开心”。

在当时，或许笑声才是良药。治疗牙痛的办法是将一块羊油放在蛀牙下方，并且用火点燃，这样一来“牙虫”就会被熏烤出来。治疗结石的办法是将甲壳虫和蟋蟀捣碎成糊状物，然后再敷在发病部位。治疗扁桃体炎的办法也受此启发。“取一只肥猫，剥下猫皮，掏出内脏；取刺猬的油脂和黑熊的脂肪……捣碎后塞进猫肚子里，架在火上烤，再把烤出来的油涂在病人身上。”猪身上的虱子是治疗痨病的特效药。如果用象牙梳子梳头，记忆力就会提高。治疗弱视可以用大鹅翅膀的大骨骨髓，混合上红色杜鹃花的汁液。但是，在采摘花朵的时候，“要念上九遍《主祷文》、九遍《圣母颂》和一遍《信经》”。

这些手法看似荒唐，引人发笑，但确实源自当时的传统——它把人和自然界视为一个统一体的组成部分。正是因为这个原因，医生的药方里用的都是驯化动物的肉，而非野生动物的肉；养在鱼池中的鲤鱼疗效要高于海里的大虾。它能安抚病人的情绪，而不会令其情绪激动。忧郁的人千万别吃鹿肉；原因在于鹿常年生活在恐惧中，而恐惧只会增加忧郁质体液。如果黄疸病人看到一只黄色的鵜鸟，他的病就会痊愈，而这只鸟将死掉。发生在圣徒圣地的神迹疗愈多得异乎寻常，由此可见心理暗示的力量确实
248 足够强大。大多数人在一生中从未找“郎中”看过病；他们依靠的是当地女巫的草药和药水。

当时虽然有类似医院的机构，但它们实质上是收容病人的大型礼拜堂；祈祷和医药同样富有疗效。医院并不配备医护人员，只有僧侣和牧师。毕竟如果疾病是上帝对人的惩罚，那么治病救人就是渎神之举。不管怎么说，灵魂的健康都比身体的健康更重要。然而，医院还是发挥了一定的作用。休息与看护可能比当时现成的疗法更见成效。

这一时期的医疗方法的依据是民间传说或2世纪的盖伦医书，而盖伦

医书依据的是人体四种体液说。正如宇宙是由土、水、气和火四种元素构成，人体也是由不同比例的四种体液构成，它们分别是黏液质、胆汁质、多血质和忧郁质。例如，忧郁质体液储存在脾中。人体的健康源于四种体液之间的平衡。给病人放血是常规的医疗手段，放血之后，医生还要尝一尝血的味道。健康的血液会略带甜味。

验尿（借助特殊的玻璃器皿或尿壶）也是治疗过程的重要环节。它与现代医学中的验血非常相似。事实上，即便到了今天，验尿依然是常规疾病预防的组成部分。当时的医学将尿分成20多种，其中某些大致分类的依据是体液理论。例如，如果尿液是白色，并且尿量稀少，这便是忧郁质体液的症候。忧郁质的人体性凉、干燥。医生会望、闻和尝尿液，以便发现病人的主要症状，以及状况最为危急的身体部位。一名好医生必须是一名占星术士。当月亮出现在白羊宫，此乃炽热且中度干燥的星象，此时适合做头部和颈部手术。天仙子的叶子利于治疗痛风，但必须在仲夏前夕采摘完毕。

圣徒介入也能用于治疗。圣布莱斯是喉病的主保圣人。圣休伯特是恐
水症的主保圣人，而圣马丁则是疥疮病的主保圣人。右手食指的第一个关 249
节的主保圣人是圣西蒙·科里奥法斯，而左手中指的第三个关节的主保圣人是圣巴托罗缪。良医通过包括宗教、世俗等在内的各种手段为病人规定饮食和日常起居，以便适应他独特的体质；如果人体与星象、四大元素协调一致，那么人就不会得病。

洗浴是上层阶级及其模仿者的奢侈享受；大一点的城镇才有浴室，显贵有自己的木制浴桶，其外形如大桶，四周套了一圈铁箍。这个时期已经出现肥皂，刷牙和洗耳朵的用具也是如此。理想的洗澡水应是温水，与耶稣受难时流出的血液温度相同。《耶稣的灵魂》中的祈祷词便呼唤“用基督身上流出的血液，清洗我的身体”。

在整个中世纪时期，只有四位英王活过了六十岁；这个年龄被认为是老年的门槛。过去的普遍看法认为，古人无论男女，只要活过了四十岁就算作老人，但情况并非如此；只有活过了六十岁，才能称之为老人。从

1350 年算起，在此后的 150 年中，有 30%的上议院议员都年过六十岁，有 10%的人年逾古稀。在议会中，这个年龄比着实不算低。普通人的预期寿命当然是另外一回事。在我们所讲的这个时代，后人对它的估计不一而足。有人说是四十岁，有人说是五十岁。在某些地区，它可能低至三十岁。

当死亡来临的时候，死者的身体被包上裹尸布，头部和颈部用绳子扎紧。普通百姓是用不起棺材的。在教堂庭院中，理想的墓地位于南侧，因为人们认为北侧往往阴暗潮湿、长满苔藓。牧师会在教堂庭院的门口等待尸体的到来，他领着送葬队伍来到墓地，然后在此举行葬仪。只有富人死了才有钱竖石碑，我们还能在教堂里找到它们的踪影。所以公墓是没有墓碑的，只有少数木牌和小块石雕。教堂庭院本身是教区的公共空间，可用于体育运动和集市；它也可用来充当猪圈和牛棚。当死者数量激增时，教
250 堂庭院的地表也会升高。

23

国家意识

新王爱德华三世的处境有点像摆脱奴役的以色列人；他终于摆脱了素有“法兰西母狼”之称的母后的阴谋诡计。在诺丁汉城堡抓住莫提默之后，爱德华便发布了一篇公告，要求各郡郡长在教堂庭院、法院以及市场上宣读。公告中写道：“在过去，王事及政务的施行有辱国王及王国，也令臣民陷入了贫困”；公告接着承诺，新国王“将维护王家的尊严，根据正义和理性统治人民”。

他与自己不幸的父亲形成了鲜明的对比。人们都说他好交际，人缘好。他命人在外衣上绣了一条谚语，内容直截了当：“该怎么办，就怎么办。”还有一条谚语绣在了廷臣和国王的衣服上：“喂，喂，白天鹅，凭上帝的心起誓，我是你的人。”他的英语说得比他父亲要流利。

他个人也极为勇敢，认同骑士的所有美德。结果，他也在显贵身上激发起忠君的思想。他将父亲早年没收的土地物归原主，还积极扩大贵族的数量；例如，他的家族中有四位资深成员被册封为伯爵。最初，他依赖先 251
王留下来的御前顾问和廷臣，但不出几年，他便拥有了自己的骑士和贵族班底。在他日后执政的岁月中，这些人始终对他忠心耿耿。

不过，君主的正当性仍然表现在武功上。新国王意识到，父亲在军事方面的无能是他失败的一个最重要的原因。所以他竭力逆转英王软弱无能的形象。正因为这个原因，他要干的第一件大事就是攻打苏格兰，他早年曾经蒙受苏格兰人的羞辱，他对此始终耿耿于怀。很快，他就有了动手的机会。1329 年，罗伯特·布鲁斯去世，他的儿子继位，但爱德华三世支持爱德华·巴里奥尔去争夺王位；他急于消除上一次战争带来的伤害。1333 年，他在贝里克城外两英里处的哈利顿山打了一场引人注目的胜仗。巴里奥尔借势继位，成为英格兰的附庸；贝里克及周围地区重入英格兰版图。此后，边境地区常有袭击和战斗，但哈利顿山战役将成为爱德华在英格兰打的唯一一场战役，他所经历的其他战役都发生在海峡对岸。

当时的英王和法王是欧洲最强大的两位君主；欧洲大陆的大部分地区分裂为公爵领地和公国，彼此之间征战不休。所以说，英法两国争霸之战势不可免。

双方冲突的一个根源就是加斯科涅公爵领地。在金雀花王朝的海外领地中，它是最后一块依然掌握在英格兰人手中的土地。在 83 年前签订的巴黎和约中，亨利三世为了保住加斯科涅，放弃了法兰西帝国。然而，加斯科涅也依然被视为法兰西的领土，因此新英王继位之后必须以封臣的身份向法王宣誓效忠（当时称作“封臣宣誓效忠礼”）。但英格兰国君怎么能效忠于外国君主呢？作为封臣，他必须为法王提供武器和士兵。他还不能和法国的敌人结盟。如果违反上述规定，加斯科涅可能被法王没收。

252 这是不可想象之事，这也是非正常事态。权力结构失衡只能导致双方失和。爱德华三世不愿意承认自己是瓦卢瓦王朝的腓力的臣属。不但如此，他号称自己身兼法兰西和英格兰两国的国王。他声称，从他母亲伊莎贝拉那里论起，他还是法国王位的嫡系继承人（其实按照当时的法律，法国王位是不能传给女儿一系的）。他之所以发表这样的宣言，一方面是在虚张声势，另一方面则是傲慢自大所致。他宣称“将为收复自己的海外权利，将为保家卫国”而战斗，他实际上是在为了攻打敌人而寻求借口。

如果我们放开视野，我们可以说他的言行有助于打破旧有的欧洲封建秩序，使人们意识到民族国家的力量；在这一时期，英格兰和法兰西逐渐出现了中央集权和文官政府。不过，爱德华三世很可能并不是这样看待问题的。他只不过是想维护自己的荣誉，或许还想得到一些战利品。虽然我歌颂那个时代的军队和人，不过他的战斗精神也产生了不幸的后果，那就是开启了“百年战争”。其实这场战争持续的时间可不止 100 年。直到 19 世纪，英格兰王室才正式放弃它对法国王位继承权的争夺。

这场战争死了无数平民和官兵，浪费了数不清的金钱，却几乎没有产生真正意义上的战果。英格兰人获得了加莱，但这座城镇与其说是荣誉，不如说是负担。也许除了加斯科涅的葡萄酒消费以外，这场战争与英格兰的利益并没有真正的瓜葛，国王对于权力和荣耀的胃口盖过了国家的诉求。在战争伊始的 1337 年，至少有些显贵确实对攻打法国报有热情。前朝的懒惰与有失尊严化作了对于武功的热忱。我们可以说，战争调动起民族领袖的积极性，让这些各自为政、有时还互相攻伐的家族团结起来。如果显贵们有机会到敌国去掠夺战利品，他们就没有必要互相争来打去了。

这种新生的团结精神在爱德华三世于 1348 年建立的嘉德骑士团中有 253
着最为生动的体现。对于爱德华三世对法国王位的诉求，它提出的著名格言是：“恶意揣度者可耻。”最初的时候，骑士团由 26 名骑士组成，分两组参加比武大会，他们几乎都参加过对法战争。这是一个军事兄弟会。

国王在任何情况下都强烈地渴望戏剧效果，喜欢盛大场面；他身穿骑士团的全套武装，早在托马斯·马洛里爵士写《亚瑟王之死》的 100 年前，他就试图恢复亚瑟式的国王观念。因此，国王在王国的大人物中很得人心。他们将再次参加一场盛大冒险，而爱德华将成为他们的武士国王。国王的长子爱德华装扮成兰斯洛特的堂弟列昂奈尔的样子，参加了盛大的比武大会。同时代的编年史家让·傅华萨写道：“英格兰人从来不热爱也不推崇任何不爱战争或不能打胜仗的国王。”其他欧洲国家的国王可能因为虔诚或学识丰富而受赞美，但这些标准并不适用于英格兰。

国王不吝大笔金钱，大兴土木，这也是骑士复国计划的一部分。他出生于温莎城堡，但他后来又拆掉了现有的城堡，在原址上兴建了一座更加宏伟的建筑。他用这种方式来显示他的光辉业绩，宣示他比法兰西国王更加高明。1344 年，他在这里重建了圆桌建筑。国王与王后身穿红袍，带领一队骑士和贵族进入城堡的礼拜堂，他们追求武力和美德的行为将得到礼拜堂的祝圣。这座圆桌建筑比罗马的万神殿还巨大，爱德华在这里举办规模盛大的宴会和舞会，参加者都打扮成亚瑟王传奇中的人物。这座早期剧场，或者说仪式活动中心的地基，直到 2000 年才被发掘出来。

当骑士们坐在墙边的石凳上观看马上格斗和比武大会时，这一时期的
254 真正冲突已经缓慢地进行了。百年战争（实为 116 年）的前两年被用在了造势上。爱德华乘船到了低地国家，一方面是为了从弗兰德斯入侵法国，另一方面也是为了收买新的盟友。据说他为此花费的时间和金钱都打了水漂。国内百姓对居高不下的赋税怨气冲天。这一时期的诗歌和编年史中尽是关于压榨和短缺的抱怨；农夫和商人无不深受国王的掠夺。这已经成为 14 世纪司空见惯的老调。“他拿不出正当的理由就从穷人那里拿钱，”有位诗人写道，“这是犯罪。”羊毛商人尤其深受其害，他们被迫给国王支付军费；国王从他们那里预支了 3 万袋羊毛的收入，还暂时禁止羊毛出口以维持高价。由于羊毛是英格兰经济中最重要的商品，国王的要求直接导致人员失业，贫困蔓延。国家成了爱德华满足军需的提款机。

然而，他速战速决的计划遭到了挫败；以羊毛养战的计谋是灾难性的。无论在商人那里，还是在海关那里都出了问题。国王的投资方变得焦躁不安，他们威胁要切断羊毛供应。在国王出国期间，有流言说法兰西和苏格兰将要犯边。爱德华留在国内的摄政委员会也不听话了；国王指责他们不肯向他交钱，而他们则抱怨自己有很多需要花钱的地方，其中就包括本土防御费用。国王变得像他父亲那样暴躁和奢侈。在乔叟的“梅利别斯的故事”中，普鲁登斯夫人宣称：“劝你别这样，因为你的钱不足以维持战斗。”*

到 1340 年，英法宣战已经三年，纳税人开始发难。人们认为“除非

---

* 译文出自乔叟：《坎特伯雷故事集》，黄杲炘译，上海译文出版社，2013 年版，第 311 页。

得到全体国民的同意，否则国王不能出国作战”。根据《大宪章》的规定，征收新税必须征得议会的同意。过往的国王皆因形势所迫，一度接受议会的作用。骑士和市民已经开始谦卑地呈交请愿书，王室要出台相应的 255
法律法规回应他们的请求。这是一种意见交换制度。

在百年战争的前三年，议会已经同意征收重税。1339 年夏天，国王要求议会再拨款 30 万英镑。由各郡骑士和市民组成的平民议员开始支吾搪塞；他们要求请假还乡征求百姓的意见。1340 年初，他们再次聚首，以国王做出让步为前提批准了他的请求。实际上，他们已经使自己有别于贵族议员了。他们开始感受到自己的力量。

他们的主要提案是，国家的财政应由显贵组成的委员会打理和控制，而该委员会需要向议会负责，并且听命于坎特伯雷大主教约翰·斯特拉福。由于国王急需军费，他便同意了这个要求。只要能带兵打仗，他就心满意足。他的同意也标志着平民议员成为一个步调一致的政治集团，它开始制定自己的议事程序。战争和征税让他们团结在一起。如今议会开始定期开会了；它也负责推选御前会议的参会人员和税务监督。35 年之后，它将壮大到足以弹劾国王的主要咨议员。因此，独立议会的理念是百年战争的一大成果。

1340 年 6 月 22 日，爱德华返回低地国家。他满怀期待地认为，战争很快就可以重新打响。斯特拉福保证军费会如期送达。然而，新一轮的敲诈勒索在全国各地引发了民愤和反抗。政府本应从养羊最多的九个郡收缴 2 万袋羊毛，再卖给地方上的商人。但人们成功地抵制住了这次敲诈。结果，国王没有收到预期的援助；他无力偿债，也无力支付军饷，这样一来，他就无法积极展开攻势了。

他盛怒之下，大骂坎特伯雷大主教。他乘船返回英格兰，于 11 月 30 256
日夜半时分突然抵达伦敦塔。他派人将看守总管叫来，但看守总管不在。这件事证实了国王的预感：王国治理不善。爱德华指责大主教故意将钱扣在手中；他认为斯特拉福因私底下反对而蓄意破坏这次对法之战。御前会议的高级成员遭到解职，斯特拉福逃回坎特伯雷，躲在这里可以令他逃过国王的雷霆之怒。

紧接着，爱德华一反他先前向议会立下的誓言，未经商量便控制了国家。他开始重新评估整个行政体系（尤其是它的财政资源）；他起用新人去征收羊毛；他向避税的个人和团体征收罚款。12 月 9 日，斯特拉福走上坎特伯雷的布道坛，用英语发表布道词，为自己的行为辩护。他宣称，他只不过是在执行议会的集体意志，而国王受到了邪恶咨议员的左右。他援引《大宪章》，明示国王违背了其中的条款。他知道国家站在他的身后，他要求给自己安排一场同侪审判。他这么做是防止国王对他使坏。

接下来，国王召集议会，并且心不甘情不愿地允许斯特拉福参会。大主教在形式上与国王言归于好（他重新蒙受“王恩”的泽溉），议会里又开始讨价还价了。议会允许国王另收 1 万袋羊毛；而作为回报，爱德华同意政府的主要大臣人选将来要受到显贵和御前会议的认可。各方达成了通融与妥协；国王与贵族议员言归于好，前提条件是，他要当好他们的领主；他最终与平民议员达成和解，前提条件是，他必须“对他们施行仁政”。与父亲相比，爱德华三世对政治现实的理解更加敏锐精明。他知道何时该让步。他只是期待，三个月后他就能推翻自己的让步，理由是他当初是违心同意的。两年之内，他就收回了他的大部分权力。他在与议会的
257 决斗中存活了下来。

英法之战就像是一首辽远宏阔的背景音乐。1340 年夏天，英格兰水师在弗兰德斯海岸突袭并且全歼了法国舰队。此乃百年战争中首场引人注目的胜利。这次战役结束后，国王发行了一批名叫“贵币”的金币，上面铸有他在战舰上昂首挺立的头像；这是大海之王的形象。在他统治期间，战争绵延不断。法国大臣不敢将英军取胜的消息告诉法王腓力六世，最后大家断定，只有国王的小丑才能安然无恙地将这个消息透露给他。所以小丑便对主人说，英格兰人是彻头彻尾的胆小鬼；路易问他何出此言，他回答说，他们和法国人不一样，不敢往大海里跳。

法国水师的惨败意味着，英格兰人可以随意借道英吉利海峡入侵法国。然而，爱德华与自己的盟友（尤其是弗兰德斯人）龃龉不断，导致

他无法速速取胜。法国军队四处躲闪，迂回前进，不愿放马一战。事实上，这后来成为法军的防御模式。1340 年秋天，双方达成停战协议。但停战状态未能持续下去。在随后的几年中，布列塔尼和加斯科涅战事不断。爱德华于 1346 年制定决定性战略：进兵诺曼底；他想和弗兰德斯盟友会师之后攻打巴黎，如有可能的话，还要进军加斯科涅。他的意图让法国国王绞尽脑汁，猜个不停。

1346 年 7 月 11 日，爱德华率领 8 000 人（其中一半是弓箭手）从朴次茅斯乘船南下，扑向法国北部。他们穿过诺曼底杀向巴黎，一路烧杀抢掠，打到了巴黎近郊，然后挥师北上加莱，欲与弗兰德斯盟友会师。腓力六世率军迅速穿过北方的索姆河大平原，试图转移爱德华的注意力，逼迫他改变行军路线，或者借机消灭英军。8 月 26 日，当法军在克雷西森林附近集结之时，爱德华发起进攻。英格兰人打败了这支由热那亚弓弩手和法兰西骑兵组成的鲁莽、急躁的部队。在随后的混战中，法军遭遇惨败。

火药和大炮首次在战场上使用，它们造成的恐慌远远多于死亡；但胜 258
利的荣誉应当归属于爱德华的弓箭手，他们使用长弓击败了封建骑士团。这是一个暴雨雷电交加，并且出现日偏食的日子。到了傍晚时分，法国骑士尸横战场，其中很多人被英格兰人用细长的匕首干净利落地杀死了。这种匕首被称为安乐杀手，它能从腋窝一下子捅进心脏。阵亡的 3 万人当中有双目失明的波希米亚国王约翰，他的格言“恪尽职守”将被后来的威尔士历任亲王采用。

对爱德华来说，克雷西战役是一场标志性的胜利，他迅速且敏锐地抓住了这个机会；他带兵北上，九天之后兵临加莱城下。这座城镇是他进一步侵入法国腹地的基地，也是袭击法国海盗的良港。加莱人都快饿了一年了，城中法国守军统领给腓力六世写信陈情：“城中粮食已绝，除非以人肉为食……此信当为绝笔，城池沦陷在即，城内将玉石俱焚。”这封信还没送到法王那里，就被英格兰人给截住了，送到了爱德华手中。爱德华看完信后，加盖了个人印章，把它送给了法王。

到了围城的第 11 个月，加莱城中的妇女、儿童和老人都被当作“无用人口”而赶出城外。英军不肯让他们通过防线，于是他们又被赶回城外的壕沟中，这些人在沟壑中辗转，因饥饿而死。加莱城只好投降。据说有六位加莱市民脖子上套着绞索，出城祈求仁慈的国王宽大处理。这个故事可能是真的。它是爱德华非常擅长的一种政治表演。

他还打败了另一位老对手。在克雷西战役开打的那一年，大卫·布鲁斯（苏格兰国王大卫二世）曾入侵英格兰；他还恢复了与法兰西的盟友关系，他原以为爱德华不在国内的期间，英方守军会士气低落。但是，苏格兰军队在达勒姆附近的内维尔十字一战就被打垮，大卫·布鲁斯本人被押送伦敦塔，在这里一关就是 11 年。苏格兰的国宝黑石十字架（钉死耶
259 稣的十字架残片，因保存在黑色石头匣子里而得名）被英格兰人当作战利品送到了达勒姆大教堂。这样一来，爱德华就打败了所有对手。如今骑士和领主如众星捧月般簇拥在他周围。他成了这些人心目中的理想君王。

可是对于英格兰百姓而言，他的盖世武功到底有多大意义，这是值得怀疑的。英法之战实为两家王室的争端，他们都是同一家族的成员，他们的母语都是法语。王公贵族的事务与英格兰的实际状况有什么关系呢？老百姓还有更重要的事情要办。1348 年，一场流行病大暴发，其传染力之强，死人之多，都属史无前例。

这个时期被称为“疾病时代”。虽然疾病被称为“瘟疫”或“黑死病”。不过它可能并不是腺鼠疫；它有着各种称谓，比如流感、出血性疾病。它很可能是一种现已绝迹的流行病。与人们盲目的恐惧相反，它很可能不是老鼠携带的。

它在 14 世纪 30 年代暴发于中亚，然后沿着商路传播到整个世界。它在 1347 年到达意大利，到第二年夏天传到了布里斯托尔等港口。到了 1348 年秋天，它已经来到伦敦，然后一路北上。其症状表现为腹股沟淋巴结炎。一旦染上此症，患者的腹股沟或腋窝就开始长包溃烂；时人是这样描述它的症状：“苹果或洋葱头形状……像燃烧的煤渣一般火热，呈现出死灰般的颜色。”有时候，患病人体会突然发肿，肿块里净是些脓水。

与此同时，患者会四肢疼痛，还会出现呕吐、腹泻等现象；一般在三天之内就会一命归西。

死尸都被并排摆放，集体埋葬在大沟里，成年人的肩上还扛着死去的孩子。当时有一种说法流传至今：有些墓地是绝对不能翻动的，不然会“释放出瘟疫”。这种说法并非全无道理；炭疽菌的孢子能存活好几百年。伦敦的公墓很快就不够用了，市政当局又在史密斯菲尔德边界处购置了13 英亩（5.2 公顷）的土地，建造了一座巨大的坟场。当时全国人口少说 260
也死了三分之一；甚至高达一半。死亡率之高空前绝后。目前最准确估算数字告诉我们，全国人口从 600 万降至 300 万—400 万。直到 16 世纪初，英格兰的人口才开始缓缓恢复。

早在瘟疫暴发之前，全国人口就已经过剩了；营养不良加大了死亡的规模。所以说，按照马尔萨斯的计算方法，温热病让幸存者释放出能量，也令可供利用的人均资源变多。但在当时，情况并非如此。当时的一位编年史作者亨利·奈顿写道：“由于无人居住，各个城市、市镇和村庄的许多建筑物都沦为废墟；同样，许多村屯异常萧条，一间房子都不剩，里面的居民都死绝了；这类村庄很可能再也没有人居住了。”没有男人耕地，只好让妇女儿童去扶犁。在下一代人使用的学校课本当中，有这样一句习语：“昨天，一所旧屋的房顶差一点落在我身上。”

方济各会的修士约翰·克林记述了这一时期的世事。他写道：

> 为了防止有价值的事物随着时间的流逝而消失，为了防止它们被我们的后代遗忘，当我目睹这么多的罪恶行径，当整个世界在某种程度上都被邪恶力量掌控——而我本人就在死人堆里坐以待毙，故而我将把我们真正听到和观察到的事物付诸笔墨；为了防止这些文字随着我的亡故而消失，我留下了几卷羊皮纸，供人续写我的未竟之作，如果有人能够幸运地活下来，如果某个亚当的子孙能够躲过这场瘟疫的话。

他在后文又补充了“大饥荒”（magna karistia）的字眼。接下来出现的却是另外一种字迹。“由此可见，作者已经去世。”

261 这场瘟疫被普遍视为上帝的行为，上帝因罪人的骄傲、放纵、虚荣和丧失信仰而惩罚他们。它所代表的罪恶是如此严重，以至于威廉·朗兰德写道：“祈祷都无法阻止这场疫病。”朗兰德还说，夜间吹的西南风是灾难的迹象。它是魔鬼的呼吸。据说，在疫病来临之后出生的孩子要比此前出生的孩子少长两颗牙齿。在1361年，瘟疫再度回潮，这一次它收获了“儿童杀手”之名。1369年，第三场瘟疫再度暴发，第四场则出现在1374年。值得注意的是，当时的富裕阶级不像平民百姓那样深受影响；他们无须与病人密切接触。

尽管遭到如此惨痛的打击，英格兰社会坚挺如故。法院休庭，议会延期开会，但社会秩序没有大乱。教会和国事方面的档案记录显示，国家治理表现出惊人的延续性和连贯性。例如，羊毛的出口始终保持稳定。然而，这场疫病还是对英格兰社会产生了缓慢但持久的影响。劳动力短缺立即导致工资上涨，就业机会激增。农民无地或极度贫困的现象完全消失。躲过这场劫难的劳工提高了待遇要求，由于疫病流行，他们的身价翻了一番，地主和显贵必然会对此做出反应。尤其是各郡的骑士，他们眼中的良好秩序受到了威胁。

1349年，议会通过了一项《劳工法令》，禁止雇主向劳工支付高于瘟疫之前水平的工资。该法令还规定，失业人员拒绝工作是违法行为。这些措施并不现实。许多劳工及其家人只需搬到另一个地区，受雇于一个无视法律、出手大方的雇主，就解决了问题。例如，有些人因此而迁居城镇，因为那里对瓦匠和木匠等体力劳动者有很大的需求。耕地的农夫可以变成砖瓦匠。工作机会绰绰有余。所以说，从当时的法院卷宗中，我们看到了下面的一些记载：

> 262 黑尔的托马斯·泰格是打零工的屋顶工，在1370年，他数次从小黑尔的斯基纳手里获取4便士的日薪和伙食，违背了法令；总共超

> 出了3先令4便士……威廉·戴尔是自耕农，1370年12月2日，他在英戈尔德斯比从吉尔伯特·戴尔那里领了3便士和粮食，在接下来的一周，他也如法炮制，第二年，他又从别人那里收受相同的报酬；超出规定……木匠约翰·库珀在到期后拒绝工作，妄想挣到超额工资，他从萨德布鲁克德的威廉·布尔顿那里拿到了一份临时款项；超出部分为2先令。

许多相对年轻的人如今都有了自己的土地。良田的抛荒时间不会特别长。在过去，人多地少，如今农民们散布在整个乡村。有些领主试图采取强制措施，将农奴束缚在土地上。但是，他们取得的任何成功都被心怀不满的劳动力所造成的问题给抵消了。由于劳动力越来越清楚地认识到自身的价值，劳役地租的旧传统已然维持不下去了。

富裕的农民准备占有更多的土地；他们留下用英文写就的遗嘱，印证了他们地位的日益上升。走低的农产品价格和走高的工资促使一些大地主放弃耕种，将农场卖给出价较高的人们，或者将农田变成牧场；比起种植业，养羊的劳动力投资更为低廉。

旧有的庄园和村庄的纽带解体了。瘟疫逐渐瓦解了旧有的社会地位；传统的村社关系网络逐渐让位于个人利益的迫切需求。有证据表明，如今幸存下来的人们比以往的人们种地更来劲了；庄园的账目显示，人均产出增加了，女性经常从事先前由男人操持的工作。就比例而言，她们的工资增速高于男性。

我们可以在这个背景下考察上议院和下议院为了规训茁壮成长的农民阶级所通过的各类法令和措施。议会立法禁止穿戴昂贵的服饰，严格限制
日常饮食。女性的穿着打扮要符合父亲和丈夫的社会地位。仆人妻子的面 263
纱价值不能超过1先令。自耕农的老婆不得购买价格超过12便士每码（约0.91米）的布匹。工人的袍子和大衣长度只可以“遮住私处和臀部”，其鞋尖和靴尖不得超过2英寸（约5厘米）。这种规定反对的是紧身衣和贴身衣的风尚以及喜欢箭头皮鞋的品位。下层阶级的正餐只允许吃

两道菜。另外，议会还立法禁止农民携带武器或沉迷于可能扰乱治安的游戏。一经证实，懒散可能遭到惩罚。尽管当局是为了控制社会而放出了这些笨拙的招数，但是 12 至 13 世纪的英格兰封建制度还是不可避免地走向了穷途末路。英格兰诗人高厄在 14 世纪行将结束之际写道：

> 世界已被推翻和改变，
> 与此前相比，
> 简直是天翻地覆。

不知道爱德华三世对这场瘟疫有何反应。毫无疑问，他只会认为这场瘟疫不利于为他提供兵源。他的全部心思都放在了战争上。加莱陷落之后，英法两国达成协议。可是六年之后，协议就宣告破裂。爱德华三世与其子威尔士亲王伍德斯托克的爱德华决定联手攻打法兰西。这位年轻人被称为“黑太子”，这倒不是因为他的道德品质或性情，而是因为他喜欢穿黑色的甲胄。伍德斯托克的爱德华的手段堪称恐怖，他派出的分遣队肆意地蹂躏他选中的法兰西地区；凡是挡住去路者，一概烧杀抢掠，他们一心一意地想要毁灭法国人的性命和生计。这些人并非为了尽封建义务而入伍，他们要么是被强征入伍要么就是领取日薪的雇佣兵。他们当中的很多人都是窃贼或杀人犯，他们是为了战争掠夺而入伍的。在这方面，他们倒是取得
264 了巨大的成功。关于英格兰人突袭的民间记忆在法国人的民族意识中延绵了好几百年之久。伍德斯托克的爱德华曾大言不惭地说，他在短短七天之内夷平了从未有过战乱的五百座波尔多城市、乡镇和村庄。这是一项已然在苏格兰推行成功的战略。

法国人一直奉行避免正面冲突的策略，但两军还是在 1356 年正面交锋了。法军的一支巡逻队遭遇英军，这一仗就非打不可了。新继位的法国国王约翰二世麾下的部队有 35 000 人，对阵的黑太子手下人马则为 7 000 人，法兰西一方在数量上占据了绝对优势；而且法方还在普瓦提埃占据了地形优势，其阵地设在了遍布树篱和葡萄园的高岗上。

对于英方来说，地势本身不是最主要的困难。如今，英格兰人总是能够利用长弓取得战场上的主导权，黑太子的父亲就在克雷西战役中使用过以长弓手为主力的战术。法兰西骑兵扑向英军防线，一阵箭雨之后，他们都被射成了刺猬；余下的法国骑士接踵而至，但他们也被紫杉木长弓射退了。这种弓长 6 英尺（约 1.9 米），箭长 3 英尺（约 0.9 米）。弓手将弓弦拉到耳朵附近，而不是拉到胸部，这股力量足以让射程达到 250 码（约 228 米）；弓手每分钟可以进行十次群射。长弓开辟了一个新的战争时代。

法军阵脚大乱，战线解体，四处奔逃。法国国王及其子在混战中被俘。这对法军来说是一场前所未有的灾难。法王约翰被爱德华押送到英格兰，双方同意停战两年。当约翰被人领着穿过伦敦街道之际，伦敦的市民就像过节一样兴奋，他们驻足观看被俘的法王走向威斯敏斯特大厅，向爱德华三世献俘。这是彻头彻尾的中世纪羁押方式。约翰交出儿子充当人质后，他就被释放了。可是，他的儿子后来却从英格兰逃走了，他只好自己 265
回来当囚徒。他无法忍受违背协议带来的耻辱。他回到伦敦四个月后就死于一场莫名其妙的疾病。国王的尸身被送回了法国。

停战时间一过，爱德华便重整旗鼓，再次发兵开战。1359 年冬天的战役没有实现他的心愿，也没有取得压倒性的胜利。不过，他还是处于上升势头。所以，到了 1360 年，双方再度签订条约，爱德华答应放弃对法国王位的继承权，但他要求全权统治加斯科涅、加莱、吉耶纳、普瓦图以及法国北部的蓬蒂厄。黑太子直接将宫廷设在了吉耶纳公爵领地的首府波尔多。对于横跨海峡两岸的英格兰政府而言，一切似乎都已是囊中之物。但是到了 1369 年，新继位的法王查理五世（绰号“智者”查理）重申他对法兰西全境的封建宗主权。

黑太子很是看不起他。但是黑太子在军事方面夸下的所有海口最终也都付诸东流了。英格兰王储得了水肿，身体虚弱得不行，无法亲自领兵上阵；不管怎样，双方都没有打过正规战，法王利用奇袭、突击、伏击，步步紧逼。这种利用偷袭光复国土的办法取得了显著的成功。五年之后，查理几乎收回了英格兰人占领的所有公爵领地和省份。双方拟定了停战协议，一直维持到爱德华三世去世。爱德华以无数苦难和代价赢来的战利品，如今又一件件地被夺走了。只有加莱和加斯科涅的部分地区还掌握在英格兰人手中。他对法国王位的诉求落得竹篮打水一场空。这场持续不断的跷跷板游戏向我们证明，这些战事纷争其实毫无意义。正如前文所述，它的主要成果都出在内政方面，它促成了独立的议会，催生了全国性的税收制度。

伍德斯托克的爱德华在返回英格兰后，缠绵病榻达六年之久。他的病情反而进一步突出了宫廷弊病之深。由于没有军事胜利，宫廷内部怨气日深，疑心四起。年迈的爱德华三世似乎无力掌控全局。到处都在传说，他
266 已经被情妇弄得神魂颠倒，这个人的名字叫作爱丽丝·佩勒斯。因此，朝中政务被交给了国王的幼子兰开斯特公爵冈特的约翰。约翰与长兄不同，他并不得人心。据说国王周围的一群御前顾问利用国库资源，做尽了损公肥私的勾当。1376 年春天，议会为征收新税而召开会议。下议院的议员提出，除非清君侧，除掉某些“奸邪的御前顾问”，否则他们不会参与审议。

这一届议会被称为“善人议会”，它力求“矫正国内的时弊”，自称因“代表国内的公众”而聚集于此。接下来，它将采取行动反对阴谋欺骗国家的腐败廷臣和商人。可是他们遭到了弹劾，被送到上议院受审。其中有一两个人逃到了国外，其他人则遭到免职、监禁或被罚没财产。这对下议院的效能是一次较早的考验，此前下议院就已经显示出果断行动的能力，而这场风波则是早年对它的一次考验。不过，它代表的也并不是平民百姓的自由，因为实际情况已经证明，它同样可能断然拒绝农民和劳工的诉求。第二年，它又推出了同样可恨可怕的“人头税”。议员只关心他们所属的那伙特定“民众”的利益。

黑太子死于善人议会的开会期间。次年，也就是 1377 年，他的父亲也驾崩了。据说爱丽丝·佩勒斯在老国王于谢恩宫临终之际，从他手里扒下了他的戒指，但这很可能只是一个用于道德说教的传说。法兰西战场上的失利已经让他头上廉价的光环褪色了。他最终一事无成，多为咎由自

取。但是，在他当国的50年间，英格兰已经成为一个具有凝聚力，或者说至少是组织有序的国家了。

他的统治还产生了一个同样重要的结果。爱德华三世早年在斯鲁伊斯和克雷西取得的胜利以及攻下加莱的战果，都大大地增强了英格兰人的国家认同感。人们可能毫不关心爱德华对法国王位的继承权，但他们理解应该用武力对抗“外人”。前方战场上的消息会在市场上的十字标[*]或者在教堂的布道坛上发布出去，然后迅速传遍全国。如今掌控全国商业的是英格 267
兰商人，而非意大利或德意志商人。例如在赫尔港口，1275年英格兰出口商只占商人总数的4%，到了1330年，这一比例上升至近90%。

《农夫皮尔斯》中有一位人物说过：“我完全理解，用英语最能传达我这番话的意思。”有必要指出的是，乔叟的诗歌创作也始于他在爱德华三世宫廷的任职期间。他的早期诗作是用法语写的，但是母语的力量战胜了他恪守的文学常规。乔叟珍视英文口头语和书面语的表现力量，认为它与古典语言相比不落下风。在《特洛伊罗斯与克瑞西达》和（尤其是）《坎特伯雷故事集》当中，他创造和打磨出一种既有高雅抒情性，又能取得最庸俗的戏剧效果的语言。这已经是莎士比亚所用的语言了。乔叟在世期间，英语已经取代法语成为学校教学的语言，在下一任国王理查二世的统治时期，英语将成为宫廷语言。

人类的智慧是没有止境的。在爱德华三世统治时期，第一台机械钟表被引进英格兰。它就像长弓的出现和农奴制的没落一样，标志着围绕封建制度和四季流转而建成的中世纪世界的死亡。早在1347年，就有人提到港口开始用上起重机了。 268

* 市场上的十字标（Market Cross），旧时市场上用来张贴告示或宣读命令的十字架形状的建筑物。

24

宗教生活

自6世纪奥古斯丁让英格兰人接受罗马教廷的至尊地位之后，在此后的800年中，英格兰教会已然成为英格兰统治阶层的一部分。这就意味着教会要履行统治者的所有义务，也要面对它的所有危险。教会变得富可敌国。它一直很有权势，重要的神职人员成为国王安邦治国的左膀右臂。主教实际上就是国王的办事员，他们均按照一套错综复杂、等级分明的任职制度得到遴选和提拔。他们有自己的小型武装部队，由骑士和扈从组成。有时候，主教还带领他们上战场。

教会是英格兰最为富庶的地主，因而也是最大的雇主。圣洁和虔诚的神职人员固然存在，但大多数教士的生活已经无异于世俗人物。绝大多数主教和修道院院长过着骄奢淫逸的生活。低级的僧侣也过得很舒服，祈祷和学习的义务被打猎消遣等人们所熟知的活动所取代。他们赌钱、酗酒；不是玩弄儿童，就是追逐女性。

教区神父通常都是世俗的神职人员，他们都是无知无识之辈。他们和
269 教民们一样耕种土地、收获粮食。虽然有些神父也为人们提供精神慰藉，悉心举行圣礼，但多数神父树立的都是糟糕的榜样。他们公开轧姘头，玩忽职守。他们出入市场和酒馆的频率远远多于去教堂。例如，康沃尔的居

民向温莎大教长投诉他们的神父，他们在请愿书中写道：“此人犹如耳聋，除非向他忏悔丑闻，否则他什么也听不清；他嘴巴也不严，喝醉之后泄露了教民的忏悔……他还把圣器卖给教民，即便有人邀请，他也不愿为处在分娩最后阶段的人主持仪式。”

在饥馑和瘟疫肆虐的年月，人们在祈祷和克己节欲方面始终表现出更加悲戚和更加强烈的态度。在稍后不久的时代，在识文断字的人当中开始流行祈祷手册。这并不足以构成对于教会权威的否定。教会仍被视为天经地义之事，但虔诚之士开始渴望获得接触上帝的新途径。不过，还是有人开始质疑教会的财富；有些骑士和伦敦商人尤其反对神职人员在社会和经济生活各个领域的虚伪做派。在 1371 年召开的议会上，他们提出公家应当接管神职人员的土地，用来充实公共资金。

约翰·威克利夫的生平和事业必须放在这个背景之下，才能恰如其分地得到理解。他本人是神父出身，曾在牛津大学莫顿学院担任研究员，后来当上了该校巴里奥尔学院的院长。他拥有神学博士学位，无论是作为教师还是作家，他在这个行当里都声名卓著。他人称“牛津之花”，同时代的很多人认为他是“他们所知的、依然在世的最伟大的神职人员”。他有两块“封地”，那是两片农村教区，虽然他从未去过，但从两地领取俸禄。他也引起了朝廷的注意，因为对王室的贡献而被赐予聘金。

对于朝中之人（冈特的约翰就是其中之一）来说，他是有用之才，因为他公开反对神职人员拥有财富和特权。他对教会拥有世俗财产深恶痛绝。在这方面，他与某些贵族和乡绅意气相投。他还是一名勇于提出自己 270
观点的学者，毫不顾及周围人的感受；他遵循理性之光（或鬼火）的指引，无论自己被引向何方。他用大学拉丁文写作，在《论圣餐》和《论教宗权力》等著作中，他斥责教会的特权和腐败。当然，印刷术在当时尚未问世，无法借此传播他的思想，所以他的作品只能以费时费力的手抄本形式才能行世。

在这些手抄本中，他拥护《圣经》的力量，还提出上帝的圣言要比教会的教阶制度更重要。他信奉预成论。根据这种神学理论，上帝早已择取他的选民。教宗完全没有必要搞一套复杂的机制去彰显教会的权威，这只会给个体灵魂接近上帝造成阻碍。按照他的教导，只有国王（而不是教宗或者主教）才有资格布施恩典。他斥责教宗是反基督的人，而托钵修士和修道士则令人厌恶，是社会上多余的人。威克利夫还谴责圣徒崇拜，说它是有失虔敬的偶像崇拜。或许更为重要的是，他否定了圣餐变体论——圣餐中的面包和葡萄酒是基督的圣体和圣血。他针对教士阶层的基本态度在当时已司空见惯，但他反对圣餐的观点令他被指控为异端。据说他成了一条播撒分裂种子的“邪恶蠕虫”。

目前我们还不清楚，英格兰首部本土语言的全本《圣经》（“威克利夫《圣经》”）是否全部出自他的译笔；这似乎是他在牛津的追随者所为，但其中无疑贯彻着相同的变革精神。威克利夫想让上帝之言绕过教士直接传达给人们，他尤其想把《圣经》带给乡野村夫。农夫本应听到上帝之言，并且按照自己的理解，出于自身的目的去阐释《圣经》。这正是教会反对之事。圣彼得本人明确说过：“经上所有的预言，没有可随私意
271 解说的。”（《彼得后书》1：20）

威克利夫没有遭到正式的控告，也没有遭受审判，就退隐拉特沃斯，安享神职俸禄，潜心研究。但是，他被成功地禁言了。到了下一个世纪，他的遗骨应教宗之命被挖了出来，焚烧成灰。不过在14世纪70年代，教廷还没有镇压异端的正式机构。事实上，当时的人们还不大知道异端是怎么回事，反异端并不是什么必要的举措。在时人心中，异端都是海外狂热分子，例如朗格多克的清洁派教徒或者是来自里昂的韦尔多教派信徒，他们都不是英格兰人，也不可能是英格兰人。

然而，威克利夫在大学里宣扬的教义，很快就在民间的传教者和分裂派分子当中生根发芽了。他们因为他攻击教宗、抹黑教会而欢欣鼓舞。这些狂热分子被称为“劳拉德派”。这个名字取自低地荷兰语中的 lollen 或 lallen，意思是“歌唱”。聚集在威克利夫周围的学者也形成了一个非正式的组织，向易受影响的听众宣讲教义。但除此以外，学院和教派之间的联系就无处寻觅了。一位持有敌意的同时代人写道：“除了摆出谦卑的姿

态、低头颔首、不修边幅和伪称斋戒之外，他们一无所长；他们故作言辞朴实，以此证明自己对上帝和邻居充满了热爱。”

无论他们的热爱有多真挚，这些拥护威克利夫观点，并且向其中添加自己思想的劳拉德派都已然形成了一场广泛的运动。圣礼不过是僵死的符号。世上没有炼狱，只有世俗的生活，所以弥撒对于死者来说没有任何价值。面包并没有因为教士的小声祈祷而变得神圣。只有当教士具备上帝赐予的德行，忏悔才能生效，但这样的教士根本就不存在。祈祷之于死者，犹如吹气让巨轮扬帆出海，是毫无意义可言的。没有财富的主教是什么样子？只有乌有之乡才有这样的主教。坎特伯雷的圣托马斯已被打发到地狱，因为他让教会发了财。教宗是“坐在众水上的大淫妇”（《启示录》17：1），手里拿着一杯毒药。麦酒带来的好处远胜“四福音书”。有时候，劳拉德派还会提出一些比较怪诞的观点，足以让人解颐喷饭。有一个 272
名叫威克海姆的威廉的劳拉德派成员，竟然认为大地在天空之上。

劳拉德派在城镇以及沟通城镇的商路沿线取得了成功。它是商人和工匠的信仰，而非农夫的宗教。因此，它在伦敦、布里斯托尔、考文垂和莱斯特都有不小的势力。不过虽说不小，但每个城镇的信徒也就几百人。它一直顽强存续着，后来还招致王室的报复。

“畸形人”莱斯特的威廉·史密斯是个新入伙的劳拉德派；他在莱斯特办了一所学校，位于麻风病人收容所旁边的圣约翰礼拜堂。他不吃肉，也不吃鱼，还戒掉了葡萄酒和啤酒；他走路不穿鞋，还依靠自学掌握了识文断字的本领。有一天晚上，他和几位门徒饥肠辘辘地坐在礼拜堂旁边的一家小酒馆里。他们手头的蔬菜都是从地里摘来的，但没有柴火做饭。威廉·史密斯想到了礼拜堂里的圣凯瑟琳雕像。他说道：“看，我的朋友们！上帝已经为我们提供了柴火；这座雕像就是上帝的柴火。经过斧劈火烧，她会重新经历殉教过程，或许经过忍受残酷的疼痛，她将来还能上天国呢。”他举起斧子，继续说道：“让我们看一看她是不是真正的圣徒。如果她真的是，她就会流血；如果不是的话，正好用来烧火做饭。”这段话道出了劳拉德主义的真谛，它反对圣像，认为它们只不过是毫无感觉的偶像而已。然而，在普通人看来，这简直是骇人听闻的罪行，于是有人向当局告发了史密斯的言行。城镇官员命令他脱掉鞋子、剃光头发，右手举着圣凯瑟琳的圣像，在莱斯特的圣玛丽教堂加入游行队伍；在游行开始、过半和结束的时候，他都要下跪。在星期六的集市上，他还要将这个仪式重复一次。

并非所有的劳拉德派都是穷人或弱势群体。圣马丁的劳伦斯爵士就曾当过威尔特郡的治安官、郡长和议员，他在 1381 年参加了复活节弥撒，并且领受圣餐；但他并没有吃掉祝圣的面饼。他将它分成三份带回了家，
273 就着牡蛎吃掉了第一份，就着洋葱吃掉了第二份，然后又就着葡萄酒吃掉了剩下的那一份。他的罪行被人看到，遭到了谴责。在他的余生当中，他每逢星期五都得当众悔罪；他必须跪在一座石制的十字架前，这座十字架上刻写着他的犯罪经过。他还被撤掉了郡长职务。当然，不信基督教的还是大有人在。圣三一修道院院长阿尔德盖特认为："许多人不相信上帝的存在，他们也不相信肉体死亡之后还有灵魂。他们以为宇宙就一直是眼前这个样子，支配它的是偶然，而非天意。"

大多数人只是没有走到异端的地步。某些骑士和大人物只是认同新教派教义中的部分内容。他们中的有些人会手拿宝剑和盾牌，参加劳拉德派的布道会，以免牧师遭到旁观者的羞辱。这些人不一定是真正的异端分子；他们感兴趣的是威克利夫对教士阶层和教会财产的攻击。然而，真正的虔诚之士也大有人在，他们会参加名为"现代虔信派"的各项活动，遵奉内在的精神生活，以及个人对上帝谦卑的热爱。

在 15 世纪初，天主教大会向议会发出号召，要求对劳拉德派采取行动。他们依然是一个小教派，但势力似乎在扩大。他们在心怀不满者当中很有市场。教会当局非常担心任何可能出现的后果，所以就在 1401 年颁布法案，反对"某个新教派，它对圣礼的看法非常可鄙，试图篡夺布道的职事"。劳拉德派在四处煽动，鼓动造反。主教被授权逮捕和囚禁任何不法分子。如果他们不放弃有害的信仰，他们就会被当众"吊起来"烧死。火刑首次被确定为针对异端的最高惩罚。在下一个世纪中，火刑将成为英

格兰司法的名场面。

第一位殉难者是伦敦牧师威廉·索特，他曾经宣称弥撒用的面包就是 274
普通面包，而非基督的肉身。1401 年 2 月 26 日，他在史密斯菲尔德被塞进木桶里，然后付之一炬。

威克利夫和劳拉德派究竟在多大程度上预示了 16 世纪的宗教改革？他们的某些教义确实与后来路德派和加尔文派宣扬的理念有相似的地方。憎恶教宗和教阶制度、反对圣餐变体论、拒绝偶像崇拜、日益倚重本土语言的《圣经》译本，这些东西都是他们在反对天主教会的过程中所体现出的共性。不过在 14 世纪，持有这种态度的毕竟是少数人。它们的传播还不够广泛，并且遭到绝大多数人的反对。《坎特伯雷故事集》中的一位朝圣者曾说："我闻到了风中飘过劳拉德派的味道。"改造英格兰的宗教信仰，还需要另外的偶然机缘，以及另外一批人物。

在 14 世纪，绝大多数英格兰人的宗教信仰还属于为人们所熟知的极端正统的派别。人们不喜变化，也没有末日将至的意识。教会是生活的一部分，就像天气一样无所不在、笼罩一切。英格兰是一个充满圣徒的岛屿，从 12 世纪开始，圣徒崇拜就风靡全岛；在那个世纪里，有 17 位英格兰男女被教会宣布升天，列入"真福品位"。

这里盛行着所谓"垂直式"教会建筑风格，这是英格兰特有的一种建筑形式，在爱德华三世时代最为繁盛。正如乔叟在文学创作中舍弃了法文而使用英文一样，在 14 世纪后半叶，伟大的英格兰石匠也放弃了法兰西的辐射式建筑风格。在这些石匠当中，最伟大的当属亨利·伊夫利。他和乔叟同一年去世，其早年主顾冈特的约翰也是乔叟的恩主。所以二者的人生可谓遥相呼应。伊夫利主持过的项目有温莎城堡、威斯敏斯特大教堂、坎特伯雷大教堂、达勒姆大教堂以及圣保罗大教堂，他还监造了全国
各地的许多城堡和大圣堂。 275

垂直式建筑风格完全为英格兰所独有，它初步形成于格洛斯特大教堂的建造过程。英王在重新修建温莎城堡的过程中也引入了这种风格。它由

此成为各种教区教堂的范式，此后又成为中世纪英格兰的主导建筑风格。垂直式风格朴素、整齐，带有高耸入云的石头柱子；在纤巧的扶壁和拱廊之上是巨大、壮观的拱顶。这种风格的看点在于垂直的线条。其效果在于简朴和壮观。这是一种庄严肃穆的风格，或许是受到黑死病肆虐之后举国上下阴沉忧郁氛围的促动所致。精雕细刻的风格已经不再盛行，正如坎特伯雷大教堂的中殿所证明的那样，重点在于整体效果而非引人称奇的细节。这种风格具有追求一致性的本能。

英格兰的 9 000 座教区教堂是众人集体活动的中心，这里是集结生者和纪念死者的地方。这里是教区居民受洗、婚丧嫁娶的地方，还是宣读王家告示的地方。地方选举、地方账目听证在它的中殿里举行。社区里值钱的财物会存放在教堂的柜子里，落上锁头。教区居民之间的纠纷和谈判，也都在四壁绘有圣人和使徒圣像的房间内举行。天使和圣徒的雕像从带有悬臂托梁的房顶上俯视着下面的芸芸众生。财产的转让和约会都在教堂的门廊内举行。每座教堂都有自己的酿酒坊，酿造“教堂麦酒”。许多教民都加入了宗教社团，他们在社团中自愿捐赠财物，对布道坛或附属的小礼拜堂进行维修和养护。到了吟唱赞美诗的日子，教区成员会步调一致地绕着教堂列队行进，有时候还有人向他们撒花和抛掷未经祝圣的面饼。教堂庭院在星期天就成了集市，这里还会举行摔跤和球赛活动。但是，教堂也是一个令人生畏的神圣场所。教堂大门的钥匙被奉为治疗狂犬病的灵丹妙
276 药，教堂的钟声可以驱逐风雨雷电中的魔鬼。教堂礼拜仪式本身被视为神奇的巫术。有时候，经过祝圣的面包和酒还被领圣餐的人保留下来，用于治疗疾病和防范巫妖。

弥撒是乡村生活的一部分；在神父于圣坛屏后面高坛上的祭台旁边举行弥撒的过程中，人们会闲聊、打哈欠和窃窃私语。高坛由教士维护，中殿则由教民负责。位于中殿和高坛之间的圣坛屏是一块装饰精致的木板，上面涂着或雕刻着耶稣受难和末日来临的景象。在举行礼拜仪式的过程中（除了在圣餐祝圣期间），不断地会有人小声说话，偶尔还会有人迸发出

笑声。正经的讲道和布道则比较罕见。

当人们站在教堂里，或者跪在铺着灯芯草或稻草的泥土地上时，狗和鸡就在人群中逡巡游荡。有时候，来到教堂的人只不过在这里走上一圈，看一看圣母玛利亚或圣徒的雕像。在 13 世纪末，教堂试图安置座椅，但是直到 15 世纪才出现了教堂长椅。地位之争是常有之事。谁有资格最先领圣餐？有些人在教堂里下象棋，有的教徒甚至掷骰子赌博。女性则把针线活带进教堂。就连弥撒的过程中都有可能发生争吵和打架。双方经过交涉后可能会握手言和。这就是 14 世纪充满生机和活力的宗教生活，天堂在这里与俗世不可分割。 277

25

天下大乱

波尔多的理查登基加冕为理查二世，那时的他年仅十岁。他是黑太子的儿子，因此与已故的老国王血缘关系最近。1377 年夏天，他在银枪高挑的蓝绸伞盖下被迎进威斯敏斯特大教堂。当唱诗班唱起祈祷文时，他拜倒在祭坛前面。漫长的仪式尚未结束，这个孩子已经累得疲惫不堪，只好被送到大教堂的私人房间内休息。第二天早晨，教宗使节和显贵召开大会，推选出一个由 24 人组成的少数派咨议会。大家原以为冈特的约翰会一马当先，因为爱德华三世在世的诸子当中，他年龄居长；不料，在确保同党可以进入咨议会后，他退回了肯尼尔沃斯城堡。他或许在伺机而动。

少年天子就这样在举国上下民怨沸腾的时机加冕。由于瘟疫横行，劳动力短缺，大地主如敲骨吸髓般盘剥着没有人身自由的佃农；禁止工资上涨的法令尽管只是时断时续地生效着，却依然是民怨的重要源头。沉重的
278 赋税导致民意普遍不满；由于英法之间战事未决，军需供应还是需要得到满足。就在新王加冕的几天前，法王查理五世的部队才劫掠了拉伊，并放火烧毁了黑斯廷斯。

然而，新国王面临的真正考验还要等五年才会到来，那时的他将面临英格兰历史上规模最大的叛乱。1380 年 11 月和 12 月，议会在北安普敦

召开。在其中一次会议上，下议院流传出“一个臭名昭著的巨大谣言”，说约克郡发生了一件“可怕的事情”；一群叛乱分子手拿刀剑和斧子，闯入了约克的市政厅，驱走了市长。他们此举意在抗议王家法庭强加给他们的沉重赋税。

尽管如此，北安普敦议会还是将人头税提高了三倍。这已经是四年之内第三次征人头税了。顾名思义，人头税指的是落在每一个人头上的税。这种征税方式毫无公平可言，穷人和富人缴纳的税额是一样的。但富人有的是避税的手段和机会。所以说，大部分负担落在了穷人身上。这种作为自然会导致骚乱，朝廷为了确保税金的征收，向抗税地区派遣司法官员。伦敦的专员婉言拒绝了这份苦差事，理由很充分，干这个活实在是太危险了。

最先起来抗税的是埃塞克斯的居民；1381 年 5 月 31 日，一名王家官员在布伦特伍德遭到攻击，被人给打跑了。反叛行动迅速蔓延到肯特、萨福克、诺福克以及赫特福德诸郡，有 340 个村庄卷入其中。这些郡受瘟疫的影响最大，故而叛乱和瘟疫是有关联的；这些地区最容易在人口大量死亡之后经历经济的动荡。在中世纪社会，变化总是令人心神不宁、心惊胆战的。此外，埃塞克斯和肯特对劳工法的执行也最为严格。这些因素也是人们揭竿造反的原因。

肯特的暴乱分子占领了坎特伯雷大教堂，释放出监狱里关押的所有犯人，其中有一位名字叫作约翰·鲍尔的教士。造反分子焚烧了记录下预估税额的郡府卷宗。第二天，人们闯入梅德斯通监狱，放出了里面的犯人。他们已经有了响亮的口号：“约翰·鲍尔问候大家，他知道你们欢迎他，他为你们祝福。”

6 月 11 日，各地的造反分子一致同意进军伦敦，这场运动开始变得 279
益发危险。那里既是人民苦难的发源地，也是王家官员和律师的大本营。据估计有 3 万人前往伦敦。肯特郡的人一直最凶猛，他们一路北上，埃塞克斯的人们西进，赫特福德郡的人则南下。赫特福德郡的人在海伯里安营扎寨，埃塞克斯的人在米尔恩德休整待命。他们就是在这个时候得知，起义已经遍布英格兰各地。诺里奇、圣阿尔本斯、温切斯特、约克、伊普斯维奇和斯卡伯勒纷纷爆发了骚乱。

在瓦特·泰勒（也作砖瓦匠瓦特）的领导下，肯特人于6月12日聚集在苍草地。国王为安全起见已经退守伦敦塔，但是在6月13日，他和心腹大臣同意在荒原接见抗议者的代表。国王一行乘坐四艘驳船沿泰晤士河顺流而下，他们想在罗瑟尔希斯登陆。但是南岸聚集的叛乱分子实在太多，他们根本找不到安全的登陆地点。此时的年轻国王可以清楚地听到可怕的尖叫和呼喊，很快，伦敦大街上就有人做出了响应。有位编年史作者写道，叛乱分子“弄出这么大动静，让人们仿佛觉得魔鬼已经与他们为伍”。驳船只好又返回伦敦塔。

国王一行的折返让叛乱分子怒火中烧。泰勒带领人马扑向伦敦。他们攻克了位于萨瑟克的马夏尔西监狱，释放了里面的囚徒。还有一伙人焚烧了存放在兰贝斯宫的税收记录。然后他们一路前行，穿过了伦敦桥。伦敦城里的人们反对关闭城门。其实他们很同情造反者。伦敦人也因为不得人心的战争而深受王家税收的压榨。乱民沿着弗里特街蜂拥而至，他们打开了弗里特监狱，洗劫了律师协会所在地新殿。伦敦人受到了其行为的鼓舞，放火焚烧了冈特的约翰居住的萨伏伊宫，并且杀死了他手下的许多官员。在国王尚未成年的时代，冈特是英格兰首席大贵族，在他身上郁积的民怨最大。

280 年轻的国王站在伦敦塔的窗户旁，眺望着满城烧杀抢掠的景象，他询问身边人该如何是好。没有人知道答案。但他已经十五岁了，到了这个年龄，他已经可以自己拿主意了。他想亲自前往米尔恩德，与叛乱者对话。他想借此将对方从城中引至东郊，好让宫廷人员及其家人借机从伦敦塔里逃走。然而在这件事上，他只取得了部分成功。

6月14日星期五，他骑马走了一小段路，来到了米尔恩德。陪伴他的是伦敦市长威廉·瓦尔沃斯和王家骑士。他已经显示出王者的气象和胆识。当国王一行人抵达时，反叛分子跪在地上，其中一些人大喊：“欢迎理查王。我们只认您是国王。”接下来，理查问他们还有什么要求。他们想揪出“叛徒”，而所谓叛徒就是那些对他们横征暴敛、残酷骚扰的官员。他们的诉求是解散恶棍政府。国王答复说，任何人只要依法被证明犯有叛逆罪，就可以交给他们处理。这是为了平息对方的怒火而采取的权宜之计。他们还提出一项要求：解放所有农奴，规定每英亩（约 0.4 公顷）的租金为 4 便士。这些要求都得到了理查的同意。然而，某些“叛徒”此时已经被迅速处决了。一群反叛分子趁国王不在闯进了伦敦塔，揪出了藏身其中的坎特伯雷大主教和官员。这些人被带到公开行刑地塔山，被砍了脑袋。

在此后两周的风暴中，将会有更多的人流血牺牲。成群结队的反叛者一旦遇到行人，便询问对方“你支持谁?”如果对方回答的不是“支持理查王和平民百姓”，就会遭到殴打，甚至被砍头。反叛者宣布，他们不会拥戴名叫“约翰”的人当国王，这里明显指的是冈特的约翰。在英格兰各地，领主们的庄园惨遭劫掠，庄园的住户惨被杀害。律师和治安官频频被捕，征税记录被付之一炬。我们在一座庄园法庭中找到了一份具有典型性的记录；题头写着如下文字：“这是叛乱和焚烧卷宗之后的首次开庭。” 281

战争与瘟疫的作用已然显现。在 14 世纪的这段时期内，几个邻国也出现了百姓造反的情况。在弗兰德斯，平民百姓起义反对统治他们的伯爵路易，并且将他驱逐出国门；法国的扎克雷发生起义。巴黎、鲁昂和周围的乡村也掀起了骚乱和流血事件的浪潮。在佛罗伦萨，以剪羊毛工为主力的民众造反运动摧毁了这座城市的政治结构。

6 月 15 日，就在年轻国王前往米尔恩德的第二天早晨，理查又来到史密斯菲尔德与反叛分子谈判。瓦特·泰勒带领 2 万起义军在那里坐镇等候。泰勒一看到理查，便骑马跑上前与之交谈。就在这时，旁人看到他好像要威胁国王，或者至少表现出无礼的态度。他开始玩弄手中的匕首，又把手搭在国王坐骑的缰绳上。伦敦市长担心他有谋逆之举，便拔出短剑刺向泰勒的喉咙。身受重伤的泰勒往前骑行了一小段，然后被人送到了史密斯菲尔德附近的圣巴托罗缪医院。

这一变故让反叛分子大为震惊和愤怒；他们甚至拉弓准备放箭。年轻的国王见状催马过来，跑到弓箭手队伍前面。他向他们大声喊话：“你们想干什么？泰勒是谋逆分子，由我来当你们的领袖。”他果真带领他们向北走了一段路，进入伊斯灵顿，而市长带领1 000名全副武装的士兵埋伏在那里。反叛分子陷入了国王设置的陷阱。起义头领下跪请求原谅。有些官员想当场处置他们，但国王明智地制止了他们的行动。他命令造反者各自回家，禁止外地人在伦敦过夜。在这之后不久，泰勒就被带出医院，在史密斯菲尔德被砍下了头颅。

几天后，理查撤销了他在米尔恩德赐予民众的解放诏书，其理由是当时的他受到暴力威胁，实属不得已而为之。起义被扑灭后，他前往埃塞克斯视察。有一群村民请求他信守几天前许下的誓言。正如一位编年史作家
282 所描述的那样，理查的反驳之词值得史册大书特书。他说：“你们这些可鄙之人，无论在哪里都招人讨厌。你们不配和领主平起平坐。把我的话带给你们的同伙，你们现在是乡巴佬，将来也永远是乡巴佬。你们依旧要当农奴，不过比起从前，你们的处境只会更加悲惨。只要我活着，我就会使劲压迫你们，你们的惨状将成为你们后代的榜样。”当年晚些时候，有人在议会上提出废黜隶农制。此事关系到上院议员和下院议员的利益，结果遭到他们的一致反对。这标志着这次起义的基本结局。

有些地区（例如顽冥不化的埃塞克斯）受到的惩罚非常严厉。领头造反的人都被砍下了脑袋。约翰·鲍尔在圣阿尔本斯被捕，先被送上绞架，后被四马分尸。瓦特·泰勒此前已经一命归西。他们死后成了民间记忆中的英雄。然而，当局在其他地区的反应比预想的要温和得多。显然，他们不想火上浇油，让已经岌岌可危的形势变得更加可怕。

这次失败的造反行动后来被称为“农民起义”，这种说法暗示，造反者来自最底层的农民阶级。但法庭记录显示，参与者基本上都是农村生活中的头面人物，他们在乡里当过乡长、警察和陪审员。可以说，这些人之所以造反，绝不是出于偶然原因或者说出于政治投机。事实上，他们明确地发出了民怨。他们既反对征收人头税的司法专员，也反对地方显贵造成的司法腐败。黑死病后颁布的各种劳工法令和法规实际上改变了法律的角

色。法律不再是维护集体正义的工具；相反，它已经成为敲诈勒索的机器。这台机器就是为了控制和驯化底层阶级而设计出来的。造反者也抗议日益徒劳无功的战争，因为毕竟是他们在为战争买单。他们也声讨贪得无厌的领主，言辞激烈地反对无视乡村民生的贵族阶级。 283

当他们的主张与诉求汇合到一处，便合成一股反对 14 世纪生活状况的集体意识。约翰·鲍尔曾在苍草地的布道会上宣布：“善良的人们啊，英格兰的情况不会变好，除非一切归公，既没有隶农，也没有绅士。这些绅士住着好房子，而我们却顶风冒雨，在地里痛苦地干活。让我们找国王去。他还年轻。让他看一看我们遭受了多么痛苦的奴役。”

其他四处巡游的布道者也紧紧地抓住平等和正义的古老主题，他们从一个教区赶到另一个教区，趁着村民离开教堂的时机向他们发出号召；他们的布道主题是天下的一切东西都应该归公共所有。6 月 13 日是圣体节，而国王的驳船正是在这一天在造反者面前返回伦敦塔。在圣体节领圣餐的宴会上，整个社区都会被视为圣体的象征，而村民们在这一天举行庆祝活动，列队吟唱赞美诗，每条大街小巷都有人兴高采烈地拿着圣餐。所以说，反叛者在领圣餐这一天步行或者骑马赶过来，在某种意义上就是宣布自己的行动具有神圣性。神圣的面包由多种谷物制成。而基督就是磨坊主。

当时有一种说法认为鲍尔是威克利夫的追随者，而且劳拉德派教义也是叛乱被煽动起来的一大根源。由于劳拉德派绝对不是一场席卷平民大众的运动，所以这种联系在很多方面都不大可能成立。但是，变迁和革新理念确实在四处流传。威克利夫曾经教导人们：财产权建立在神恩的基础上，罪人没有资格为他人主持礼拜仪式；学者的理论应该易于转化为人们的口号。所以，鲍尔在苍草地布道教导说：所有人生而平等，社会把人分为三六九等是压迫者有意为之。上帝希望人类恢复原初的自由。

在起义过程中，各种歌曲和谚语纷至沓来，犹如火堆中迸发出的火星。“杰克·杜鲁门会让你知道，虚假和欺骗大行其道为时已久，真理已经被封锁。虚假支配了每一批教徒……原罪像洪水一般四处漫延，真正善 284

好的仁爱却没了踪影，教士令我们患得患失……无论谁做了坏事，无论在什么地方做了坏事，都是针对我们所有人的伤害……我们要运用公正，使用力量，运用技巧，使用意志；让力量帮助公正，技巧先于意志，公正先于权力，我们的磨坊才能正确运转……平民百姓是上帝种在世俗王冠里最美丽的花朵。”

这场叛乱的余波让人深感不安，甚至心惊胆战。事发 11 年后，有位编年史家叙述了它的始末，他评论说：“英格兰各地的民众都认为总有一天还会发生一场大起义。”此后 200 年间，当局最担心的就是地方造反。大规模反叛运动将会给国家带来灾难。1381 年之后，各地的确发生过零星的叛乱，但它们多是反抗地主压迫的“抗租”运动。不过，当局面对剑拔弩张的紧张局面，的确采取了一些行动，去平息农民的怨气，满足农民的要求。他们没有进一步征收人头税，至少在中世纪时期从此绝迹。农奴制逐渐被废除，劳动者的财产也增加了。这次反叛行动确实彰显了自由，也极大地促进了古老封建秩序的瓦解。

经过一代人的时间，农工的生活水平有了明显的提高。尽管当局多次立法禁止工资上涨，但实际工资还是有所增加，有一首名叫《农夫如何学习主祷文》的诗歌显示，农工日常饮食中的猪肉、鱼和奶制品极为丰富：

11 月：在圣马丁节，我杀了一口猪；
12 月：在圣诞节，我喝红酒。

人的平均寿命也提高了。服饰史学家指出，14 世纪末的服装更加艳丽、奢华了，珠宝首饰也变得更为醒目了。

国王本人安全地通过了一场严峻的考验。他平息了英格兰历史上第一次也是最后一次平民起义。他后来的行为表明，经历此次事变之后，他的自信心以及他对君权神授的笃信程度都翻倍增长了。这个十五岁的少年居然单枪匹马让那么多叛乱分子俯首帖耳，的确是当国王的好材料。他身高 6 英尺（约 1.8 米），满头金发，面庞略显女性化；他长着一对大鼻孔，

颧骨突出，眼皮厚重。诗人高厄在他继位之初，称他是“所有国王中最美 285
的人”和“少年之花”。他的话可能带有阿谀奉承的成分，但那个时代的编年史家异口同声地强调理查的貌美。他似乎确实是个英俊少年。

不过，他的举止很鲁莽。他一情绪激动就有些口吃，还容易脸红。他的脾气有些阴晴不定，他总是急于表现国王的威严。他对埃塞克斯叛乱者讲的那番话，无论是否出自他本人之口，倒是符合他的个性特征。关于其言行的记载往往能佐证那番话的真实性。他曾对某位伯爵说：“我是国王，也是你的领主。我将继续高坐王位，哪怕有再多的敌人，都要成为比过去更伟大的领主。”他发起怒来很是吓人，这一点很像他的金雀花祖先。他曾经用剑指着坎特伯雷大主教，若不是有人拦着，他肯定会痛下杀手。有位仅留下“伊夫舍姆的僧侣”之名的编年史作家说他喜欢华丽的服饰，总是以傲慢的态度示人；他害怕战争，更喜欢在夜间“与朋友狂喝滥饮”、恣意胡为，做些“令人难以启齿”的事情。有人说，作者是在暗示理查有同性恋的嫌疑。但是，僧侣眼里的许多事情都是令人难以启齿的。

理查看重自己的王者地位，这等于是说他喜欢仪式和排场。他还喜欢打扮。有一次，他穿了一身白缎子套装，衣服上挂着镀银的鸟蚌壳和河蚌壳；他的紧身上衣饰有金线刺绣的橘子树。他喜欢主持比武大会，但他对真正的战争没有兴趣。皇亲国戚兰开斯特的托马斯后来公开说：“他太懒惰了，只知道吃喝玩乐、睡觉、跳舞和跳腾。”中世纪文献经常提到“跳腾”（leaping about），却并不解释这个词究竟是什么意思。按照傅华萨的说法，兰开斯特的托马斯接着评论道：“应当以军功获取荣誉和强身健体的军人不应当过这样的生活。”

1383 年，年轻的国王宣布他准备亲政了。在前一年的年初，他就预
先做了准备，迎娶神圣罗马帝国皇帝的女儿安妮，当时双方均为十五岁。 286
编年史家称安妮有着“可怜兮兮的小身板”。如今的理查有了强大姻亲的支持，自己又把持住政权，他觉得自己已经可以一脚踢开世袭领主圈子，随心所欲地选择自己的心腹谋士了。结果，此举惹恼了他的两位王叔：兰

开斯特公爵冈特的约翰与格洛斯特公爵伍德斯托克的托马斯。两人为了反对所谓的“奸邪谋士”离开朝廷，退隐私宅。理查害怕他们篡位，便在朝廷内部安插宠臣。这位新王滥施封赏，毫无节制地赐予他人土地、城堡和爵位；他大量借钱，不惜拿出英格兰王冠当抵押品。那些没有得到赏赐的旧贵族对他益发不满，蠢蠢欲动。君主狐疑，臣子嫉妒，这本来就是历史的老套路。但是，由于理查敏感多疑，事情就变得益发复杂和麻烦。朝廷再次险象环生。

1383 年，英格兰出兵弗兰德斯，想把它从法国人的手里解救出来。这场战争英格兰人打得很窝囊。英军主帅是诺里奇主教亨利·德斯潘塞，战争的结果证明这位主教并不是一位合格的指挥官。经过充分的军事准备后，他挥师攻打弗兰德斯的各个城镇，但牺牲者却是弗兰德斯市民。据史料记载，“在一次大屠杀中，当地的男男女女、老老少少被一起砍死了”。这位主教可能认为，他这么做是在拯救他们的灵魂。德斯潘塞的军队之后被团团包围，他甚至没有和法军交锋，便签署了停战协议。这一年国王原本计划入侵法兰西，但考虑到高额税负和平民起义重演的可能性，他只好选择罢手。

两年后，英格兰又饱尝败绩。法兰西和苏格兰一直是盟友，他们迫切地想要联手从英格兰北部兴兵入寇。所以在 1385 年夏天，理查二世调集了一批兵马，预先采取行动打击他们。他发出封建召集令，这在英格兰历史上将是最后一次，大贵族被迫出兵响应。英军在纽卡斯尔会师，然后挥师北上。在前往爱丁堡的路上，他们烧毁了梅尔罗斯修道院等宗教场所。
287 国王到达苏格兰首都后，发现苏格兰人已经逃得无影无踪；苏格兰军队正在撤往高地。理查手下的将领劝他追击，但被他婉言拒绝。在军需无法保障的情况下，无所作为是最佳策略。但这次出征并没有提高国王英勇善战的名声。他本来得到机会，一展战争国王的风采，这是君主无可争议的前提条件，但胜利还是与他失之交臂。

这次失败加剧了他漠视战争的情绪。在他后续的执政生涯，他再也没有兴兵攻打过法国人或苏格兰人。他的执政期间将没有值得纪念的战役，没有围攻战，他也不曾征服过什么城镇或城堡。不过，英格兰的财政本身也难以负担更多的军事冒险了。

1386 年春夏，战争在即的流言又开始流传。3 万名法军集结在弗兰德斯海岸，简直可以和征服特洛伊的希腊军队相提并论。拉伊、桑威奇和多佛的百姓接到命令，撤到城中固守，南部沿海的城堡也被加固和重修。伦敦市民接到命令，储备三个月的粮食。据记载，有些伦敦人准备弃城逃难。理查本人谋划再度攻打法兰西，但下议院不肯提供资金。法国入侵的威胁到了年末就消失了。与英格兰朝廷一样，法国朝廷也没有足够的财力长期维持这么庞大的军费开支。秋去冬来，严寒季节也是阻挡法军行动的一个因素。至少在理论上，国事可以继续运转了，英格兰人得以安享太平岁月。

1386 年，议会按照惯例在威斯敏斯特大厅召开，但是理查为议员准备了一个惊喜。大厅里摆放了从“忏悔者”爱德华到理查本人的十三位英王雕像。这些雕像比真人还要大，它们俯视着议会的议程。这个举动很有标志性，它透露出理查本人的王权概念。君主的力量就体现在他让卑下的臣民望而生畏。 288

事实上，这种做法并未奏效。上议院议员向国王递交了好几封请愿书，想遏制他滥用权力。国王被指控藐视法律，无视御前咨议员的建议。他因任命和奖励不合格的谋士而受到谴责；他不听从旁人的建议，便任意赏赐土地和官职；为了增加收入，他还随意赦免强奸犯和谋杀犯。

因为理查本人不肯驻跸威斯敏斯特，议会便派代表前往埃尔瑟姆宫觐见国王。他们要求国王撤换大法官迈克尔·德拉波尔，此人是理查宠爱的“新人”；他因此得罪了旧贵族。国王面对眼前这伙来自上议院和下议院的议员大为光火，他指责他们欺君罔上，甚至叛国谋逆。他气急败坏地告诉他们，自己绝不会因为下议院的命令，解雇哪怕是厨房中的一名仆人。阴谋论和反阴谋论都在四处流传。理查行事诡秘、为人专断。有人私下里说，他要砍掉敌中翘楚的脑袋。

如今的形势需要更强有力的人出面干预了。格洛斯特公爵伍德斯托克的托马斯希望在埃尔瑟姆宫同理查二世深入交谈，陪同他前来的是第十一代阿伦德尔伯爵理查·菲茨艾伦，此人是一位很有势力和手腕的贵族。两位显贵认为理查治国无道，无法无天。他们说，过去的国家治理一直依靠国王和贵族的和谐相处；这种观点虽然只能算是部分正确，但他们咄咄逼人的态度中却有着赤裸裸的威胁：国王可能遭到废黜。理查的曾祖父爱德华二世就是先例。那位不幸的国王退位后传位于子，然后就被残酷地谋杀了。身为理查的叔父，伍德斯托克的托马斯无疑很想取而代之。

爱德华二世的遭遇让理查无法释怀。九年后，他请求教宗册封这位先王为英格兰的君主圣徒。毫无疑问，他一直对不幸的先祖抱有强烈的认同
289 感。但是，在 1386 年冬天，他被迫向对手妥协。当时他年仅二十一岁，对自己还没有完全的把握。他惹不起他们。所以，他只好屈从于他们的请求。国王将驾临威斯敏斯特。他同意成立由贵族和主教组成的委员会，来调查和监督王室。迈克尔·德拉波尔被撤职，后来又被投入监狱。理查·菲茨艾伦的弟弟、伊利主教托马斯·阿伦德尔则就任大法官。

在 1386 年的最后几个月中，议会取得了前所未有的强势地位，但是过分褒扬其成员也是不明智的。他们不一定就是与暴君做斗争的爱国者。他们与国王及其家族一样，只关心自己的利益；当时有首诗描写出了他们行为混乱、举棋不定的窘态。有些议员“就像算术里的零一样，是用来占位的，他们本身无足轻重”。有些人接受朝廷官员和利益集团的贿赂，有些人则是花钱雇来的附庸，没有收到命令，就完全一言不发。有些议员说话结结巴巴、含糊其词；有些人要么埋头大睡，要么简直不知所云。

在史称“美妙议会”（Wonderful Parliament）的限制下，国王陷入了焦躁不安的境地。委员会被赋予行使权力的时限足有一年；理查决定等待时机，静观其变，同时开始集中手头的所有资源。他与伦敦市政官和各郡郡长磋商，收获的却只有模棱两可的鼓励之词。毕竟是他的横征暴敛造就了他们的铁石心肠。接下来，他又把法官召集起来。1387 年夏天，最资深的一批法官召开会议并做出决定：国王可以随意变更或撤销议会颁布的

法令。这实际上等于取消了上下两院的权力。这些法官还宣布，任何敢于限制国王权力的人，即便实质上没有犯下叛逆罪，都有可能被当作叛徒而受到惩罚。

对于国王的对手来说，最后一条最为严酷。例如，伯爵很可能因此被砍头，他们的地产可能因此被没收。在整个秋天，双方都在激烈地对抗
着。诺森伯兰伯爵试图在两派之间充当调解人，但显而易见，双方并不存 290
在妥协或谈判的空间。所以领主在 11 月起兵造反。他们调集了家族的部队，并且于 1387 年 12 月 20 日在泰晤士河畔的拉德考特附近击败了前来镇压他们的王军。然后他们向伦敦进军，而理查则搬进伦敦塔避难。

国王可能确实被废黜了两三天，并且被剥夺了实权，但是起义者无法就继位人达成明确的协议。争来争去，最后他们只好重新拥立年轻的国王，毕竟他已经受到适当的惩罚，变得温顺起来。对于理查的王者意识来说，哪怕只是剥夺了几天王位，那都是一个重大的打击。他的王者身份确实已遭剥夺。

理查屈从于他们的要求。领主接管了朝廷，赶走了一批王室仆从，还逮捕了一些王室官员。接下来，他们在 2 月 3 日召开议会，希望借助议会来对付其他政敌。有人曾经描述议会首日的情景：领主们穿着金黄色的袍子，牵着手走向端坐在御座上的国王；接下来他们向国王鞠躬，然后成排就座。这就是历史上的“无情议会”（Merciless Parliament）。

最先遭殃的是那些曾经宣布他们是叛徒的法官。王座法院的大法官罗伯特·特里斯利安受审后被判处死刑，他的同行则被流放到爱尔兰。特里斯利安赶紧跑到威斯敏斯特大教堂的礼拜堂里去避难，结果被人从里面拖了出来，押送到泰伯恩刑场。暴民们将他团团围住，先是在他身上刻下魔鬼的图案和黄道十二宫图，然后又割断了他的喉咙，并将他的尸体挂在绞刑架上。总共有七位国王的追随者遭到处决。

然而，由议会把持的新政权毫无政绩可言。下议院的议员本以为只要除掉国王周围的“奸邪”官员，推行财政和司法改革，就会造福国家。但是上议院议员各自为政，不能勠力同心，而是各怀鬼胎；他们为了追求

自身的利益而危害了下议院。国家财政状况也毫无起色，各个派系之间的
291 暴力冲突成为家常便饭。他们也毫无战功可言。他们曾想大举入侵法兰西，结果最后只在沿海地区小打小闹了一阵子，便偃旗息鼓了。蛇无头不行，国无王必乱。仅凭一群显贵不足以成事。

在这种情况下，理查又卷土重来了。1388 年冬天，理查主动提出要充当上议院和下议院之间的协调人。贵族们实际上都是目无法纪的家伙，他们可以毫发无伤地躲避司法的惩罚。用朗兰德的话说，他们就是“披着人皮的狼”。他们带着家丁家将，像土豪一样压迫老百姓。理查主动提出限制使用自己的家臣，顺势要求贵族也要仿效自己。这是一种分裂对方进而统治的策略。他同时显现出了力量和妥协。

1389 年春，理查在威斯敏斯特向御前会议宣布，他决定再度履行治理国家的全部责任。众人几乎没有任何异议。他说，12 年来，他和他的王国一直受到他人的支配或统治。结果怎样呢？人们承受了日益繁重的税负，它们没有给任何人带来好处。如今他二十二岁了，可以单独执政了。

早在 1388 年末，理查的王者意识受到了威胁，差一点毁于一旦；如今他以更加强烈和更具挑衅意味的方式表露出这种意识。他的称呼也随之发生变化。如今下议院的请愿书称他为“国王陛下”，而不是像以往那样，称其为“正义和仁慈的主公”。王室的仆从称其为“王上”、“陛下”和“至尊”。他对沃里克郡的骑士威廉·巴戈特爵士说，他希望后人能够铭记他“恢复了自己的尊严、王权和可敬的家业”，他保证自己的君权“得到臣民谦恭的遵奉……一如他人当国时代”。

他自认为是一切正义和秩序的源头，也是权威的典范；这就是他对上议院和下议院的议员都表现出宽宏大量的原因。毕竟二者都是他的臣民。让他颇感自豪的是，在他当政时期，王室人员的数量达到亨利一世时期的三倍。1390 年，他在周围网罗了一批追随者，也就是所谓的“近臣”，他
292 们身上都佩戴着白鹿徽章。白鹿图案来自他母亲的臂套。凡此种种，皆是因为他喜好奢华的庆典，热衷华丽的袍服。宫廷成了他大放异彩的舞台。在每年举行三次的升冕仪式上，他都会威严地端坐在王位上，俯视着众

人，却不与任何人交谈；他头戴王冠，华服盛装，纹丝不动，仿佛是一座活雕像。有位编年史家披露说："倘若他的目光落在旁人身上，此人就得向他屈膝下跪。"

他的这种王权意识也是其信仰虔诚的表现。上帝是他唯一的最高领主。他时常造访圣徒的神社，制定新的膜拜仪式；他乐于聆听关于神迹的报告和传言；他赞助加尔都西会修士，挥霍大量的金银财宝修建教堂和修道院。曾有人献给他一幅木板蛋彩画，名叫《威尔顿双联画》（参见插图22）。在左边的画板上，理查跪在地上，身穿红色绣金披风，周围站着"忏悔者"爱德华（圣徒）、施洗者约翰（圣徒）和埃德蒙国王（圣徒和殉道者）。右边画板上画的是圣母玛利亚和小耶稣，周围是十一位天使。其中一位天使打出了圣乔治旗帜。因此，理查在此赞美的是，他的执政与神圣的盎格鲁-撒克逊先辈是一脉相承的，双方一致推崇天下太平与国家复兴。他还让"忏悔者"爱德华的手臂伸向自己，这益发显示出他对先王的追念之深。这就让人觉得，理查甚至认为自己也有资格跻身圣徒行列。

然而，耀武扬威者很有可能会带来暴政。在1397年夏天，理查邀请沃里克伯爵进餐，饭局一结束，他便下令逮捕沃里克。这个消息传出后，阿伦德尔伯爵经人劝说，向理查自首。接下来，理查又带上一群武装扈从，怒马疾行，来到了埃塞克斯郡的普莱西城堡，这里是格洛斯特公爵伍德斯托克的托马斯的老巢。伍德斯托克被人从睡梦中叫醒，然后被自己的侄子亲手逮捕。理查下令立马拘捕这三位贵族，理由是他们在密谋反对自己。他这么做也是在算旧账，因为这三人都曾经发动叛乱反对过他，甚至一度逼他退位，将他囚禁在伦敦塔内。如今，他认为自己羽翼已丰，可以除掉他们了。他在表面上报复过去侮辱过自己的人，来显示自己的男子汉 293
气概。

编年史作者托马斯·沃尔辛厄姆写道，王国"在突然间陷入混乱，一切都是人们始料未及的"。接下来，理查召开议会。在一片疑虑与恐惧的氛围之下，这届议会只能对他唯命是从。它有一万个理由去配合国王。威斯敏斯特四处都是军人，国王从他最青睐的柴郡调来300名长弓手充当保镖。议会的会场被长弓手团团围住。理查依靠武力和暴力威胁，为自己开路。

这届议会一开始，他就借着大法官之口宣布，国王要全权当政。他完全清楚先前的种种不法之举，但是出于对人民的热爱，他现在决定大赦天下，但只有50个人不在赦免之列，至于他们是谁，他不肯公开。这当然是吓唬众人、逼人臣服的策略。他不喜欢谁，谁就有可能位列其中。在下议院的敦促之下，国王还“宽宏大量”地同意对皮革和羊毛征收永久性税收。

伍德斯托克的托马斯被捕后，被送到加莱海港的英军要塞中严加看管。理查直接下令将其秘密处死。有人说公爵是被人用毛巾勒死的，也有人说，他是被人用羽毛垫子闷死的。不管怎么说，结果都不会改变。

如果按照现今的说法，阿伦德尔受到了作秀审判。部分审判记录留存至今。主持审判的人是兰开斯特公爵冈特的约翰。

> 兰开斯特：叛徒！你的赦免令被撤销了。
>
> 阿伦德尔：一派胡言，我从未当过叛徒。
>
> 兰开斯特：那你为何请求赦免？
>
> 阿伦德尔：为了堵住敌人的嘴，你就是其中之一。
>
> 理查：回答对你的指控。
>
> 阿伦德尔：我现在总算看明白了。你们这些指控我的人都在说谎。我所得的赦免，是你成年之后早已赐予我的。
>
> 理查：是我赐予的，这事不假，但前提条件是，这不会伤害我。
>
> 294 兰开斯特：赦免毫无用处。

赦免果然毫无用处。就在审判的当天，阿伦德尔被带到塔山，被砍掉了脑袋。沃里克伯爵得到宽大处理，被终身流放曼恩岛。三位贵族的广袤地产遭到没收，然后被赏赐给国王的朋友和同党。他的敌人似乎已作鸟兽散。

然而，理查心里很是沮丧。他的妻子波希米亚的安妮在1394年死于瘟疫；他们已经结婚12年，尚无子息。这一形势对他很不利。他毕竟已经二十七岁了，该做父亲了。他伤心之下，命人将希恩宫夷为平地；这里是他和安妮幸福生活过的地方。他的健康状况可能恶化了，因为王室的账本显示，他给医生支付了大笔款项。他的脾性也很可能变得愈加凶暴。

后来，有很多贵族做证说他们实际上很害怕国王。他利用那份50个叛徒的匿名名单，可以肆意没收任何人的土地和财产，也可以把任何人关进监狱。后来有一份证词上说，国王曾经宣布，英格兰的法律常驻在他的胸中，他可以根据个人的斟酌制定或者破坏法律。他向那些支持叛乱贵族的城镇和郡县征收大量罚款。他从相对富裕的教堂和修道院借钱。与大多数国王一样，他贪欲甚大，索取无度；但是他的贪婪还与暴力和藐视法律携手同行。他在写给霍兰德伯爵的信中说：“谁冒犯了国王，谁就得死。”然而就像所有的暴君一样，他的心中也充满了恐惧。他时刻受到300名柴郡弓箭手的保护。曾有人听到卫队头目对他说：“只要我们醒着，您就放心大胆地睡觉，只要我们活着，您就不用害怕。”

1397年末，两位大贵族的争端将更加突显出理查的卓绝。诺福克公爵托马斯·莫布雷与理查的表兄赫里福德公爵亨利·博林布鲁克此时刚刚跻身顶级贵族的行列。他们因为支持国王才获此封赏。例如，在伍德斯托 295
克的托马斯被关押在加莱期间，莫布雷曾任加莱镇守使；他毫无疑问在伍德斯托克被害一事中发挥过一定的作用。可是，如今连他们都生活在恐惧和猜疑的氛围中，即便是国王的朋友也开始担心自己的身家性命。

这两个人之间有过对话。莫布雷告诉博林布鲁克：“我们都快完蛋了。”博林布鲁克则答复说：“那是不可能的。国王已经赦免我们，他在议会当众宣布，我们是优秀、忠实的臣仆。”莫布雷继续说道，“我们活在一个多么神奇又虚假的世界”，这句话是在暗示：博林布鲁克及其父亲冈特的约翰险些被国王的手下谋杀；他还暗示，由于其他贵族的默许和纵容，理查打算取消两人的继承权，将他们的土地赐予他人。博林布鲁克惊呼：“上帝不会允许！如果国王赞同这样的计划，那简直是奇迹。他曾经以［“忏悔者”］爱德华的名义发誓要做我们的好领主。”莫布雷对此嗤之以鼻。“他也经常以上帝的名义向我发誓；但正因为这一点，我益发信不过他。”在一个充斥着私语与密谋、谎言与秘密的世界里，这段对话相当于谋反。

流言顿时四起。博林布鲁克将这次对话的内容告诉了自己的父亲冈特的约翰。它又传到了国王那里。理查很有可能当面质问过博林布鲁克，并要求他讲清楚前因后果。听取他的报告后，国王命令他向议会重复一遍。莫布雷主动投案，向国王自首。他否认了博林布鲁克所揭露的一切。议会专门成立委员会来解决这场纠纷，两人都得出席，并且接受该委员会的质询。这场争端始终悬而未决，于是国王下诏，按照古老的法律规定，托马斯·莫布雷和亨利·博林布鲁克将进行比武决斗，上帝会将胜利判给英雄好汉。然而，到底谁是英雄好汉呢？他们的角色可能得颠倒过来。实际情况可能是，博林布鲁克最先对国王表示担忧。当然，他的这番话在莫布雷那里没有起作用，于是他决定揭发莫布雷，以便掩盖自己的罪行。这是一
296 种可能性。还有一种可能性是，莫布雷为博林布鲁克设下了圈套，与他密谈制定谋反计谋，而博林布鲁克心怀疑虑，决定告发对方，以此终止阴谋。真相到底是什么，如今已难以还原。

这场决斗安排在 1398 年 9 月 16 日，地点设在了考文垂。具体地点位于戈斯福德，这个比武场至今还存在，如今被称为戈斯福德绿地。博林布鲁克从米兰购置甲胄，而莫布雷则从波希米亚订购盔甲。全国的贵族都对此满怀兴奋，这将是他们一生中有幸目睹的最著名的决斗。可以说，亚瑟王和他的圆桌骑士时代又回来了。在比武当天，两位公爵如约而至。坎特伯雷大主教也是数千名观众中的一员。亨利·博林布鲁克带着六名扈从，在 9 点钟骑马到场。他上前大声报号：“在下赫里福德公爵亨利，来此履行义务，大战虚伪的反贼诺福克公爵托马斯。”他在自己的身上画了个十字后，拨马回到位于比武场另一侧的自己的帐篷中。国王随后在柴郡弓箭

手的簇拥下入场，昂首阔步地走到豪华的主位上落座，总览比武的全局。莫布雷也出现了，一如他的对手，发出同样的挑战，他大声喊道：“上帝保佑公正！”

两位骑士做好准备，要向对方发起进攻。博林布鲁克催马向前，莫布雷则纹丝不动，就在这时，国王站起身来，大喊一声：“停！”两位公爵退回各自的帐篷中，国王也退场了。两个小时过后，人头攒动的观众开始激烈地猜测结果。接下来，下议院议长出来宣布国王的决定：博林布鲁克放逐国外十年，莫布雷则终身流放国外。对博林布鲁克的判决引起阵阵失望和不满，但国王的意志就是法律。

在这件事情上，国王其实别无选择。无论哪一方胜利都会给他带来麻烦。如果莫布雷获胜，有人可能会调查国王在谋杀格洛斯特的过程中扮演的角色。如果博林布鲁克获胜，他将来继位或者说取代理查的机会就会增加。国王没有后代，而且才刚刚娶了法兰西国王七岁的女儿为妻，眼前不可能指望她生下继承人。这件事本有可能铸就一段精彩的骑士传奇，但结 297
局太让人沮丧了。但是国王取得了胜利。两人扬帆出海流亡国外去了。托马斯·莫布雷于翌年死在威尼斯。但是，对于博林布鲁克来说，故事才刚刚开始。

博林布鲁克满腹委屈和怨恨来到了法国，再次静观时变，伺机东山再起。法国国王查理六世在巴黎市中心赐给他一座住宅。在他去国离乡五个月后，他的父亲也去世了。第一代兰开斯特公爵冈特的约翰，将在未来成为赫赫有名的兰开斯特家族的始祖。他在英格兰北部拥有广袤的领地，在全国各地拥有30多座城堡，他曾经是一位地位显赫但业绩平平的指挥官和行政官。伦敦人以及1381年的叛乱者尤其恨他；在国王幼年时期，他是事实上的执政者。这是一位集家族的伟业与个人的平庸于一身的人物。

在正常情况下，亨利·博林布鲁克本应该继承父亲的土地和城堡，但他人在流放中，而国王又是一个贪婪之徒。理查接下来的举措疏远了他过去亲政时获得的支持。他将博林布鲁克的十年流放期改为终身流放，并且没收了他父亲的财产。如此擅自干预继承法，让极度依赖习俗和先例的社会深受震动。在这样的国王的统治下，没有哪个地主及其家人能有安全感。任何一位君主，如果无视《大宪章》的训诫，非法剥夺臣民的财产，马上会被视为暴君。

1399 年 5 月初，理查做出了一个惊人的愚蠢举动，他带领一支远征军扬帆出海攻打爱尔兰。在这样的危难时刻，他居然离开国土，这实在令人难以理解。唯一可能的解释是他放松了警惕，或者说他上当受骗，自以为江山稳固。当然，他也可能自认为受到上帝的佑护，没有哪个世俗的敌人能够打败受膏的国王。只要有上帝的保护，他就没有什么可怕的。

298 亨利利用了国王不在的大好时机，乘虚而入。在同年初夏，他从布洛涅出发，乘船返回英格兰。7 月 4 日，他在约克郡的雷文斯普尔登陆，手下不过 300 人左右。他的勇气和迫切的心情是毋庸置疑的。他从北方的故地起兵，准备摧毁英格兰暴君。当初，理查在离开英格兰之前，让约克公爵埃德蒙代为执政，而埃德蒙是理查和亨利的叔父。约克既无原则性，也无勇气。他的情报系统失灵，无法掌握亨利的动向。因此，他一开始竟然向西部（而不是向东北部）进军迎敌。亨利趁乱加固了领地上的城堡，其间有好几千人投奔到他的麾下。在唐卡斯特，他遇见了北方名门望族珀西的要员；诺森伯兰伯爵亨利·珀西与其子霍茨波相伴而来。

亨利当着他们的面发誓说，他此次返回英格兰，只想要回自己的土地；他根本没有称王继位的打算，他这么说可能是在撒谎，但更有可能的是，他还拿不准自己能否实现终极目标。他必须小心行事，把握时机，步步为营。造反的贵族和家臣组成联军，向南进发，一路上只遇到小股部队的抵抗。他们逐渐控制了英格兰的中部和东部。现在亨利明白了，国王不得人心。

理查还远在爱尔兰。他在 7 月 10 日收到亨利入侵的消息，但直到两周后他才乘船返回英格兰。他调不到足够的船只。他的江山社稷就断送在这两周之内。当威尔士的乡绅收到征召令，要求他们起兵支持理查，他们答复说他们以为理查已经去世。亨利决定挺进西部，迎战可能返回故土的国王。约克公爵在格洛斯特郡的一座教区教堂内向入侵者投降。他意识到理查保住王位的希望一天比一天渺茫。所以他加入了亨利的队伍，向布里斯托尔进军，并在那里处决了国王的三位高官显宦。他们一路高歌猛进，凯旋高奏。

7 月 24 日，理查在威尔士海岸登陆。他在这里逗留了五天。在此期
间，他得知约克已经投降，还听闻了那几位高官在布里斯托尔被处决的消
息。据说，他时而心情沮丧，时而极不服气。最后，他决定投奔索尔兹伯
里伯爵，这位王室支持者目前身处威尔士北部的康韦城堡。理查穿上穷教 299
士的破衣烂衫，带着 15 位同党，在月黑风高之夜开始了逃亡之旅。九天
后，他到达目的地。据时人记载，如今的他垂头丧气，情绪极为低落。他
经常垂泪哭泣。

亨利沿着一条平行的路线跟在他身后如影随形。他也一路北上，从布里斯托尔直奔柴郡。这样一来，两兄弟准备做最后的对决了。国王与索尔兹伯里伯爵同意，向亨利派出代表，希望了解对方的意图。亨利则派出谈判代表诺森伯兰伯爵前往康韦城堡，与国王对话。诺森伯兰行事谨慎，他在面见国王之前，在城堡之外埋伏了一支军队。据说，诺森伯兰向国王发誓：亨利只想要回属于他的土地，只要他的要求得到满足，他会拥护国王的统治权。我们无法判断亨利是否在欺骗国王。拖延几天之后，理查同意在诺森伯兰的陪同下离开城堡。然而，这只是策略性的投降。他偷偷告诉同党，亨利“如此大逆不道，将来不得好死”。亨利肯定会考虑到这种可能性。

理查和诺森伯兰走了没几英里路，他们一上小山，国王就发现诺森伯兰预先在这里埋伏了军队。理查惊慌失措，要求返回康韦城堡。诺森伯兰再次向君主发誓：亨利不想废黜他。如果说这是一种虚张声势的话，它就无疑具有渎圣的意味。他们一行人继续前行，直奔位于威尔士东北部的弗林特堡。早有信使快马传信：亨利同意会见理查。国王肯定已经明白，自己如今真的成了阶下囚。他先于亨利到达城堡。第二天早晨，他爬到了城墙上，看到亨利的兵马步步紧逼。据说当时的他说了这么一句话：“如今我看到我的末日就要来临了。”

他让亨利在大门口等候，自己在城堡的主楼里吃完最后一顿自由的早
300 餐。紧接着，应诺森伯兰的吁请，他走下城楼与对手谈话。在莎士比亚的《理查二世》中，理查说：“下去，下去，我就像光彩照人的太阳神之子法厄同。”亨利摘下帽子，向国王深深地鞠躬致敬。他说道：“陛下，您刚一征召，我即来报到。我说一说我的理由，据说，您统治臣民过于酷虐，致使人心不满。如果上帝乐观其成的话，我愿意帮您治国理政。”这种说法有一定的真实性。亨利早已拿准，他的这番话会被人丝毫不差地记录下来。还有一条也很重要，他说的是英语而不是法语。如今他成了民族的代表。理查回答说：“如果这会让你开心的话，我的好兄弟，那它也让我开心。”

就在这一天，两人带着军队，一路骑行驰往柴郡。国王被安置在城堡内的一间小屋里，负责看管他的两个人分别是被他处死的格洛斯特和阿伦德尔的儿子。亨利现在可以静下心来考虑未来的事情了。他以国王的名义下达召集令，在威斯敏斯特召开新一届议会。8 月 20 日，他和俘虏理查前往伦敦。亨利下榻宫中，而国王则被送往伦敦塔。

也许直到这一步，亨利才下定决心争夺王位。他一直在静观局势的发展，直到现在他才发现，眼前的障碍均已清除。国王已经被他控制，没有哪一派王党势力能够解救他。在过去，国王还可以依靠柴郡的弓箭手耀武扬威，如今这一切都已成为过眼烟云。亨利决定从王国的历史中寻找先例。两周后，他下令组建显贵委员会，谋划如何“让理查下台，由兰开斯特公爵取而代之，以及所需的具体措施”（亨利在父亲死后自动继承了兰开斯特公爵的爵位）。委员会得出结论说，理查应当“被教士和人民的力量”废黜。

9 月 29 日，亨利派遣代表团觐见住在（或者说被囚在）伦敦塔里的国王。议会的官方报告显示，代表团成员“提醒”国王，他已经在康韦主动禅让；国王回想起这个承诺，便同意退位。这种情况距离事实可能非
301 常遥远。当年有位编年史家提供了另一种说法。《理查二世本纪》郑重其事地记载，国王对前来觐见的贵族大发脾气，他还宣称要“活活剥下他们

的皮”。另一位编年史作者曾在八天前拜见国王，他说理查为国人的背叛深感震怒。由此可见，他并没有轻易就范。

9 月 30 日，议会在威斯敏斯特召开。据记载，议会里挤满了亨利的同党，“其中有各色人士，有些人既不是贵族，也不是乡绅……人数众多，成群结队，挤得官员进不去大厅”。国王的退位诏书就在这群人面前宣读。尽管官方报告声称理查同意这些条款，他在证人面前签字画押。但如下可能性仍然存在：这份诏书是假的。它至少是用胁迫手段从理查那里敲诈勒索而来的。理查若想保命，只有接受它。

然而，在场人群的欢呼使得这份诏书得到了承认。有人问这伙人：亨利是否有权利当国王，他们大声回答：“当然！当然！当然！”虽然议会没有正式废黜国王的权利，但是国王还是被赶下了台，这在本质上就是一场政变。亨利接下来宣布，凭借“仁善国王亨利三世嫡系子孙的身份”，他将“光复”这个即将被恶法和劣政所颠覆的国家。他在说这番话的时候无疑是真诚的，我们没有理由质疑这一点。他有充分的理由继承王位。根据复杂的王位继承谱系，只有八岁的马奇伯爵埃德蒙·莫提默有更充分的理由继承王位。但是，英格兰已经不再想要年幼的君主了。

亨利在旁人的引导下走向御座；他在御座前停下脚步，下跪祈祷，然后又起身在御座的前后画十字，完事后才端坐在王位上，接受众人的欢呼祝贺。大主教为他涂抹圣膏。据说这份来自圣母玛利亚的圣膏原本属于托马斯·贝克特，由理查于两年前在伦敦塔里寻找约翰王戴过的一副项链时寻获。还有一种说法是：由于涂抹圣膏的缘故，新国王的头发里很快就长满了虱子。

亨利从少年时代开始就深谙政治权术；他只比理查大三个月。1377 302
年夏天，理查登基之时，他作为先导手捧宝剑走在理查前面。农民起义期间，当理查和扈从在伦敦塔里避难的时候，亨利也陪伴在他身边。然而，两人一直不和。理查也以亨利为私敌。他没有给亨利安排高官显位，反倒以约克的埃德蒙为继承人，这对亨利来说是极大的冷落。如今风水轮流转，兰开斯特战胜了约克。但是，逼迫国王退位并非国家之福，因为这将导致诸多的灾祸和流血事件。

就在议会结束的那一天，理查得知自己已经被废黜。他的答复是“希望亨利能够善待他”。很快，他就美梦破灭了。新国王征求贵族意见，该如何处置这位废帝。有人建议把他关进要塞，派可靠人士严加看管，禁止任何人探视。所以，理查经过乔装打扮后被押送到利兹城堡。12 月初，他又被转移到约克郡，关进了守备更加森严的庞特弗拉克特城堡。

两三个星期后，理查的廷臣和同党起兵造反，但被亨利镇压下去。然而，这次叛乱暴露出一个问题：废王依旧是一位危险人物。在 1400 年 2 月初，国王与枢密院开会讨论理查的安排，他们得出的结论是如果让他活着，就得对他严加看守；如果他死了，就得让民众看到他的尸首。死神已经来到门前。一两周后，理查就尸横牢狱了。他的死因始终是个不解之谜。有人说他是被看守给饿死的；有人则认为，他悲愤难当，绝食而亡。

他的尸体被大队人马运输到南部好几个地方展出，好让老百姓相信他确实驾崩了。在成书于这一时期的一部泥金装饰手抄本中，有一幅图片描绘了这个场面：国王躺在盖着黑布的灵柩中，上方是黑色的伞盖；他的头露在外面，枕在黑色的垫子上，图画中还有两匹黑马和四位身穿丧服的骑
303 士。尸体一到伦敦，就被送往圣保罗大教堂，那里已经为他准备好安魂弥撒。他的棺材随后又被运送到金斯兰利的一所多明我会修道院中，距离伦敦 21 英里（约 33.8 千米）。后来的亨利五世继位后，又把理查二世重新安葬在威斯敏斯特大教堂；他之所以如此行事，是为了替他父亲亨利四世赎罪：毕竟博林布鲁克推翻了合法的君主，犯下了亵渎神灵的罪行。

理查二世是一位光彩照人又为人凶险的君主，手帕在其统治时期开始
304 为英格兰人所使用。

26

啸聚山林

罗宾汉（Robin Hood）是地地道道的英格兰人。他与手下的“快乐好汉”居住在森林中，依靠劫富和偷猎国王的鹿过活，犯下的都是值得称道的罪行。他们总能想方设法逃脱法律的制裁，其化身往往是诺丁汉的郡长；他们居住在舍伍德森林中，这里也是诺丁汉郡长的管辖区。

罗宾汉的故事盛行于13世纪，在最初几十年里，它可能受到了有稽可考的历史事件的塑造。1216年，真名叫罗宾汉的赛伦塞斯特修道院院长的仆人遭到谋杀罪指控；但或许这只是同名同姓的巧合。1225年，约克郡的郡长没收了罗伯特·胡德（Robert Hood）的货物，因为此人在欠下教会法庭巨额债务之后逃之夭夭了。就在同一年，这位郡长又奉命追捕一位臭名昭著的绿林好汉，此人叫作韦瑟比的罗伯特；这位逃犯最终被戴上镣铐，送上了绞架。韦瑟比的罗伯特与罗宾汉是同一个人吗？罗伯特与罗宾汉这两个名字在一定程度上是可以互换的。约克郡的郡长曾经当过诺丁汉郡的郡长。如此一来，诸多事实混在一起，再经过重新诠释，便造就了一段无法无天的绿林好汉的故事。

罗宾汉作为绿林好汉的通用名称，首次出现在13世纪晚期的法律卷宗当中。在这些文书当中，他的名字是“罗伯霍德”（Robehod）或“罗

305 宾汉”。100年后，他的名气已如日中天，《农夫皮尔斯》中懒散的教士斯洛士承认，他虽不知道“主祷文”为何物，却“能够吟咏罗宾汉的故事”。在这些歌谣中，有一首直到15世纪初依然在四处传唱，那就是《舍伍德森林里的罗宾汉》。在这一时期，绿林豪杰还会出现在英格兰的编年史当中。有位编年史作者断言，他曾经追随西蒙·德·蒙福特，参加过1236年反对亨利三世的叛乱；当时的确有一位绿林好汉支持过蒙福特，他也的确生活在舍伍德森林。但他的名字是罗杰·戈德伯德。不过，到了1460年，有位僧侣在《史综》抄本的空白处提到“有位名叫罗宾汉的绿林好汉”曾在舍伍德森林中犯下了无数桩劫案。在此数年前，威顿的安德鲁在编纂历史时说他的活跃区域位于卡莱尔附近的英格尔森林，后来又转移到巴恩斯戴尔。

很快，罗宾汉就作为反抗官方压迫的勇敢自立的英格兰人象征而出现在各式作品当中；他现身于歌谣当中，出现在戏剧和哑剧当中。在这些作品里，小约翰和梅德·玛丽安以及游方修士塔克渐渐加入了他的队伍，成为他的绿林伙伴。他们一起谱写了一出名副其实的历史剧，成了15至16世纪五朔节游戏中不可或缺的人物。他们也引人猜测，因为他们实际上具有异教背景，然而最有意思的是他们成了13至14世纪英格兰的代表人物。

在早期的民间歌谣中，罗宾汉是一位刚强的“自耕农”，是处于小农和绅士之间的人物；他的敌人是郡长、主教和大主教。他不愿意伤害其他自耕农，甚至不想伤害骑士和乡绅；他只会“痛打和捆绑”世俗和教会的贵族人物，这些人都是强取豪夺的恶霸地主。罗宾汉无疑是被压迫者的梦想。所以，罗宾汉并不像后来比较浪漫的编年史家所坚称的那样，是一位落难的贵族。他一直是平民百姓的代表，因此这些歌谣既有可能在地方
306 上的小酒馆中频频吟唱，也可能出现在骑士的大厅中。在打斗与追捕、伪装与复仇的背后，隐藏着一种粗糙的正义感或道德意识；目无法纪和自由自在的绿林生活主题也是英格兰梦的组成部分，毕竟这片土地一直都受到密切的监管（其中尤以严苛的皇家《森林法》为甚）。

英格兰的森林象征着古老的生活，因此它们既被人们所敬畏，也受到人们的保护。从盎格鲁-撒克逊人留下的契据可以看出，当年的有些森林如今依然存在。703 年被提到的“韦斯特格拉夫”（Westgraf）位于沃里克郡的肖特利，就是今天位于哈瑟勒教区的韦斯特格罗夫森林（Westgrove Wood）。“韦恩兰德”（Wanelund）是维京人来到诺福克时使用的词汇，它成了如今位于瓦顿南部的韦兰林地。682 年的契据中提到了一处名为“坎托克伍都（Cantocwudu）的众人皆知的林地”，如今它就是萨默塞特郡的夸恩托克伍德（Quantockwood），类似的例子不一而足。

罗宾汉藏身的舍伍德森林从诺丁汉郡一直延伸到约克郡中部。如今的比尔克兰还存有该地区最后一片中世纪橡树林；如今这些橡树都已经长满了节节疤痕。同样可能与罗宾汉故事有关的英格尔森林如今依然广袤，它位于彭里斯和卡莱尔之间。这些地方曾经是绿林好汉躲避王法的天然好去处。英格兰人一直都喜欢用强盗和扒手打造英雄；结果，绿林好汉也成为民族自由与平等的代表人物。在民间传说当中，罗宾汉死于约克郡的克尔克里斯。但他又从来不曾亡故，因为他已成英格兰的神话。 307

27

备受煎熬的国王

如今的亨利·博林布鲁克已成为高贵的亨利四世。然而他是通过暴力手段（或许还有欺骗手段）上位的，王冠戴在这样的脑袋上并不安稳。他的亲身经历证明国王可以被任意废黜，只要新王得到民众的拥护就有了合法性。因此，亨利向议会大献殷勤。他承诺不征新税，废除了先王制定的部分严苛法律。他穿上武士的披风，发誓要领兵攻打苏格兰和法兰西，借此展现尚武君王的风范。他还试图争取教会势力，他向主教承诺自己定会严厉打击异端分子。

然而在许多人眼里，亨利仍然是个篡位者。从他登基那天开始，就有人散布流言，说理查还活着，一会儿说他在威尔士，一会儿说他在苏格兰，一会儿又说他无处不在。多明我会和方济各会的修士在市场和酒馆中公然煽动群众，散布废王理查仍旧在世的消息。有位方济各会修士被带到了国王面前。

亨利：你听人说理查王还活在人世，你对此感到高兴？

308 修士：我很高兴，就像一个人听到朋友还活着那样高兴，我得到过他的恩惠，我的所有亲属也如是，因为他是我们的恩主和贵人。

亨利：你公开说他还活着，这就是在蛊惑人心、与我作对。

修士：不是这样。

亨利：跟我说句心里话吧。如果你看到理查王和我在战场上厮杀，你会站在哪一边？

修士：说实话，我会站在他身边。因为我受他的恩惠更多。

亨利：你希望我和国中其他贵族都死掉？

修士：不是这样。

亨利：如果你战胜了，你会如何处置我？

修士：我会让你当兰开斯特公爵。

亨利：如此说来，你不是我的朋友。

亨利还与另一位修士有过一段有趣的交谈。

亨利：你在散布理查王还活在人间的言论？

修士：我的意思不是说他还活着，而是说如果他还活着，他才是英格兰真正的国王。

亨利：他退位了。

修士：那是身陷囹圄、不得已而为之的结果。逼他退位是违法的。

亨利：他被废黜了。

修士：他在位的时候受到武力威胁，被投入大牢，被夺走了国土，你就是那个篡位者。

在这场激烈的对话结束时，国王怒火中烧，大声喊叫："以我的脑袋起誓，我要砍掉你的脑袋！"他果然说到做到。

亨利竟然感觉自己有必要亲自出马，与这些修士唇枪舌剑一番，这表明他认识到了这类流言的严重性。如果世人都相信理查还活着，那么他就不得安生了。因为这样一来，他就算不上是受膏的国王了。

在1400年初，忠于理查的王党分子向温莎进军，准备扯旗造反。他们被击溃后向西部逃窜，最后被团团围住，由赛伦塞斯特和布里斯托尔的
309 市民押解归案。国王对这些人的惩罚不再宽宏大量。有位名叫作托马斯·布伦特爵士的被告在史密斯菲尔德足足被吊了一分钟，才被刽子手砍断绳索。然后他们命令他坐在大火堆前，而刽子手拿着剃刀走到他跟前，征得他的谅解后用刀剖开他的肚子，掏出肠子；刽子手问他想喝点什么东西，布伦特回答说："不喝了，我都不知道往哪儿装。"刽子手用绳子将肠子系了起来，用当时的话说，这是为了"不让心脏的气息跑掉"。然后，刽子手就把肠子扔到火堆里。有位看客大声嘲笑："赶紧找找还能够挽救你的主人吧。"布伦特大喊："我愿意为我的主公、高贵的理查肝脑涂地！"刽子手旋即砍下了他的头颅。

然而，严刑峻法并没有挡住人们起来造反。1401年，有人试图刺杀亨利。此人利用"地狱般的暗器"，将涂有毒药的钉子安在他的床上。还有一位刺客将致命的毒药抹在他的马鞍上，这两场刺杀均告失败。然而，亨利非常谨慎，他明白有许多危险的势力在同他作对。

反抗王权很快又衍生出新的形式。尽管国王早先承诺不再征新税，但他很快就不得不自食其言。在1401年召开的议会上，首席法官披露废王理查二世"积聚的钱财"哪怕曾经有少量存余，如今也已经告罄。捍卫疆土和治国理政的实际开销日益增加，国王已经欠下巨额债务。下议院最终同意征税，但他们也趁机提交了各种各样的请愿和投诉；只有当这些诉求得到满足，他们才同意征税。在亨利统治时代，历届议会都将如法炮制。只有满足了下议院的要求，他才能拿到钱。就此而言，他并不是一位强势的国王。1399年的议会无论在组织和成员上是多么的混杂与不合法，但它毕竟批准了新君主加冕登基。它有什么理由不去限制这位君主的权力呢？

1403年夏天，国王的老盟友珀西家族兴兵造反了。他们联合了此前曾正式违抗王命的威尔士王公欧文·格兰道尔。诺森伯兰伯爵亨利·珀西与其子霍茨波一直负责镇守北方，防范苏格兰人突袭。他们先前之所以支

持亨利起兵反抗理查，为的是从中分一杯羹。然而让他们吃惊和警觉的 310
是，亨利并没有在他们守卫北疆的时候提供应有的帮助。议会中有传言说，珀西家族得到国王6万英镑的赏赐，他们对此断然否认，说自己只拿到2万英镑。那么这笔钱到哪里去了呢?

1402年末，霍茨波来到威斯敏斯特，直接向国王催款，结果两人之间发生了激烈的对抗。有位编年史作家断言，国王打了霍茨波耳光。还有一种说法是，国王拔出匕首刺向霍茨波。无论当时情形如何，他们的联盟破裂了。珀西父子对国王还有其他怨言，而且，从理论上讲这个理由更为严重，但实际上这只是他们发动叛乱的借口。他们指责国王背弃誓言。亨利初到约克郡的时候，他曾经向他们许诺自己无意染指王位，然而几周之后的事实证明，这句话是昭然的谎言。不过这也说明珀西父子从一开始就意识到理查有可能被推翻。

1403年夏天，霍茨波在切斯特集结了一支部队，声称理查王尚在人间。这是反对派惯用的集结号令。欧文·格兰道尔准备从威尔士进军，亨利·珀西则在北方召集他的部队。国王也迅速地采取了行动。他派遣一支部队前往什鲁斯伯里；这里是叛乱分子的集结地。霍茨波一到这里就发现城门已经关闭。正当他在城外逡巡之际，国王大军已经开到。两军在什鲁斯伯里城2英里（约3千米）以外的贝里克原野相遇。霍茨波带领1 000名长弓手，部署在可以看清王军动向的桥头。亨利早已采取预防措施，以免遭遇不测。他让手下两名同党穿上他的制服，因为他心里很清楚，只有自己才是霍茨波真正的目标；如果三个亨利同时出现在战场上，可能会让对方措手不及。

国王的人马爬坡发起攻势，柴郡的长弓手箭如雨下。天色转暗大屠杀 311
开始了。国王的人马纷纷倒地，按照一位编年史作者的说法，“如同秋风扫落叶般凋零”。国王手下的指挥官斯塔福德伯爵一死，王军的先头部队便开始后退，进而四散奔逃。事到如今，亨利只好立即采取措施，以防溃退和惨败。因此，他命令主力前进，他本人也投入战斗。

有位编年史作者写道：“像这样的屠杀场面在英格兰已有好久都没有

看到了。”王军似乎占据上风，霍茨波孤注一掷，用上了全部力量，向国王发起冲锋。亨利退却，这样一来，霍茨波及同党便卷入大混战当中。就在犹豫不决之际，他们已经被切断了后路。霍茨波战死。国王之子亨利头颅受伤，但还是活了下来，他也将在未来品尝这场凯旋的果实。如此说来，亨利四世才是上帝选定的天命君主。

在贝里克战役结束两年后，北方叛乱再现。约克大主教理查德·斯克鲁普起兵反抗王家政府。他发布宣言，罗列了许多怨谤之词，指责亨利征税过度；他施加给教士和民众的负担已经到了让人无法忍受的地步。

这次叛乱并未成功，在短短数日之内，大主教手下的人马就要么遭到拘捕，要么离他而去。虽然诺森伯兰伯爵的儿子在什鲁斯伯里城外的贝里克战役中战死，他自己却躲过了那一劫；然而这一次他本人也参与其中，事败后逃往苏格兰。斯克鲁普本人被俘后遭斩首，这是亨利为打击反对势力而采用的一种残忍手法。然而在当时的背景下，杀死大主教是一种渎圣行为；这种行径类似于 13 世纪托马斯·贝克特谋杀案。不过与当年的亨利二世不同，亨利四世躲过了多数公开的指责，但他也无法全身而退。如今除了王位不稳之外，他的罪名又多了一条亵渎神圣。

大主教之死让亨利良心不安。1405 年 6 月 8 日下午，也就是大主教被处死的那一天，他正骑着马，突然感到一股强大的力量向他袭来，这股力量十分强大，“令他感觉到自己受到了沉重的打击”。当天晚上，他就开
312 始做噩梦，他在梦中大声喊道：“叛贼！叛贼！你们想烧死我！”随从们跑过来后，他抱怨说皮肤灼热。当时他得了一种莫名其妙的疾病，有传言说他得的是麻风病；可是亨利几年后痊愈了，因此这种诊断应当是错误的。更有可能的是，亨利染上了梅毒。他年轻的时候曾经参加过东征圣地的十字军，十字军战士以易染性病而臭名昭著。

然而，他还是挺过了这段煎熬的时期，从 1406 年开始，大规模叛乱就不再出现了。他依旧小心谨慎；他依旧执拗倔强；他一如既往地保持警惕之心。与前任国王不同，他认识到自己没有权力或资源对抗强大的显

贵；所以他总是模棱两可、妥协折中。他允许贵族享受一定程度的独立性和影响力，这是在理查当国时期不可想象的。他还允许由显贵组成的御前会议对他施加影响。不过，他很善于管理这些人。王室很穷，国库几乎没有余钱；地方上法度废弛，全国各地均为地方势力所掌控。骚乱一触即发。然而，王国并未因此而失控，国王孜孜以求的目标是维持自己的威信和稳住新生的王朝。在这些方面，他确实成功了。

他把所有希望寄托在长子身上。威尔士亲王蒙茅斯的亨利在贝里克战役中颅骨受伤，但这并没有妨碍他的尚武热忱。他喜欢披挂上阵，他也为战争而活。从十四岁起，他就参加各种战役和小型冲突，对付威尔士起义军，并且屡战屡胜。1406 年，他从威尔士返回，就进入御前会议主持大局。他刚刚十九岁，因此聚集在他周围的自然都是年轻的贵族子弟。有位编年史作者曾经指出："他的周围聚集了大批人才，远远超过他父亲身边的能人志士。"正因为这个原因，他被视为年迈体衰的父王及其幕僚的非 313
正式"反对派"，无论在国内事务还是在外交政策上，他都倾向于采取目的性更强、更加积极主动的行动。这是青春活力与年老体衰之间的对抗，也是希望和乐观与经验和疲惫之间的对抗。

国王本人由于疾病缠身，逐步退出国事。他离开了威斯敏斯特王宫，退居坎特伯雷大主教的住所兰贝斯宫，然后，他又搬到更远的温莎城堡。在此期间（1410 年初到 1411 年末），威尔士亲王代表父亲处理国政，干得有声有色。他派遣一支远征军协助勃艮第公国对抗法国人的劫掠。与此同时，他断然采取措施解决财政问题。据记载，1411 年 9 月，威尔士亲王觐见父王，建议他退位，"原因是他已经无法专心致志地维护王国的荣誉和利益"。

然而，亨利四世立马予以反击。他绝不会允许自己的王者身份出现任何闪失。令人厌倦的权力斗争历经了十年之久，他还留下什么东西？只要一息尚存，他就得君临天下。在这一年行将结束之际，威尔士亲王的部分同党被捕。议会召开，有人发出动议：国王应该退位，好让太子施展拳脚。议会就此郑重其事地展开辩论，但后来又把它否决了。威尔士亲王看似是失败了。紧接着，又有人散布流言说，亲王正在考虑发动叛乱，人们又开始担心内战将要重启了。虽然这批流言被平息下去了，但紧接着又有人偷偷地散布小道消息，说亲王截留了加莱驻军的军饷。1412 年夏天，他驾临伦敦，拆穿了这个谎言，杀了杀对手的威风；但他随身带了一支部队，在当时也号称是“一大拨人马”。

亲王的周围还有他宠信的年轻贵族。他身穿一套样式奇特的蓝色绸缎服装，按照他的首部传记英译者的交代，这套衣服上有不少“圆孔”，在每个圆孔里都用一根丝线吊着一根针。这种服饰到底有什么含义目前我们并不了然。

314 他昂首阔步进入威斯敏斯特大厅，他让同党在此等候，自己去面见国王。他在一个房间找到了国王，要求举行秘密会谈。亨利四世当着四位廷臣的面让儿子“表明心迹”。亲王慷慨陈词，说了一大通之后，拿出一把匕首。据说他当时的原话是这样的：“在上帝面前，我为了让您安心，请求您用这把匕首在这里把我杀了。我的父王，我早已将生死置之度外，我活一天就让您难受一天。”他还说了很多，令病中的国王潸然泪下。父子就这样和好了。

这个场景出现在莎士比亚的《亨利四世（下）》当中，这部剧连同它的姊妹篇《亨利五世》是这一时期最令人印象深刻的形象。至于它是否忠实地再现了这个时代，那则是另外一个问题。即便如此，剧中对年轻的亨利与福斯塔夫及巴道夫狂欢滥饮的描写，对法官夏禄和快嘴桂嫂的描写，以及对毕斯托尔和桃儿·贴席的描写，如今已经成为英格兰历史的一部分。据说亲王既崇拜爱神维纳斯，也崇拜战神马尔斯。既然亨利五世在青年时代和成年之初屡次参战，攻打苏格兰和威尔士，那么他显然受到了战神的保佑。

父子之间的相互尊重注定不会持续太长时间。在这番感人至深的对话结束六个月后，被愧疚和疾病折磨得心力交瘁的亨利四世就死在了威斯敏斯特大教堂的耶路撒冷厅。他的遗嘱在两年前就写好了。他用英语说自己是个“充满原罪的恶人”，是个“充满原罪的灵魂”，不仅“不配为人”，而且“虚度了”人生。这些话都不属于传统的遗嘱用语，这表明他在自我价值方面承受着严酷的精神折磨。亨利四世在英格兰诸王当中是独一无二的，他杀掉了国王和大主教。却依旧从惊涛骇浪中挺了过来，哪怕只活了四十六岁。他平定了多次叛乱和密谋；虽然有很多人谋取他的性命，想要逼他退位，但是到最后，他都挫败了敌人的计谋。他建立了金雀花王朝的支系兰开斯特王朝，并将新王朝延续了三个世代。

国王的尸体被清洗干净，他的大脑和肠子都被掏了出来；接下来，人 315
们把没药、芦荟、月桂花和藏红花混合起来，对他的尸体进行了反腐处
理。人们用一条条涂了蜡的亚麻布将他的尸身层层包裹起来，然后又套上
一件长袍。他的棕黄色胡须服帖地盖在喉咙上，王冠则戴在头顶。他的右
手紧握金宝球，左手摸着权杖。他就这样被运送到坎特伯雷大教堂，并且
埋葬于此。其坟墓至今犹存。 316

28

旧风俗

此时的世界处于衰落和腐败之境；没有“进步”，没有“进化”，也没有“发展”可言。如果你想了解中世纪思想，那么它就是一个缓慢下降的螺旋。无论在哪里，苦难、暴力和腐化都是主导因素。这就是当时的社会现状。人们最大的希望就是稳定和安宁；因此，即便是堕落，只要是暂时的，也能被容忍。人体的四种体液必须保持平衡；宇宙则建立四元素之和谐统一的基础上，例如寒冷的土壤与寒冷的水相亲近。在中世纪，人生各种显而易见的不确定性以及由其引发的焦虑，都加剧了人们对稳定的需求。

秩序由此成为首要原则，也维系着存在的巨链。这就是为什么社会如此重视等级制（社会的“各个阶层”各安其位，各司其职，不可僭越）。凡事皆不可失去平衡。过去受到无比的崇敬。历史写作被当作一整套教学内容或道德训诫。伟大的作家是那些能够惟妙惟肖地模仿先辈大师的人。过去的哲学家更有智慧，过去的建筑师更妙不可言，过去的统治者更能言
317 善辩。中世纪人对仪式和庆典的喜好本身就反映出他们对习俗的尊崇。

正如中世纪的法律以判例为基础，而中世纪的社会也按照习惯来治理。风俗习惯是生活的重大律法。最早的文字记录就已经显示出习俗的重

要性。在6世纪，肯特国王埃塞尔伯特曾说，其法律都是被长期接受和确立已久的规矩；这在实际生活中就意味着肯特人世世代代都传承着一整套口头传统。“贤人会议”（盎格鲁-撒克逊人大会）由智者组成，而所谓智者就是那些“精通古今世事”的人。在11世纪，一篇用盎格鲁-撒克逊语写就的条约为我们证实，地主应当“始终清楚土地上的古老传统以及人民的风俗习惯”。“风俗习惯”必须追溯到史前时代吗？这种崇祖现象是根深蒂固的公社制社会的表现。在这样的社会里，将人们密切联系起来的纽带几乎是牢不可破的。

在诺曼人的封建社会中，农奴也被称为“奉行风俗习惯的人”。他的权利和义务皆由一整套不允许完完全全的奴役的习惯法所保障。更确切地说，英格兰人在生活中奉行的是风俗习惯而不是法律。权利和义务都是永久不变的。无论贵族的地位有多高，他都不可能真心想要破坏这种传统，因为这样做将有违天道。在1072年举行的一次重要审判中，奇切斯特主教埃塞尔里克乘坐大车前来宣讲“古老的法律习俗”。所以说，即便在征服者威廉入侵之后，英格兰依然保留着一种延续性。毕竟当时的社会不存在另外的可能性。习俗是英格兰生活不可或缺的组成部分。当时的劳工或村民的抱怨往往是：“我们从不习惯于这么做！”

这种对于历史的虔诚性还有另一方面值得一提。国王或御前会议在引入任何制度变化或行政变革的时候，都必须把它解释成回归某种长期失落的传统。任何只要存在超过20年的新事物，就相应地进入了古老的传统。只要是新事物就是不好的。凡是好东西都是老旧的。旧事物非常接近于尘世的黄金时代。所以要不惜一切代价保护现存事物的结构。任何一种立法行为都是在“宣示”某种现存的法律，揭示先前被隐藏的珍宝。在亨利 318
三世当政时代，英格兰的贵族宣称“我们不想让英格兰的法律发生变化”。政府本身就建立在习俗的形式和制度的基础上。黑皮书（也就是王室手册）在爱德华四世统治时期的1478年颁布，它敦促财政大臣找出“法庭在此前用过的优异、古老、严肃、可敬和有利的规章制度”。

因此，风俗习惯成为年代既久而无法追忆的事物。用那个时代的话说，它“源于人们已经遗忘的年代，而人们也不记得存在过任何有悖传统的年代”。人们认为相同的实践和习俗活动将永远进行下去，直到世界末日来临。人们没有理由别作他想。末日可能就是习惯的车轮逐渐发出刺耳的吱嘎声，并且最终停止前进的那一天。谁又能说得清呢？

习惯也可能是个难解之谜。如果国王经过当时位于威尔特郡的谢利文沙姆桥，这块土地的主人就会拿着本地产的两只白公鸡走上前，一边说：“主上请看，这两只白阉鸡下一次归你，这一次可不行。”如果一只鲸鱼在奇切斯特海岸附近搁浅，除了舌头之外，整头鲸鱼都归主教所有，而舌头则归国王。如果鲸鱼在这位主教教区沿岸其他地方搁浅的话，主教就只能得到它的右鳍。这里既有乡村习俗，也有城镇习俗。在伍斯特郡的基德明斯特，每到选举国王代表的日子，小镇就会有一个小时由平民掌控。在此期间，他们互相投掷大头菜茎，然后用苹果猛烈攻击国王代表和他的队伍。比灵斯盖特的脚夫规定：任何陌生人在进入他们的市场前，都必须向竖在那里的一根木头杆子行礼致敬，还得支付六便士；接下来，这个人被脚夫中的两位“教父”收养。如果一位未婚男性在伦敦被判处死刑，倘若有女性愿意以身相许并提出释放他，他就会得到赦免。

习俗活动有着变化的模式，而国家本身就体现出各类风俗习惯之间的联系。这样的历史哲学可能并不是特别有趣，但是在讲述这段历史时，避
319 免某种命定的或者说天命的进步论调却是十分重要的。

29

武　士

蒙茅斯的亨利登基即位，是为亨利五世。他决心重新整顿王家财政，并且好好对付宿敌法国人。他着手加强善政，尤其要根除不公不义和腐败的现象。他年轻而富有活力。一个造访英格兰宫廷的法国人评论说，与其说他是军人，不如说他像教士；他身形瘦长，皮肤白皙，有着鹅蛋形的脸庞，留着棕色的短平头。他看起来确实像个禁欲主义者。在父亲去世的那个晚上，他在威斯敏斯特大教堂求教于一名隐士，向此人忏悔了自己的全部罪行。

1413 年 4 月 9 日既是耶稣受难日，也是他加冕的日子，这一天的伦敦风雪冰雹交加。据说，恶劣天气预示了统治的严酷。毫无疑问的是，亨利五世满脑子都是君权神授和舍我其谁的意识。他几乎脱胎换骨，改掉一切坏毛病。他放弃了青年时代声色犬马的追求，按照编年史家的说法，他在一夜之间就变成一位神情严肃、不苟言笑的国王。他获得了信仰虔诚和克己守礼的好名声；他继位七年后才成婚，在此期间，他一直洁身自好。他建立了好几所奉行禁欲的修道院，而这些修道院每天的祈祷内容都会支持兰开斯特王朝。他的宗教信仰也有审美的意趣。编年史作者约翰·斯托记载道："他喜欢唱歌、吟诗和奏乐；他在礼拜堂做祈祷时，喜欢吟诵我主 320

的祈祷词，大卫的某些诗篇，伴以各式赞美诗和圣歌。”他在法国领兵打仗期间，还随军带着风琴师和歌手。

与乃父不同，他的英语说得自然流畅。在这方面，他为英格兰的文字记录确立了标准。他行文像是严格执行军纪的军官，盛气凌人、居高临下。在写给大使约翰·提普托夫特的一封信中，他的开篇简洁又明快：“提普托夫特，我以你欠负于我的信仰名义命令你……”“提普托夫特”这个简短的称谓很能说明问题。托马斯·霍克莱夫写道：“这位国王说话爽快利落。”他说话斩钉截铁、干净利索。他也是治国能手，很注意施政的细枝末节；他征收的税负很重，但从不大手大脚花钱。他与位高权重的大贵族维持着良好的关系，并且与议会合作融洽。他的统治证明，在严格监管之下，中世纪政府也不是天然混乱不堪或者说毫无章法的。

加冕几个月后，他就不得不处理异端势力，这在宗教信仰上给他带来了考验。前文已经提到劳拉德派的各类活动，但是到了1413年初，它已呈危急之势。在国王继位后的第一届议会期间，就有人在伦敦各家教堂的大门上钉了宣言，号称如果劳拉德派教友受到迫害，成为非法组织，将有十万人挺身而出保护他们。在这种剑拔弩张、人心惶惶的状态下，国王的朋友约翰·奥德卡索尔爵士遭到指控，说他窝藏和提拔异端分子。非常具有讽刺意味的是，在莎士比亚于近200年后写就的《亨利五世》中，福斯塔夫的原名就叫奥德卡索尔。莎士比亚把他写成了和亨利一起流连酒馆和妓院的酒肉朋友。

教堂大门上张贴告示的罪名如今就被归咎给这位大人物。奥德卡索尔麾下的一位牧师就宣扬劳拉德派思想，他本人也因藏有异端小册子而锒铛入狱。国王试图同他交涉，劝告他放弃劳拉德派思想，但他拒不从命。他于1413年秋天被带到伦敦塔，在随后的审判中，他再次表现得像劳拉德
321 派一样藐视忏悔和圣餐变体论。他被判定为异端分子，并被处以火刑。国王再次出手干预，给予他40天的时间找回自己的良知。但是，奥德卡索尔居然在此期间从监禁逃跑了。

他在伦敦附近躲藏了两个月。在此期间，他还策划刺杀国王及其兄

弟，然后领导劳拉德派发动大起义。他将这个消息下达给教友，要他们在城外的圣吉尔斯原野集合。但是秘密最终被当局获悉。1414 年 1 月 9 日，国王带兵向原野进发。正当劳拉德派向城中行进之时，他们被打散，关入了新门监狱。其中有些人被装进囚笼，从新门监狱提出，用车拉到原野上，被吊在专门为他们新建的绞架上绞死了。

不管怎么看，这件事都算不上平民起义。参加者不过数百人而已。然而，它却毁掉了广大平民百姓对劳拉德派的同情；如今异端被视为叛贼。

在接下来的四年里，奥德卡索尔都处在逍遥法外的状态；最后他在威尔士的普尔附近被抓获，然后被押往伦敦，架在熊熊燃烧的火堆上；大火既吞噬了绞刑架，也吞噬了他。他在死前痛苦地发表了遗言：三天后，他将东山再起。事实上，他复活再起所用的时间要长得多。直到 16 世纪，他才被尊奉为第一位新教殉教者；这也是为什么莎士比亚觉得有必要将他的名字改为福斯塔夫。

然而就某种意义而言，这次起义不过是一段小插曲。青年国王的主要统治特征是战争。他周围聚集了一群以军功为荣的年轻人，其中有三人是他弟弟，他们全心全意地为兰开斯特王朝打拼。在时人的心目中，战争是国王最高的义务和最伟大的成就。在前两位国王执政期间，百年战争中断了，而亨利五世也以国王特有的热忱或者说欲望重启战端。新继位的国王 322
立即领兵攻打法兰西。早在 1399 年，他就被册封为阿基坦公爵，这片公爵领地因此成了他的世袭财产；如今他又想收复加斯科涅、加莱、普瓦图和蓬蒂厄，因为这些地方都是法国在 1360 年条约中割让给英格兰王室的。

1415 年夏天，远征法国的军事行动准备就绪，议会提供了必要的军费，并未像以往那样疑虑重重；部队和船只也都征集完毕，整个国家似乎都支持年轻的国王用战争展示力量和决心。然而，并非所有臣民都忠心耿耿。有些人还在质疑兰开斯特王朝的合法性。就在远征军出发的前几天，有些贵族试图发动叛乱。他们的行动被预先阻止，很快他们就被处决了。从此再也没有人能够威胁亨利五世的统治。

亨利带领着 8 000 人马乘船驶向法兰西。他的长弓手中既有马弓手，也有步弓手；军中披甲武装有全身披挂，配备长矛、短剑和匕首的骑士和候补骑士。此外还有步兵、制造弓箭的工匠、木匠、神父、外科大夫、炮手和工程师。后两种人主要将在围城战中派上用场，而亨利曾在威尔士作战时练习过这种战术。船上还有一位王家军官“大侍卫”，他唯一的任务就是扶好国王的脑袋，防止他晕船。任何女性不得随军出海。一旦发现军中有妓女，长官就会没收她所有的钱财，折断她的胳膊，然后乱棒赶入海中。

远征军于 8 月 11 日离开南安普敦，在一群天鹅的陪伴下扬帆出海，直奔诺曼底。亨利宣称这块公爵领地属于兰开斯特家族，而登陆此地本身就是对主权的声张。他领兵围攻塞纳河口的城镇哈夫勒尔，但是这场胜利来之不易。城中守军坚持了五个星期，在此期间，亨利的人马因为食用未成熟的果子而染上了痢疾。然而亨利还是获胜了；城中领导人最后投降
323 了，亨利立即实施计划，将它变成英格兰的殖民地。由于此处有水路与鲁昂和巴黎相通，因此，它的位置确实令人垂涎三尺。

在领兵打仗期间，亨利军纪森严，惩罚严厉，这是他成功的原因。他的计划制订得周密细致，与此同时他还能遥控威斯敏斯特的朝中政务。最重要的是，他的精力极为充沛；无论在比武场上、狩猎场上，还是在战场上，他都行动敏捷、永不懈怠。他给人的印象是他总是风风火火，仿佛他已经预感到自己将英年早逝。

他率领手下人马从哈夫勒尔出发，朝东北方扑向加莱，二者之间的距离为 120 英里（约 193 千米）左右。然而，一个不好的消息在此时传来：法国军队正在索姆河右岸等待他。他不得不绕道而行，沿着索姆河左岸行军，直到找到一个安全的过河地点。通往加莱的这段路程本来只需要八天即可走完，但直到两周之后，英军才渡过索姆河。此时，英军已经人困马乏、饥饿难当，但亨利还下令继续开拔，杀向加莱，根本不顾形影相随的法军。每一个人都知道，他在到达加莱之前就不得不与法军正面对垒。

10 月 24 日，法军突然出现在眼前，按照《亨利五世行述》作者的说法，他们就像一团团蝗虫集结在阿金库尔村附近。有位英军指挥官大声祈

求，说英军还需要 10 000 名长弓手才能取得胜利，但亨利告诉他，上帝会提供更多的帮助。当天晚上，他下令全军休息，严令军营保持肃静；法军营盘中的歌声与乐声清晰可闻。黎明时分，他在上马前做了两次弥撒；他在头盔上套了一顶金冠。然后他下令部队进入阵地。他手下约有 8 000 人，而法军则有 20 000 人。双方还有一项重大差异：英军有 6 000 名长弓手，法军的长弓手则寥寥无几，他们依靠的是盔甲的力量。因此之故，英军在战场上拉起了稀稀拉拉的散兵线，就像盎格鲁-撒克逊人的盾墙，或者像 1854 年巴拉克拉瓦战役中的“稀稀拉拉的红色一字长蛇阵”。头一 324
天晚上下了一场大雨，地上泥泞不堪，滑得士兵站不住脚。从早晨到中午，一连三个小时，两军对峙，双方一动不动。

亨利担心法军在等待后援部队，就主动发起进攻。“现在时机已到，全英格兰都在为我们祈祷，”他大声喊道，“因此我们要振作精神，踏上征程！”他继续祈求神灵佑护。“以万能的上帝和圣乔治的名义，旗手前进！圣乔治，今天你定助我！”他手下的士兵趴在地上，捡起一小块泥土放在嘴里，提醒自己是凡夫俗子，终有一死，将来有一天一定会回归尘土；这是一种不同寻常的领圣餐仪式。英军长弓手向前进发 700 码（约 640 米）后停了下来，用锤子将削尖的木桩打进松软的泥土中，抵挡马队和武装骑士的冲击。接下来，他们对准了密密麻麻挤在一起的法军，发射出一阵猛烈的箭雨，立即给法国士兵造成了重大伤亡。法国骑士开始冲锋，但他们的人马要么受伤，要么被尖尖的桩子刺穿。

法军的大部队压了过来，但他们人数太多，行动不够灵活，队伍乱成一团。英格兰长弓手继续发威，射出一支又一支致命的长箭，无人乘坐的战马四处奔跑，加剧了敌军的恐慌情绪。死者的尸体在泥泞的土地上堆积如山，行动更为敏捷的英格兰士兵开始向发出痛苦呻吟的法军主力发起进攻。在余下的法军当中，有三分之二已经逃掉了。亨利还拿不准自己是否能够取得胜利；毕竟战场上还有三分之一的敌军，后方则有很多放下武器的法军俘虏。为了免除后患，他下令将这些法军全部处死。这种做法违反了骑士道，因为骑士道规定，不得处决放下武器的俘虏，而且这对英格兰人也没什么好处。他们还指望从俘虏那里敲诈一笔数量可观的赎金。然而，亨利命令200名长弓手来执行杀戮任务。我们只能说，在热火朝天的战斗中，一定有某种急切的原因促使他这样做。至于那是什么原因，我们尚不清楚。然而，他的命令并没有得到彻底执行，有数百名贵族战俘活了
325 下来。

事到如今，亨利可以直取加莱了。而他在加莱休整了几天之后，便返回英格兰了。11月23日，伦敦举行盛大的仪式，欢迎国王凯旋。有20 000名市民在苍草地迎接他，他们称他为“英格兰之王、世界之花和基督的军人”。为了欢迎他，伦敦大桥上竖起了一男一女两座巨型雕像；欢迎他归来的队列中有着佩戴王室徽章的狮子和羚羊的雕像，还有一堆天使唱着“上帝保佑，他以国王的名义驾临”。通往圣保罗大教堂的路上装点着各种巨型雕像、彩车以及奇幻的城堡模型；成群结队的歌手手拿花环，欢迎身穿简朴紫袍的国王。就在同一年，亨利开始头戴仿照神圣罗马帝国皇帝的皇冠而制作的弓形皇冠；它是一顶“由黄金和宝石制成的皇帝冠冕”，让人不禁注意到他已经重获帝国君主地位的事实。

然而，这场胜利并没有立即带来于英方有利的停战协定。还没有哪一场压倒性的胜利取得这样寒酸的结果。过去紧绷着的肌肉如今松弛下来了，沸腾的热血如今也冷却下来了。然而，国王的名声大大地得到巩固；他似乎的确得到了上帝的青睐和保护，他的王朝统治权得到了确凿的证实。他一举成为欧洲王室政治中的头面人物。从更为现实的层面来看，议会授予他一项新的征税权，保证他终生可以在羊毛和皮革的出口上收税。

法国人试图海陆并进，想要收复哈夫勒尔，但是1416年夏天那场至关重要的大海战令他们功败垂成。亨利颇为其海军感到自豪，自从阿尔弗雷德以来，他是首位建立国家海军的英格兰国王。到1416年，他已经拥有六艘大船、八艘驳船和十艘名叫“巴林杰”*的单桅船只。

他借助这些舰船于1417年2月再次入侵法国。他一直声称自己具有

---

* 巴林杰，一种用于海上航行的轻快帆桨小船，在15世纪使用较多。

“事实上”的法国王位继承权；按这个道理，法国王位应该属于他。他发动了一系列的围城战，先从进攻卡昂城开始，一路缓慢南行，直到最后抵达法莱斯（这里是“征服者”威廉的出生地）。如今他回到了先王的土 326
地，他在这个过程中实际控制住了诺曼底。然后，他继续进军诺曼底公国的首府鲁昂。围城战持续了近六个月，给城中居民带来了巨大的苦难。当年有首民谣唱道：

他们吃狗，他们吃猫
他们吃小鼠、大鼠和马，
一只大老鼠能卖三十便士……

鲁昂于 1419 年 1 月 19 日投降。通往巴黎的道路已经畅通无阻。双方举行了徒劳无功的谈判。亨利的对手是法国国王查理六世及王太子。勃艮第公爵为了赶走英格兰人，也出人意料地站在了法王父子这一边。但是，这个联盟很快就解体了；双方约定在桥上会面，结果太子的扈从杀死了公爵。这件事很可能有预先策划，也可能就像当事人所说的那样纯属意外；但结果并无二致。亨利趁着敌人内部混乱之际，兵临巴黎城下，要求继承法国王位。现在有谁能挡住他？新晋的勃艮第公爵没有经验，王太子已经失势，法王的精神病时常发作。

经过多次争论之后，双方在 1420 年春天缔结条约。条约规定查理六世取消儿子的继承权，宣布英王为法国王位的继承人。亨利五世将迎娶法王的女儿凯瑟琳，他们的儿子将自动成为法兰西国王和英格兰国王。从表面上看，这是一场巨大的胜利；亨利的战果远逾前代。然而，后来发生的事情证明，这种和睦并不稳定。法国人凭什么接受一位身在威斯敏斯特的国王统治呢？英格兰议会也疑虑重重，英格兰统治法国是否明智？战争的开销实在巨大。维持权力的代价也相当高昂。卷入法国事务似乎并不明智。

早在 1417 年初，神职人员就不再为国王的外事胜利而祈祷了；1420

年和1421年的议会再次改弦更张，一反先前之所为，不再为亨利的对外
327 战争拨款了。这一时期的编年史作者乌斯克的亚当在文中慨叹：“哀哉！为了这件事耗费了多少人力和物力！”只有部分幸运的骑士和士兵带回财宝和战利品，对于他们而言，这场战争没有白打。索尔兹伯里伯爵托马斯·蒙太古在写给国王的信中说：“我们带回家的都是最漂亮和最出色的猎物，见过它们的人都这么说。”换句话说，他带着财富回来了。至于这能否激励英格兰的神职人员和自耕农，那就另当别论了。

王室自身也是满腹疑虑。如果委派一位财政大臣去监督这两个关系错综复杂的国家的财政收入，结果将会怎样？如果国王或其继任者派一位法国贵族去担任该职，结果将会怎样？这些担心可能毫无依据，但它们的确存在。而且国王待在法国的时间已经超过待在英格兰的时间，这有损国家利益。

这方面的证据还体现在如下方面：亨利不得不兴师动众继续战事，才能巩固他在法国的胜利成果。他目前已经拥有或者说占领了诺曼底公国以及维克辛地区（位于塞纳河右岸的法国西北部地区）。但是，有的省份处于勃艮第公爵的统治之下，还有的省份为王太子管理。分裂的国土上不可能有和平。

亨利与查理六世签订条约不久，便迎娶了法兰西的凯瑟琳，即瓦卢瓦王朝的凯瑟琳。他们大张旗鼓地进入巴黎，入住卢浮宫。国王当然希望在威斯敏斯特为他的妻子加冕。1421年2月23日，她终于来到威斯敏斯特大教堂。瓦卢瓦王朝和金雀花王朝合二为一了。

四个月后，亨利再次回到法兰西，镇压法国人的反抗和起义。他必须为自己的胜利果实而战，但是他在围攻莫城期间生病了；他的旧疾复发，发起了高烧，身体日渐虚弱。他感觉来日无多，便为自己的遗嘱增加了一份附件。他现在有了儿子，但只有八个月大，他把孩子交给其中一位弟弟监护。格洛斯特公爵负责教导和养护小亨利。在1422年8月的最后一天，亨利五世驾崩。他的尸体被运回伦敦，英格兰人为他举行了隆重的葬礼，
328 将他葬在了威斯敏斯特大教堂。

从来没有哪位英王能像亨利五世那样，得到那么多同时代人的赞美。

人们赞美他的武功，以至于忘记了替这场战争担忧。他为人既虔诚又高尚，既纯洁又严酷。他对朋友慷慨，对敌人严酷；他为人谨慎又宽宏大量，既虚怀若谷又温和节制。然而，有些人怀疑这种论断。对于莎士比亚的历史剧《亨利五世》，我们就可以用不同的角度加以阐释：它描写了一个热衷于武力的暴君，为了满足极度自负的虚荣心，孤注一掷地征战法兰西。可他最后到底成就了什么？一旦他的征服行动付诸东流，一旦二国之君的梦想破灭，也就没有留下任何可供赞美的事迹了。一切都只是为了满足君主的虚荣心。

亨利重启百年战争，还产生了一个不易为人觉察和始料未及的后果，在这里值得我们考虑。英格兰的语言如今已经成为国王及廷臣使用的语言。国王的书信一直是用英文写的，《亨利五世行述》的作者提到“我们的英格兰”。第一篇用英语写就的王家政府文件出现在1410年。自15世纪20年代初，伦敦的酿酒商工会就开始用英文书写会议记录，其中提及如下事实：“大部分上议院议员和可靠的下议院议员都开始用我们的母语记录事项。”

如今的坎特伯雷大主教开始按部就班地说，“英格兰教会”是普世教会的一分子。1414年举办的教会会议宣布：“无论是以血缘关系和共有习惯为标准，还是以语言的独特性为标准，来界定一个民族如何有别于其他民族……英格兰都是一个货真价实的国家。”他们如今才刻意突出国家问题，足以表明在先前的时代，国家身份并非不证自明的事物。在15世纪，人们还不断地试图将繁荣昌盛的英格兰王国与岌岌可危的法兰西政权对立起来。人们用这种方式去摆脱在过去的300年中塑造英格兰政治的法语王族和法语宫廷所留下的遗产。

最早一封现存于世的英语书信写于1392年。稍后一封也用英文写就 329
的书信则更有人情味。它“写于大海另一侧的加莱，写于6月份的第一
天，大家都去吃饭了，时钟开始报时，已经是中午时分，全家人都在我身
后大喊大叫，让我下去。马上下来吃饭！我的回答，你知道的，还是老一
套。”我们似乎听到了信中的呼喊声。快下来！快下来！ 330

30

外人眼中的英格兰人

在其他国家的人眼中，英格兰人有一桩再明显不过的罪过：骄傲；那是他们最为突出的特征。14 世纪的法国编年史家傅华萨说起“英格兰人的自高自大，他们除了对自己的国人友善以外，对其他哪个国家的人都不够亲切友好”。日耳曼骑士尼古拉·冯·蒲伯洛于 1484 年造访英国，他抱怨说，“英格兰人自以为是世界上最睿智的人”，“英格兰以外的世界并不存在”。15 年后，一位威尼斯旅客说：“英格兰人十分热爱自己以及自己拥有的一切。”每当他们看到一位英俊人士，他们都会说“他长得像英格兰人”。

其他国家的人都认为英格兰人长着尾巴。1190 年，西西里岛上的希腊人被迫招待过境的英格兰十字军，他们称其为“长尾巴的英格兰人”。13 世纪末，围困在顿巴城中的苏格兰士兵从城堞上向下喊话：“你们这些长着尾巴的英格兰人！我们要杀了你们，割掉你们的尾巴！”这种错误认识可能与英格兰人蓄长发有关。长发飘飘，垂在背后，很像一条尾巴，后来就逐渐出现了这个笼统的蔑称。

331 法国人指责英格兰人好酒贪杯、背信弃义；“背信弃义的阿尔比恩”说法虽然流行于 18 世纪末和 19 世纪，却有着深厚的历史渊源。英格兰人冷漠孤傲；他们冷漠无情；他们对自己的苦难麻木不仁，对其他人的苦难也不闻不问。他们不怕死，所以他们吵起架来十分凶猛；在光天化日之下，他们互相抢夺和杀戮。有时候，他们甚至杀死自己的国王。所以说，他们以暴力而闻名。

英格兰人也坦承自己有很多缺点。成书于14世纪初的《爱德华二世本纪》的作者断言，他的同胞们“骄傲自满、工于心计且好做伪证”。切斯特的拉诺尔夫·希格登与上书作者是同时代人，他说自己的同胞好酒贪杯、贪婪无度且欺诈成性。英格兰人好酒贪杯似乎成为千夫所指的毛病，它出现频率之高，被人诟病之深，很快就成为英格兰人的滑稽形象了。1473年，被派往英格兰的教宗使节写道：“他们在早晨像天使一样虔诚，但吃完晚饭后，他们就变得像魔鬼一样。”某些国民特性可能永远也不会改变。 332

31

头脑愚钝之辈

如果亨利五世一死，王室立即宣布他的儿子继位，那么这个孩子就只能在襁褓中加冕了。因此比较谨慎的做法是等到他懂事的时候再接受圣膏，正式称王。国王年少不经事，周围净是一些只顾个人利益的大贵族，这种局面最有可能招灾惹祸。事实上，在亨利六世漫长的统治期内（将近40年），统治英格兰的大家族的命运经历了多次大起大落，把人看得瞠目结舌，百思不得其解；他们也经历了多次峰回路转，让人惊奇不断；他们也收获了无数次成败，使得19世纪的批评家威廉·哈兹里特将英格兰称作“完美的斗熊场”。这一时期的一系列战争也青史留名，史称玫瑰战争。

亨利五世的三个弟弟负责监护幼主亨利六世。我们可以把他们当作戏剧人物来一一介绍。首先是格洛斯特公爵，他是亨利六世的小叔叔；当初亨利五世正是托付他来负责儿子的生活和安全。贝德福德公爵是小亨利的另一位叔父，比格洛斯特年长一些。他在亨利五世临终之际受命保护和扩大已经征服的法兰西领地；战争一如既往地进行。亨利·博福特是冈特的
333 约翰之子，因此他是亨利六世的叔祖。此人是温切斯特主教，后来当上了大法官，因此也是英格兰的要员。他原本是私生子，但后来冈特的约翰正

式娶了他的母亲凯瑟琳·斯韦恩福德，他也跟着转正，拥有了合法的身份。

无论是合法婚生的，还是非法私生的，兄弟之间都可能会失和。格洛斯特公爵希望拿到“摄政”头衔，这样一来，他就可以名正言顺地掌握实权了。但是，在贝德福德的要求下，他只当上了“护国公”。只要他的兄长从法国返回英格兰，他就得退居其次。格洛斯特还因为治国方式与博福特主教发生争执，两人的关系极为紧张，达到了势不两立的程度，差一点在1425年引发内战。博福特在其府邸所在地（萨瑟克）集合了武装扈从，格洛斯特则命令伦敦市长封锁伦敦大桥，对抗博福特的人马。贝德福德不得不从法国赶回来调停。他们就如同为争夺权力的骨头而撕咬成一团的恶狗。

新继位的亨利六世于1429年冬天正式加冕。这个八岁的男孩被监护人抱在怀中进了威斯敏斯特大教堂；这说明他年少体弱，但他还是坚持挺过了紧张、漫长的仪式，在仪式结束之际无须他人搀扶，一个人走完了教堂侧廊的这段路程。有人说，终其一生，他也没有长大。1431年末，他被带到法国，根据乃父与法国人签订的条约，他又在巴黎圣母院举行了一场加冕礼。这位少年国王集瓦卢瓦王族和金雀花王族的血脉于一身。他刚刚十岁就成了历史上唯一身兼英格兰和法兰西两国国王的君主。

然而就在他驾临巴黎的前一年，圣女贞德横空出世，为法国军队带来了鼓舞和希望。此事非同小可。这也是亨利要大张旗鼓去巴黎露面的一个原因。1429年5月，经过一系列精彩的伏击战，贞德解除了英军对奥尔良的包围。她继续挥师前进，光复了已向敌军投降的其他法国城镇。奥尔良对英军的战略意义至关重要。它若失陷，法军必定全盘皆输。结果，英格兰人到手的胜利果实被人夺走了。6月末，贞德致信图尔奈的百姓，她在信中宣布：“奥尔良少女在此晓谕诸位，在过去的八天里，她已经通过进攻等手段，将英军从卢瓦尔河沿岸各地驱走；他们或死或降，或被打得 334
垂头丧气。”她开启了一个新的时代，她将最终彻底破坏亨利五世取得的所有胜利。在贞德的急切怂恿下，王太子大张旗鼓地驰往兰斯大教堂，并在那里加冕称王。如今亨利六世和查理七世都声称自己是法国人的最高统治者。胜利之花终落谁家，要到二十年之后才能见分晓。

自从亨利五世驾崩之后，英格兰就一直处理不好法兰西事务。失去了这位鼓舞人心的国王，征服的热情似乎已经慢慢消散。贝德福德与格洛斯特之间的内斗就不是好兆头；贝德福德没有得到他所需要的拨款。议会及其他部门的人都认为，英军在法兰西的行动应当由法国纳税人买单。在英格兰内部，二国之君的优点和长处受到了公开质疑。既然英格兰内部出现了这么多问题，占领或者夺取法国领土又有什么意义呢？英格兰国王应当驻跸英格兰，而非巴黎或诺曼底。

然而，战争还在继续下去，而法国人和英格兰人都没有一决胜负的意志或资源。查理七世与新一代勃艮第公爵结成同盟，他正式为前任公爵遇刺一事道歉，还承诺惩罚参与其事的人。勃艮第控制下的法国各省如今改弦更张，归附了瓦卢瓦王朝，查理七世如今有资格自称是大部分（即便不是全部）法国人的国王了。在这个过程中，勃艮第公爵抛弃了英格兰盟友，他的举动让英格兰幼主大为震惊；当他读到勃艮第公爵表态放弃效忠的书信时，他满眼都是泪水。20 年后，他对此仍念念不忘。他说：“尽管他对我百般发誓，但还是在我年少时背弃了我。”从这句话可以看出，此人天生头脑简单。

圣女贞德的故事广为流传。贝德福德公爵向她发起了舆论战，说她是替魔鬼效力的巫女和巫婆。她曾经宣告自己的使命，要收复奥尔良并且促成王太子加冕；当她完成第二个目标之后，她就不像过去那样所向披靡
335 了。她在巴黎的一次伏击战中受了伤，被卢森堡的约翰俘虏。约翰将她卖给了贝德福德，索要了一大笔钱。这位奥尔良少女要被当作巫女接受审判了。法国国王根本没有采取措施去营救她，似乎仅仅把她视为战争中难免会有的人员伤亡。1431 年春天，她在鲁昂市场的火刑柱上被活活烧死了。

贵族就少年国王需要人辅佐多久的事宜召开会议。他们曾经效命于亨利五世，对旧主的记忆十分深刻，至少不亚于他们对个人利益的关切程度。摇摇欲坠的三头执政局面一直坚持到 1435 年，也就是贝德福德公爵

去世的那一年。1437 年，亨利十六岁了，他宣布自己已经成年，应该亲政了。然而更有可能的是，有人在替他做出决策。他非常依赖别人的判断和建议。据说，他总是赞同最后一位向他建言的人。在过去的两年里，他一直在接受训练，学习如何行使国王的权力，如何履行国王的义务。现在，他应该占据舞台的中央了。博福特已经在 11 年前由主教晋升为枢机主教了，但他仍然屈居君主之下。1437 年夏天，亨利六世开始巡游全国。

现在我们可以好好地审视这位年轻的国王了。现存的画像对他多有理想化，但我们从中依然可以看出，他的下巴很大，表情略显虔诚、天真。关于他的性格和判断力，至今史学家尚未形成共识。此人天性忠厚、朴实，但是普通人的美德可能并不适合君王。不过在某些编年史作者看来，他乃是圣王的典范，“从来不处心积虑地要手腕或撒谎”；他为人“纯洁、清白”，胜不骄，败不馁。然而在某些人看来，他就像个呆子、白痴和弱智，是一只名副其实的“绵羊”。教宗庇护二世在谈及这位虔诚的教会之子时说：他“比女性还要胆怯，全无才智或勇气”。英格兰教会的教士在背后对他啧有烦言。在 15 世纪，一个人要当国王必须得有咄咄逼人的气势，必须心狠手辣；他天生就得具备威信；他必须精明伶俐、胆略过人。336
可是，无论是这些品质中的哪一项，亨利六世似乎都不具备。那些人之所以谴责他弱智低能、天生鲁钝，只不过是在表现他们的失望而已。如果不当国王，他无疑会是个得以善终的虔诚善良之人。

他的虔诚之心是无可置疑的。他在星期天从不处理公务。他会指责任何一位口出脏话的贵族，他唯一说过的重话是：“Forsooth，forsooth（英语中表示轻蔑的肯定用语）!”与他同时代的名人威廉·卡克斯顿写道，他“定下了一条规矩：当他用茶点的时候，王室官员应该把某道代表基督的五道伤口的菜式当作头道菜放在他的餐桌上；他带着极大的热忱观察着眼前的景象，向上帝表示感谢，态度虔诚得令人叹为观止”。

勃艮第公爵归附法王后，旷日持久的战争开始变得不利于英格兰人。他们依旧占领着诺曼底、加斯科涅和曼恩的部分地区，但是他们凌驾于法国人之上的那种雄心壮志已经沦为泡影。事实证明，指挥官贝德福德是无可替代的。英格兰人已经完全丧失了征战法兰西的勇气。诺曼底逐渐被法兰西收回。不幸的是，亨利本人没有任何军事经验或才能。他唯一一次驾临法国还是在加冕法王的时候，他从未领兵上过战场。显然，他是个喜欢和平的人，做研究或者做祷告才是他的看家本领；他更关心在伊顿等地建立学校，或者在剑桥大兴土木。在这方面，别人可蒙不了他。伊顿公学和剑桥大学的国王学院是他留下的最为持久的政绩。

1436 年春天，巴黎落入查理七世之手，诺曼底的局势益发混乱，而亨利也益发想要讲和。然而，双方的谈判毫无结果，法国人将继续对有争议的地区发动攻势。英格兰没有充足的人力或物力来保卫加斯科涅和诺曼底，而加莱的中心集镇和守军一直饱受勃艮第公爵人马的威胁。法王提出
337 休战，允许英格兰人继续控制加斯科涅和诺曼底，但条件是亨利放弃法国国王的王位。国王及御前会议发生动摇，昏招迭出。亨利设在诺曼底的咨议会成员说，他们深感惊慌和恐惧，就像“一艘在大海上颠簸的船只，任凭风吹浪打，没有船长，没有舵手，没有风帆”。而本应充当船长、舵手、船舵和风帆的角色的人是国王。

各种利益集团当然已经蓄势待发，焦急地要发出自己的声音。除了博福特和格洛斯特这两大派系之外，如今又多了一个派系参加政治角力。约克公爵理查接替了贝德福德的位置，成为英军统帅；事实上他就是贝德福德的侄子。而且他也将不遗余力地参与有损英格兰国策的派系冲突。按照错综复杂的长子继承制度，他有希望继承王位，因为他是爱德华三世第五子的直系后代；亨利六世则是第四子的后代。现代读者可能根本理不清这种关系，但是在当时，所有的王室要角都非常清楚自己与国王的亲疏关系；事实上，这种关系已经深入血脉，引导着他们的行动。亨利一向都不信任约克。

形势正在变得越来越复杂。枢机主教博福特的侄子约翰·博福特被册封为萨默塞特公爵，他被派往法国，负责解救加斯科涅。此举让约克勃然大怒，因为此时的他正在诺曼底面临一团乱局，急需新的援助。英格兰国策之混乱，由此可见一斑。约克和格洛斯特在御前会议中属于主战派，力

15. 兴建修道院，取自 14 世纪的一幅装饰画

16. 威斯敏斯特大教堂的爱德华一世像，人称“苏格兰之锤”

17. 哈勒赫城堡外景，这是圣乔治的詹姆斯大师为爱德华一世督造的一座威尔士城堡；詹姆斯是当时最伟大的建筑大师。城堡本身似乎是用当地的岩石建造而成的

18. 黑死病于 1348 年秋传播到英格兰，导致将近 200 万英格兰人死亡。古往今来，英格兰从来没有在短时间内死过这么多人

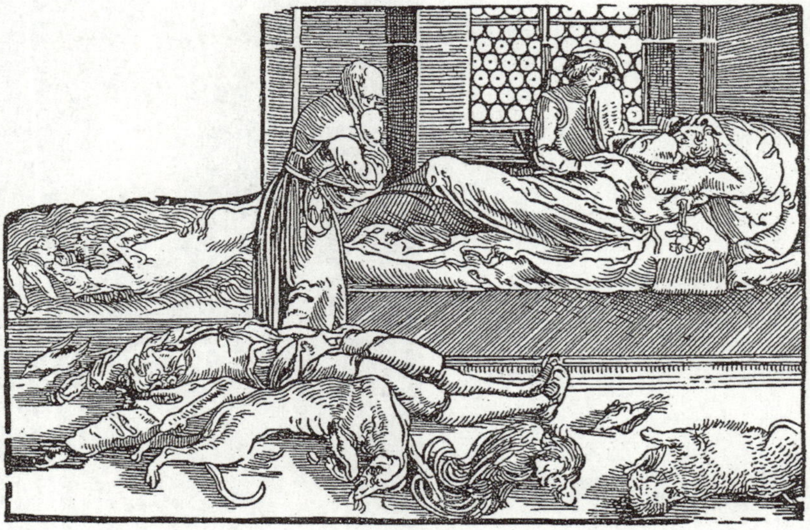

19. 麻风病女患者。麻风病患者必须手拿摇铃，警示他人切勿靠近

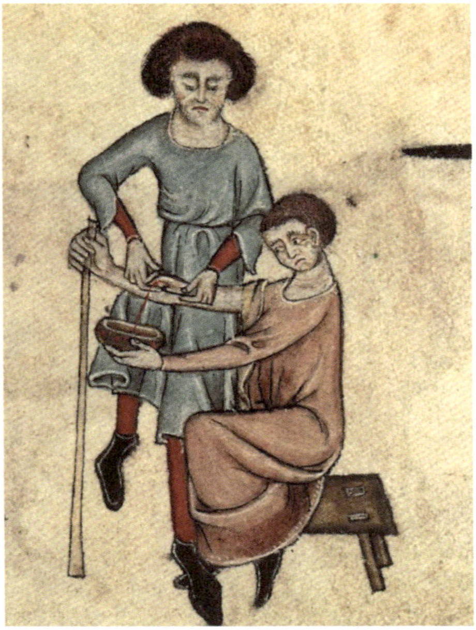

20. 放血。医生会品尝患者血液的味道。健康的血液微甜

21. 发生在1346年8月26日的克雷西战役是百年战争中最重要的一次战役。爱德华三世率领英军大败法军。火炮在这场战役中首次得到使用

22. 理查二世像，取自《威尔顿双联画》。跪地者即理查二世，站在他身边的分别是埃德蒙国王（圣徒和殉道者）、“忏悔者”爱德华（圣徒）和施洗者约翰（圣徒）。他认为这三者是他的先辈和守护者

23. 建于 14 世纪后半叶的格洛斯特大教堂的回廊，拥有全英格兰年代最早也最华丽的扇形拱顶。大教堂建于诺曼时期，但其地基可以追溯到盎格鲁–撒克逊时代。在这方面，它所经历的历史类似于其他英格兰教堂

24. 1381 年理查面见起义农民的场面。这场农民起义是英格兰历史上最大的一次平民反对封建领主的起义

25. 1420 年夏，亨利五世与法国公主瓦卢瓦的凯瑟琳在特鲁万大教堂举行婚礼。两年多后，亨利五世驾崩，但凯瑟琳生下了太子

26.“奥尔良少女”圣女贞德的画像，她在 1429 年取得的胜利预示着英军将在二十年后被逐出法国的城镇

27. 全套戎装的亨利六世。事实上，他不是个出色的军人，也不是位能干的国王

28. 沃里克家谱，取自约翰·鲁斯所著《英格兰诸王史》，图中人物分别为第十六代沃里克伯爵理查·内维尔、伯爵夫人安妮·博尚、他们的女儿伊莎贝拉·斯宾塞及其丈夫克拉伦斯公爵乔治

29. 爱德华四世像。他最大的成就是在亨利六世软弱无能和优柔寡断的统治之后巩固了王权

30. 不幸的少年国王爱德华五世。他仅仅当了两个月的国王就被杀死在伦敦塔内。他从未正式加冕为王

31. 理查三世脚踩白野猪。白野猪是他本人的徽记。由于理查三世也叫约克的理查，所以该象征很可能源于约克郡的拉丁文名称 Eboracum

32. 约克的伊丽莎白和亨利七世，取自 19 世纪的一幅插图。这对夫妻孕育了后来的都铎诸王

主先声夺人、坚决果断地对付法国人的进攻；枢机主教博福特则是主和派，他更倾向于采取妥协和谈判的策略。国王本人虽然在脾性上更倾向于和平，但是他在两派之间举棋不定。萨默塞特于 1443 年扬帆出海，远征法兰西。但他在战场上一无所获，最终只能忍辱含羞跑到诺曼底首府鲁昂，托庇于约克。他的部队遭到遣散，而他本人则乘船回国。第二年春天，他就去世了，当时流行的说法认为他是自杀身死的。英格兰最后一次大举进攻法兰西遭遇了可耻的失败。威斯敏斯特的主和派开始觉得自己有先见之明。 338

在这种前途未卜的局势下，亨利六世派遣私人使节与法王直接谈判。萨福克公爵威廉·德拉波尔曾经参加过对法战争，也是国王最宠信的廷臣之一。他于 1444 年来到图尔，向设在此地的法国朝廷报聘。双方都被战争和摩擦折磨得精疲力竭，因此他们轻而易举地达成了为期十个月的停战协定。双方在和睦友好的氛围中签署了和约。和约规定，亨利六世要迎娶安茹公爵的女儿。安茹公爵是法国朝廷里最有势力的一个家族；他的女儿也是法国国王的侄女。翌年，安茹的玛格丽特在诺福克的陪伴下乘船前往英格兰。

就这样，英格兰迎来了历史上最强悍的一位王后。不久后，有传言说王后已经控制了她的丈夫；伦敦的一位编年史家约翰·布洛京宣称，她比亨利聪明，性格也更加强悍。她是一位“强势、活跃的非凡女性，不达目的不罢休”。她宠信萨福克，此人安排了她的婚姻，他们合力控制了御前会议大政方针的制定。例如，玛格丽特主导对法谈判；她试图让大家庭的成员之间彼此和谐快乐。所以她的丈夫同意将曼恩省秘密割让给瓦卢瓦王朝，以便换得全面的和平。早在 1154 年，曼恩就作为安茹帝国的一部分落入了亨利二世之手，此后它一直隶属于英格兰；那位老亨利就出生在曼恩省的首府勒芒。割让曼恩的消息传出来后，许多廷臣感到不满和惊愕；甚至连国王派往法国的使臣都反对这种投降举措，他们签署声明，坚称他们是为了更高尚的和平目的而来。由于亨利的立场摇摆不定，这个条约引发了诸多困惑和疑虑，但到最后它还是被双方签署了。

主战派领袖格洛斯特公爵如今已经失势。他的势力和权力已经被严重削弱，尤其是因为他的妻子被人检举，涉嫌巫蛊活动，诅咒国王早死。不
339 过，他有可能在策划对付萨福克，或者用某种方法控制国王。1447 年，新一届议会在贝里圣埃德蒙兹召开，而会议召开的这个地点很不寻常。格洛斯特赶来参加会议，但是就在抵达会场的第二天，他在住所被捕，罪名是犯有恶劣的叛逆罪。几天后，他死在了床上。时人普遍认为，他在被捕后因为绝望和焦虑而突然发了病。在这个很不自然的世界里，这有可能只是一桩自然死亡。不过，这当然也很可能是在用法律铲除政敌，这在当时的世界并不罕见。

格洛斯特之死并没有提高国王的威信。在亲政期间，亨利并没有证明自己有治国之才。正如他在对外战争的问题上摇摆不定那样，他在处理内政问题时同样粗枝大叶、马虎凌乱。他赏赐宠臣的土地数量远逾前代；他的债务越积越多；王室成员趁机窃取国库收入。为显示皇恩而赐予臣下的种种待遇（官职、年金和监护权）都快被他用光了。有的时候，他甚至将同一个官职赏赐给不同的人。

他在册封爵位方面也足够慷慨大方。从 1441 年到 1449 年，他在短短八年之内册封了八位男爵、五位伯爵、两位侯爵和五位公爵。即便是最客观的评论者也会从中得出他在滥施封赏的结论。现有的男爵和公爵也可能在猜测他们的爵位有可能贬值了。亨利只知道国王为何物，根本不明白其他官职和封号意味着什么；他把自己的财富和权力视为理所当然的东西。他根本不理解所赐之物的价值或重要性。他总是乐于甚至可以说是急于赦免他人；他这么做是在仿效救世主。然而，对于那些自以为受屈的人来说，这种慷慨大度并没有令国王显得亲政爱民。

亨利为人过于软弱，无法裁决大贵族之间的是非；这就促使大贵族动辄通过武力来解决这些本来应由强势的国王来解决的纠纷。结果，世家大
340 族之间的武装械斗预示着大规模的内部冲突——玫瑰战争。国王本应约束和引导手下的贵族；这是他们与王室达成的契约的一部分。他们是受膏国王的天然支持者。但是他们又不想要软弱的国王，如果国王强势，他们更

有安全保证。群龙无首的情况下，一切秩序都被摧毁了。

对于所有人来说，后果都是显而易见的。格洛斯特死后，约克公爵成为王位的直接继承人。然而，亨利依然不信任他。为了削弱他在朝中的影响力，亨利派他到爱尔兰当总督。在开始的两年中，约克不肯就任，但拖到 1449 年，他也只好渡海去了爱尔兰。驻法英军的指挥权被交给新获册封的萨默塞特公爵埃德蒙·博福特，此人就是自杀身亡的博福特的弟弟。萨福克和萨默塞特如今开始联手对付约克。约克和萨默塞特立刻成为死敌。这都是亨利“亲政”造成的恶果；他亲政的结局就带来了英格兰历史上最血腥的王朝内斗。

时人的普遍感受是法治已经搁浅了。肯特人在 1450 年发布的宣告中声称：“如今的法律除了制造冤案之外，没有其他任何用途。”一切都得靠“贿赂、恐吓或恩宠”才能行得通。这一时期流传下来的书信（尤其是帕斯顿家族的信札）里面尽是些作恶不受惩罚以及贵族为私利而玩弄司法的内容。各类武装团伙威胁佃农、围攻庄园和袭击法庭的案例可谓是罄竹难书。

约翰·帕斯顿在信中提到过一个受雇于人的打劫团伙：“穷人哪里敢招惹他们，这些人都是用刀剑说话的，他们说什么就是什么。”他本人就遭受过这类暴力行为的侵害。在写给约克大主教的请愿书中，他写道，“一大群来势汹汹的乱民，人数约有 1 000 多人，”他们“闯进”他位于格莱斯海姆的庄园，“大肆破坏和劫掠”；他们“赶走了我的妻子和仆人，然后翻箱倒柜，拿走了所有的物品及动产”。接下来，这伙强盗把守住庄园，不让帕斯顿本人及王家治安官入内。

另一伙歹徒奉威廉·泰尔波伊斯为首领，而他们的后台是萨福克公 341
爵；史书告诉我们，控制御前会议的正是萨福克和王后。泰尔波伊斯及手下杀手被指控犯下了三宗谋杀罪，此外还有侵害罪和强奸罪。但萨福克帮助他们逃过了司法惩罚。据说“所有法律和利益依靠的都是大老爷和私人交情”。无政府精神盛行全国，国王对此无能为力。

在帕斯顿的庄园遭人洗劫和侵占之际，他的对手从王室求来一封书信，要求萨福克郡长予以“照顾”。在这种情况下，帕斯顿真是无计可施了，有人建议他带地投诚，求得约克公爵的保护。亨利手下的骑士约翰·福尔斯塔夫曾经在英法战争中发了财；1454 年，他拿了一笔钱去贿赂郡长，想要陪审团帮他打赢一场官司。显而易见，当时的陪审团无不接受贿赂或受到胁迫。

威廉·卡克斯顿在《世事如棋局》的按语中谴责了辩护人、法官和出庭律师，“描述他们如何随心所欲地舞文弄法。如何吃人，如何盘剥社会”。从当时的法学巨著，约翰·福特斯鸠爵士的《英格兰法律颂》中，我们甚至会看到作者在盛赞司法的发展或“进化”；但实际上，法律已经千疮百孔，腐败透顶。对于当时的议会和宫廷，我们也可以如是评价。一切由人组成的机构都乱成一团，处于半瘫痪状态，这在当时再正常不过了；只有在史书当中，它们才能步履轻松地迈向它们预定的目标。

所有这些无法无天和残暴不公的势力终于在 1449 年达到水火不容的地步。在这一年，亨利的威信扫地，原因在于查理七世借口英格兰人破坏了两年前达成的正式停战协定，进军诺曼底，企图将英军彻底赶出法国领
342 土。他的胜利来得真是直截了当、不费工夫。英军占领的各个城镇未做任何抵抗，便向来自四面八方的三支法国大军投降了。

听闻来自法国的噩耗后，议会在 1449 年 11 月召开会议。在 1450 年的第二次会议上，萨福克公爵被指控犯下叛逆罪。据说他准备协助查理七世入侵英格兰，他还心甘情愿地将自己位于沃灵福德的城堡献给法王。这类指控一听就知道是不实之词，但还是有人相信。那些应当为驻法英军的惨败而负责的人必然会以某种方式付出代价。与此同时，英格兰财政大臣斯塔福德大主教引咎辞职。萨福克被关进了伦敦塔，有人草拟提案，准备弹劾他；如今国王出手叫停了这桩公案。亨利不可能眼看着自己的首辅和军师受辱而无动于衷。

然而，下议院不会放过报复和发泄公愤的机会。他们又提出第二套指控方案，其中有一条显然是属实的：萨福克曾经为威廉·泰尔波伊斯提供

保护伞，使之免于牢狱之灾。如今国王将贵族召集到威斯敏斯特王宫的内廷。他否决了议会的审判权，要亲自“管制”萨福克。这一举动尤其笨拙，但在当时似乎别无选择。几周后，亨利宣布将萨福克放逐国外五年。4 月末，萨福克从伊普斯维奇扬帆出海，前往低地国家；但他没能到达目的地。他所乘坐的船只中途遇劫，他被带到另一艘船上，接受船上水手的审判。他被一把钝剑砍掉了脑袋，然后被抛尸多佛海滩。

法国国王只用了一年零六天便收复了诺曼底。到 1450 年夏天，大部分法国城镇的英军都已经被赶走了；只有加莱以及加斯科涅的部分地区没有失守。时人创作的一幅肖像画将查理七世颂为“凯旋法兰西国王”。一 343
位法国编年史作者评论说：“在这么短的时间内光复这么大的国家，损失了这么少的人口和兵力，这是从未有过的事情。”亨利与安茹的玛格丽特的婚姻无助于维系英格兰的法兰西霸业，许多人甚至认为，玛格丽特是致使灾难性结局加速的罪魁祸首。当时盛传的一首民谣唱道：“国王的儿子丢掉了父王的所有战利品。”百年战争行将结束了。

国王遭受到史无前例的打击。在军事上，征服法兰西的企图彻底失败了。他还被迫割让了英格兰王室固有的领土。从这个时候起，亨利就彻底失去了对于王国的控制。在群龙无首的状态下，困惑演变为混乱。1450 年的议会会议宣布国王的债务在 16 年里翻了一倍多；在这个节骨眼上，伦敦的商人全都不肯出资帮助国王。这是引发玫瑰战争的另一个原因，国王没钱治理国家了。有人担心这会令英格兰堕入“野蛮世界”。一个自称“仙后”的人在肯特的乡镇传道。在坎特伯雷，则有一位名叫“蓝胡子”的漂洗工组织了一个团伙。肯特又一次站在风口浪尖上。

萨福克的人头出现在多佛附近，谋杀他的水手就是肯特人，这样一来，这片时而桀骜不驯的独立之地就不可避免地受到了猜疑。国王的代表威胁说，要将全郡夷为平地，变为鹿园；然而肯特人早已怨气冲天。对法战争的失利严重影响了他们发财致富的途径——海上贸易。海滨地区频频受到法国和布列塔尼海盗的攻击，然而他们并未得到任何惩戒。阿格尼丝·帕斯顿写道：她家曾有个朋友“被海边的敌人掳走”。她祈祷说：“上帝保佑海上的情况有所改善，否则住在海边实在是太危险了。”

344 在1450年5月末，走投无路的肯特人聚集在阿什福德附近的卡莱希尔荒原；这里是千百年来人们集会的地方。在危机四伏和前途未定的时代，这里的古老幽灵再度发出威力。在这片荒原上，他们推举杰克·凯德为领袖和代表。在凯德的带领下，他们向伦敦进军；到了6月11日，他们在苍草地扎营，伦敦已经在望。他们在宣言中坚称：“他们称我们是造反派和叛逆者，是国王的敌人，但我们将证明，我们才是国王忠诚的臣民。”他们攻击国王的谋士，称他们是“邪恶的廷臣”，这是当时民间对这伙人的通称；正是因为这伙人施展阴谋诡计，“他才失去了统治权，失去了货物，他的老百姓才被欺侮，他才失去了大海，失去了法兰西，他自己也变得一贫如洗，吃不起肉，喝不起酒”。他们显然是从街谈巷议中了解到国王的财务困境。反叛者还谴责地方司法部门颠倒黑白，怒斥地方豪强欺压百姓，从而间接地揭露了整个国家的混乱状况。

然而，其中一些人将矛头直指国王本人。威廉·莫费尔德在东苏塞克斯郡布莱特灵村的古老市场上宣布，国王就是“天生的白痴，手里拿根棍子，棍子一端拴着鸟儿，像傻子一样玩得不亦乐乎”。这里说的可能是某种儿童玩具；莫费尔德是怎么知道国王的这副德性，目前尚未弄清楚。伊利的纺织工人哈利·梅斯说，国王“看起来更像是孩子，而不是成年人”。不久，硬币上的船只图案就被绵羊图案取代了。

凯德的手下经常提到“共同福祉”或“共同利益体”（commonwealth），这是一个由国王与王国、领主与平民组成的庞大政体；臣民要服从国王，但国王也必须为臣民的福祉而奋斗，王国的各个阶层都应该团结在责任与义务的结合当中。该说法旨在暗示，这种结合正在遭到亨利及其谋士的破坏。

国王一方对威胁做出了迅速的反应。正当凯德的追随者在苍草地扎营期间，国王的使者于6月13日赶到，命令他们就地解散。使者还带来了
345 赦免令，国王想仿效70年前理查二世的英勇行为，亲自面见起义者，但他在一开始遭到谋士的反对。如今已有好几千人聚集在苍草地，国王最后

至少发出了3 000张赦免令。6月18日早晨，亨利果然来到了苍草地，身后带着大批士兵和枪械，但起义者早已趁着昨晚的夜色四散而去。他们早就收到警报：王家军队就要到来。这也是一种自我保护措施；与官兵对抗显然是犯了叛逆罪。国王手下的人马在汉弗雷和威廉·斯塔福德爵士的带领下追击起义军，结果反而中了埋伏，斯塔福德兄弟被杀。肯特人首战告捷。

贵族马上就展开了血腥复仇。有好几位领主骑马冲进肯特郡，要求血债血偿。这种暴力措施只能进一步刺激起义军。混乱时代开始了。领主们面对不断升级的反抗吵成一团，有些士兵则投奔起义军去了。国王及其同党，还有王国的法官都逃离了伦敦。他们一路狂奔，跑到相对安全的英格兰中部地区。伦敦市长曾恳求国王待在首都，但国王并未听从，这件事也可以看出亨利的懦弱。

听闻国王撤退的消息后，凯德及其同伙在6月底重新集结于苍草地；第二天，他们进驻萨瑟克，强占了这一带的客栈和旅店，此时的凯德已成“首领”，住在主干道上的白鹿客栈，这里也成了起义军的大本营。而白鹿曾经是理查二世的王徽图案。

7月3日，凯德的人马穿过伦敦大桥后，砍断了吊桥上的绳索。这样一来，别人就不可能用它来对付起义军了。随后，他们占领了市政厅。在市政厅的法庭上，几位王室仆从被指控犯下了叛逆罪，立即执行死刑，处决地点就在蜂蜜巷对面的喷泉处。肯特郡长引起的民愤最大，他被拖到米尔恩德砍掉了脑袋。凯德又回到白鹿客栈，精心制订下一步的计划。

伦敦人得知凯德的手下在沿街抢劫破坏之后开始惊恐起来，现在他们 346
决心阻止起义军再次穿过大桥进入伦敦城中。一支市民武装部队与起义军展开交锋，双方发生了好几轮战斗。凯德受挫后决心烧毁吊桥；伦敦人在逃过惩处的王室仆人余党的协助下试图关上大门。许多人因凯德所纵大火而毙命。

在泰晤士河两岸对峙的双方最后达成了停战协议，协调人是以约克大主教和坎特伯雷大主教为首的神职人员；他们在骚乱期间一直都待在伦敦塔内。停战协议还规定，起义军在提交己方要求后，将得到一张盖有御玺的赦免令，不过相应的前提条件是他们必须就地解散回家。大部分人怀着感恩的心情回家了，但凯德拒绝这么做，他为先前的投降行径感到后悔。他再次举起反叛的大旗，但他手下的追随者所剩无几，已经构不成真正的威胁了。于是，他向南部逃窜，在那里遭到追捕，身陷绝境；他在苏塞克斯郡希斯菲尔德的一个菜园子里被捕。不久，他就因伤重而身亡了。这次起义终究被扑灭了，但与国王的作为毫无关系。

就在这个关头，约克公爵从爱尔兰总督任上回国了。有意思的是，杰克·凯德在起事时曾声称自己的真名是约翰·莫提默，从而使自己与约克家族搭上了关系；莫提默是当前约克家族母系的姓氏。25 年前，安妮·莫提默在分娩时死于难产，约克公爵便继承了莫提默家族的土地和头衔。凯德的同党在四处散布谣言，说凯德其实是约克的表亲。虽然两者之间不大可能存在这种关系，但当时的人们都怀疑约克在间接地煽动起义，反抗国王的政权。他此次回国并没有得到国王的许可，因此他被视为亨利执政的潜在威胁。就在此时，国王又任命约克的政敌萨默塞特为英格兰元帅。国王和约克双方传书不断，约克坚称自己此番回国是为了替自己正名，澄清某些人对他无端的怀疑，证明自己与起义无关。他还宣布要帮助国王改
347 良王室。亨利顺势邀请他参与一个“重要且有分量的咨议会”。

然而，此举并没有缓解约克与萨默塞特在诺曼底惨败后陷入的敌对状况。他们互相指责对方在战争中的指挥失误，事实上应该为这场失败负责的是国王本人。只要亨利六世没有生出孩子，约克就是预定的王位继承人；但萨默塞特掌控着御前会议，这就让约克心生疑虑，他会不会取消继承权？

1450 年 9 月，约克带领 5 000 人马直逼威斯敏斯特；他要求解除萨默塞特等政敌的职务。但是，他这步迈得太大了，近乎把国家推向无政府的边缘；他的同党在威斯敏斯特大厅外大呼小叫，游行示威，他还试图刺杀萨默塞特。上下两院出手干预，发布改革王室的方案；约克要求王室承认自己为法定继承人，但这一法案遭到驳回。约克遭到挫败后退居先祖留下

的城堡。萨默塞特则依旧得势。

接下来，双方又发生了一系列小规模的冲突和对抗，双方各有胜负；约克不经过国王就动用手中的权力惩处其他显贵。在1452年初，他将萨默塞特谴责为是诺曼底失陷的罪魁祸首，他还宣称正是这位政敌把加莱拱手献给法国人。约克带领同党南下，但与之作对的贵族人马占绝对优势，迫使他就此罢兵。此时的他周围尚未形成为他卖命的庞大约克“党”，大部分贵族并不认可这种武装叛乱的行为。所以他不得不屈服，祈求赦免。与此同时，他也抗议说自己这么做是“为了英格兰好”。

亨利六世似乎稳操胜券，然而英格兰的历史常常告诉我们，随机且不可预测的环境会改变事物的发展进程。1453年夏天，国王突然不省人事，
用当时的话说是他得了失心病。其病因尚未确定，但很可能源于其执政以 348
来遭受的各色羞辱和不幸。但是，当时也有一个非常突然且直接的原因。英格兰人刚刚输掉了百年战争中的最后一战。波尔多市民一度要求重回英格兰人的统治之下，亨利就顺势派遣什鲁斯伯里伯爵领兵协助他们。可是在随后的战斗中，英格兰军队大败。什鲁斯伯里伯爵的战马被敌军的炮弹炸死，他本人被马压在身下，被法军用短柄斧子干净利落地杀死。正是因为这次惨败，加斯科涅最终也落入了法国人之手。

就这样，亨利因精神紧张陷入了失语和沮丧状态，一连持续了18个月。如果无人相助，他就无法走路，甚至无法从椅子上站起身来；他失去了关于时间的意识，也丧失了说话的能力。在这一年的秋天，他和安茹的玛格丽特的孩子终于出生了。但即便是太子降世也没有让他感觉到愉快。在温莎王宫里，白金汉公爵将婴儿抱到了国王身边，按照时人的说法：

> [公爵]将他小心翼翼地抱到国王面前，请求国王说几句祝福的话，但对方毫无反应。不过，虽然公爵从国王那里得不到任何表示，他还是抱着孩子候在国王身边。正在这时候，王后进来了，她把孩子抱在怀里，就像公爵刚才做的那样，把孩子呈给国王看，希望他说几句祝福的话，但这一切都是徒劳的。他们从国王那里听不到任何回

> 应，看不到任何表情。只有一次，他看了王子一眼，然后又垂下眼皮，除此之外，什么表示也没有。

如果他能预见或猜测到这位威尔士亲王未来的命运的话，他这么伤心也是情有可原。两个月后，朝廷高官觐见国王，但“他们既没有听到任何答复，也没有看到任何手势”。

由于失去了主心骨，御前会议不得不请约克出山；按照议会的规定，他已经不再是法定继承人了，但他还是王国的高级贵族。约克不曾忘记自
349 己遭受的耻辱，也不打算原谅任何人；他带着满腔怒火返回了伦敦。他的政敌萨默塞特被关进了伦敦塔，罪名是出卖英格兰的法国属地。约克还宣称萨默塞特、国王和王后曾试图孤立他，不允许他出声。安茹的玛格丽特本来就反对约克，当她发现约克有可能取代她的儿子成为下一任国王的时候，她对约克的反感就益发明显了。流血的种子就这样种下了。她将约克认定为敌人，而她的所感所想到最后真的让约克成了她的敌人。她提交的议案要求授予她统治国家和任命高官的权力，可是在 1454 年 3 月，议会将约克任命为护国公。

共有五名医生负责照管生病的国王。时人认为鸽子粪涂到脚底可以让病人安睡，有利于治疗。牛奶可以治疗抑郁。食用榛子会干扰大脑的休息，而绿姜有助于恢复记忆。亨利经过治疗后慢慢恢复了意识。据记载，“国王恢复得很好，自圣诞节以来状态一直不错……星期一下午，王后抱着小王子来到他跟前；他问王子叫什么名字，王后告诉他王子名叫爱德华；然后，他举起双手，向上帝表示感谢。他说直到此时，他才认出自己的儿子。他不记得别人对他说过什么话，也不记得自己在生病期间去过什么地方……他说他现在要对全世界慈悲为怀……”

我们目前还不清楚亨利是否彻底恢复健康；不过在以后的岁月中，有关他行为的记载似乎表明他成了一个弱智。不过，约克的护国公一职也到期了。他在格林尼治的王宫中向国王请辞；萨默塞特也顺理成章地走出伦敦塔，结束了牢狱之灾，重新回到王室。现在亨利也欢迎约克的眼中钉回

到御前会议中；他的表现不像国家的君王，更像是派系的头目。约克自然认为自己受到了威胁。他觉得有必要先下手为强，但是就在这一过程中，他启动了历史上著名的“玫瑰战争”。 350

32

帕斯顿信札与经济生活

在家中无主人的情况下，玛格丽特·帕斯顿决定发动反击，赶走强占格莱斯海姆庄园的歹徒；我们已经在上一章提到过这次暴力事件。她让丈夫派人送来了手枪、箭弩、长弓和长柄战斧；她的仆人们都穿上了甲胄。在同一封信中，她索要了一磅杏仁、一磅食糖和一些给孩子做衣裳用的布匹。所以即便是在极端暴力面前，日常生活也仍然照过不误。当然，我们也可以说，暴力已经成为当时家常便饭，就像杏仁和食糖一样平淡无奇。

历史学家猜测，15 世纪的人们表达感情的方式不同于我们这个时代。但是如果真的有差异的话，这种差异体现在哪里呢？我们会在帕斯顿信札的遣词造句中发现着重强调之处的微妙差异，而它们通常不会出现在现代人的语言当中。在帕斯顿家的仆人当中，我们能够了解到，“他们为人严肃、行事谨慎，只有其中一位秃头除外，此人名叫威廉·潘尼。他无异于常人，不是什么坏人，按照我的理解，就是有点好酒贪杯；但他不喜欢打架斗殴，而是非常有礼貌……”写信人的那股精明劲是显而易见的。约翰·帕斯顿写道：“约翰·奥斯本奉承我，因为他要跟我借钱。买木材的
351 事情，可不能交给他做。这个人可没有钱。”在另一封信中，我们了解到某人“寡言少语，但我感觉，他就是被安插到神父和你身边的坏人；只不

过一直含而不露罢了”。

就很多方面而言，这都是一个险象环生的艰难世界。“如果他在场，我希望你要注意自己的行为，因为他满腹怨谤之词和 lumish。” lumish 到底是什么意思，如今已经弄不清楚；这个词早就废弃不用了。某位丈夫认为妻子生的孩子并不是自己亲生的。“我听人说，他放出话来，如果她找他辩解的话，他会割掉她的鼻子，让她知道自己做了什么，如果她的孩子来到跟前的话，他会杀了这个孽种。”这种威胁之语当然可能只是在吓唬人而已。这一时期也呈现出言辞夸张的倾向。在评论阿伦伯爵的时候，约翰·帕斯顿写道：“他是最谦恭有礼、温柔可亲、心地善良、为人可交、自由奔放、心胸豁达、慷慨大方的骑士。”

幽默和讽刺也随处可见。诺里奇天气潮湿，帕斯顿的一个儿子得了感冒，他写道“我上战场打仗都没有像现在感冒后穿得那么多”。请辞是人们熟悉的一个主题。“如果再这样下去，我就干不下去了，大家谁也干不下去；如果不这样的话，那么……”这就等于说：如果我们还能干下去，那就这么将就吧。信札中有些引人注目的词语，例如“我知道你有一颗博大的心灵”，还有讽刺性的用语，“这个国家的治理真是让人感到神奇”。“就这样，我戴着脚镣子，与看守为伍了”。“这真是一个令人恶心的世界”。有封信说起一个鲁莽的人：“他若不吃大亏，就不上心。”奉承敌人有时候很有必要，因为“人有时总得给魔鬼供奉蜡烛。”“Towards me”（朝向我）会被写成“to me-wards”（监管我）。

句法会因为使用了 wherefore（为何）、insomuch（以至于）和 therein（彼时彼地）等词语而变得复杂起来；时人书写的句子经常冗长且错综复杂，但它们自始至终都拥有一种强劲的表达力度或者说迫切性，推动着叙事的进展。句子结构巧妙复杂，频频使用双重否定，这些都表明那是一个虽然极为讲究繁文缛节，却始终被单纯的生存斗争所推动的世界。这就是帕斯顿信札中的快节奏和紧迫语气的来源。

帕斯顿家族的地位也呈现出社会的运动和变迁。先祖克莱门特·帕斯顿娶了一位女奴为妻（尽管她后来按照中世纪的悖论继承规则，得到了身

352 为律师的兄长的遗产），他在萨福克只有一处小农场；他通过省吃俭用和向人借贷，把儿子威廉·帕斯顿送进了伊顿公学。威廉·帕斯顿学成后当上了律师，最后成为民事诉讼法官；尽管他的母亲从严格的意义上来讲是一名女奴，但他仍然得以同一个乡绅家庭联姻。帕斯顿家族的下一代就因此成了乡绅。从此以后，帕斯顿家族中的男性就都成为郡中的骑士。这个家族在三代之内就翻了身。这是英格兰社会的典型特色。

帕斯顿信札中的很多细节汇集起来，可以向我们展示当时的世界。“我提请你注意，匹特可能将我的黑毛皮镶边黄褐色袍子、紫色绸缎背心、黑色绸缎背心、柏木文具盒，以及记录公爵和皇帝会面情形的书都捆在了一起，放进我留在你伦敦寝室的柜子里……”

你还可以从中听到人们的谈话。“确实啊，我进屋听到的第一句话就是你和我的主人约翰·帕斯顿说的那句话：‘说这句话的人满脑子谎言。’”

“哎。你本应该告诉我是什么事情促使我跟他说了那番话的。”

“我没听到的东西可不能乱讲。”

“你应该调查一下这件事。”

“先生，这件事可不归我调查，因为我非常清楚，不应当由我来判定这件事情的是非，因为只有法官才有权调查《圣经》，神圣的约伯在《圣经》中都说了，‘素不认识的人，我查明他的案件’（Causam quam nesciebam diligentissime investigabam，出自《约伯记》29：16）。”所以当人们彼此交谈的时候，喜欢并且能够冒出一两句拉丁语。

拉丁语也可以用来说粗话。说到两位盟友关系密切的时候，就说“他们用一个屁眼拉屎（singuli caccant uno ano）”。关于“官称”（意为个人封号）也有很多记载。位高权重的人需要向臣民“证明自己是个好领主”。这是一个谣言丛生的世界，伦敦四处都是流言蜚语。这也是一个充斥阴谋诡计的世界，一个随意结盟的世界，一个充满偶然事件的世界，一个充斥着没完没了的诉讼与对恩典之恳求的世界。

353 帕斯顿信札对家庭生活的描述表明，人类生活的本质并没有发生重大变化。玛格丽特·帕斯顿在怀孕期间给丈夫写信说：“我请求你尽快给我送来海枣和肉桂……来自你正在痛苦呻吟的妻子。”在前一封信中，她写道：“从现在起直到你回家前，我请求你在此期间不要疏于给我写信；如果可能的话，我每天都想收到一封。”还有人写道：“请原谅我，我写的话让你见笑了。”

信件的开头经常是“向你问好”，结尾通常是宗教致辞“受祝福的三位一体置你于其神圣的麾下”或“愿上帝呵护你，解救你”。

不过，帕斯顿信札给我们带来的快乐主要在于，它在某种程度上呈现出当时社会的生活状况。依据不同读者的喜好，史书中记载的重大事件可能令人振奋或令人灰心丧气，但在编年史家记载的事件背后，我们还是可以听到人类生活中熙熙攘攘的交往声音。那个时代的真实生活和精神风貌就保留在时人在城镇和乡间的无数街谈巷议中。那些努力生活的人，以各式并未得到承认的方式创造了历史和传统；他们塑造了语言表达方式，他们维持了这个国家的稳定性。

虽然这个时期外战频仍、内乱不止，但是整个国家的经济依旧在飞速
发展。1348 年暴发的黑死病疫情导致人口减少。这就意味着人少地多，
工作的机会增加了。这种事态本身就为一种相对新颖的经济繁荣提供了基
础。故而，当时有一种老生常谈的看法：与法国农民相比，英格兰的农业
工人吃得更好、住得更好。1497 年，一位威尼斯外交官评论说，虽说英
格兰是人口稀少的国家，但是“英格兰比其他任何欧洲国家都富裕，这是
年纪大、见识广的老商人告诉我的，这也是我根据自己亲眼所见而得出的
结论。这首先要归功于土壤的肥沃多产，英格兰的沃土遍地都是，除了葡 354
萄酒以外无须从国外进口任何东西，便可维持生计……任何人在这个岛上
转一圈，就会意识到这笔巨大的财富”。

这一时期兴建的教区教堂最能折射出这一时期的经济富裕，各个教区争相出资赞助，建造出一座座巍峨的教堂；其祭坛围屏和屋顶雕刻的质量皆上乘。这是教堂塔大放异彩的时代，它像雨后春笋一般出现在从伦敦的富勒姆到康沃尔郡圣莫干的莫干村的英格兰各地。在 15 世纪，英格兰大

部分石头桥梁都得到了改进；伦敦大桥也重修和拓宽了。15 世纪上半叶时兴在大教堂和两所大学的下属学院兴建图书馆；牛津大学的莫顿学院和新学院、约克大教堂、林肯大教堂、威尔斯大教堂、坎特伯雷大教堂以及布里斯托尔的万圣大教堂，都是其中的范例。牛津大学的神学院就始建于 1424 年，完工于 1466 年。

全国上下都在修建学校、济贫院和医院。这是一个大兴土木，而建筑又不设防备的时代，人们越来越倾向于使用砖而非石头当作建筑材料。赫尔镇的城墙建于 14 世纪下半叶，是英格兰历史上第一处全部由砖搭建的大型公共设施。小镇和城市的公共设施也得到了改进或重修；例如，现在的伦敦市政厅就是在 1411 年至 1440 年间修建的。约克的市政厅建于 15 世纪 50 年代。上文已经提到，亨利极为关心伊顿公学和剑桥大学国王学院的兴建，国王学院卓尔不群的礼拜堂就是亨利本人在 1446 年为之安放奠基石的。建筑最能表现一个国家的风貌，因为它们是国家风景的石头外衣。它对史书记载也起到了重要的补充和平衡作用，因为历史记载的几乎都是这一时期的暴力和动乱。现在所说的“中世纪”物件其实大部分都源于 15 世纪，我们可以信心满满地说，它们在外表上与我们这个时代的产物十分接近。无论是教堂和图书馆，还是市政厅和桥梁，如今依然可以使用。

355 经济萧条期之后自然是经济繁荣期，过度自信与紧张焦虑的交替循环周而复始，不曾停歇；我们今天所说的国内生产总值在当时的确有了长足进步。1490 年，从迪耶普出发并且在温切尔西登陆的货船上装载了绸缎和葡萄酒、剃刀和织锦、缝衣针和豹皮披风，5 罗*的纸牌和 8 罗印有圣羔图案的匾额。从威尼斯向英格兰贩卖猴子的生意也兴盛一时，它们多是“无尾猿、短尾猿及长尾猿”。约翰·福斯托尔夫爵士的家族购物清单表明，他从泽兰（今属荷兰）购买布匹，从巴黎购置银杯，从米兰购买大衣，从热那亚购买糖浆壶，从阿拉斯购买布匹，从德意志购买腰带。有首

---

* 罗（gross）是计量单位，每罗 144 个。

古老的歌谣唱道：

> 啤酒花和火鸡，鲤鱼和啤酒
> 一年之内全部抵达英格兰

事实上，15世纪末的英格兰已经向国外出口啤酒了。英格兰确实曾经从普鲁士进口啤酒，但英格兰商人很快就学习技术，把它转卖到弗兰德斯。

经济活动的步伐在许多不同的领域都开始加速。地方上出现了小型的彩绘玻璃制造业。汉普郡的拉姆西发展出地毯编织厂。如今，英格兰的大商人可以和热那亚、威尼斯的商人一较高下了。在1461年，布里斯托尔的威廉·坎尼吉斯拥有10艘船，雇了800名水手和100名工匠。商人的船只可以作为民间志愿力量被政府征用，配合皇家海军进行海上巡逻，保卫海疆。布里斯托尔和南安普敦等从事海上贸易的城镇自然而然地兴旺起来了。1497年，卡波特从布里斯托尔启碇出海，驶往新世界，寻找新的市场和商机。商业集团在政治领域也取得了成功；城镇中比较富裕的商人都在进出议会大厅，要求将存在巨大不公的贸易垄断在自己手中。

肯特郡威尔地区出产的铁矿和格洛斯特郡迪恩森林出产的木材都有很大的市场需求。其他林区也被物尽其用，木材可以烧成木炭，用来冶炼矿 356
石。仅在迪恩森林，就有72家铁匠铺。位于森林西边的新兰村万圣教堂有一座矿工的青铜像，他的皮马裤上打了绑腿，肩上扛着一个木制的矿石斗，这东西是用来运送矿石的；他右手拿着一把鹤嘴锄，嘴里叼着一个蜡扦。当然，不采矿的时候，他就是一副农夫打扮，在地里干农活。康沃尔、德文、多塞特和萨默塞特等地出产白银。当时有一种说法认为，“英格兰王国地下的东西比地上的东西还值钱”。造船厂、枪炮厂和铸钟厂的生产力都在提高。

在亨利六世及继任者统治时期，羊毛产量增长到新的高度。与14世纪的高峰时期相比，粗羊毛的年度出口量略有下降，但羊毛布料的出口相应增长了。二者总合约占全国商品出口量的80%。英格兰的羊毛布料远销黑海沿岸、诺夫哥罗德的集市以及威尼斯的里亚尔托市场；它还打入了丹麦和普鲁士的市场。在15世纪末，控制布匹交易的商人冒险家每年大约能出口6万卷布匹。

羊毛业在全国产业中占据着举足轻重的地位；在送进纺织作坊前，羊毛要先交给村中妇女梳理，再纺织成线；直到今天，英格兰的未婚女性还被称为spinster，意指纺织女工。羊毛纺成布料后便由漂洗工洗染上色，再由剪切工完成最后一道工序。羊毛对于英格兰来说实在是太重要了，正出于这个原因，在2005年之前，上议院议长的座位上始终都摆放着羊毛垫子。从事布匹交易的城镇（特别是科尔切斯特）规模日渐扩大，实力越来越强。西赖丁和英格兰西部的漂洗厂越发满负荷运转。精纺棉布出产于科茨沃尔德和斯特劳德。约克和考文垂在走向没落，但是诸如萨福克的拉文纳姆等村庄却能凭借“羊毛圣堂”走向繁荣。

357 粗羊毛及成品是15世纪英格兰的经济引擎。越来越多的土地被用来饲养绵羊，圈地运动就这样诞生了。为了给牧场腾地方，许多村庄整体搬迁甚至直接摧毁；粮食种植也让位于饲养业。15世纪末，沃里克郡的古文物收藏家约翰·鲁斯在《英格兰诸王史》中抱怨说：“现代人拆毁村庄，给全国人民带来了饥荒。这桩邪恶的罪行源于贪婪……正如基督为耶路撒冷哭泣，我们为这个时代的毁灭哭泣。”在他的国家里，有100多个村庄都被人为地荒废了，其中绝大多数毁于15世纪。土地所有者和保有者的权利在原则上应当得到保护，但是人们却可以将按照传统习俗生活在村子里的居民赶走，而不会因此受到任何惩罚。大多数人或许还能搬到数英里开外的地方，继续耕种土地。少数人就没有这么幸运了。当时所谓“身强力壮的乞丐”指的就是这种流离失所的现象，最早于15世纪70年代出现在文献中。

一切事物都在不断组合运动不息。人类的历史始终贯穿着一条相反相成的规律：发展总会引发某种倒退。许多人在经济的飞速发展中受害，有些人却能从中受益。事业顺利的小农如今作为佃户在租种土地，而不再像过去那样支付劳役地租；自耕农的比例也明显增加了。农奴阶级逐渐被挣工资的劳工所取代。封建经济在很大程度上被货币经济所取代。

然而，并不是每一个人都能享受到英格兰的繁荣，硬币的一面是惊人的贫困，另一面则是某些城镇和地区显而易见的富裕，其差异之大不可想象，但我们很有必要铭记这一点。生活水平的差异触目惊心，人们对生存环境的担忧更是历历在目，他们也由此而变得急躁易怒，更容易激动。与我们的生活相比，当时的社会生活要更为紧张、更为敏感、更为艰难，也更让人急躁。 358

33

国土分崩离析

在英格兰编年史家看来，内乱的迹象和征兆为15世纪蒙上了一层阴影。一场血雨降在英格兰上下的不同地区，令治病疗伤的圣井都满溢出来。有人在韦茅斯附近的海面上见到一只大公鸡“从海水里冒出来，头上挺着巨大的鸡冠，长着红色的大胡子，腿有1码（约45厘米）长”。在莱斯特和班伯里中间的某处，许多人听到空中传来一道奇怪的声音，大声喊叫：“弓！弓！”赫汀顿的一位妇女“感到腹中胎儿好像在哭泣，发出某种抽泣的声音”，仿佛他很害怕出生在这个大难临头的时代。

约克家族和兰开斯特家族实际上是同一个王室的两个分支。兰开斯特家族的始祖是爱德华三世的第四子兰开斯特公爵冈特的约翰；约克家族的始祖则是爱德华三世的第五子约克公爵埃德蒙，而埃德蒙的幼子后来又娶了爱德华三世第三子的曾孙女。有时候，冈特的约翰和埃德蒙还分别被称为第三子和第四子，不过这少算他们之间仅仅活了六个月的兄弟。然而，血缘的亲近只带来了敌对和残忍。所谓贵族的蓝血经常是坏人之血。这就好比一场一开始规模不大的斗殴；慢慢地，越来越多的人被卷入其中。但
359 仍有大批人站在竞技场外，漠然静观着这场家事会闹到什么地步。

亨利六世恢复神志之后，约克及其党徒返回到自己的封地，而萨默塞

特则重新掌权。但是在1455年春天，国王召集他们前往莱斯特参加大会。约克担心这是一场鸿门宴，便先下手为强，纠集起同党人马，浩浩荡荡地开赴伦敦。途中他又遇到了前来报聘的北方大家族代表：约克的内弟索尔兹伯里伯爵理查·内维尔和他的儿子沃里克伯爵小理查·内维尔。内维尔家族的北方宿敌珀西家族倒向了萨默塞特。如此一来，局部性的敌对状况恶化为全局性冲突。索尔兹伯里和沃里克（外号“造王者”）宣布，他们之所以拿起武器，就是为了“清君侧”。

他们不惜一切代价散布谣言，说他们起兵不是反对国王，而是对付国王底下的奸臣；如果他们不这么宣传，马上就会招致叛国谋逆的罪名。尽管如此，约克的军队还是在圣阿尔本斯和王军公开决战。双方有过谈判的尝试，但约克担心亨利六世已完全被萨默塞特掌控，故而不值得信赖。所以他的部队在1455年5月22日上午10点开进城镇，开始在主街以及公共场所发起一波又一波的突袭行动。他们四处搜寻政敌。萨默塞特和诺森伯兰伯爵亨利·珀西成为他们杀戮的目标。两人被搜出来以后，当场以非常野蛮的方式被处死。端坐在市场广场上的王旗之下的国王本人也脖颈受伤，但他的伤势不算重。战斗仅仅持续了几个小时，共有60人在战斗中被杀。

一旦确定己方获胜之后，约克和内维尔父子便向国王投诚。据记载，他们“恳求国王陛下把他们视作真正的臣民，说他们从未想过要伤害国王本人”。亨利“宽恕了他们，让他们约束部下，不要再让他们伤人坏事 360
了”。然后，约克就护送国王返回伦敦了，不过这个“护送”可能更接近武力“押送”。四天后，他在圣保罗大教堂为亨利奉上王冠。人们有理由提出疑问：到底是谁在主政。就在当天，有位朋友致信约翰·帕斯顿：“至于我们会面临什么样的统治，我也不知道。”国王的武装遭到反抗，国王本人也受了伤；整个世界的秩序完全颠倒了过来，国家的治理岌岌可危。然而，谁又能想到，圣阿尔本斯之战会成为持续三十年的内战前奏呢？这场大规模内战，导致英格兰国土上发生了七八场大型战役，致使约80位拥有王家血统的贵族战死。这场内战可以说是集齐了复仇剧的所有要素。在后来的某场战役中，一位兰开斯特派贵族冲着约克的儿子喊道：“你的父亲杀死了我的父亲，所以我要杀死你和你的全族！”我们好像又回到了盎格鲁-撒克逊时代，仿佛这中间的岁月不过是一场梦。

这场战役结束不久，国王再次罹患疾病，至于到底是什么病，时至今日尚不清楚。不过不难猜测，他又像从前那样陷入了神志不清的状态，或许是因战败的刺激所致，但他似乎并未完全抛开世事。他甚至在1455年夏天召开了议会。在耽搁了几个月后，约克就任护国公，而国王（或王后）还保留着原来的名义。他要让廷臣知道，“所有涉及其荣誉、名望和安全的事情”，他都必须一清二楚。如今的王室变得小心谨慎，百般提防；他们担心约克想篡位登基。

约克最重要的任务是既守住南部沿海，防止法国人侵袭，同时守住北疆，防范苏格兰人入寇；他还得守住英格兰在加莱仅存的军事据点。他将盟友沃里克任命为加莱指挥官。为了做好这些防御工作，他需要议会拨
361 款。拨款本是一项相当复杂、艰巨的任务，而在1456年2月，当贵族将国王拥至威斯敏斯特，试图取消议程并推翻护国公之后，拨款就更是不可能实现了。到了这个时候，满怀怨恨、心力交瘁的约克只好被迫辞职。

如今的国王只是在名义上执掌国事，实权则掌握在王后手里。按照时人的说法，安茹的玛格丽特是“一位意志坚强的女强人”。她的所作所为就是“为了手握权力”。她无疑比丈夫更懂权术。她的主要目标是守护幼子的利益，保证他能够继承病父的王位。从这方面来讲，约克始终是她的大敌，而萨默塞特之死更令约克变得危险。

她把国王和宫廷都迁移到考文垂附近，这里地处其封地的中心地带。她以肯尼尔沃斯城堡为据点，这样一来，她就可以另建根据地，远离约克把持的伦敦。伦敦的市民都支持约克，她感觉那里不安全。御前会议实际上已经分裂了，事态的发展飘移不定。有位同时代人发现，“王公［显然是指约克和沃里克］没有被邀与会，而是被晾在一边”。

在接下来的三四年中，几乎没有人提到国王；在大部分的时间里，他都在中部地区巡游，待在他所青睐的各家修道院中。据说他最喜欢睡觉。

国王这一时期的言论没有留下任何记载。他头脑迟钝，既不能当家，也发动不了战争。他在治国方面几乎没有建树，也可以说毫无举措，只会按部就班地处理财政和赏赐事宜。即便在这些领域，真正举足轻重的也是王后的意愿和决定。兰开斯特朝廷与约克派贵族满怀着焦躁和疑虑彼此对视着；空气中弥漫着凶险的气息。

1457 年冬天，王室在 13 000 名弓箭手的护卫下返回威斯敏斯特；人们普遍认为，国王和王后之所以回来，就是为了制服约克，镇住伦敦市民。政治生活总是呈现出派系斗争的形式，在争夺土地和财产的过程中露出真面目。大街上到处都是兰开斯特派和约克派的同党；那些在圣阿尔本 362
斯牺牲的兰开斯特派的年轻亲属来到这里，准备动手报仇。

就在同年冬天，动乱的另一大诱因出现。是年夏天，一支法国舰队在桑威奇登陆，蹂躏了这座城镇，显现出英格兰政策的疲软和国力的虚弱。因为海上贸易受到了威胁，所以伦敦商人尤其感到害怕和愤怒。在这种环境下，谁也不可能有安全感。

正当内战在伦敦一触即发之际，显贵们终于达成了和解。死者的亲属获得了大笔补偿资金。在英格兰，发钱一直是最好的政策。协议的达成带来了“关爱日”；敌对双方竟然真的手拉手列队前往圣保罗大教堂，参加隆重的礼拜仪式。但是，这种关爱并没有持续多久。朝廷并没有对约克或内维尔父子表现出善意。1459 年春天，亨利命令忠于他的贵族到莱斯特集结：“尽可能多带人马，列出防御阵型。”换句话说，亨利想征召贵族的武装和家臣，供他自己驱遣。一场大会于 6 月份在考文垂召开，约克及其同党没有收到邀请。这次会议上，不忠君的造反贵族受到了谴责。

于是，约克和沃里克调集兵马，杀向会议所在地伍斯特郡。索尔兹伯里伯爵理查·内维尔也急忙带领 5 000 人前来会合。然而，王后的部队在他们离开莱姆溪畔的纽卡斯尔后现身截击；索尔兹伯里打退了这轮进攻，杀死了王军指挥官，驱走了王后的军队。这场战斗持续了四个多小时，2 000人被杀；战场于是得名“死人坑”。事态终于还是恶化到这步田地。英格兰人开始相互斗争和杀戮，约克人和什罗普人、威尔特人和柴郡人都在互相厮杀。

363 尽管索尔兹伯里取得了胜利，但是约克及其盟友如今面临着大量王军压阵的巨大压力。他们从伍斯特郡退到卢德罗，在那里安营扎寨。然而，约克显然还在犹豫不决是否要与国王公开兵戎相见，毕竟这么做可能会被指控为叛逆重罪。沃里克从加莱带来的一支人马临阵倒戈，约克和内维尔父子明白自己已无力再战，便趁着月色逃走了。约克回到了他原来的封地爱尔兰，沃里克和索尔兹伯里则乘船前往加莱。他们的土地都被国王没收，他们都成了叛逆者。他们的事业似乎已经在耻辱中搁浅。

如今，王军开始巩固海疆的防务，因为对手可能从加莱和都柏林方向袭来。1460 年春天，沃里克乘船来到爱尔兰，与约克讨论下一步对策。两人商量的结果是再度举兵入侵英格兰。1460 年夏天，沃里克和索尔兹伯里在肯特登陆，进军民心向着他们的伦敦地区。首都的领袖欢迎他们，甚至为他们提供资金。内维尔父子说：他们此行兴兵是要“解救”国王，助他摆脱周围邪恶的奸臣；他们谈到亨利时好话说尽；他们不是反叛者，而是政体的改良者；他们要减轻税负，减少国王的债务；他们发誓改良法律的运作方式，废除朝臣的各种压迫举措。凡此种种，都是那个时代标准的花言巧语，却得到了伦敦百姓以及英格兰东南部人民的热烈响应。然而，约克和沃里克很可能考虑过要除掉国王、王后和太子。不要忘了，这些人可都是心狠手辣的邪恶之辈。

沃里克只在首都待了三天，便引兵北上，寻找王军决战。他发现对手就驻扎在北安普敦城外。开战之时，他命令手下搜捕国王的扈从，格杀勿论；连高级贵族和骑士也没有得到赦免。战斗持续不到一个小时，沃里克在杀掉了国王的近臣后取得了胜利。亨利本人也被看管起来，再次被“护
364 送”回伦敦。此时的他只剩下国王的名义。有首诗记载着他当时的话语：“我跟在诸位领主后面，我从来都不知道这是为什么。”他成了傀儡之君。然而，王后和爱德华王子依然在逃。

此次战役结束十周后，约克从爱尔兰返回英格兰，随身携带的都是王室御用物品。他在信中不像以往那样使用亨利的年号，他的旗帜上也绣上

了英格兰的国徽。当沃里克召集的议会在威斯敏斯特商议之时，他突然大驾光临。他一进大门就鼓乐齐响，有人捧着宝剑走在前面充当先导。然后，他径直走向空荡荡的王位，把手放在上面，做出一副要登基的样子。这一突如其来的非法举动，让在场的贵族感到吃惊和失望，约克打错了算盘，高估了自己在贵族当中的人缘，也低估了他们对合法国王的残存忠心。

他要求贵族立他为王。有人请求他觐见亨利，他却回答说："不来见我，反倒让我去见他，我还不知道英格兰居然有这样的人物！"国王本人被吓坏了，不敢反击约克，贵族对约克的继位要求犹豫不决，便把球踢给了法官；法官也不肯掺和这类"棘手的事情"，又把球踢了回去。他们声称这个问题"超出了法律的界限，也超出了他们的学识范围"。无论在什么情况下，大家都不想破坏自己忠于受膏国王的誓言。由于亨利的昏庸无能已经成为那个时代的标志，高官显贵也染上了犹豫不决的习气。在政府的核心部门，无所作为成为常态。

到最后，贵族提出了一个英式的妥协方案。亨利依旧担任国王，但是在他死后或者当他想退位的时候，王位由约克及其后代继承。由于约克年长亨利十岁，贵族等于是玩起了"等等看"的游戏。国王接受了这个提议，但他这么做等同于取消了自己儿子的继承权，剥夺了他的全部合法继承权利。他根本没有资格，也没有条件表示抗议。王后玛格丽特对这个问题持有何种态度，是无须怀疑的。此时此刻，她已逃亡在外。她先是带着儿子跑到威尔士，后来又逃到了苏格兰；她将自己的部队留给了国王同母异父的兄弟、彭布鲁克伯爵贾斯珀·都铎。都铎家族就这样因缘际会走进 365
了英格兰的历史。贾斯珀·都铎是亨利五世的遗孀、瓦卢瓦的凯瑟琳与宫廷侍从欧文·都铎偷情的产物，后来她嫁给了欧文·都铎。老都铎为了王后加入了儿子的阵营。然而，谁也没有想到，这个家族会在后来荣登王座。

1460 年末，王后再次在北方现身，她说服了北方的世家大族，支持她对抗伦敦人和西南人。当约克和索尔兹伯里领兵北上迎战之际，她征集了10 000左右的人马。两军在威克菲尔德城外交兵，约克与索尔兹伯里双双战死；对兰开斯特派而言，这是对圣阿尔本斯和北安普敦屠杀的某种补偿。约克的人头被戴上了一顶纸糊的王冠，挂在了约克城的南门（如今这里是米科盖特门所在地）上。“王冠”上还写着一行字：“且让约克俯视约克城。”

安茹的玛格丽特似乎取得了胜利，毕竟结果有利于她儿子以及她软弱无能的丈夫；但亨利本人还在伦敦，被沃里克掌握在手心。这位显贵并没有随盟友北上，而是选择留在后方，负责拱卫首都的约克派政府。按照贵族、国王和约克先前达成的三方协议，现在的王位继承人应该是约克之子马奇的爱德华了。亨利的爱德华王子现年七岁，而马奇的爱德华现年十九岁，如今两位爱德华成了死对头。

事实上，马奇的爱德华早已跃马上阵，捍卫约克的遗产了。他带领手下人马，阻止贾斯珀·都铎的威尔士兵马与北方的兰开斯特主力会师。1461年2月初，他在赫里福德郡的莫提默十字迎战都铎部队。两军交锋之前，天象异常，天上出现了两个太阳——这大概是冰晶体的缘故，真太
366 阳附近出现了一个假太阳。地上的士兵自然对冰晶体一无所知，但两个太阳的出现暗示着世道将要发生剧变。天有二日，英格兰似乎也要出现两个国王。

马奇的爱德华获得了战役的胜利；贾斯珀·都铎逃之夭夭，但他的父亲就没有这么幸运了。欧文·都铎被带到垫头木前，有人听到他小声说道：“过去枕在凯瑟琳王后大腿上的这颗头颅，如今将枕在垫头木上了。”他的首级被挂在当地城镇市场的十字架上。一个疯女人为他梳理头发，擦干了他脸上的血迹。

约克的战死令玛格丽特备受鼓舞，此时的她正领兵直奔伦敦；都铎父子当然已经无法和她会师，但她依然南下。经过约克派领地时，她纵容手下人烧杀抢掠。沃里克在伦敦调集人马，防止她杀入都城；毕竟他的大部分部队和家当都在这里；他随身带着国王当挡箭牌。他心里还抱有希望：玛格丽特不会攻打这支以她丈夫为人质的军队。

然而，他的希望落空了。1461 年 12 月 17 日，约克军与兰开斯特军在圣阿尔本斯再次相遇，然而这一次胜利的天平偏向了兰开斯特派。国王得救了；为了安全起见，他被安置在一英里以外的地方，据说当时他在一棵大树下又笑又唱。许多约克派大贵族被杀。沃里克带着几个心腹逃走了。

据说，亨利再次见到亲人大喜过望，高兴之余，竟然册封自己的儿子为骑士。而这个七岁的小男孩又将 30 位同党册封为骑士。如今国王在手，玛格丽特兵临伦敦城下。据编年史记载，“商店关门，无论是行商还是坐商都不敢做生意了。大街上空无一人，谁也不敢远离家门”。他们已经听闻玛格丽特在英格兰北部肆虐的消息了。约翰·帕斯顿在写给父亲的信中 367
说，他们“奉命将这片国土洗劫一空，然后将得来的财产和生计发放给南部的人，用这种办法来挑拨离间”。

得知安茹的玛格丽特进兵的消息后，马奇的爱德华（父亲去世后，他已成为约克公爵）离开他曾获大胜的威尔士边境，一路东进，准备截击她的人马。他行军到约克郡的科茨沃尔德附近，遇到了沃里克，两军会合后直奔伦敦。他们想要拿下首都，拥立爱德华为合法国王。伦敦的市民乐于接纳他们，伦敦又对玛格丽特关上了大门。

爱德华一到伦敦就受到市民的热烈欢迎；满大街都是他的支持者，他几乎是在一片喝彩声中夺取了这座城市。他在圣保罗十字等地宣布自己拥有法定继承权，而亨利六世因为违背了当初协议，应当立即退位。3 月 4 日，爱德华郑重其事地走入圣保罗大教堂，在那里加冕成为爱德华四世。当他拿起“忏悔者”爱德华的权杖时，在场的所有人都向他致敬。众人吟唱着两句叠句歌谣：

> 顺乎民心，爱德华王。
> 耿介刚正，爱德华王。

他由此成为真命天子和合法国王。他时年十九岁，身高 6 英尺 4 英寸（1.9 米），威风凛凛，令人望而生畏。勃艮第大使说：“我从未见过如此器宇轩昂的人物。”

然而，亨利六世依旧可以被说成是受膏的君主；他既没有死，也没有主动退位。所以说，此刻的英格兰实际上有两位国王在实行统治。天上真的出现了两个太阳。17世纪的历史学家托马斯·富勒在《神圣国家与世俗国家》中讲得更为生动，他评论说：“他们生活在变乱频仍的世界上，就仿佛扑克牌被打乱了，两个大王同时出现，让人一时发懵，感觉没法再玩下去。”

368 爱德华自有办法去解决这个棘手的局面，那便是追击玛格丽特和亨利。3月29日，两军在约克郡的陶顿相遇；王室家族早已有所警觉，他们先行回到约克，静观事态的发展。历史证明，他们的选择是正确的。爱德华在战场上取得了一场标志性的胜利；这场发生在暴风雪中的战斗，双方参战兵力共有5万多人，其中将近四分之一的人战死。兰开斯特派贵族大多捐躯沙场。亨利、玛格丽特和太子逃到了苏格兰。老国王（如果我们还可以称其为国王的话）作为兰开斯特王权的残存象征，还有四年的逍遥
369 岁月可供打发。玫瑰战争的上半场至此结束。

34

游戏与教育

中世纪房屋的地下出土过很多迷你的罐子，考古学家认为这些东西是当时儿童的玩具。爱德华一世之子的玩具里就有小型玩具马车，还有耕具模型。伦敦曾经发掘出一只用铅和锡做成的玩具鸟，把它放在一根水平的木杆上轻轻摇摆，它的舌头就会从啄状头部伸出来。当时的锡制大头娃娃有一对大耳朵、一对大眼睛和穗状头发。还有专门给幼儿制作的拨浪鼓。手套式人偶更是司空见惯。木制或布艺的玩具娃娃被称为“pappets”。陀螺被称为“scopperils”。马头杆就是小型木马。所以说，孩子们从古至今都一如既往地玩着游戏。但是，现世的召唤也并不遥远。男孩会接受摔跤训练，学会拉弓射箭。他们还得学会模仿鸟的叫声，知道如何根据太阳的影子判断时刻。女孩要学会织布、洗衣和缝补。

童年时期并不长。在撒克逊时代，男孩和女孩到了十二岁就得履行成人的责任，从事田间地头或市场街头的全职工作了。在后续的几百年中，男孩年满七岁就得承担刑事责任，十四岁就得自己拿主意了。 370

只有比较幸运的孩子能够接受教育。有些孩子在幼年时期就被交给修道士，从此不再身着世俗服装。他们脑袋顶上的头发要剃掉一圈，从小就看上去很像修士。修道院院长会在特殊的弥撒仪式上宣布：“愿上帝剥掉你过往的自我。”这时候，就有人过来取下孩子的披风，修道院院长又宣布：“愿上帝为你穿上新的自我。”这时候，又有人过来给他穿上修道士服。1080年，有位年老的修士回忆说，他五岁的时候就开始在舒兹伯里镇读书，“一位名叫西沃德的杰出教士教了我五年读书写字。他教授我《圣经》诗篇、赞美诗和其他必要的知识”。神职人员读书认字的漫长传统早已有之。

从7至11世纪，修道院创办的学校为社会提供了主要的教育手段；这里讲授的课程包括语法学、修辞学和自然科学。吟唱的技艺也属于学校课程。这些教学机构并未全部湮没于历史的尘埃中。创办于10世纪的圣阿尔本斯学校在21世纪初依然存在。伊利文法学校（现称国王学校）始于盎格鲁-撒克逊时代；其名下的一栋寄宿大楼堪称欧洲最古老的宿舍楼。现在诺里奇的文法学校始创于11世纪。各类例子可谓数不胜数。

人们普遍认为，教士也应该担任学校教师。1200年的一份教会通谕宣布：“神职人员应当在城镇创办学校，免费教授孩子文化知识。神职人员应当在家中办学……除学童亲属自愿赠送的东西以外，不应当收取任何礼物。”在本卷所涵盖的历史时期内，这类学校始终存在于民间。

在12世纪，许多规模较大的学校开始出现，构成了该世纪人文学术领域的“文艺复兴”；它们要么建在大教堂旁边，要么建在教士的住宅旁边，要么建在依附于大修道院的城镇当中。它们的影响力和名气四处传播，在1364至1400年间，又有24所新学校相继建立。它们虽然被称为
371 文法学校，但授课内容不限于语法。书信写作、记录方法以及商务会计也都是学校的授课科目。“商科研究”就始于中世纪时期。

最为幸运的男孩会在宫廷或贵族家中接受教育。他接受的教育会要求他在同地位崇高的人说话时得脱掉帽子，规规矩矩地站在对方面前，手脚不能乱动；吐痰之前，一定用手遮住嘴巴；不得挠脑袋，手和指甲要保持清洁。

社会上当然还有其他类别的教育形式。学徒多为十四到十七岁的少年。签订正式契约之后，他们就得在师傅身边学习七到十年，掌握这个行

业的“秘诀”。这是中世纪最常见的步入成人世界的方式。当然，当学徒也有一定的风险。师傅虐待学徒并不是什么秘密，学徒开小差也不是什么秘密。还有些学徒无法无天，甚至狂暴难驯；当他们聚集成群的时候，他们最喜欢玩的游戏就是“惹是生非”。

到了12世纪中叶，牛津已经是著名的学术和研究重镇。在12世纪初，埃唐普的西奥波德已经在自称是“牛津的先生”。威尔士的杰拉德曾于1187年在牛津做过一场关于爱尔兰地形学的公开演讲，按照他的说法这里是英格兰“神职人员群英荟萃的地方”。当时这里有20多名文科教员，10名教会法和神学讲师；据记载，到了1192年，镇上的神职人员已经多到牛津当局供养不起的地步。1200年，牛津的凯特街发生了一桩财产转让事件，从中我们可以看出，当时牛津已经有了一名装订工人、一名抄写员、三名手抄本画师；所以说，学术界的辅助人员也已经大量存在了。

实际上，剑桥大学的创立源于一桩刑事案件，而非学术原因。1209
年，一名学生杀死了镇上的一名妇女后潜逃。牛津当局为了报复就逮捕了 372
他的室友，并绞死了这些人。牛津的教师和学生十分愤慨，纷纷离开这里，转去其他学校。其中有很多人去了剑桥，英格兰的第二所大学就此诞生。

1214年，牛津当局劝说教士返回牛津，他们坚持要同当局签署一份正式文件，规定市镇与师生之间的关系。教士在这份文件中表达了他们想要选出一位校长的意图。大学的管理权威由此确立下来。剑桥也有样学样，奉行牛津的原则，其首位校长于1225年首次出现在文字记载中。北安普敦和索尔兹伯里也有各自的经院哲学团体，但它们最后都夭折了；否则这两座古镇也有可能创办大学。

牛津和剑桥都没有自己的公共教学楼，教师会租用房屋或在教堂里给学生上课。学生都住在公寓和客栈中。人文导师可以租下一所大房子，指导学生学习；学生可以在他创办的“学堂”中生活和学习。泰克利讲习所、英格讲堂、里昂讲堂、怀特讲堂和卡斯伯特讲堂都是讲授语法的学校。每个讲堂都有专攻的某个科目或一套科目，但学生的生活基本上不受管束。因而聚众闹事时有发生。

牛津大学的各个学院最初是为穷学生建立的。例如巴里奥尔学院兴建于1266年，其创办初衷便是教育穷苦的学生。各个学院的创始人往往是显赫的教会人士和贵族（尤其是有着王室血统的贵族）；办学被视为宗教义务，而学院师生也必须要为赞助人的灵魂吟唱弥撒曲。创办大学的本意是培养有学问的神职人员，因此无论从何种意义上说，它都是教会的附属机构。牛津大学王后学院的教师身穿紫袍，以此纪念耶稣牺牲所抛洒的鲜血。随着时间的流逝，教士逐渐让学院的生活规范化，到了15世纪，这些学院已经成为独立的学习场所。

373 学生也以内尼河［发源于北安普敦郡，在剑桥郡和诺福克郡之间有3英里（约4.8千米）长的河段］为界，有着“南方”和“北方”之分；南方学生与北方学生经常各自带有强烈的集团意识，酒馆或公寓里鸡毛蒜皮的小事都可能导致大规模群殴。甚至导师也参与其中。1290年，剑桥发生了一场严重的冲突事件，导致一大批人迁往北安普敦。当时这个国家在某种意义上依然分裂为古代的王国。

1389年，来自英格兰北部的剑桥学生袭击了来自威尔士的学生，他们在剑桥的胡同和大街上拉弓射箭；他们高呼着“战争，战争，杀戮，杀戮，杀死威尔士的狗和狗崽子”。有人死去，也有人受伤；然后，他们把剩下的人拖到大门口，强迫这些人亲吻他们撒过尿的地面，然后才将他们赶走。编年史作者写道：“当这些威尔士人俯身吻地的时候，他们又毫无人性地拽起对方的脑袋撞向大门。”

学生和市民之间也时而发生暴力冲突。1354年，在牛津镇中心的斯文德尔斯托克酒馆里，一场小型冲突最后升级为血腥的群体械斗事件。店主的朋友敲响了圣马丁教堂的大钟，向镇里的市民发出警戒信号。市民应声而至，利用各种武器袭击学生，校长随之敲响了大学教堂的大钟。学生们也闻声而动，拿起弓箭加入战局；两派人马一直厮杀到夜幕降临。第二天，市民派遣 80 名武装人员闯入住着许多学生的圣吉尔斯教区；他们向学生开弓射箭，杀死了一些人，这时候大学的钟声再次响起，一大帮牛津学生带着弓箭迎战市民。但他们的人数占据劣势。2 000 名市民打着一面黑旗扑了过来，嘴里还喊着“杀！杀!”或“抢！抢!”或“狠狠地打，往死里打!”这些都是中世纪的战斗口号。一场大屠杀接踵而至，许多人在这次事件中死难。牛津的学者都跑光了，有一段时间大学里都空荡荡的。 374

这里再讲讲不那么血腥暴力的故事。在 16 世纪初，牛津大学莫德林学院的学监披露：“斯托克斯与裁缝的妻子有染……斯托基斯利从事妖术，还为一只猫做了洗礼……格里高利顺着塔楼爬上大门，将一名陌生人带进学院……锅和杯子都不常洗，脏得让人不敢用……圣诞节那天，基夫提尔和男管家打牌赌博。”还有的学生被指控豢养白鼬、雀鹰和黄鼠狼当宠物。

在一个充满青年男性的圈子里，偶尔暴力活动发生或许不是什么令人称奇的事情。学生的入学年龄介于十四到十七岁之间，学习期限则为七年。他们在前三年中学习语法、修辞和逻辑学，然后学习算术、天文学、音乐和几何。学生会在讲座和课堂中学习，不过他们彼此之间也会展开正式辩论。无论在哪个领域，辩论都是中世纪生活的一项重要内容。考试从来都是口试，可以长达四天之久。学生考试及格后获得文科硕士学位。学问比较好的学生会继续攻读神学；学习期限长达 16 或 17 年，他们此生基本上就献身于学术了。

牛津和剑桥所宣扬的学术并非全是经院哲学。两个城镇上有些不那么正式的学校会利用这两个地方的名声，讲授产权转让、会计学和商法之类的课程；在这些学校读书的都是地主和富农子弟以及这类地产的管理人，他们修习这些课程是为了跟得上这个讲究产业所有权和产业投机的世界日益复杂的形势。我们可以在这个时期看到人们对实用性知识的巨大热情。

在任何情况下，人们都对教育抱有本能的热忱，这是在一个日益扩张

的世界中人们相互竞争和施展雄心的必然结果。到了12世纪初，每个城
375 镇都有了自己的学校。

> 但愿我的老师是一只野兔，
> 但愿他的书都是猎犬，
> 而我则是快乐的猎人：
> 吹响号角，我绝不留情！
> 如果他死掉，我才不在乎。

这些诗句出自15世纪的《遭鞭打的学童》。老师往往坐在一把大椅子上，把书放在膝盖上，孩子们则坐在简易的板凳上，围坐在他的身旁。比方说，老师会口授拉丁语的语法规则，而学童们就在蜡板上潦草地记下来，或者齐声反复吟咏。学校在早晨6点上课，晚上6点放学，中间有适度的课间休息时间。还有首诗描述了孩子们的课后生活。约翰·利德盖特在还年幼的时候，

> 跑进园子，偷摘苹果，
> 为了摘果子，我可不管树篱与墙壁。
> 与其念晨祷，我更愿意去别人家的园子里摘葡萄。
> 我的愿望就是嘲弄别人和搞恶作剧，
> 像一头任性的类人猿讥笑和嘲讽他人。

在这个动辄发生暴力的世界里，打孩子简直是家常便饭。阿格尼丝·帕斯顿“每周打一两次女儿伊丽莎白，有时候一天打两次，把她的头打破两三处”。当时的伊丽莎白都已经二十岁了。阿格尼丝·帕斯顿还命令儿子的老师：如果她儿子不听话，就“用鞭子抽他”。打孩子是慈爱的母亲的应有之举，因为时人的见解是小孩子不打不行，要一直打到他/她认错或哭着求饶为止。但是童年也并非一个只有鞭子和耳光的世界。许多教育

手册鼓励宽严相济；过度的惩罚通常会遭到普遍的谴责。

托马斯·莫尔出生于1478年，他认为每五个英格兰人中就有三个识
字；他很可能高估了同胞的识字率，而且他可能只考虑了伦敦的情况，但 376
他的自信断言也说明，整个国家的识字率在提高。在15世纪的下半叶，印刷媒界在人们的不知不觉中发展起来了，催生出一批拥有新技能的新受众。海报和传单都出现在这个时代，一些较大的城镇建立了图书馆。创建于1423年的市政厅图书馆至今尚存。伦敦在一年内建立了四家文法学校。在15世纪的最后几十年间，还有人出资在赫尔、罗瑟海姆、斯托克波特、迈克尔斯菲尔德和曼彻斯特等地建立了免收学费的学校。

求学的孩子不得玩骰子，也不能在屋内张弓射箭；然而，他们却被允许观摩更适合他们的斗鸡活动。一走出教室，他们便解脱地发出“喂嘿！”的叫喊声。这是一个“跳腾”的时代，一个奔跑和摔跤的时代。孩子们用弹弓或石子打鸟，或者张网捕鸟。比德回忆说，在他少年时代，他还参加过比较原始的赛马。

中世纪的学童平时会玩槌球、足球、撞柱游戏和弹珠游戏。网球是往墙上打的，而不是打过网的，他们用手掌当球拍；真正的网球拍要到15世纪才出现。“Cambuc”是一种高尔夫球类运动，它所使用的弯曲球棍名叫“bundy”。滑冰运动很盛行，冰刀却是用骨头做的。当时的“十五子棋戏”很像双陆棋。象棋也很常见，只是棋盘是圆形的；中世纪的房屋地底曾出土过掉落的棋子。纸牌游戏直到15世纪中期才出现。射箭游戏具有重要地位。在“射便士”游戏中，射手要用箭射中悬挂在半空中的一便士硬币。掷骰子的赌博可谓司空见惯。在15世纪20年代的一部课本中，一个学童对另一个学童说：“该你掷一局了，给你的护膝赢个纽扣
吧。”游戏与这个世界同样古老，也同样时玩时新。 377

35

雄狮与羔羊

按照托马斯·莫尔的说法，新登基的国王爱德华四世“长相英俊，颇有人君之相……面目俊秀帅气，身材魁梧强壮，做事干净利落”。爱德华去世不久，同时代的编年史家多米尼克·曼西尼则给出了一个比较矛盾的说法：“爱德华本性温文尔雅、性情欢快；然而当他发起火来，他就会让人望而生畏。”当然了，让人望而生畏是国王的一大职责，尤其在领教过亨利六世之后就更应如此；亨利六世与其说是雄狮，不如说是羔羊。曼西尼继续写道：“他［爱德华］待人亲切随和，甚至对地位并不高贵的人也是如此。当他发现旁人想和他说话或者想就近观察他时，他甚至会将不认识的人召到身边。”他可能会说，过来吧，好好看看我。对啊，我就是你的君主。“他会抓住一切机会，向觐见他的人士展示自己……他会尽量长时间地向旁人显摆他的好身材。”他好吃好喝。像许多美食家一样，他经常把吃下去的东西呕吐出来，好多吃一些美味佳肴。一段时间之后，他的腰围就大受影响。许多人评论说，晚年的他变得“有些臃肿和粗野，然而又并不难看”。

378 在青年时代，他的骄傲中带有虚荣的成分。正如先前的许多国王那样，他喜欢讲究排场，喜欢华美的服饰，以此让人领略他的王者风范。在他继位的头一年，御衣总管就花费了 4 784 英镑为他采办衣物和皮具，而当时劳动力的年平均工资只有约 6 英镑，因此，这些花销在当年绝对是一笔巨款。其王袍所用的布料是金黄色和深红色相间的天鹅绒、茶色的丝绸和绿色的绸缎。他拥有数以百计的鞋子和拖鞋、帽子和无檐呢帽；他浑身上下缀满了紫水晶、蓝宝石和红宝石。它们既是护身符，也是首饰。紫水晶让人显得坚强且有男人风范；蓝宝石保佑人四肢健全；红宝石在接触毒药或毒液后就会起雾并向外渗水。爱德华还有一根金质的牙签，上面镶嵌着一颗钻石、一颗红宝石和一粒珍珠。

虽说私欲在攫取财富过程中肯定发挥了很大的作用，但国王的所作所为并不仅仅是私欲膨胀的问题。很多人想要当国王，就是为了成为整个国家最有钱的人。但国王的荣华富贵也是凸显王国财富和地位的一种方式；这也是对国家实力的展示。所以说，自恋和自我膨胀可能被解释为国王在履行其义务。

当然王国还处于分裂或至少是不稳定的状态。亨利和太子都还活在世上，这对于刚刚登基的爱德华来说是一件尴尬的事情，而且兰开斯特王朝在中西部还有许多忠实的追随者。爱德华对偏北地区鞭长莫及，而老国王刚从那里越界进入苏格兰。威尔士的大部分地区都支持亨利，他在英格兰的显贵中也有比较多的支持者。共有 37 个贵族家族曾经为他作战或者支持他；其中只有三家反水倒向了爱德华。

所以新国王不得不严防死守，这在一定程度上也是为了防止法国人趁乱入侵。他招降纳叛，通过赏赐土地收编了很多兰开斯特派贵族；他被迫起用和宠信当年反对过他的人。至于不肯归顺的兰开斯特派，爱德华会将其立即逮捕，除之而后快。牛津伯爵及其儿子就因叛逆罪在塔山被砍掉了脑袋。 379

国王派出法官委员会，巡视 25 个郡和 8 个城市，只为追捕那些对政权心存不满的人。虽说他在执政的头两年没有发动任何决定性的战役，但零零散散的战斗却比玫瑰战争的任何时期都更为频繁。1461 年，他控制了 113 位政敌的地产，并把它们赏赐给同党。也是在同一年，他册封了 7

位新贵族。

国王随后发现，若能制造外事危机，将对他大有好处；这将有助于他筹集款项，做自己想做的事情，还能让臣民齐心协力、同仇敌忾。在1462年春天，他声称法国的新王路易十一准备摧毁“我们英格兰的百姓、名声、语言和血脉”。爱德华是首位与法国完全无关的英格兰国王；除了加莱以外，他在法国没有需要捍卫的财产，他是货真价实的英格兰国王，他所能掌控的也只有英格兰王国。

第二年，他让财政大臣筹集一笔必要的资金，招募军队，打造舰队，攻打国内外的各路敌人。人们纷纷认为国王将要北伐，攻打诺森伯兰等地的兰开斯特派同党，甚至也有可能进军苏格兰，结果这些事情都没有发生，他根本没有奔赴战场。“多么糟糕的结果，”15世纪的一位编年史作者写道，“多么可耻，多么混乱!”然而，如果把爱德华视为无所作为的国王，那可就大错特错了。他和法兰西和苏格兰都达成了停战协定。他将朝廷迁去约克，他将在那里指挥军队慢慢地征服北方诸郡。

从一开始，爱德华就显现出自己是一位强势的国王；他也是一位高明的治国能手，他早已看出王位的存续取决于财政和政治的稳定。在这个国王事必躬亲，权力必须直接发挥作用的年代，做到这些对君主来说是一个巨大的挑战。他得密切关注商业和海关的收入情况；他得召见伦敦各个行会的成员，为他们提供引导或者向他们训话。此外，每年送到他手里的请
380 愿书数以千计。据说，他了解“王国诸郡”几乎所有要人的“名字和地产”，即便是绅士的名字和地产他也了然于胸。一位靠武力得天下的国王不可能是个袖手旁观、超然物外之辈；他必须坚守在王国事务的中心地带。他既需要他人的善意，也需要他人的服从。这就是多米尼克·曼西尼称他“易于接近”的原因。史家认为爱德华代表了具有都铎时代特色的“中央集权式君主制”的发端；但实际情况是，他除此之外几乎别无选择。这并不是一种在官僚或行政层面上做出的决策；它源于爱德华个人的本能。

他对司法的管理也颇有兴趣。在执政的前15年中，他巡视全国各地，

考察司法状况。例如在 1464 年的前五个月，他在考文垂、伍斯特、格洛斯特、剑桥和梅德斯通参加了庭审。他采取这种举措的原因有很多。其中最主要的是，他想借此机会制衡或惩罚贵胄家族之间的暴力冲突；他本人汲汲于预防可能威胁各郡安全的骚乱或乱局。例如，他亲自干预了德比郡格雷家族和沃依家族之间的纠纷，并且仔细询问了双方的家臣。他还启用了听审裁决委员会，目的在于迅速听证和决定当事人犯的是重罪还是轻罪。这个委员会的成员都是他的人马，有些来自他的家族，有些是朝廷官员，还有些是不会轻易被人胁迫的地方显贵。

然而，委员在召集证人的时候也会遇到困难。赫里福德郡的骑士曾透露："鉴于行凶作恶的被告数量庞大，如果不事先和证人打好招呼，他们会因为害怕被谋杀，害怕给家里招致祸害，而不敢交代或说出那些不端行为的真相……"在爱德华执政初年，约克派和兰开斯特派之间胜负未分，民间的暴力冲突绝不可能平息。

然而，国王本人的司法举措也绝非完全秉持公道。他定期干预庭审过程，确保法庭的宣判能够保护己方强大同党的利益。他绝不检举他要仰仗的忠君分子的家臣。对于任何一位国王来说，这都是再正常不过的事情，因为他的统治更仰赖现实政治而非司法原则。爱德华也很讲究司法的高效运行或迅速结案，因为这么样可以给他带来既得利益，法庭的收益大大增 381
加了他的收入。

这里还得说一说他性格的另一面。当年的一位编年史作者评论说，他喜欢"聚众饮酒、显摆虚荣，纵情声色、铺张浪费和感官享受"。对于任何一位国王来说，这都不是什么致命的过错，反倒是展示权力和主权的恰切背景。果不其然，这位编年史作者在下一句话中又开始颂扬国王敏锐的记忆力和注重细节的习惯。然而，爱德华在私生活上做出的一个决定产生了极为严重的后果。1464 年春天，他娶了一位平民，他在这桩婚姻中仅有激情却无判断力。伊丽莎白·伍德维尔是一个带着两个孩子的寡妇；然而，她不同于大部分国王新娘的一点在于，她不是法国人，而是英格兰人。不过，她也不完全是平民出身，她的父亲是骑士，母亲还是一位公爵的遗孀。据记载，当她下定决心要当王后而非国王的情人后，她便开始抵挡国王的情感进攻。爱德华是有名的好色之徒，与很多女人有染，但伊丽莎白确实是第一个拒绝他的人。当时欧洲各国宫廷盛传：爱德华在绝望之下甚至拿刀抵着她的喉咙，不惜以死相逼。然而，她还是挺过去了，最终如愿以偿地当上了王后。

国王的选择让很多人感到失望，因为他们都认为国王应当迎娶一个有着王室血统的女人。他瞒着手下的廷臣与伍德维尔秘密结婚。在 1464 年 5 月 1 日，他借口出门打猎，实际上偷偷结婚去了。这件事说明，他自己心里很清楚新娘与他的身份并不般配。还有人认为，他起码应该娶一个处女。1464 年秋天，布鲁日的一则时事通讯写道："大部分贵族和百姓对此极为不满，为了取消这桩婚事，所有贵族都跑到国王驻跸的雷丁镇，召开会议商量此事。"沃里克伯爵理查·内维尔此前就和法王路易十一做过约
382 定，准备让爱德华迎娶路易十一的亲属。如今这些计划全被打乱了。然而，贵族的磋商没有得出任何结果。正如沃里克的一位朋友所说："我们只能咽下这口气。"1464 年 9 月 29 日，沃里克与爱德华的弟弟克拉伦斯公爵护送伊丽莎白·伍德维尔进入雷丁大教堂的礼拜堂，她在此被尊奉为合法的王后。

翌年夏天，亨利六世被擒；自从陶顿战役败北后，他就撤到了苏格兰，流连于英格兰北部保王党人的城堡中。他实际上一直在东躲西藏，行踪难觅，爱德华也拿不准他身在何方。在此期间，玛格丽特跑到父亲的地盘（安茹）避难去了。老国王在里布尔河谷接受同党的设宴招待，结果被人发现；他赶紧从这里逃走，却被一位修士出卖了。他最终在兰开斯特边界一座名为克利瑟伍德的森林中落网。他的双腿被人绑在马镫上押往伦敦；据说当时的他戴了一顶草帽，路上围观的市民一边破口大骂，一边朝他身上丢秽物。此后五年间他被关押在伦敦塔，爱德华指定一小群朝臣服侍这位囚犯，如今的他只能号称温莎的亨利了。

新王后的娘家伍德维尔家族在朝廷中鸡犬升天，沃里克伯爵以及整个

内维尔家族自然担心自己的地位会受到威胁。国王还安排伊丽莎白的近亲与多家贵族联姻；她共有五位兄弟和七位姐妹，对于英格兰各个显赫的家族而言，这自然会降低他们受到封赏的可能性。例如，王后的弟弟才二十岁，竟然娶了年高六十五岁、死过三任丈夫的诺福克公爵夫人；而这位有钱寡妇恰巧又是沃里克的亲戚。沃里克对于这桩“魔鬼婚姻”有何感想，史料没有记载。他完全可能认为这件事败坏了他家族的声誉，他那位年长的亲属已经成了众人嘲笑的对象。事实上，这位老太太竟然活过了年轻的丈夫，因为王后的弟弟后来死在了绞刑架上。路易十一披露曾经收到沃里克的一封信，信中表达了他对爱德华的失望之情；路易甚至认为沃里克有可能取而代之。但是，外交辞令中的模棱两可和故作姿态让这一切变得扑 383
朔迷离、难辨真伪。法国国王的“蜘蛛王”名号可谓是名副其实。

外交事务是造成英格兰君臣失和的最为具体的原因。沃里克希望和法兰西结盟，而爱德华更想和勃艮第、布列塔尼取得和解。整个英格兰掺和着各式各样的外交政策。沃里克从路易十一那里得到了很多好处，而伍德维尔家族与勃艮第的贵族家族是姻亲。勃艮第也是英格兰最大的布匹出口市场，因此它也是英格兰商人最大的贸易伙伴。然而不管怎么说，法国人都是英格兰人的宿敌，而且此时的他们正在庇护安茹的玛格丽特派来的使节。

1467 年，英格兰与勃艮第签订商务条约，随后双方又签订了和平条约，爱德华的妹妹也嫁给了勃艮第公爵。沃里克大失所望，因此返回他位于约克的封地，并在那里传出谣言：他已经开始密谋推翻君王了；据说，他教唆克拉伦斯公爵阴谋夺位。法国编年史作者让·德·沃林叙述道，沃里克承诺在事后扶植克拉伦斯上位。爱德华与沃里克的联盟实质上已经瓦解了。

在 1467 年春天和秋天，国内又有了新的传言。其中最令人感到吃惊的是，沃里克居然将与死敌安茹的玛格丽特结成同盟，随后入侵英格兰，推翻爱德华四世的统治。目前尚无史料指出，究竟是何人提出这项协议，但许多观察者怀疑，法国国王为了在敌国制造混乱，什么事情都能干出来。但沃里克及其亲族依然在朝中活动，看起来与国王和睦如初。

1469年，双方关系正式破裂。6月，北方诸郡爆发起义，发动者为“雷德斯戴尔的罗宾”，别名“匡正世间谬误者罗宾”，又名“约翰·康耶斯爵士”，此人是沃里克的表亲；这次起事在某种程度上也属于平民造反，受到那些不满爱德华统治的人士的鼓动。当时国王正在前往沃尔辛厄
384 姆朝圣的途中，他听到这个消息后立即中断了这次虔诚之旅，带领扈从前往诺丁汉。他从各个渠道得知，这场阴谋叛变的幕后黑手是沃里克和国王自己的弟弟；据说，沃里克的弟弟约克大主教乔治·内维尔也参与其中。他以挑衅的态度给三人写信，要求他们无条件地表示忠诚，以此证明他们“不像传言说的那样，对我们持有谋反态度”。

国王没有收到他们表示忠心的消息。他反而听闻克拉伦斯公爵不顾他的反对，将要迎娶沃里克的女儿，而且婚礼双方正乘船前往加莱举行婚礼。这显然是一种公然挑衅和抗命行为。

沃里克及其同伙在加莱宣布他们参加北方的起义，反对被“魅惑人心、贪婪奸诈的小人所煽惑”的国王。所谓“煽惑”就是“诱惑”（seductive）与“煽动”（seditious）的合体。这些拟指的肯定是伍德维尔家族，为了安全起见，国王已经让他们返回自己的封地了。沃里克邀请同党在7月18日到坎特伯雷见面。他很可能想在这一天宣布爱德华为非法君王，让克拉伦斯取而代之。这已经不是兰开斯特派与约克派之间的斗争了，而是约克派的内斗。

沃里克带领新近扩充的军队穿过了英吉利海峡，杀向伦敦（他在这里还算得人心）；接下来他进军考文垂，打算在这里与“匡正世间谬误者罗宾”会师。国王的军队前来挑战，但叛乱者的一阵突袭打得他们四散奔逃。沃里克下令抓住王军的几位指挥官。第二天，他便砍下了这几个人的脑袋。其实他没有必要采取这种不公不义之举。

此时，爱德华本人正在与王师会合的途中，等他听到王师溃败的消息，掉头已经为时太晚。他的手下立即弃他而逃。当时的局势太过混乱，我们有把握说清楚的只有这些。爱德华决定带着少数亲随返回伦敦，就在

这时，他被约克大主教的人马发现。国王被俘，但对手还是以礼相待，把他关进了沃里克城堡。伍德维尔家族两个最显赫的人物（王后的父亲和弟 385
弟）也被俘虏了，沃里克下令将他们砍头示众。如今，沃里克既控制了国家，也控制了国王。

然而，他对于二者皆无计可施。沃里克虽是事实上的统治者，但是他缺乏合法性和道德威信。即便他把国王关在城堡里，他也几乎无法代表国王行使职权。爱德华的御前会议似乎不愿意听他指挥。但是如果国事停摆，地方上就会发生暴力和造反事件。世家大族将再次互相攻伐而不受惩罚。只有一个办法可以解决问题，那就是释放国王，允许他重新行使主权。所以，爱德华又被悔罪的沃里克伯爵、约克大主教和自己的弟弟克拉伦斯抬了出来。他们的借口是：此次兵谏是为了国家的福祉。爱德华及其支持者前往伦敦，伦敦市长和高级市政官身穿鲜红色的盛装前来接驾。约翰·帕斯顿写道："国王本人说了克拉伦斯、沃里克、约克以及牛津等勋爵的好话，他说这些人是他最好的朋友。"但是，帕斯顿补充了一句："他的家族成员可不这么看。"换句话说，他的家族成员想复仇。

然而国王心里很清楚，必须不惜一切代价恢复国家的稳定。按照编年史作家波利多尔·维吉尔的说法："他的第一要务就是重新赢得那些被疏远的贵族的友谊……"他邀请克拉伦斯和沃里克参加大咨议会的各次会议；而召开大咨议会的目的就是安排"双方走向和平，忘却以往的嫌隙"。他还答应，将四岁的女儿伊丽莎白许配给沃里克的侄子。而沃里克最近刚刚杀害了这个小姑娘的外祖父和舅舅。权力的政治总是这么讲究现实。

不过，沃里克伯爵还是遭受到极为严重的打击；这件事证明，离开了国王，他无法行使权力。1470 年春天，他再次参与武装叛乱。这次叛乱始于林肯郡。地方家族要么畏惧国王的司法，要么不满国王的掠夺，遂决定揭竿而起，准备扶持克拉伦斯上位。当爱德华上阵与之交锋的时候，他 386
们嘴里大喊着"克拉伦斯！克拉伦斯！"和"沃里克！沃里克！"这都是国王需要的证据。他的军队轻而易举地击败了林肯人，后来双方交战的地方被称为“落衣野”，因为败军在逃跑的过程中丢弃了大量带有沃里克和克拉伦斯家族徽章的号衣。在这次大败之后，沃里克和克拉伦斯跑到路易十一的宫廷避难去了。他们的同党就没有这么幸运了。沃里克麾下的一艘船在南安普敦被截获，船上的绅士和地主都被砍了头。行刑者会用一根尖木桩从他们身体后部穿进去，他们的脑袋会被尖桩顶起来。

如今沃里克和克拉伦斯竟然与安茹的玛格丽特会合了。她也离开了家族的地盘，来到法王的宫廷。路易手里已经有了三张牌，但是，玛格丽特与沃里克长期以来都是不共戴天的死敌。如今法王开始介入漫长的谈判工作，以促成她与沃里克和解；沃里克一直都是“导致亨利、王后以及太子倒台的最大推手”。法王每天都与她畅谈，她直到最后才听从他的意见，同意与先前的宿敌合作密谋，联手推翻爱德华四世。她身陷囹圄的丈夫亨利六世将借此重新登上王位；她的儿子威尔士亲王爱德华将迎娶沃里克的另一个女儿，从而成为克拉伦斯的连襟。这样一来，约克家族与兰开斯特家族最终将结为一体。这对年轻人在安格斯大教堂举行了订婚礼。

沃里克和新盟友准备大举入侵英格兰。爱德华四世密切地监视沿海地区，但是在 1470 年夏天，北方传来消息，有人响应沃里克的事业，也选择起义暴动，爱德华的注意力被迫转向北方；他不得不进兵约克和里彭。他拿不准沃里克的军队将在什么地方登陆，从威尔士到诺森伯兰，任何地方均有可能。他仔细盘算一番后，决定冒一次风险进兵北方。他成功地镇压了约克郡处在萌芽期的起义。9 月中旬，正当他在约克逗留期间，有消息传来：沃里克和克拉伦斯已经在德文郡的埃克斯茅斯登陆了，而且他们
387 立马从那里动身前来与他交兵。不管怎么说，国王现在身处一个充满敌意的国度中，事态变得越来越明朗，沃里克在进军途中招募了很多支持者。

考文垂的档案显示，克拉伦斯和沃里克的“麾下聚集了很多人马”，等到他们兵临该城之际，“总数已达 3 万”。爱德华离开约克，奔赴诺丁汉，但他的处境依然令人绝望。他“派人征召贵族和其他人等前来勤王”。但是令他失望的是，“赶来的人少得可怜，令他无法与敌人对阵”。用档案中的话说，爱德华“去了林恩”。事实上，他迅速撤退到现在的金

斯林，从那里登船驶往低地国家。他几乎无人可遣，无钱可用；他甚至付不起路费，只好脱下身上穿的皮袍子抵路费。

最后，他在荷兰登陆，该省总督是他的旧相识；他身处勃艮第公爵领地，而勃艮第则是他的盟友。两年之前，勃艮第娶了他的妹妹，所以公爵也是国王的妹夫。就目前而言，爱德华总算摆脱了他的敌人，终于安然无恙了。伊丽莎白·伍德维尔带着母亲逃到威斯敏斯特大教堂的庇护所里避难。这座庇护所位于大教堂以西的教堂庭院底部。据称这是“一幢坚固、昏暗的建筑，能够抵挡敌人的围攻”。王后就是在这里生下了一个儿子。

沃里克返回伦敦，要将最高权力纳入手中。玛格丽特和她儿子依旧待在法国，等待沃里克将王位还给亨利。于是，这位逊位君主在当了五年囚徒后，被领出了伦敦塔；他身穿一件蓝色天鹅绒的长袍，但他“不像一位王公那样把自己收拾得干净利索”。在被囚禁期间，他经常引用《诗篇》中的第七首诗：“神是我的盾牌。他拯救心里正直的人。”（《诗篇》7：10）如今上帝果然创造了一个令人始料未及的奇迹。他的行为确实神秘莫测。亨利召集议会开场，约克大主教手拿经文，开始念念有词：“背道的儿女啊，回来吧。”（《耶利米书》3：14）

然而，如果说亨利再次成为名义上的国王，沃里克也只是一个傀儡般的国主。按照同时代的一位编年史家的说法，亨利只不过是“一头戴着王 388
冠的小牛犊，一道墙上的影子”。而沃里克为了维护自己的统治，也不得不平衡各派势力的利益关系；他要满足兰开斯特派的支持者，也要满足忠于爱德华四世的约克派；他还得安抚野心勃勃的克拉伦斯，因为后者本来想自己当国王的。这些形形色色的冲突和分裂可不是良政的兆头。不管怎么说，英格兰贵族对这两派势力的主角也逐渐失去了幻想，他们转而投机取巧，只选择支持最强的那一方。玛格丽特·帕斯顿告诉她儿子：“如今这年月，千万不要相信任何贵族的许诺。对于这些人的恩惠，心里一定得有数。如今生死无常，因此一定要小心那些花言巧语，别看他们和你说得天花乱坠，最终你自己可能倒大霉。”

很快，命运又一次逆转，让这个本来就已经充满了奇异转折和偶然的故事变得更加复杂起来。在1471年初春，勃艮第公爵同意出钱资助爱德华四世进军英格兰。3月14日。这位流亡君主在约克郡沿海的拉温斯普尔登陆；最初他并不受待见，情况不容乐观。当时的一部史书记载道："郡里几乎无人响应他。"霍尔德内斯城里的人不准他入城，只有约克允许他入内，但前提条件是他必须宣布此次归国是要取回父亲约克公爵的头衔，而不是索要英格兰的王冠。

在前往唐卡斯特途中，爱德华听说沃里克正在考文垂集结人马，便转而奔赴伦敦。如今克拉伦斯公爵也背叛了沃里克，投奔自己的哥哥爱德华；由于亨利六世复位，安茹的玛格丽特正打算带着儿子返回英格兰，他可能意识到自己继位的希望已很是渺茫了。他也受到以前的敌人的怀疑；正如一位同时代人所写的那样，他"遭受到所有贵族的猜疑、鄙视、慢待和痛恨……这些人都是亨利的同党，他们都全心全意地支持亨利"。但是，贵族可能也无法理解克拉伦斯的行为；他年轻、敏感、冲动，控制不住自己的嘴巴和行动。他就是一根墙头草。

389 爱德华避开了在考文垂严阵以待的沃里克，直取首都想要再度称王。沃里克的弟弟约克大主教安排亨利六世在伦敦举行阅兵式，试图以此召集支持国王的力量。如今国王身上依旧穿着他离开伦敦塔时所穿的那件蓝色天鹅绒袍子。爱德华进了城，急忙找老国王谈话。亨利对他说："我的约克堂弟，欢迎你。我知道，只要在你手里，我这条命就安然无恙了。"结果证明此言差矣。这位不幸的君王立即被再次打入伦敦塔，而爱德华则得以和刚刚走出避难所的妻儿团聚。不过爱德华根本没有时间庆祝。第二天上午，国王"采纳了同宗贵族与其他廷臣的建议，为可能到来的危机做了准备"。4月14日，危机浮现在伦敦以北的一座小镇巴内特。在浓雾当中，约克派赢得了一系列小规模战斗的胜利；在随后出现的溃败局面中，沃里克本人被杀。"造王者"最终竟被王军所杀。

沃里克伯爵是个不幸之人。国王慷慨以待，赐予他海量的土地和财富，结果他因此变得桀骜不驯、权欲熏心；他自称英格兰权利的代表，然而他只不过是帮派和家族斗争的工具；他渴望荣耀，但胜利之后，他就变得残暴不仁和急于报复；他是个不懂政治策略的政客，一个惯于每到重要关头就违背国家利益的政治家。他被自己的虚荣心、野心给毁掉了。在这些方面，他无异于同时代的其他显赫人物。

安茹的玛格丽特带着七岁的爱德华王子从法国返回英格兰，她还不知道爱德华已经战胜了沃里克。当这个消息传来的时候，她和同党已经在多塞特郡的韦茅斯登陆，若想逃走，为时已晚，唯有战斗到底。她一路北上前往布里斯托尔，沿途招兵买马，但爱德华的部队从东部杀将过来。此时，约翰·帕斯顿在致母亲玛格丽特的信中写道：“我敢说，世界着实令人厌恶。”1471 年 5 月 4 日，兰开斯特派在格洛斯特郡蒂克斯伯里以南的 390
一片草地上被约克派赶上；在随后发生的混战中，爱德华王子被杀，安茹的玛格丽特被俘。

不到三周后，爱德华四世凯旋。他回到伦敦当天，亨利六世就在伦敦塔内被杀。有人说他死于忧郁症，但真相肯定更乏善可陈。他只是被获胜的国王下令杀死了，爱德华不想再由命运来安排这位人质的生活了。后来有人声称，亨利六世是被爱德华最小的弟弟格洛斯特公爵理查暗杀的，但这种推断可能完全是基于格洛斯特后来成为理查三世所“享有”的恶名。不过在这个阶段安排这个阴暗人物登场无疑也是适宜的。

不管怎么说，亨利四世的直系兰开斯特家族如今已被消灭得干干净净。亨利的尸体被人从伦敦塔带到圣保罗大教堂，在那里“公开展览”，让每个人都能看到。安茹的玛格丽特被关押在伦敦塔内，一关就是四年，后来则被法王路易十一赎回，在法国渡过了贫困的余生。她的整个人生都活在这场吞噬了自己的丈夫和儿子的风暴中。

这里不妨讲一个与亨利相关的花絮。在 15 世纪 50 年代，亨利驾临威斯敏斯特大教堂，为自己挑选墓地。他命令石匠用撬棍在教堂的石头地面上划出墓穴的位置和尺寸。他不想建造一座带有墓碑的坟墓，他只想安息在寂静的石头底下。当他与修道院院长交谈的时候，他靠在内侍的肩膀上；当时他仅有三十来岁，但他已经厌倦了俗世的事务。英格兰几乎没有出过明君，更不必说心地善良的君主了。然而，我们仍然能够对这位完全不适合当国王的人寄予一丝同情。

人们常说，对立双方在玫瑰战争中互相残杀，最终导致英格兰的贵族家庭人丁稀少。事实上，中世纪时期及其环境的压力不利于任何贵族家庭
391 的存活。有人计算过，每 25 年就有四分之一的贵族家庭没有留下子嗣继承爵位，从而湮没于历史的洪流中。为了使国家治理处于健康状态，一定要有“新鲜血液”的平稳流注。贵族的血液更替是个持续不断的过程，并未受到玫瑰战争的打断。

从更加宏观的角度来看，尽管战争带来了干扰和破坏，这个世界仍然按照自己的节奏运行。这场冲突削弱了政体，削弱了国家与贵族之间的联系。但是没有证据显示，它造成乡镇普遍荒无人烟或人民普遍背井离乡的景象。只有极少数城市和乡镇受到动乱的影响。只有邻近战争的地区才深受派系斗争之苦。教会的庞大资源并没有受到波及。总体而言，神职人员一直都是远离冲突的旁观者。威斯敏斯特的法庭依然开庭办案，法官仍在全国各地巡游断狱。法国编年史作者兼历史学家菲利普·德·科米尼斯评论说：“战争并未摧毁建筑物，灾难和不幸只是落在了士兵身上，尤其落在了贵族身上。”

经济也并未因战争的影响而呈现衰退的迹象。到了 15 世纪 70 年代，贸易开始复兴，而国王本人对这一趋势非常感兴趣。《克罗兰编年史》的作者声称，爱德华“有自己的货船，会装上王国之内质量最好的羊毛、布匹、锡以及其他产品，像职业商人那样以货易货……”商人国王的出现有助于涤除经济使人堕落的老旧观念。一位意大利观察者写道：“不管多么贫困、多么卑微的小旅店店主，他的桌子上总是摆着银盘和银杯……”

国家的生命与生活更像大海而非池塘。枯竭与复苏、衰落与发展都在同时发生。1476 年，威廉·卡克斯顿在威斯敏斯特大教堂的施赈所成立了英格兰的第一家印刷厂。十年后，位于达勒姆附近芬查尔的一座煤矿引进了英格兰第一台水力泵。1496 年，苏塞克斯的巴克斯台德出现了英格
392 兰的首台鼓风机。然而，这场工业革命已经开始招致埋怨。1482 年，一

项议会法案宣称，“依靠人力，也就是说用双手和双脚”制作的各类帽子绝对好于“在漂洗工厂里漂洗和加工出来的”同类产品。与此同时，许多底层人士仍然靠种地过活，他们的境况无异于撒克逊祖先。 393

36

日常饮食

在罗马人废弃的荒地和破败花园中，野生的大蒜和洋葱已然郁郁葱葱。盎格鲁-撒克逊人有一个与洋葱有关的谜语：“我身形笔直，长得高高，让少女流泪。猜猜我是谁?”然而，当时穷人的主食却是寒微的“粥状食物”。比较有钱的盎格鲁-撒克逊人吃的是小麦面包，但是黑麦面包或大麦面包则更常见。他们也大量消费猪肉，猪饲料则是在林地和森林中俯拾皆是、取之不尽、用之不竭的橡树果实和山毛榉果实。小农也可以在公有土地上养几头干瘦的肉猪。鹿肉和家禽肉在相对富裕的英格兰家庭中比较流行。包括鲑鱼和鲱鱼在内的鱼类供应非常丰富。有时候，人们也会吃马肉。在这几百年当中，人们用得最多的餐具是块头比较大的刀子和粗糙的木勺子，全家人吃饭会共用一个大碗。按照某位编年史作者的说法：“吃完饭后，他们就开始喝酒，英格兰人对此十分习惯。”淡淡的艾尔啤酒，配上各种香料，乃是他们首选的佳酿。但是，盎格鲁-撒克逊人也饮用一种名叫“莫拉托”（morat）的饮料，它的基本成分是桑葚汁，再加上一些蜂蜜。

394 诺曼人的饮食大致相同，因为他们的入侵并没有给英格兰的农业带来实质性的改变。不过，领主的尊贵地位体现在他能每天只吃小麦面包。国王赏赐给他的土地必须能种小麦；不长小麦的土地对他来说几乎没有价值。正因为这个原因，几乎没有诺曼人定居在地势较高和比较寒冷的奔宁山脉、坎布里亚或其他北方地区。有小麦的地区才有诺曼人。他们将面包做成小圆面包或蛋糕，上面经常画有十字。他们尤其喜欢一种名叫“胡椒调味面包”的姜饼。

诺曼人与本地人还有一个比较明显的区别，他们更喜欢葡萄酒（大多从法国进口），而不是本地产的艾尔啤酒或者蜂蜜酒。12世纪的哲学家亚历山大·尼卡姆说，葡萄酒应当像苦修者的眼泪一样澄澈。他还宣称，上好的葡萄酒应该像杏仁一样香甜可口，像松鼠一样难以捉摸，像狍子一样烈性，像西多会修道院一样“坚固”，像火花一样闪闪发光，像巴黎学派的逻辑一样妙不可言，像上好的丝绸一样柔和，像水晶一样清澈透明。几百年后，葡萄酒行家的语言想象力也依旧天马行空。

在整个中世纪时期，人们对于当时所谓的“白肉”几乎提不起什么兴趣；所谓白肉指的是奶酪、黄油和牛奶。它们是普通百姓的饮食，因此属于有身份的人需要回避的东西。不过，牛奶普遍用于甜食的制作。烹饪用的是橄榄油，而不是黄油。新鲜的水果被认为是不健康的，常见蔬菜都受到鄙夷，只有穷人才会因为它们不用花钱而去食用。土地肥沃丰产，在收成好的季节，穷人或流浪汉单凭采摘野地里的天然作物就能够活下去。他们还能在村屯附近的小菜园中偷到豌豆、蚕豆、韭菜和卷心菜。农夫皮尔斯曾在收获前的月份里抱怨道：“我已经没钱了，手头只剩下些新鲜的奶酪，一点炼乳和奶油，一张燕麦饼，两大块为孩子烘焙的豆饼和麦麸饼。我还有些荷兰芹和青葱，以及许多卷心菜……”因此，穷人的饮食可能比富人更健康。

到了13至14世纪，由于有了洋茴香和甘草，人们就可以用香料来腌 395
肉了。富裕的家庭更喜欢味道浓烈甚至粗糙的调料，否则很难解释为何虎鲸和海豚居然让王室成员大快朵颐。“海上的牛犊”（也就是海豹）也成了美味。鲸鱼舌则是另一道王家菜肴，要么和豌豆一起煮着吃，要么烤着吃。加足调料的鸟肉（例如孔雀和鹭鸟）也出现在食谱上。“猛料鲑鱼”就是浸盐的鲑鱼。按照一位美食狂热爱好者的说法，康吉鳗的味道十分鲜美，足以让死人的鼻翼翕动。

第一部英文食谱《食珍录》（*The Forme of Cury*）出自14世纪末理查二世的御厨之手。“cury”的意思是“食物调料”。生蚝炒野兔必须用蜂蜜调味。猪肉煎过之后要拌上藏红花和葡萄干。野鸡可以辅以肉桂和生姜。香料并不是用来掩盖不新鲜的肉味的；它们自有用途，可以让食物的味道变得更加浓郁。它们也可以为菜肴上色；木蓝可以让菜肴变蓝；藏红花可以使之变黄；血和烤面包屑可以使之变红、变黑。

我们通过《食珍录》等食谱很难了解到各类食材的用量。事实上，中世纪的计量单位一直都是模糊且不精确的。人们既不需要也无必要追求精确。这不是一个“科学”的时代。所以按照现代的标准，他们常常做出过分的低估或高估。伊利的修士认为他们所在的岛屿的面积为7英里×4英里（约11.2千米×6.4千米），而它的实际面积却是12英里×10英里。理查三世统治时期的数据号称全国有4万个教区，但实际上还不到9 000个，连全国性的最基本的度量衡都能出这么大的差错。当我们在史料中看到，某块圣地出现过“无数次神迹”时，或者说国王带领“5万兵马”时，我们千万不要轻信这类说法。

396 时间和空间的度量也变动不居，基本上无法确定。1英亩（约0.4公顷）的土地可能有三种测量方法。时间的量度也不一而足，有继位纪元、教宗纪元、礼拜仪式纪元等供君选择。13世纪的契据和报告大部分都不标注具体日期；一份契约上提供的交易年份可能是“英格兰国王的儿子和女儿订婚之后”，或者是“吉尔伯特·弗利奥特当上伦敦主教之后”，我们在查询后得知后一件事发生在1163年。许多人搞不清自己的年龄；有位名叫约翰·德·萨里的老武士号称自己一百零五岁，自称参加过1367年的纳杰拉战役。如果此话属实，那么他在八十七岁的时候还上了战场。还有一位老军人是约翰·德·瑟韦尔德的父亲，据说活了一百四十五岁。在15世纪以前，测算时间主要依靠测量日光投下的影子；直到15世纪，英格兰才有了钟表，但当时的钟表十分笨重，走时还不一定准确。教堂敲钟报时依据的是早祷和晚祷的祷告时间。每一个人都知道一码等于国王手
397 臂的长度。不然它还可能是什么呢？

37

国王的春天

爱德华四世终于铲除了所有对手，重登大宝；王后前后在威斯敏斯特避难所生下两个儿子，约克王朝的世系似乎可以绵延不辍了。但是爱德华还有两个弟弟：克拉伦斯公爵乔治和格洛斯特公爵理查，将来他们也有可能加入最高权力的争夺战中。

在前几年的动荡岁月中，爱德华的幼弟格洛斯特公爵理查一直对长兄忠贞不贰，因此爱德华对他赏赉有加。从 1469 年秋天起，他一直担任英格兰王室总管，带领人马勤王护驾，镇压叛军，无役不与。他此前还曾追随爱德华从金斯林逃到荷兰，在具有转折意义的蒂克斯伯里战役中带领王军的先头部队。为了奖励他的军功，爱德华在 1471 年春天将他封为王室掌礼大臣，以前这是沃里克的官职。爱德华还把沃里克在英格兰北部的大部分领地赏赐给他。从这时候起，他就成了北方地区的镇守者和军阀，他把基地设在北约克郡的米德尔赫姆大城堡。他还娶了沃里克的小女儿安妮·内维尔；她原本被许配给兰开斯特家族不幸的爱德华王子。如今，这个十五岁的小姑娘又嫁给了家族的仇人。不过，嫁给胜利者总归是比较精 398
明的做法。毕竟在王家集团当中，浪漫爱情本无立足之地。

在爱德华的两位兄弟当中，克拉伦斯对国王的威胁更大，或者说更令他感到讨厌。此前，克拉伦斯曾经与沃里克和安茹的玛格丽特结盟，这件事证明他对长兄心有不忠，如今，他的怒火又落在了幼弟身上。他既想当王室掌礼大臣，也想要沃里克位于北方的封地，他还想要安妮·内维尔的封地。兄弟二人互不相让，在御前会议上展开了辩论，两人雄辩的口才赢得了满堂喝彩。不过，克拉伦斯暂时占据了上风；他得到了沃里克位于中部地区的土地，也夺到了王室掌礼大臣的头衔。然而，格洛斯特还是保住了自己在北方的地盘。

爱德华大获全胜之后，大肆处决先前的政敌。据说有钱的就用他们的钱袋子绞死，没钱的就用绳子绞死。但实际上，国王更感兴趣的是取人钱财而不是要人性命。赫尔和考文垂等曾经反对过他的城镇都被剥夺了特权，如果要恢复特权，就必须交罚款；支持过玛格丽特或沃里克的显贵也受到了惩罚。议会记录里尽是关于税收、财产继承、权利剥夺以及强制纳贡的报告；而强制纳贡竟然堂而皇之地被称为“恩税”，这里丝毫没有嘲讽的意思。不过，他也算恩威并施；许多从前的敌人都“得到了国王的赦免”，被拉拢过来；一些拥有名望的兰开斯特派教士（例如约翰·莫顿）也开始为他效力。莫顿后来甚至先后当上了伊利主教和坎特伯雷大主教。

在欧洲大陆，法王路易十一仍然是最让爱德华头疼的人物。法王曾经协助过沃里克，教唆过安茹的玛格丽特，让他们去争夺英格兰王位的控制权。目前，他仍然在鼓动在法国避难的兰开斯特派叛军。这个心腹大患必须除之而后快。但问题是，即便他有这个想法，也不一定有这个手段。他
399 与法兰西的邻居布列塔尼和勃艮第谈判，准备三家联手进兵法兰西。这两个公爵领地名义上是法国的藩属，但实际上是独立的。爱德华至少争取到了勃艮第公爵大胆的查理。

1475 年 7 月 4 日，大批英军在多佛上船，直奔加莱，准备与勃艮第军会师。爱德华在英格兰大多数贵族的陪同下，带领了 15 000 人马。军中备有 779 枚石头炮弹和 10 000 多捆箭；他还运去了金丝王袍，以示自己身份的华贵。他还让人制作了一座木头房子，房顶蒙上皮革，供他在战场上使用。这是一座移动的王家宫室。

然而大胆的查理名不副实，他只带了少数同党来到加莱，将大部队留在弗兰德斯攻打了一座小镇。爱德华怒火中烧，立即与路易十一谈判，试图签署和平协议。法王自然不希望外国军队驻扎在自己的地盘上，于是他赶忙配合爱德华；一个月之后，两位国王在亚眠附近皮基尼的一座桥上会面。

为防止对方突袭，双方在桥中央设置了一道木头路障，双方士兵在桥的两侧集结。一位替身穿着王袍，站在路易的身边。爱德华的三位扈从也穿着一模一样的金丝王袍。这是一种防范措施。爱德华走向路障，举起帽子，深鞠一躬；路易同样优雅地回礼。路易说："这位大人，我的兄弟，欢迎你。在这个世界上，我最想见的人莫过于你。"爱德华用出色的法语做了答复。

双方郑重其事地签订条约。路易按照条约支付一笔高达 7.5 万克朗的巨款，并且每年奉上 5 万枚金币，换取英军撤出法国。这笔钱形同贿赂，让爱德华很是满意。于是他就班师回国了。双方还达成协议，将爱德华的大女儿约克的伊丽莎白许配给法王的长子。然而这桩婚约后来不了了之了。

爱德华虽说没有载誉归来，但也载富归来。在出兵之前，他曾扬言要 400
收复英格兰在法国的领地，甚至登上法国的王位。但这都是那个时代的辞令，当不得真。不管怎么说，他的雄心壮志都已然不合时宜。但是，如果爱德华此行的目的就是去敲诈法王的话，那么他取得了令人钦佩的成功。这方面的证据来自一位法国史家，当时他就在路易十一的宫廷里。菲利普·德·科米尼斯声称，早在离开多佛之前，爱德华就已经开始和路易谈判了。科米尼斯猜测，爱德华更想把为此次出征募集的所有款项控制在自己手里。

如果情况真是如此，他可就是大规模造假了；就在他实施侵略计划之前的几个月，专利登记簿显示，为了准备这次战争，他们动用了大量"木匠、细木工、石匠、管子工、船木工、桶匠、锯工、制箭匠、造马车匠，以及其他工匠"。实际情况可能是英王早就为各式结果做好了准备。他只是在静观其变，看自己会有怎样的机会或者运气。他的原则是不入虎穴，焉得虎子。毕竟历史就充斥着无法预料的后果和始料未及的命运转折。

爱德华没有公布皮基尼条约的所有条款；但是议会和英格兰人民很快就发现，此次出兵法国半路流产的后果是国王发了财，他们却变穷了。然而，此时爱德华的实力已经太过强大了，别人已经无法奈何他。

不久，他便集中力量对付自己的弟弟。克拉伦斯变得越来越桀骜不驯了。按照《克罗兰编年史》（它为后人了解这段时期的史实提供了最可靠的史料）的说法，他“现在越来越倾向于躲着国王，在御前会议几乎一言不发，也不在国王住所里用膳”。他的心怀不满情有可原。他的妻子难
401 产死后，曾有人提议他迎娶勃艮第公爵大胆的查理的女儿；但王兄爱德华却反对二者联姻，因为如果有了勃艮第的支持，克拉伦斯的势力可就太大了，容易形成足以威胁他的势力。出于相同的原因，爱德华也不会允许他娶苏格兰国王的妹妹。

1477 年 4 月，克拉伦斯指控其妻子的侍女安卡莱特·特韦恩霍试图用“艾尔啤酒和毒药配制成毒酒”，借此谋杀女主人；他手下的一伙人明火执仗地抓走了这个不幸的女子，将她带到了克拉伦斯治下的沃里克镇，在那里绞死了她。这是一种借用司法杀人的行径。三个月后，有人指控克拉伦斯的扈从玩弄招魂问卜的巫术，诅咒国王速死。这个扈从在定罪后被拉到泰伯恩刑场绞死了。第二天，克拉伦斯来到御前会议，敦促它宣布此人无罪；说完这番话，克拉伦斯就离开了御前会议。事实上，他已经挑战了国王的正直及其司法制度。因此，爱德华决定召见克拉伦斯。他当着伦敦市长和市政官的面，宣布克拉伦斯的所作所为“藐视国家法律，威吓王国的法官和陪审员”。

在 1478 年初的议会会议上，国王当着贵族的面，指控弟弟犯下了各种大逆不道的罪行；有些证人被传唤到场，但显而易见，他们预先都得到了指示。公爵尽可能地为自己辩护，他甚至要求接受决斗审判，但与会的贵族宣布他犯了叛逆罪。在这件事情上，上议院的贵族无疑会支持国王的做法，根本不需要事先串通就做出了判决。然而，证据其实是不足的，或

许有的还是捏造的。克拉伦斯被带到伦敦塔，几天后就被人秘密杀害了。坊间传言他是被推进一个装满马姆奇甜酒的大桶里淹死的。说来也奇怪，这个奇特的细节反倒映衬出它的准确性。事实可能是，他是在洗澡的时候被人淹死的；浴桶通常都是用葡萄酒桶锯成的。

国王用可疑的手段杀死了克拉伦斯。他用无上的王权包藏了自己的残酷行为。有占卜者曾经预言，爱德华死后继承王位的人，其名字将以字母 402
G 开头。所以，克拉伦斯公爵乔治就这样被干净利落地干掉了。然而，爱德华可能忽略了，幼弟格洛斯特的名字也是以字母 G 开头的。当时还有人说，王后及伍德维尔家族的亲属也急于除掉克拉伦斯；万一爱德华驾崩，以克拉伦斯的雄辩口才和英俊长相，他将会威胁到她的两个儿子。谣言迭出，充满杀机的宫廷里也充满了阴影和疑惑。对爱德华四世而言，通往光荣的道路是用敌人的尸体开辟出来的；如今他又踩过了自己弟弟的尸体。按照《克罗兰编年史》的说法，这位国王“辣手治政，让所有臣民胆寒，而他本人则无所畏惧”。

除了巩固自己的统治、维护王家利益，爱德华还花费了大量时间，尽一切可能为近亲安排于己有利的婚姻。虽然他号称是注重实际行动的商人国王，但他对羊毛和布料的投资，比起他对家庭成员的投资，就显得手笔太小了。他总共有三个儿子和七个女儿；其中有两个死在襁褓中，余下两个儿子和六个女儿。这一下，旋转木马的游戏开始了，他的女儿们分别成了苏格兰、法兰西和勃艮第继承人的待嫁新娘。威尔士亲王爱德华成为他和布列塔尼公爵讨价还价的筹码。在交易过程中，国王要的是硬通货；他尤其不想替女儿置办嫁妆，所以为了省下这笔钱，他与对方没完没了地谈判。事实上，他的孩子直到他去世也没有结婚，主要原因是他们的年龄太小。他所有的计划、意图和诡计最后都失败了。演说和外交中的洋洋千言都化作了泡影。

在这一时期，幼弟理查的地位比以往任何时候都要稳固。格洛斯特的理查一直是英格兰北方举足轻重的贵族。珀西家族掌控着诺森伯兰和约克郡的东雷丁，但格洛斯特对北方的所有其余地区享有直接控制权。不过，爱德华没有理由怀疑他的忠诚度，迄今为止，他都是保护英格兰和王太子的“护国公”的最佳人选。

这一时刻的到来比预计的要早。1483年春天，爱德华四世莫名其妙
403 地染上了重病。据说，他出门钓鱼的时候得了风寒。科米尼斯则说，他死于中风。《克罗兰编年史》认为，他的驾崩“既不是因为年老过劳，也不是因为罹患某种已知病症”。这里它在暗示国王是被人毒死的。事实上，病因只可能是过度放纵；他胡吃海喝，导致身体肥胖，此外还纵情声色。这种命运只有非常虔诚的国王才能避免。爱德华四世死时年仅四十岁。

他死后没有留下任何债务，乃是200年来首位不欠债的国王。这或许就是他最大的成就。他在立法和司法方面没有任何建树，但他至少巩固了王国政府的地位和权力。在亨利六世间歇性的软弱统治之后，他让政府学会如何正常运行。仅此而已。在他执政之后，英格兰变得比以往更加繁荣了，这也与这个冉冉上升的国家的潜力和决心息息相关。

不管怎么说，爱德华还没有强大到确保长子安然无恙地继位。林肯郡的塔特谢尔书院院长在写给温切斯特主教的信中说：“如今主上驾崩，耶稣施恩，带走了他的灵魂，我们不知道谁将成为主上，谁会统治我们。”然而，继位事宜被顺利且迅速地安排妥当了。威尔士亲王爱德华被拥立为王，他就是爱德华五世。

当父王驾崩之时，这位名正言顺的年轻继承人正在威尔士边境的拉德洛。他母亲召他返回伦敦，他的舅舅利沃思伯爵安东尼·伍德维尔随行护驾。首都召开议事会，主持会议的是黑斯廷斯勋爵。与格洛斯特一样，他效忠的是约克王室而非伍德维尔家族；当他得知，王后让自己的弟弟尽可能多带人马，护送太子返程时，他感觉到伍德维尔想要炫耀武力。他威胁说，如果伍德维尔家族打算挟持首都的话，他就告退回到加莱。与此同
404 时，他还致信格洛斯特，向他汇报这个令人烦心的消息。

伊丽莎白·伍德维尔只好妥协。双方约定少年国王的护卫维持在2 000人左右。然而，格洛斯特一直心怀警惕，担心伍德维尔家族不仅会

在名义上控制国王，还会取代他这个合理合法的护国公的位置。他从北方领兵出发，4 月末在北安普敦与白金汉公爵会师。这里距离国王暂驻之地仅有 10 英里；斯托尼斯特拉福就位于沃特灵街和北安普敦路的交汇口。

双方友好地打过招呼。利沃思及同伴向两位公爵问好，然后在北安普敦附近的一所房子里招待他们；他们喝了一晚上酒。然而，利沃思在次日清晨就以叛逆罪名被抓了起来，关到北方的监狱中。格洛斯特和白金汉骑马跑到斯托尼斯特拉福德，禀告少年国王他的舅舅及同党正密谋反对他。爱德华抗议说“他没有看出他们有什么邪恶之举，他想将他们留下来，除非［格洛斯特］能证明他们的邪恶不轨”。但是，一个十四岁少年的意志力哪里比得上格洛斯特。格洛斯特还告诉小国王，利沃思引诱已故国王纵酒作乐，掏空了身体；这不符合格洛斯特本人恪守道德清规的性格。少年国王则说，他完全相信自己的母亲。对此，白金汉的答复是他不应该相信女人的话。

当利沃思被捕的消息传到伦敦时，伍德维尔家族及其同党十分惊恐，他们试图召集部队，可是他们在伦敦没有任何根基，王后只好带着她的另一个儿子和几个女儿跑到威斯敏斯特的避难所。这是她第二次寻求圣所的庇护，但是与上次相比，现在的形势更为凶险。两个大家族在争夺控制权；御前会议没有足够的力量斡旋，也没有哪伙贵族有足够的实力在两大家族之间奔走调停。已故国王扶植了两股过于强大的势力，他本应该预见到自己行为的后果，但是他没有预先阻止他们。所以事到如今，王后只好躲进避难所，坐在铺着灯芯草的地板上。周围气氛“凝重，嘈杂声不断， 405
一片急匆匆、忙忙碌碌的景象。有载人的四轮马车，还有为避难所运送东西的货车。人们背着柜子、箱子、包裹，以及成捆成扎的物品。没有人空着手，有人在装东西，有人在行走，有人在卸东西，有人在取东西，有人在凿墙，好找出一条最近的路……”

格洛斯特动作迅捷地将国王控制在自己手中，以此提高自己的威信，誓死打垮伍德维尔家族。他致信御前会议和伦敦市长，声称自己的所作所为都是为了保全国王的性命，而自己根本无意染指王位。5 月 4 日，他将爱德华带到伦敦，为了表现自己忠诚不贰，他坚持让所有贵族和市政官向国王宣誓效忠。爱德华先是被带到伊利宫，然后又被转移到伦敦塔，这是一个适合筹备加冕的地方。

六天后，格洛斯特被任命为护国公，但其任期和权限没有明确的规定。加冕礼于6月22日举行，少年国王完全可以宣布自己准备亲政。这也能遂了他母亲的心愿。亨利六世十五岁就亲政；理查二世则十七岁就履行国王职责。所以在理论上，格洛斯特掌权的时间会极为有限。他也可能担心伍德维尔家族想要彻底干掉他。

此时的王后仍然暂居避难所，这一事实说明当时的形势并不明朗，而且十分凶险。当上护国公后，格洛斯特首先清洗了伍德维尔家族的亲属和盟友，撤掉他们的重要职位。这个决定得到了御前会议大多数成员的支持，但是这些人没有看出，这次撤职行动是在为他最后夺取王位铺平道路。格洛斯特也犒赏了他的盟友。例如，白金汉公爵得到了对威尔士及边境地区的控制权；好巧不巧的是，他还因此夺取了伍德维尔家族在该地区的势力。

这一时期的编年史作者一致同意，格洛斯特在5月底就开始准备夺取
406 王冠了；在这方面，史学家的“后见之明”才是最真实的判断。格洛斯特很可能自己都不知道或拿不准该怎么办。他也好，任何人也好，都能从其家族历史中看到偶然性的力量和世事的无常。

在6月10日写给北方盟友的信中，他首次表露出自己的真实意图。他在信中请求他们前来帮忙，“协助我们对付王后以及她的亲朋好友、门生故吏。这派人每天都想谋害并彻底干掉我们及我们的兄弟白金汉公爵，还有这个王国古老的王室家族……”他的话也同样透露出恐惧和不安。他没有提到黑斯廷斯是否也会受到这些阴谋诡计的陷害，那是因为他现在也有理由怀疑黑斯廷斯了。黑斯廷斯已经意识到格洛斯特决定篡位，因此决定要阻止他；这种情况很有可能发生，因为所有编年史作者都认为他对爱德华忠心耿耿。

6月13日早晨9点，格洛斯特在伦敦塔参加御前会议，他的心情十分

愉快。托马斯·莫尔在理查三世的传记中生动地描述了这次会议的始末；这些会议的记录经常都存有疑点，但这部传记的主要材料无疑来自伊利主教约翰·莫顿，他也出席了这次会议。格洛斯特公爵对主教说：“大人，你在霍尔伯恩的园子里种的草莓很好吃。请你拿一些给大家尝一尝。”

“乐意效劳，大人，”主教回答说，“如果我有什么好东西，很乐意请您笑纳，就像我乐于将它们奉献给上帝一样。”主教打发仆人去取草莓，格洛斯特则返回自己的房间。一个小时后，他回到会场，脸色大变，怒气冲冲，暴躁不安；每当困惑或愤怒的时候，他就习惯性地咬下嘴唇。他质问廷臣：“如果有人处心积虑地想杀掉我，对于这样的人该怎么处置？”

黑斯廷斯率先回答说：“他们死有余辜，大人，不管是谁。”

“我来告诉你他们到底是谁。他们就是我兄弟的老婆［伊丽莎白·伍德维尔］以及这个巫婆的同伙。”接下来，他又点了伊丽莎白·“简”·肖尔的
名字；此人曾是爱德华的情妇，但她根本不可能是王后的同伙。就在此时， 407
他撸起紧身上衣的袖子，向与会人员展示自己肌肉萎缩的左臂。这个畸形部位早已有之（莫尔说这只胳膊“早就是这个样子”），却被用来打击对手，证明王后在施行巫术。然后，格洛斯特又突然大肆攻击黑斯廷斯本人，愤怒地指责他犯下了叛逆罪。黑斯廷斯立即被绑走，在伦敦塔礼拜堂附近的一段原木上遭到处决。

成书于15世纪末的《伦敦大事记》总结道：“这位高尚之士因忠诚于主上而被杀。”这里所说的“主上”指的是被关在伦敦塔里的少年国王。格洛斯特以迅雷不及掩耳之势除掉了这个他猜测会妨碍自己上位的对手。还有一种可能性是，格洛斯特已经得到消息，黑斯廷斯决心将少年国王从伦敦塔中解救出来。从这种猜测可以看出，格洛斯特为何如此激动地在6月10日致信北方的盟友。

6月16日，格洛斯特派遣私人武装将威斯敏斯特避难所团团围住，而国王的弟弟仍然在这里避难。在坎特伯雷大主教的劝说下，王后交出了儿子，因为大主教认为少年国王需要弟弟的陪伴。教宗使节宣称，凭借他的“智慧和忠诚”，他会保障孩子的安全，并在加冕仪式后送还到王后身

边。王后回答说："你可能以为我太过担心，但愿你明白你的心中也满怀恐惧。"她之所以做出这个决定，可能是因为她心里清楚，格洛斯特的手下人马会强行闯入避难所，用暴力手段夺走她的儿子。

她在交出幼子理查公爵时说了这么一句话："再见了，我可爱的儿子。上帝会保佑你安然无恙。在你离开之前，让我再吻你一次，因为只有上帝知道，我们何时才会再次亲吻相聚。"小王子被护送到伦敦塔陪伴他的哥哥，准备参加即将举行的加冕礼。九天后，王后的弟弟利沃思伯爵在庞蒂弗拉克特城堡被斩首。有位幕僚致信大法官："我想你会愿意摆脱［伦敦的］乱局，因为我们遇到了许多麻烦，大家都互相怀疑。"

408 黑斯廷斯被处决的消息在伦敦引起了恐慌，当局依靠伦敦市长的巧妙手段才将民愤平息了下去。市长告诉众人：的确有人在谋害护国公的性命。现在该格洛斯特本人在市民面前大显身手，好让他们预先接受自己即将发动的篡位了。6 月 22 日，驯良的神学博士拉尔夫·肖在圣保罗十字（当时这里是政府发布公告的首选场所）做了一次布道，声称格洛斯特是约克公爵理查唯一的合法子嗣，因此他是唯一有资格继承王位的人。还有一种说法在同一时期流传于世：关在塔里的两个王子也是野种。其实无论哪种说法都不足以取信。但格洛斯特可能相信了其中之一，或者两者兼信。他不会放过任何占领道德高地的机会。

例如，他认为爱德华三世与另一个女人订有"婚约"，因此他与伊丽莎白·伍德维尔的婚姻是假婚。他曾经目睹过爱德华的宫廷如何纵情声色，他可能猜测当前头戴王冠的人实际上没有当国王的资格。野心使他胸中滋长了一种虚假的责任感。恐惧也是他盘算着篡位的缘由。如果爱德华五世加冕为王，那么将来他会心安理得地杀死舅舅的仇人。格洛斯特必须迅速采取行动。

就在肖神父布道两天之后，格洛斯特的头号盟友白金汉就来到市政厅，在市长和高级市政官面前发表了具有同样效果的演讲，正如《伦敦大事记》所说，他讲话"一气呵成"，再次急切、虔诚地为格洛斯特可疑的王位继承权造势。根据各种传言，伦敦人的反应十分冷淡；他们最后稀稀拉拉地报以“对，对”的声音，也是“出于恐惧而非爱戴”。白金汉的仆人鼓动两个学徒高喊“上帝拯救理查王”。结果，这出戏被认为取得了巨大的成功。

第二天，议员聚集在威斯敏斯特开会，一纸宣告理查有权继承王位的文书被提交给上下议院的议员。这些来自各个城镇和郡县的贤达对此一致表示同意。6 月 26 日，大队人马与白金汉一道前往格洛斯特位于首都的 409
府邸巴纳德城堡，向他宣读了这份劝进表；理查故作谦虚状，考虑了一段时间之后决定登基上位。由此，他被拥立为理查三世。

理查王兴高采烈地骑马前往威斯敏斯特大厅，以君临天下之势端坐在王座法院的玉石御座上；这是国王在执法断案之际休息的地方。理查立即进入了贤明公正的王者角色。他向两院议员发表演说，要求在司法诉讼的过程中做到公正和平等。任何人都得受法律约束。法律面前人人平等。这很可能是在含沙射影地责备爱德华四世。因为他经常为了维护自己的家族利益，破坏法律或者说曲解法律，进而从中受益。

事实上，有不少人真心欢迎理查当国王。他一向以善于治政和英勇善战而著称。他的统治肯定会好过那位受母后和外戚挟持的少年国王，难道不是吗？爱德华五世只当了八十八天国王，在位时间大致从春天延续至初夏；因此，他是英格兰历史上在位时间最短的国王，但是我们将在下文中读到，他在死后却对英格兰产生了深远的影响。 410

38

城镇生活

在15世纪，英格兰主要还是一个农业社会，只有五分之一的人口居住在约800座城镇里。这其中只有伦敦可以和欧洲大陆的城市相提并论；其他城市的中心区域基本上就是规模较大的镇子而已，人口大多不足10 000,只有约克和诺里奇是例外，分别为30 000和25 000。其中像约克和切斯特等比较重要的城镇还筑有城墙；而像南安普敦这样的港口城市也是如此。然而大多数城镇仅有几百上千位居民。在这些规模较小的城镇当中，许多城镇没有城墙，只是在四周挖了一道水沟而已。

在15世纪末，有位威尼斯旅行者指出，英格兰“人口稀少”，“几乎没有重要的城镇”。我们可以想象，这个人口稀少、分布不平衡的国家无疑与意大利北部的城邦国家形成了鲜明对比。小镇尚未达到成熟状态，它们都是英格兰整体“无意识”的一部分。

最重要的公共建筑都是用石头建造的；教堂如此，桥梁也如此。然
411 而，只有富裕的商人才用石头造房子。其余人等如以往一样，只能用木头或泥筑篱笆来造房子；房屋之间的街巷非常狭窄肮脏、臭气熏天，它既有农村生活糟糕的一面，也有城镇生活的狼藉不堪。猪和鸡在房前屋后四处乱窜；1353年，剑桥郡的格顿发生了一桩案子，一只老母鸡将带火的灰

烬扒到了儿童睡的草铺上，引起了一场致命的火灾。有些镇上人家还在院子里养牛，屋后的园子很像公共农田里出产水果和蔬菜的“条块田地”。果园和小溪会让人一时产生身处乡间的错觉。在许多小镇，你都可以随处听到溪水潺潺流淌的声音。

城镇里的喧嚣声很大，每到赶集的日子就会达到人声鼎沸的顶点，但只要走上几分钟，就到了相对平静的田野或树林。城镇逐渐消失在乡村之中，房屋和庭院越来越少，直到牧场、田地或树林遍布四周。这里的空气更新鲜，没有臭气的熏染，更不必担心传染病，脚下的土地都是松软的。然而，如果把这里描绘成田园仙境，那可就错了。许多手工业（包括织布业和制革业）就藏在乡村的茅屋草舍中。城镇里的织布作坊远远少于乡下，因为乡下的劳动力更加便宜，各种约束也要少得多。

不过，城镇依然是商业和行政的中心，也是人们聚会和娱乐的场所。市场十字架是宣读城镇公告和国家公告的地方。王家传令官就是在这个十字形建筑物的旁边带来战争的消息。这里也是城镇储货和囚枷犯人示众的地方。有些城镇建在城堡或者修道院旁边，因为它们能带来最可靠、最有钱的客户。不过二者之间的关系并不总是和谐，贝里圣埃德蒙兹的修士就曾经和市民有过好几次激烈的对抗；修道院院长可不是好惹的地主。

还有些镇子建在河流的交汇处，这就为商贸活动提供了基础。许多镇子都能满足一系列功能，它们没有经过预先规划，都是自发生长壮大的；当商人的数量增加之后，新的街道就会应运而生。茅舍和房屋也会根据当
地的实际需要，在城墙外边兴建起来。尽管时间不断地流逝，它们依然生 412
生不息。即便是像温切斯特和萨夫伦沃尔登这样迥然不同的城镇，我们至今依然可以清晰地看到当年的建筑地块、街道的宽窄、市场的形貌。

如果在镇上居住超过一年零一天，居民就从此算是自由人了，但城镇本身并不拥有自由。许多城镇都依附于领主和主教，向他们缴纳租税。负责城市内部管理的组织等级森严，它对城镇控制之严厉，不亚于封建领主对农村的控制。市长和市政官员都来自最有钱的商人阶级，他们实际上支配了城镇生活的方方面面。他们管理行会，组织法庭，调控市场。拥有财

产的商人才是真正的“自由人”或市民。这伙人在镇中经常比邻而居，各个家族习惯于相互通婚。

城镇生活中需要用到的手工艺品总是非常紧俏。制陶工人就在石匠和砖瓦匠附近干活；手套商和布商的铺子在同一条街上；皮革商和制革工形成了紧密的联盟；木匠和桶匠经常光顾同一家木材厂。索尔兹伯里的市场上有燕麦行、屠宰行和公牛行。纽卡斯尔则有皮革区、马刺区和马鞍区。这些人自行组建了行会，部分原因是为了与商人行会分庭抗礼。但他们的地位要远远低于富庶的商人，他们的生产也要服从后者的监管和组织。两大群体的成员之间相互憎恨，甚至时而爆发公开的冲突，但是各行各业之间的密切联系确保了秩序不会出现总体性的或永久性的坍塌。

在工匠和商人的下面，便是学徒、体力劳工和家仆。社会上总是存在强者和弱者。在中世纪的英格兰，谁也无法逃脱社会对高低贵贱的严格规定。处在社会最底层的是穷人或病人，他们来到镇子里是为了乞讨或领取
413 慈善救济。14 世纪末和 15 世纪是救济院和医院蓬勃发展的时代。到 14 世纪，较大的城镇已经建立了学校，而在 15 世纪，有那么一两座大的城镇甚至建立了能将图书外借的图书馆。这就是城镇与乡村之间的一个重要区别；城镇的识字率高于乡村。这些公共建筑设施本身体现出城镇市民的自豪感，而这种自豪感还体现在他们越来越重视市民仪式和游行。市长成了“我的市长大人”。每当举行仪式的时候，他都会走在队伍当中，前面的庭吏捧着城市宝剑和权杖，为其开路喝道。奇观幻景和肮脏邋遢总是出现在同一条街上。

每到黎明时分，镇上就会响起晨祷的钟声，唤醒镇上的居民。城镇里的阵阵钟声用独特的声音警示人们，应该执行某项任务了，或者应该结束某项任务了。晨祷钟声一响，各项活计很快就要开始了；送水人开始围在水井附近，屠夫为首批顾客准备肉类。不过，每天 6 点之前，商店不得开张，在这个时间之前，任何店铺不可以贩卖东西。在伦敦，只有当某些指定教堂举行完弥撒仪式后，鱼贩才被允许上街卖鱼。某些规模较大的城镇会在 9 点或 10 点敲钟，告诉外地人现在他们可以在市场上讨价还价了。

这也是每天吃早饭的时间。中午敲钟是为了提醒人们该喝午间的饮料了。建筑工人和其他体力工作者可以在这个时间段午睡一个小时。

与上午相比，下午就显得沉闷多了。从乡下带土特产来镇上贩卖的人们开始打道回府了。大部分商店到了天黑就得关门，但厨师和屠夫可以干到晚上 9 点。这时候，宵禁的钟声响了，命令镇上的男男女女回家睡觉。在田野里劳作的人也要赶在市镇关上大门之前匆忙赶回家。宵禁的钟声一直响到城门关闭。全镇安然入睡，直到习惯性轮回再次开始。 414

39

狂热的国王

1483年7月6日，理查三世在一支庞大队伍的簇拥下从威斯敏斯特大厅走到大教堂，正式加冕为王。一时之间，曾经动荡不安、前途未卜的局面变作秩序井然的仪式和壮观的场面。随着喇叭声的响起，先导官员捧着绣有纹章的王家徽章走了进来；走在他们后面的是头戴主教冠、手拿牧杖的大主教和主教——罗切斯特主教手拿十字架，走在坎特伯雷大主教的前面。诺森伯兰伯爵手捧慈悲之剑，跟在教宗使节的后面；斯坦利勋爵手执权杖紧跟其后，走在他后面的是萨福克勋爵；林肯伯爵拿着十字架和宝球跟在后面，而肯特伯爵和萨里伯爵捧着其他国家御剑。王室典礼大臣诺福克伯爵手捧王冠，走上前来。走在他们后面的是国王本人，他身穿紫色天鹅绒袍子，袍子上装饰着白鼬皮，外穿一件深红色锦缎做的无袖铠甲罩袍。当他走到威斯敏斯特大教堂西门的时候，有四名勋爵手执伞盖为他遮阳。这是他一直向往的时刻。他的妻子安妮·内维尔，如今的英格兰王后，带领着一队贵妇人，跟在他的后面。

加冕礼结束后不久，理查动身巡游全国，一方面是为了显示王室的威
415 严，另一方面也是为了安抚心有不满的臣民，争取与之和解。他从牛津继续前行，前往格洛斯特和伍斯特。来到约克的时候，他决定再举行一次加

冕礼，仿佛伦敦的仪式只得到了半数臣民的景仰。就很多方面而言，他确实主要被视为北方的领主。

莎士比亚曾经义愤填膺地勾勒出理查三世的形象，他的描述主要取材于托马斯·莫尔的史书。莫尔固然是圣徒，但他在一定程度上也有不切实际的地方，出于派系成见，他必然会严厉谴责前朝末代国王，以此衬托即将冉冉升起的都铎王朝。因此之故，无论是对莫尔来说，还是对莎士比亚而言，理查都是一个满脸微笑却心机叵测的恶棍，一个目的可疑的驼背，一个本应流产，却被人从其母亲腹中掏出的怪胎。哪怕这种讽喻式写法有一定真实性，但它毕竟还是一种讽喻。

例如，国王并不驼背。由于他自幼受过艰苦的军事训练，所以他有一条胳膊和一侧肩膀显得过于发达，令其身形显得略微失衡，但也仅此而已。莎士比亚说他“殊无人君之像”，但是从两幅早期肖像画来看，他的面相尚称英俊。与两位兄弟相比，他确实个子不高，身材偏瘦；哪怕算不得焦虑不安，他也看起来心事重重的。有位德意志人观察到，他的一侧胳膊和大腿稍显纤弱，却拥有“一颗伟大的心灵”，他指的是理查三世为人宽宏大量、气度恢宏。圣安德鲁斯大主教评论说：“上苍从未将如此伟大的头脑或如此不凡的力量塞进如此矮小的身躯内。”

不久，这颗“伟大的心灵”就遭到了质疑。加冕礼刚刚结束，关于伦敦塔内两位王子的命运的流言和疑虑就已经四处传播了。就在这一年的前几个月，这两个少年还在花园里射箭、玩耍，但此后就踪影全无。到了1483年夏秋之交，怀疑的声浪越来越大，也越来越挥之不去。历史学家波利多尔·维吉尔与托马斯·莫尔一样，对理查成见颇深，他说理查正是在北巡期间处死了两位王子。按照他的说法，理查三世致信伦敦塔总管罗伯特·布莱肯伯里爵士，命他处死两位少年。布莱肯伯里不肯点头，于是 416
国王又找了比较听话的奴才詹姆斯·蒂雷尔爵士，他带着两个帮手杀死了王子兄弟。杀手“突然用他们的衣服将两人裹住，将他们紧紧地捆起来，用羽毛被和枕头使劲堵住他们的嘴，不大一会儿，他们就停止呼吸了，他们无辜的灵魂就归属上帝了……”关于他们命运的记载各有差异，有人说他们是被毒死的，还有人说他们是被溺死的。

然而，最真实的说法来自编年史作者多米尼克·曼西尼。按照他的说法，两位少年被安置到塔中的内室，他们的亲随也被遣散。一提到爱德华五世的名字，很多人会潸然泪下，但是他是否被杀，如何被杀，迄今为止，尚不清楚。这在当年就是个不解之谜，至今依然如此。

实际情况是两位少年再也没有现身于伦敦塔外。关于他们的命运有很多猜测，但唯一可靠的结论是他们于囚禁期间被杀。至于是在什么情况下被杀，以何种方式被杀，现已无从知晓。有人说主谋另有其人，比如白金汉公爵或后来继承理查王位的亨利·都铎。后人认为亨利·都铎在博斯沃思战役中打败理查后，才派人杀害了两位王子。但这种说法基本上属于异想天开。他们是在理查三世明确下令或暗中授意之下被人杀死的，这一点几乎没有什么疑问。理查很可能真心认为他们是非法婚生之子，他们百害而无一利的存在对自己的政权永远是个威胁。

从亨利二世到理查三世，金雀花家族内部的流血事件始终层出不穷。在争夺权力的过程中，家族内部经常自相残杀。约翰王杀了侄子亚瑟，或者说致使他被害；理查二世干掉了叔父格洛斯特公爵托马斯；理查二世本人又被亨利·博林布鲁克下令杀死；亨利六世死在了爱德华四世手中；爱德华四世又杀死了弟弟克拉伦斯，而他的两个儿子则被他们的叔父杀死。
417 我们很难想象世上还有哪一个王族比金雀花更沉湎于屠杀与复仇当中，而玫瑰战争只不过是这一过程的结果而已。人们可能认为金雀花王族遭到了诅咒，然而在王者的世界中，胜利总是属于最为暴力、最为残忍的人物。我们不妨说，王室是有组织犯罪的始作俑者。

以往的篡位者往往要爬过尸山、蹚过血海才能成功上位，理查三世却是第一个没打过胜仗就成功篡位的君主；其上位依仗的是秘密杀害两位少年而非战场上的厮杀。他的同时代人已经注意到了这一点。战神并没有眷顾他。其地位不稳的首个征兆出现在 1483 年秋天。泰晤士河和塞汶河以南各郡的显贵决定起兵造反，其中有很多人曾经为爱德华四世效力。他们的领头人是白金汉公爵。白金汉过去一直是理查最忠诚的同党，追随理查的时间也最久。有人推测，白金汉认为爱德华五世尚在人间，他断定支持少年国王的事业才是人间的正途。然而，他也很可能是为了让自己黄袍加身。还有一种可能性是两位王子之死让他心怀恐惧，于是他便决定先下手为强。理查闻讯暴怒，愤然写道：“此人罪恶昭彰，枉为人子。”不管怎么说，这次谋反行动最终还是失败了。理查及其指挥官拍马迎战叛乱分子。白金汉在索尔兹伯里被俘，马上被处决了。

这次起义中还有出现了一位闻名后世的人物。里士满伯爵亨利·都铎的母系祖先是冈特的约翰的私生子（后来取得了合法婚生的地位），因此他也算是爱德华三世的后代。自亨利六世死在伦敦塔后，亨利·都铎就成为兰开斯特家族事实上的领袖。他因此跑到法国避风头，不去招惹爱德华四世的注意，以免遭到正在崛起的约克家族的迫害。

当理查三世登基之时，亨利·都铎已经成为新政权的主要对手，而理查继位之后的政治乱局更是将他衬托为人中龙凤。此外，他还得到了母亲 418
的协助。玛格丽特·博福特夫人与仍然躲在威斯敏斯特大教堂里避难的伊丽莎白·伍德维尔取得了联络。为二者牵线搭桥的是一位同时伺候两位贵妇人的威尔士医生。双方同意让亨利·都铎迎娶伊丽莎白·伍德维尔的女儿约克的伊丽莎白，由此让约克与兰开斯特家族合为一体。这件事足以说明伊丽莎白王后知道自己的两个儿子已经不在人间，否则她又何必支持别人争夺王位呢？

有了这道保证后，亨利就在白金汉发动叛乱的时候乘船驶往英格兰；他带领着 15 艘船出发，却有 13 艘都被风暴吹散了。当他还在多佛海岸附近逡巡的时候，他发现白金汉起事已经可耻地失败了。所以他只好带着逃过理查报复的叛乱分子返回了布列塔尼。亨利·都铎实际上在法国自立了一个朝廷。

然而，理查目前算是安然无恙了。为了稳固自己的政权，他提拔重用北方人，排挤南方显贵，此举必然会令南方人心感不快。当时统治各郡的都是关系紧密的宗族集团，他们可不想让“外人”来把持他们的郡务。各个郡基本上都属于当地家族的地盘，如今国王要剥夺他们的财产了。

由于理查王位不正，人们对其统治的评价或许就不够公正。他具备一位严厉，甚至是残酷的治国者应有的素质。为了巩固他在北方的势力，他建立了一个“北方委员会”，事实证明，这是一个相当有必要的行政工具，一直存续到17世纪中叶。理查非常勤政，在两年之内就签署了2 000多份公文。他事无巨细均要过问，从准备作战到沃里克郡割牧草，没有他不管的事情。1484年初，教会的高级教士在主教会议上称赞他拥有“最
419 高尚、最受人尊敬的情操”。虽然教士可能是有求于他才这么说，但是它依然迥然不同于有关理查三世的一般记载，因此值得一提。当时有首题为《苏格兰原野》的民谣，进一步强化了理查的正面形象，民谣中说：

富有的领主理查，身穿明亮的铠甲。
作为高贵的君主，他不会胆小如鼠。

理查还因善于立法而名声在外。50年后，当伦敦高级市政官因某项苛捐杂税与枢机主教沃尔西发生争执时，他提醒教宗使节说，理查三世通过的一项法案禁止这种行为。沃尔西以其一贯的专横态度回答说：“这位大人，没想到您竟然提起那位杀侄篡位的理查三世，这样的恶人还能干好事？”高级市政官答复道：“虽说他当年作恶多端，但是当时出台的许多优秀法案并非其一人之功，而是得到了体现全民意志的议会的同意。”所以说，即便在理查去世50年后，他的良政依然保留在伦敦人的记忆中，一反那些将他打造成驼背恶人的都铎神话。在另一朝当过大法官的弗兰西斯·培根也说过，理查当政时期召开的唯一一届议会通过了“有益的法案”。

在他的性格当中，近乎道德至上的虔诚几乎是他最始终不渝的特征。在宣告自己有权继承大统的敕令中，他谴责爱德华四世统治无道，说他“骄奢淫逸，好听阿谀奉承之言，偏听奸佞宵小之言，偏信贪婪无度之辈，鄙视贤明谨慎之士……”他很可能确实认为伍德维尔家族净是些“淫荡”之辈，这样一来，他杀死两位王子便成了涤荡政体的正义之

举了。

在攻击伍德维尔家族的这番言论发表两个月后，他又向全英格兰的主教发布通告，宣称自己热切地希望“生活中的美德和纯洁得以发扬光大”。这很可能是他表达虔诚之心的示众行为。不过在他的妻子和独子死后，他又撰写了一篇更能体现私心的祈祷文。他祈求上帝“让您的仆人理查王摆脱目前承受的苦难、悲伤和痛楚”。他的儿子爱德华于 1484 年春天 420
去世，年仅十一岁；约克王朝的世系不稳已然众人皆知。次年，他的妻子也去世了。理查真的成为孤家寡人了，深深地陷入他所哀叹的“悲伤和痛楚”之中。

在其宗教信仰中，还有一点很是耐人寻味。他有一本威克利夫翻译的《新约》，还有朗兰德的《农夫皮尔斯》，这两本书都曾遭到 1408 年宗教会议的谴责。这两部作品都带有劳拉德派的色彩，而且在天主教教义中偏向禁欲主义的色彩。我们完全可以说，理查所信奉的是一种不太正统和比较严苛的宗教信仰，这也同他严厉的性格相契合。因此如果他自认为在替上帝行事，他就不必有任何顾虑。

妻子一死，他又有机会联姻了。这时候有传闻说，他准备迎娶伊丽莎白·伍德维尔的长女约克的伊丽莎白，从而阻止她嫁给亨利·都铎。甚至有传言说，他为了这次新婚毒死了自己的老婆。然而，他绝不可能这么做，因为这个女孩对他抱有杀弟之恨。即便按照那个无情时代的标准，人们也不认为这样的婚姻会幸福。此外，他对伍德维尔家族的鄙夷也到了众所周知的地步。

然而，谣言照旧传播不息，逼迫他不得不召开会议辟谣：他从未打算迎娶约克的伊丽莎白。按照一位编年史作者的说法，就连他最亲近的同党都被这种可能性吓坏了，他们当面宣称，人们“会起来反对他，将王后之死归咎于他”。时人普遍对他抱有疑虑，而他残酷和顽固的脾气更使情况雪上加霜。一个悖论由此出现：一个信仰虔诚之人也是一个嗜血之人。然而，这难道真的是一个悖论吗？信仰最严苛的人其实很可能就是最残酷的人，如果他们认为自己在替天行道的话，那就更是如此了。经常有人指责理查三世为人虚伪，但他真正的罪恶在于狂热，而当他认为周围净是敌人时，这种狂热就益发白热化了。

421 约克的伊丽莎白当然已经名花有主了。1483 年的圣诞节，亨利 · 都铎在鲁昂的大教堂发誓说，他将来一旦加冕为英王便会娶她为妻。他的同党数量日益增加，他们忠于他称王夺位的事业。波利多尔 · 维吉尔说，理查三世“由于恐惧，一直非常烦恼、困惑，饱受精神上的折磨”。他在王国的各地巡游，从不在任何一座城堡或修道院待过长时间。他派了一支部队前往布列塔尼公爵领地抓捕亨利 · 都铎，但亨利事先得到消息，从布列塔尼跑到法国去了。

1485 年夏天，都铎从法国出发，领兵侵略英格兰。22 年的流亡生涯即将结束了。理查虽然已经在亨利的随行人员中安插了线人，却仍然无法预见他的登陆地点；所以，他就选择驻扎在诺丁汉，这里的王庭实际上就是作战大营。诺丁汉位于王国的中部，靠近理查位于北方的地盘，有利于支援力量前来救驾。当年初夏的时候，他向全国发表文告，谴责都铎是野种，无论是父系还是母系都没有王室血脉；此外他还谴责都铎是法国国王的奴才；如果他夺取王位，他就会“犯下在任何基督教王国都算得上最残忍的谋杀、屠戮、抢劫和豪夺”。

8 月 7 日，亨利带了 7 艘船和 1 000 人马，在彭布鲁克郡的米尔福德港登陆。法国人很乐意赞助这次行动，因为它可以分散理查的注意力，打乱他法国宿敌布列塔尼的协助。亨利引兵北上，途经哈弗福德维斯特，抵达卡迪根，在这里同威尔士盟军会师。亨利本人是彭布鲁克伯爵贾斯珀 · 都铎的侄子，由于这层关系，威尔士人视他为同胞。山谷中唱起了吟游诗人创作的一首歌曲：

贾斯珀为我们养育了一条龙——
他有布鲁图斯的幸运血脉
要拿下安格尔西的雄兽；
他是我们种族的希望。

亨利需要神话为他造势，让他可以理直气壮地要求继承王位，故而威 422 尔士的亲缘关系对他来说至关重要。在他领兵经过威尔士期间，他攀附卡德瓦拉德为其祖先，打出了他的红龙旗，而旗帜的底色则是象征都铎家族的白色和绿色。他穿过舒兹伯里，挺进英格兰，在斯塔福德郡的新港得到首批英格兰支持者的欢迎。此时，他的人马还是一支弱旅，士兵来自法兰西、布列塔尼、威尔士和英格兰各地。在很多人眼中，他们无力对抗英王。然而，等他抵达舒兹伯里时，国王开始清醒地看到，这支叛军竟没有遭到像样的抵抗，就已经长驱直入地进入英格兰。

理查无法依仗显贵的衷心拥护；他早已因为将北方的亲信安排到南部和中部，而疏远了这些地区的世家大族。在人事安排方面，他没有做到全国一盘棋，还停留在分封裂土的阶段，过去的所作所为让他无法团结全国上下。理查从诺丁汉向莱斯特进军，在莱斯特发布勤王号召，敦促处境凶险的臣民前来会师。此前，他非要等到圣母升天节过后才向莱斯特挺进，此举也能说明他过分虔诚。他告诉自己的家臣："按照你们承诺的数量，备足马匹和马具带兵前来。"

诺福克公爵和诺森伯兰伯爵响应了他的征召。北方人也迅速应声而动，约克城"火速"派来 80 人。萨福克公爵按兵不动。另一位大贵族斯坦利勋爵借口自己得病发汗而不肯出兵；理查听到这个消息后扣押了他的儿子。他正告斯坦利，如果不肯带兵助战，就砍掉他儿子的脑袋。结果，斯坦利勋爵及其弟弟带领大量兵马前来会合，但他们的忠诚度是值得怀疑的。国王拿不准他们究竟是友军还是叛军。

8 月 22 日，两军在博斯沃思原野相遇，王军占据优势。理查召集了 10 000 人马，而亨利·都铎的部队只有他的一半。关于这场战役，史书没有留下真情实景的描写，相关记载只是提到，战争一开始就听到火器齐鸣；双方均有火器，其中包括石弹炮和刚刚时兴的手枪。火器射击并没有 423 分出胜负，近身肉搏战开始了。在激战正酣之时，理查想快速结束战斗，决定冲上前去攻击亨利·都铎本人。当时的战争规矩是，一旦主帅被杀，部队就会四散奔逃。他可能也担心自己手下的一些人会弃他而去。

他只带了最忠诚的同党，纵马疾驰，冲向重兵护卫之下的亨利·都铎。他挥舞宝剑，奋力厮杀，剑锋所及，多人死伤。据说，他当时大呼“叛徒！叛徒！叛徒！”他犯了一个重大错误，那就是脱离了主力，但他的突袭在一时之间还是有一定效果的；就在这个时候，一直在旁观望的斯坦利勋爵加入战局，倒向亨利·都铎的阵营。在随后的混战中，亨利的人马围住了国王，向他发起进攻；他被层层包围，被敌军吞没，胯下战马也随之被杀。他的血淌进了一条小溪，直到19世纪，还有人说当地人不喝这条小溪里的水。后来，人们在战场上的帐篷中发现了理查的祈祷书。

一个小时的战斗足以定乾坤。战争结束后，有人捡到了理查戴在头盔上的王冠，转交到亨利·都铎手里，并戴在了他的头上。理查身上的甲胄也被剥了下来，尸体用马车运到莱斯特的一座方济各教堂中，装在一口石棺里下葬了，从头到尾没有举办任何仪式。后来这口石棺被用作马槽子，他的遗骨也就此散落。自从诺曼征服以来，他是唯一死后不得安息于王陵中的英格兰国王。他在位仅有两年多，死时年纪也不大，只有三十二岁。
424 王朝大战结束了。红白玫瑰都零落在尘土中。

40

多疑的国王

里士满伯爵亨利·都铎的大半人生都处在贫穷困顿和颠沛流离中。当年爱德华四世获胜之后，亨利·都铎的叔父贾斯珀·都铎就急忙将他从威尔士送到布列塔尼。要不是理查三世不得人心的篡位让他有机会竞争王位，他可能这辈子就只能是兰开斯特亲族一位形单影只、湮没无闻的后裔，以及冈特的约翰的私生子（后来取得了合法婚生子地位）后代了。理查众叛亲离的主要原因是他杀了两位王子，结果给亨利提供了可乘之机。如今亨利的时代来临了。

在博斯沃思战役获胜后，亨利七世带兵缓缓南下。按照其熟人波利多尔·维吉尔的说法，亨利“身形纤长，但体格强健”，身高在平均水平之上；他的长相“具有非凡的魅力，面孔令人感到愉快，尤其是他说话的时候”；他的眼睛“细小而蔚蓝”。他的颧骨很高，眼皮耷拉，鼻梁高，嘴唇薄。威严庄重的王者形象呼之欲出。然而，维吉尔还写道，到了晚年的时候，他的头发就变得花白，牙齿腐朽变黑，皮肤暗沉灰黄。

加冕礼选在了10月30日这一天，议会的开幕日定在了11月7日。 425
议会的上下两院得知，亨利的执政日期始于8月21日，也就是博斯沃思战役前一天。亨利玩弄这种把戏，是为了指控理查犯了背叛主权国王的叛逆罪（虽说理查当时还是合法的国王）。法令大全还没见识过比这一条更荒唐的法律。而亨利之所以想在议会召开之前加冕称王，是因为他不希望别人以为他的王权是由议会授予的；毕竟议会能授予的，它也就能收回。

但是，亨利登基继位的依据到底是什么？这个依据肯定不是他的血统。他因血统而拥有的权利来自他的母亲，由于她还在世，所以如果按照血统计算的话，王位应当归他母亲。他曾承诺说，他会迎娶约克的伊丽莎白，使两大家族合二为一，但这也不是他称王的充分理由，甚至连恰当的理由都算不上；因为这样做意味着，他仅仅是因为与约克王室有姻亲关系，才能登上王位。如果约克的伊丽莎白先于他而死，没有留下任何子嗣，那么理论上他就应该退位，把王位让给下一个顺位的继承人。这可万万使不得。正是出于这个原因，亨利才把婚礼推迟到加冕礼之后。他在当丈夫之前，必须先当上国王。

他之所以能够登基，正当理由只有一个：他赢得了博斯沃思战役；而理查则被战神所抛弃。军事胜利一直被视为上帝眷顾的标志，只不过在两派仇杀的玫瑰战争中，有过太多的奇迹和逆转，已经让一些人不再相信这种说法了。在过去的 30 年中，王位因武力而五易其手，所以说王冠的赠予可能更多地被归因于运气而非神恩。没有人哀悼失败国王的故去；但是人们也只是在忍受篡位新国王的统治，而不可能是享受。王冠自身的权力和意义已然受到损害，人们不再认为它能带来光荣的黎明。最后，国王只好求救于教宗发布通谕，来保障自己的权威。

因此，亨利作为国王的地位并不稳固。他要一直等到执政的最后十年才渐入佳境。登基之前，他一直流亡国外，几乎不了解英格兰及其人民。
426 他也从未参过政，从未在英格兰拥有过大片领地。他更愿意说法语。国内的世家大族也几乎没人把他当作贵族阶级的一员。在他与理查的斗争中，这些贵族在大部分时间里是置身事外的。他们实际上都是中立的观察者。与他并肩作战的贵族只有两位，他们和他同属流亡者。所以说，当亨利在二十八岁挑起国王的重担时，他既没有准备，也无人提供教导。

故而，他只好一点一滴地积累己方力量。他行事小心谨慎，性格拘谨多疑。加冕之时，他组建了一支200人的亲兵卫队（也称王家护卫）；他们身穿红绿相间的短上衣，手执长戟（一种半像长矛、半像战斧的兵器）。在这方面，亨利在仿效法国国王，法王就有自己的卫队；实际上，他在很多方面都在师法法国宫廷。毕竟那是他最熟悉的世界。他还采取各种手段扩充防御力量，派兵驻守普利茅斯和贝里克，以防外敌入侵。

他用排场和权柄来武装自己，以此吓阻反对的势力。他自称是一手创建了伦敦的特洛伊人布鲁图斯的后代，他也自比虔诚的亨利六世。他花了很多时间、费了很多心血替这位已故的国王取得封圣的资格。他是首位将自己的头像铸在货币上的英格兰国王；银先令上是他的侧身像，金沙弗林上则是他端坐在哥特式王位上、头戴王冠的正面肖像。这是他执政期间广为流传并且最能表现其“权势”的几幅肖像之一。虽说他号称节俭，但为了打造富丽堂皇的宫廷，他不惜大手大脚地花钱，因而他的宫廷以讲究仪式和排场而著称。他还重新设计了王家徽章，将红白玫瑰放在一起，以此象征王室的团结。红玫瑰其实从来都不是兰开斯特派的重要象征，亨利却将它作为自己的手段。霍林希德和莎士比亚所赞颂的都铎革新的神话就这样脱胎了。

他有充分的动机去维护和扩大自己的王权；篡位者总是面临着诸多危 427
险，几乎从他称王的那天起，约克派就已经在密谋反对他了。理查三世的同党在伍斯特和威尔士起兵造反，但他们被轻而易举地打得四散奔逃。1486年，王太子在温切斯特出生，王位进一步得到了巩固；这里曾是亚瑟王的“圆桌”出现的地方，因此这个孩子就得名亚瑟。亨利总是迫不及待地利用所有能够和王室沾边的东西。

就在同一年的年末，约克派再次向王位发起进攻。他们声称自己从监狱中救出了沃里克伯爵；由于沃里克伯爵系克拉伦斯之子，因此他是王位当仁不让的继承人。这个消息足以调动起落败者的全部希望。而实际上，真正的沃里克当时还被囚禁在伦敦塔里，不过这并没有降低他们的热情。冒充沃里克的孩子来到了都柏林，1487年5月24日，他被立为爱德华六世。有人从圣母玛利亚雕像的头部摘下一顶王冠，戴在了他的头上，对他行礼如仪。

这位假国王的真名叫兰伯特·希姆尼尔。早年生平不详。此人似乎长相讨人喜欢，举止有些与众不同，这就让许多胆大妄为之辈认为可以让他冒充伯爵。他也引起了勃艮第公爵夫人玛格丽特（后来的她用尽全力协助约克王朝复辟）的注意。林肯伯爵和洛维尔勋爵等同情约克派的人士也迫不及待地参与了密谋。然而，最令人感到匪夷所思的是，亨利七世的岳母竟然也是其中的一员！爱德华四世的遗孀伊丽莎白·伍德维尔本来是不应该受到怀疑的，因为她的女儿就是当今王后，如果她的女婿被赶下台，她的女儿不也就连带失势了吗？那么她为何出此下策呢？

她很可能觉得，亨利在夺取政权之后羞辱了她本人以及她的亲族。有传言说，亨利对自己的妻子缺乏应有的尊敬和善意。他故意拖延了婚期，甚至仍在拖延王后的加冕礼。他不喜欢约克派的亲友；他的整个成年时光
428 都一直和他们斗争。他之所以娶伊丽莎白，是出于政治原因。所以伊丽莎白才会反对他，转而支持兰伯特·希姆尼尔称王。

亨利立即为其所警觉，担心自己的统治受到威胁，就把真的沃里克伯爵从伦敦塔里带出来，让他到伦敦大街上走了几圈。这个年轻人还到圣保罗大教堂里参加了大弥撒，在那里和熟人谈笑风生。希姆尼尔在都柏林的支持者当然坚称这个家伙是个冒名顶替者。勃艮第的玛格丽特从弗兰德斯的府邸中拿出钱来，收买了2 000名德意志雇佣军，交给林肯伯爵指挥。按照都铎派编年史作者爱德华·霍尔的说法，她是一位“如魔鬼般残忍的公爵夫人”，还是“一条吞食自己呕吐物的狗”；这里所谓的呕吐物便是她用来对付亨利·都铎的手段。

正当伪王爱德华六世在都柏林大肆招兵买马之际，德意志雇佣军也在都柏林登陆了。他们带着这位冒牌国王驶向英格兰，而亨利则领兵迎战。6月20日，两军在东斯托克相遇，亨利麾下有12 000人马，林肯伯爵指挥着8 000人的部队。结果亨利取胜了，林肯本人在混战中被杀，希姆尼尔被俘，洛维尔则逃离了战场。弗朗西斯·培根在亨利七世的传记中提到，后来洛维尔勋爵长期住在“地下室或拱顶地窖中”。据说在18世纪

初，牛津郡在兴建洛维尔教堂大厦时发掘出一间地下室，里面有一副男性的骨架，他坐在椅子上，脑袋斜靠在桌子上。幸运之神显然并没有眷顾他。

不过，东斯托克战役的成果却被抵消了。许多乡绅搬出各种借口，就是不肯出兵助亨利一臂之力，而关于国王未来的命运如何，谣言也从未中断。古往今来，战争的结果总是难以预料的。博斯沃思战役结束两年后，亨利就不得不为了保住王位再次拔剑而战。这件事凸显出他的统治根基不稳。东斯托克战役被认为是玫瑰战争的最后一战。然而，胜利者相对而言还算仁慈。希姆尼尔进了御厨房，成为负责翻烤肉的转叉工，后来他又当上了国王的猎鹰训练员。伊丽莎白·伍德维尔被送到贝尔摩得西的一所女 429
修道院，在那里度过了余生。后来，当亨利与爱尔兰的领主欢宴畅饮之时，他说道："我的爱尔兰大人们，要不是我出面阻止，到最后你们会给猴子戴上王冠的。"

对于国王而言，巩固政权是当务之急。他在治国理政时喜欢重用亲信而不是大领主；他虽然没有将贵族排斥在御前会议之外，但并不完全信任他们。围在他身边的都是一群随他白手起家的随从，他们对他忠心耿耿。他喜欢律师胜过显贵，他更愿意听从大商人而非大领主的意见。当然，他也需要利用贵族和领主控制各郡；由于当时没有警察和常备军，他必须依靠他们的支持。但是他还是非常警惕，尽量不增加他们的数量。他在执政期间仅仅册封了三位伯爵和五位世袭贵族。

国王还利用直接受他控制的特别法庭和法院来强化王权，其中星室法庭就被用来慑服某些势力过大的臣子。如果他们胆敢徇私枉法、豢养家兵、煽动暴乱，立马就会遭到惩处。在《快乐的温莎巧妇》中，法官夏禄大叫："我非告上星室法庭，枢密院定会受理，他那可是在闹事……骑士，你打了我的人，杀了我的鹿，还闯进了我的警卫房。"*大臣聚集在屋顶绘有星辰的房间开会议事。这里既没有陪审团，也没有上诉权。"星室

* 译文来自莎士比亚：《快乐的温莎巧妇》，彭镜禧译，外语教学与研究出版社，2016 年。译文略有改动。

法庭”最早出现于理查三世执政期间，但亨利七世为了自身的利益，赋予它更大的权柄。

此外，亨利亲自监管王家财政，账上的每一笔开销都需要他签字；他还会逐行审查账本。在其执政期间，他对可供榨取的每一笔税金都锱铢必
430 较；不过，他在这方面与从前的国王没有什么不同。他把大部分所得从财政署转移到个人的金库，从而加强对个人财富的控制。王室领地的岁入、草拟诏书费用、犯罪罚款、古老的封地贡赋都直接流入他个人手中。

亨利也不曾停止用兵海外。他始终支持布列塔尼，与法国的势力相抗衡；毕竟他早年的自由有赖布列塔尼公爵的帮忙。布列塔尼正秣马厉兵，准备与法王查理八世决一死战，所以亨利早早地就派兵助战了。亨利招募了一支船队，他说服议会，允许他征税来为远征军提供军费。他知道，一旦打仗他就有借口征税敛钱、充实国库了。查理八世当然也急于想让英王分心，让他不得安生，便与苏格兰和爱尔兰谈判，准备大打出手。英格兰的一众敌人目前只缺开战的理由。

机会终于来了。1491 年晚秋，科克冒出来一个十七岁少年，自称是约克公爵理查，也就是在伦敦塔内遇害的较为年幼的王子。他自号理查四世，乃是约克家族真正有权登基的国王。他讲起父亲宫廷的生活时口若悬河，如数家珍，让人不由自主地相信他；他还回忆起身陷伦敦塔期间的各种生活细节。他甚至还记得起自己曾对杀死哥哥的凶手说：“你们为何要杀死我的哥哥？杀死我好了，让他活着！”他衣着华丽，很讨人喜欢。

他宣称自己曾经被带到国外，交由某位贵族处决，但这位贵族可怜他天真无知，还尊崇他的王族身份，就让他发誓要等到若干年后才能亮出自己的身份。有些人第一眼就相信他的话。此人天生风度翩翩，有王族的尊贵气质。他的真名叫珀金·沃贝克。据说他来自弗兰德斯，是一名船夫的儿子。

爱尔兰总督基尔泰尔伯爵对这位少年王子的出现不是很热情。四年前，他曾经支持过假冒沃里克的兰伯特·希姆尼尔，有了这段教训，他就不大愿意掺和约克家族东山再起的事情了。但是，这位冒牌货却在别的地

方找到了朋友。沃贝克立即收到法王的邀请，前往查理八世的宫廷。他在那里得到了热情招待，并且在一片欢呼声中被拥立为英格兰的国王，而且 431 是唯一的国王。如今，他成了“理查·金雀花”，他的随从队伍也随之而扩大。

或许是灰心和恐惧的缘故，亨利的身体状况每况愈下。他的用药剂量比以前大了七倍。他与查理八世签订了一份条约，毕竟查理八世本人也不愿意因布列塔尼而开战。条约中有一项条款规定：查理不得收容亨利的任何敌人。沃贝克闻讯后，立即越过边境跑到勃艮第公爵领地，投奔玛格丽特设在梅赫伦的宫廷去了。她写道：“我一下子认出了他，就像昨天才刚刚见面。”一些曾在爱德华宫廷中待过的老部下也声称几乎全凭本能就认出了他。如今，勃艮第的玛格丽特将他唤作“白玫瑰”，象征着约克派的纯洁和芳香。

公爵夫人还确保为他拉拢了富裕且有影响力的盟友。他被派往维也纳，参加神圣罗马帝国皇帝腓特烈三世的葬礼。他在那里遇到了很多大人物和上层社会的要员，其中就包括腓特烈之子马克西米利安，而他如今已经掌控了整个哈布斯堡帝国。马克西米利安和白玫瑰成了忠实的好友。这位冒名国王很快就开始在格罗特银币上铸上自己的名字；他的武装卫队身穿红蓝两色的制服。

不过，亨利七世也没有闲着。形势其实相当凶险，他必须有所作为。他因勃艮第地区为沃贝克提供了庇护，而对它实施贸易制裁。反过来，对方也禁止英格兰的货物（尤其是布料）进入尼德兰和其他地区。这场贸易战给双方的商人和工人带来了严重的经济损失，但王朝斗争的重要性高于经济事务。亨利还花了大量的金钱去调查珀金·沃贝克的真实身世，他遣使欧洲大陆，四处散布消息说他是个出身微贱之人。

亨利很担心外敌即将入侵；他尽可能频繁地派遣船只在萨福克沿海巡逻，命令部队守卫主要海港。他还让同党招兵买马，积极备战，如若接到 432 通知，第二天就能开拔上阵。

他还在沃贝克的扈从中安插了卧底，负责监听他的每一次谈话。据说，这位冒牌国王事事“小心谨慎，相机而动，工于心计，他绝不向同党透露内情……而总是埋藏在自己的心中”。亨利发现加莱、萨福克等地的约克派小团体正蠢蠢欲动，准备打着拥戴“理查·金雀花”的旗号起来造反。其中一些人目前依然在亨利的宫廷以及他的家中效力。现在是时候抓捕和监禁这些两面派了。

在这些谋反分子当中，级别最高的竟然是亨利的侍从威廉·斯坦利爵士，他还曾经在博斯沃思战役中帮助亨利取得胜利。在后来的审判中，他被指控谋逆，因为他说过这样一句话：“如果当时他知道那个年轻人就是爱德华国王的儿子，他绝不会拿起武器反对他。”若是平常，这种话只不过是抒发寻常的感伤情绪而已。但是在亨利执政时代，说这种话就算谋反，该杀头。

1495 年 7 月 3 日，白玫瑰带领雇佣军在林肯郡的迪尔登陆；但这次入侵行动迅速流产了。王位觊觎者的人马大败亏输，沃贝克撤到了相对安全的海上。他被俘的部下则排队被押往新门监狱或伦敦塔。让亨利感到欣慰的是，英格兰人并不拥护沃贝克；他们对他的登陆兴趣寥寥，不愿意出手相助。

沃贝克被打退了，但他继续乘船驶往约克派的庇护所爱尔兰。不走运的是，他选择在沃特福德登陆，而那里的百姓极度反感有人要将他们拖入战争。这位没有地盘的国王在爱尔兰各地游荡了几个月，每天都过得小心翼翼，隐蔽行踪，惶惶不可终日。然而，他的命运再次发生转变，他接到了邀请（或者说不请自到），前往爱丁堡，投奔苏格兰国王詹姆斯四世。苏格兰国王比较年轻，年龄与沃贝克相仿，他想抓住一切机会给宿敌英格兰添乱，削弱其实力。不过，沃贝克收到的可不仅仅是口头承诺；他还收获了一位新娘。苏格兰国王的近亲凯瑟琳·戈登与他订婚。严格来说，她
433 不算公主，但是对于沃贝克来说，退而求其次能够娶到她也算不错了。

这样一来，白玫瑰和苏格兰国王通过联姻而结为亲戚。詹姆斯四世想在边境地区制造一场战争，他认为英格兰人会起义造反，拥戴年轻的理查四世。亨利本人拿不准后果。他准备征集一支 20 000 人的部队，出动 70

艘战船，去攻打苏格兰人。为了这次出征，他征收税负，强制贷款，结果引起众怒。虽然苏格兰人的入侵最后可耻地失败了，但是白玫瑰亲口承认，他被苏格兰军队逃回国境之前的血腥劫掠给吓坏了。他再次成为一位会招致不幸的王子。

他在苏格兰逗留了几个月，感觉自己越来越不受詹姆斯四世的待见，便孤注一掷准备再次突袭英格兰。他带着妻子和少数同党取道爱尔兰，登陆康沃尔。在此之前，有人曾经告诉他在英格兰南部有一支康沃尔叛军正翘首以盼。就在几个月前，康沃尔人曾经向伦敦进军，抗议新增的不公正税收。西部诸郡的人士也闻风而动，加入他们的行列，这些人都不肯为攻打苏格兰人的战争出钱。毕竟它发生在遥远的北境，与他们毫无瓜葛，他们又何必破财资助国王呢？然而，正如许多叛乱分子的下场一样，那一回他们刚刚走到苍草地，领头人物就被干掉了。如今新的机会再次浮现。他们终于迎来了一个拥有王家血统的领导人。

然而，沃贝克再次遭到不同寻常的失败；来自德文郡和萨默塞特郡的人加入了他的队伍。但是，埃克塞特郡的人却不准他们进城。他的追随者又累又饿，开始弃他而去。国王派人传话，如果他们放下武器，即可获得宽恕。沃贝克感觉大势已去，便逃到了比尤利的一所修道院寻求庇护。亨利的人马将其教堂围得水泄不通，这位王位觊觎者经劝说后决定出来投降，他身穿金丝王袍走出了庇护所，但他的傲气很快就消失得一干二净。他被押回伦敦，一个吹鼓手骑马走在他的前面，故意把花腔喇叭吹得震天响——这种喇叭通常只有在大人物出场时才会吹奏。他在伦敦发表了忏悔录，但它很可能是由廷臣操刀代笔的，与他自称爱德华后人的说辞一样， 434
几乎没有真实性可言。不久后，英格兰以及整个欧陆开始流传起好几种关于他身世的说法。他很可能在很小的时候就被选中冒充爱德华之子，后来在勃艮第的玛格丽特的宫廷中长大。据时人述说，他实际上是爱德华四世的私生子。亨利本人则认为他是玛格丽特与当地主教的私生子。珀金的身世至今笼罩在迷雾当中。

不过，他的下场不难预料。他以国王宾客的身份住进了威斯敏斯特王宫，但一直处于被软禁的状态。他一度从守卫的眼皮底下逃走，但又被抓了回来。然后，他被送进了伦敦塔，成了被拘押的客人，在那里住了一年多。然而，国王心头的恐惧和疑虑始终挥之不去。有人出来指控他，说他伙同另一名犯人谋划叛逆，而这位同伙就是年轻的沃里克伯爵，也就是当初兰伯特·希姆尼尔冒充的对象。如今国王正好可以借机除掉两个心头大患。结果沃贝克被绞死，沃里克被砍头。

沃里克伯爵先是被监禁，后来又被斩首，这一切唯一的理由便是他是约克王朝的继承人。他是个幼稚无知之人，被羁押了15年之后就连“阉鸡和大鹅都分辨不清”。即便如此，亨利也不允许他活下去。珀金的娇妻倒是比较幸福，她受到了亨利的欢迎。凯瑟琳·戈登长期住在英格兰宫廷里，后来又改嫁他人。

如今大家都以为亨利的江山稳固了。米兰大使写道：“即便对于国王的后人来说，当前的状态都是稳定的，因为再也没有人想争夺王位了……国王陛下就像站在塔顶上一样，俯视着平原上的人和物。”平原上可能会有失和与憎恨；塔上的风景当然不同于平原之所见。两位西班牙使节的看法也与此大致相同。他们说国王已经在英格兰确立了良好的秩序，让人们俯首称臣，这种情况史无前例。

435 处决掉两个年轻人后，亨利得了一场病；后来病虽然好了，但他的健康严重受损。亨利既虔诚也迷信。他每天都参加弥撒，但他也问计于占星术士和预言家。他最想听到的是关于王位和王国的预言，因为他当时遇到了几桩私人层面的倒霉事。1502年春天，他的长子兼继承人亚瑟染病身亡。太子一死，身强力壮、头脑聪明的弟弟亨利就成了继承人。六个月前，亚瑟娶了阿拉贡的凯瑟琳，从而使英格兰和西班牙王室结下了姻亲，而如今亨利也同凯瑟琳订了婚。不过，国王不断地推迟婚期，他希望儿子会有更好的前景。这位年轻的西班牙女士就被夹在大国博弈的中间；她既无钱财，也无人爱怜。

就在长子去世的同一年，英格兰王后约克的伊丽莎白也意外流产了，而产后感染夺走了她的生命。这段新愁给亨利带去了十分严重的打击。据说他“一个人躲到幽静之处，不许任何人靠近”。伊丽莎白的尸体被放在伦敦塔内，供人们瞻仰吊唁。然后，亨利在威斯敏斯特大教堂为她举行了葬礼。两年后，国王想要迎娶新妇。他开始追求那不勒斯女王，既看中了对方的嫁妆，也惦记着她美丽的容颜。他遣使意大利，捎去了很多问题：“她有画像吗？她的脸是胖还是瘦？她的嘴唇周围是否有胡须？她是否依靠鞋跟来增高？她的呼吸是否香甜？她是否喜欢美食？”后来他又追求过卡斯蒂利亚的乔安娜，想以摄政的身份统治该国，哪怕这位女士是个众所周知的疯子。这些求婚都无疾而终，亨利此生没有续弦。

他的确有成功之处，其中最值得称道的是他将长女嫁给了苏格兰国王。詹姆斯四世与玛格丽特·都铎在 1502 年成婚，弥合了沃贝克争夺王位事件给两国关系造成的创伤。亨利七世的确通过王室联姻，巩固了英格兰在欧洲各国王室的地位。在这一过程中，他放弃了金雀花诸王奉行的侵 436
略和扩张主义的国策。我们可以说，这是他在“外交政策”上的胜利。不管怎么说，战争的开销都是巨大的；一打仗就得征税，一征税就会引起民愤。

由于勃艮第的玛格丽特接纳过沃贝克，英格兰与低地国家的商贸关系曾一度中断。尽管如此，亨利还是尽可能地为成品和半成品的毛料培育市场；如今，它们依然是英格兰的主要出口产品，而国王也希望尽可能地促进贸易的发展。他还派人到其他地区扩展英格兰的商贸活动。在欧洲，几乎没有哪一个国家没有与英格兰建立起商贸关系；冰岛、葡萄牙和波罗的海诸国也都在他的视野之内。

他绝不是一个为公共利益而奋斗的政治家；他只是急切地想让关税收入直接进入他的金库。他还亲自经商。有一年，他通过进口制造肥皂所用的明矾，赚了 1.5 万英镑。这门生意在当时为教廷所垄断，但是在他看来，被革除教籍的风险不如盈利重要。《唱一首六便士之歌》中那位在账房中数钱的国王很可能就是以亨利七世为原型。

获利的前景使得他支持布里斯托尔的商人扬帆出海，前往“巴西岛”（现在的纽芬兰）资源丰富的渔场。他还给约翰·卡波特及其三子颁发许可证，允许他们在西方海洋从事航海大发现，由此开启了英格兰航海大探险的历程。卡波特虽在北美洲登陆，但他到死都认为自己来到了亚洲，并在那里升起了殖民的旗帜。哈克鲁特曾讲过一件事：布里斯托尔的商人把三个北美洲土著人从纽芬兰带到亨利的宫廷中；他们“穿兽皮，吃生肉，行为举止形同野兽”。亨利在威斯敏斯特给他们安排了住处，在短短两年之内，他们的“衣着无异于英格兰人，也很难将他们与英格兰人区分开了”。哈克鲁特还说：“至于语言，我从未听他们说过一句话。”等到斯巴蒂安·卡波特在下一次航行中达到哈得孙湾时，国王已经去世了。

437 亨利到了晚年疑心病越来越重，以至于当他去世的时候，他在很多人眼里已经成了英格兰的暴君。他益发退缩到玩弄君权的个人世界当中。当他得知王室中的一些高级成员曾经与珀金·沃贝克暗通款曲，合谋复辟约克王朝，他就从此心神不宁，进而决定疏远过去的近臣。他下令建造了一个密室套间，只有自己的亲信才能出入。他就在这个套间中工作和生活，远离大厅和比较开放的接待室；如今他真的和其他人保持着距离了，当然也认真地保守着自己的秘密。中世纪的王室在很大程度上要依赖身边的武装扈从，这些人与国王共进退。如今，他们被由仆从和王室官员照管的私人宫廷取代了。在他执政的最后13年，亨利只召开过一次议会，那是在1504年。

然而，他还是维持宫廷富丽堂皇的景象；宫廷为了配合他伟大君主的身份，组织了大规模的马上格斗和比武大会。杂技演员和舞蹈演员为他献技；他为王家动物园购置动物，也有人将奇珍异兽献给他；他喜欢让畸形人列队行进，让朝臣们一饱眼福。国王还热衷于赌博，玩“上刑”“下地狱”“论输赢”等纸牌游戏。他喜欢飞鹰走狗，他每天都要出门打猎。他的随从当中有五位猎鹰训练员。他似乎特别喜欢让“傻子”或小丑来做伴；在任何时候，他的宫廷中都至少有五位小丑，其中有司各特、“傻子王”狄克和“无法无天的修道院院长”林格利。

时至今日，中世纪的幽默或许已经变得晦涩难解。14世纪曾经流行过一句口头禅。“正如亨狄所说”或“用亨狄的话说”，被人们用来引出机灵或智慧之语。“用亨狄的话说，死人没有朋友”；“用亨狄的话说，千万别把你的脚伤告诉你的敌人”；“亨狄说过，与其独享苹果，不如分享苹果”。这类话经常能在街头巷尾和田间地头听到。

时人编了许多笑话和谜语，还有一种名叫“巴尔塔萨之谜”的问答游戏。世界上分布最广、最不会致人溺水的是什么水？答：露水。世界上 438
最干净的树叶是什么？答：冬青树叶，因为它长满了刺，没有人会用它擦屁股。多少条牛尾巴连起来才能从地面够到天空？答：只要够长，一条就够了。人类有什么东西既是最好的也是最坏的？答：人类的语言既是最好的，同时也是最坏的。什么东西有人爱，有人恨？答：法院的判罚。

彼时有成千上万条格言和谚语广泛流传：

> 有谁人能让烈火更热，让天堂更快乐，让地狱更痛苦？
> 戒指戴在修女手上，就像戴在母猪鼻子上。
> 你最好的朋友还活在人世。他是谁？他就是你自己。
> 太阳不会因为照在了粪堆上而稍减其光辉。
> 水已经深及下巴了，你还不赶紧游起来。
> 一个小时的寒气会吸走积累了七年的热量。

最后一句格言无疑令人联想到整个中世纪时期。

在太平时节，国王总算可以在不受敌人的干扰下同顾问们一起处理公务。在这些人当中，有两人地位最为显赫，他们是专门对付和检举国内豪门大族的理查德·安普森和埃德蒙·达德利。他们控制了专门用来强化国王的权力、替国王收债的“法律精习会”。但是，他们还有很多旁门左道的办法。如果显赫之家花销节俭，也不炫富，那么他们就可以省出上贡国王的礼金；如果他们花钱大手大脚，起居豪奢，那么他们也要在上贡礼金上显现出他们的荣华富贵了。这是国王用来限制贵族的“不二法门”。

只要贵族有任何违法行径，安普森和达德利就会向他们征收罚金和保释金。诺森伯兰伯爵因为违法监禁扈从而被罚款 5 000 英镑。阿伯加维尼勋爵因为同样的罪过被判罚 70 000 英镑。亨利虽然只收取 5 000 英镑，但他发出威胁，如果勋爵今后表现不好，他还会索要余下的罚款。任何人都
439 有可能被告到法庭，如果不听从法庭传唤，他的私人财产可能会被没收；被认定有罪的一方可能会被国王随意地监禁。国王就利用这种办法，去制服那些他不太信任的强势臣子。但是，他买不来他们的忠诚。所有人都怕他，却很少有人爱戴他或者钦佩他。托马斯·莫尔在评论其统治时写道："所有东西都这么悄无声息地降格了，干什么事情都是说一套，做一套。"

达德利后来也遭受了牢狱之灾，他以一种后见之明说道："国王的恩典主要意在任意地威胁他人，因此各色人等为求恩典，只好大量送钱。"达德利还承认，他曾经代表国王敲诈过 80 名受害人。国王实际上建立了一种财政独裁和专制，因为过度罚款和没完没了地制造牢狱之灾而让人不寒而栗。这就是他留给亨利八世的遗产。他有记笔记的习惯，笔记本上面草草地记录了他对周围人的疑虑或者嘲讽之语，当他的一本笔记本被宠物猴撕碎时，按照弗朗西斯·培根的说法，廷臣们"都快给逗笑了"。

亨利七世就像狄更斯笔下的斯克鲁奇一样过于害怕这个世界。当然他也像斯克鲁奇那样试图用金钱垒起围墙来保护自己。然而，他的贪婪有很强的目的性；他曾经对一位廷臣说过："我的前任国王由于财力不济，只好受制于他的臣民。"他不想乞讨，也不想借钱，只想威胁和敲诈。在这个过程中，王室的年收入增长率将近 45%，而亨利也是英格兰历史上极少数还清债务并且死后国库充实的国王。他是亨利五世以来首位在王位传承过程中不留争议的国王。

金钱就是力量。充足的资金能让国王保住王位和王朝；亨利曾经告诉西班牙大使，他有意让臣民陷入贫困，因为财富会使他们傲慢自大。他晚年可能变得益发残酷无情、贪婪无度；随着年龄的增长，他原有的脾性也很可能变本加厉了。他的身体一天不如一天，在最后三年，他多少已成病
440 废之人。他在遗嘱中说，为了拯救他的灵魂，他死后一个月内要为他做

2 000次弥撒，每次花费六便士。1509 年 4 月 21 日，他死于里士满王宫。众人虽不敢公开表露欢欣鼓舞之情，却也纷纷如释重负。有位贵族写道：“贪婪已经逝去。”然而，王室贪婪无度的日子才刚刚开始。 441

41

尾　声

当我们回顾人类历史的种种事务，我们往往更容易看到谬误和混乱。我在上文当中已经解释过，书写历史常常是厘清乱局的一种方式。事实上，有一个例子恰恰可以说明，人们通常所描述和理解的人类历史，乃是偶然事件和不经意的后果的加成总和。

所以，本书说囊括的历史浪潮在乍看之下似乎是没有方向、无从解释的，似乎只能通过历史人物日复一日的苟且和权宜来解释；就此而言，它们是没有历史意义的。回顾历史往事，我们似乎看到历史上最伟大、最重要的变迁往往是在当时人们不经意的情况下发生的。我们以英格兰议会的缓慢发展为例。国王与议会相结合的体制不是在既有的模式基础上建立起来的；国民议会的各个组成部分和各种权力，要么产生于偶然的行为（其意义在当时还不为人所知），要么产生于实用性考虑和个人利益。而骑士和市民进入“下议院”的历史事件在当时没有引起人们的兴趣，也无人表示惊奇。这件事情根本就无人关心。

万事万物都生成于偶然环境的土壤中。权宜利弊的考量（而非进步或
442 演化的口号）才是变革的动力。因此，谬误和误判在我们津津乐道的制度“发展”中发挥了很大的作用。于是，种种人类的利用和误用被套上了风

俗的外壳，成为传统的一部分。如是观之，我们可能还会注意到，中世纪英格兰发生的大部分战役都受到了偶然性因素的支配：一次出人意料的冲锋或突然而至的风暴很有可能就改变了战争的结果。这种情况不足为奇。混乱、偶然和巧合是人类生活的组成部分。它们也是故事、诗歌和戏剧的永恒主题。

探问历史的一个结果就是要看出世事的无常；最热忱的信仰将来有一天也会信誉扫地，最言之凿凿的确定性将来也会土崩瓦解。人的观点就像风一样变动不居、随时消散。我们可以和乔治·梅瑞迪斯一道呼唤："变化，你是生活最强健的孩子。"

因此，英格兰史是一段虽然延绵不绝却不断变异的历史；故而受这些力量推动的历史学家几乎无暇审视这个永不停息的运动模式。托马斯·巴宾顿·麦考莱曾经写道，纵观英格兰历史的进程，在过去的700年间，一群"悲惨和落魄的人竟然成为一群有史以来最伟大、最文明的人"；然而在21世纪初，我们或许已很难发出如此恭维之言。我们在英格兰民族的道德和或文化中已然无法找到他所说的"进步"。

然而，我们从中发现了某种更有趣，也更重要的东西。从一开始，我们就在这段历史中发现了一种深远的延续性的证据，这种深远的延续性是无限遥远的过去留下的遗产；这个民族从很早以前就是一个具有劳动分工和责任分工的等级制社会。然而，还有一种不同类型的延续性在很大程度上是我们看不到也摸不着的。这个民族呈现出风俗与风俗的交叉与联结，以及习俗活动模式的不断变动。这种历史哲学观可能谈不上引人入胜，但是最重要的事情是，我们要避免那种认为英格兰人命中注定要不断进步的神话。在纷繁事务的表面之下，我们要看到一种深刻的，几乎具有地质学意义的平稳状态。

我们在本书中可以找到很多例子。例如，英格兰的政体似乎一直是权
力集中的；政治体系是整合一体的；司法和行政体系也是统一的。我们已 443
经看到，至少从兴建巨石阵的时代开始，英格兰一直都是一个组织化程度和管控程度很高的国家。它不同于法国和西班牙境内的各个省份和次生王

国，也不同于北欧的分裂政权和公国，更不同于意大利的城邦国家，英格兰始终是一个整体。

其他形式的延续性也是显而易见的。现代的大马路依然走的是过去小路和古道的路线。当代许多教区的界线也是根据古代定居点的分界来划分的。沿着这些界线，我们甚至还可以找到古代的墓葬遗址。我们遥远的祖先依然笼罩在我们的周围。神圣空间的历史几乎与我们国家的历史同样古老。教堂和修道院紧挨着巨石阵的遗址，以及圣泉和青铜时代初期仪式空间的遗址。我们已经注意到，在东约克郡的拉兹顿教区教堂的庭院中，伫立着英格兰新石器时代最高的竖石。中世纪肯特的朝圣路线也依然沿着史前时代通往圣井和神社的道路。我们依然深切地生活在过去。

我们应该用延续性而非变化来衡量这个国家。有人曾认为，在罗马人占领末期，英格兰的城市和镇子已经衰落。这纯属臆测。它们只是改变了功能，但仍然保留了地区行政中心的地位。城市人口还在，因此城镇生活的传统也仍在延续，这一点从康沃尔郡新石器时代的定居点即可看出；早在公元前 3000 年，这块由坚硬的石墙围起来的场地就能够容纳 200 名居民。我们可否将其视为早期的英格兰小镇？伯克郡萨切姆的一个村庄或小镇如今也已有 10 000 年的历史了。

在乡村，延续性的证据更是比比皆是。例如，人们一度认为盎格鲁-撒克逊人的“入侵”使得英格兰与过去出现了大断裂。然而，农业实际上并没有发生明显的变化。用史学术语来说，就是没有出现“裂变”。我们已经看到，日耳曼定居者实施的还是相同的土地制度；新来的日耳曼人
444 也保留着原有的界线。例如在达勒姆，日耳曼人选址建房子的地方，就位于史前时代由小块田地和干砌墙构成的地块上。或许更令人感到吃惊的是，日耳曼定居者的聚落都是按照古老的部落王国的边界形成的。他们尊重这片土地原有的样子。汉普郡和怀特岛的朱特人占据了史前比利其人的土地；东撒克逊人占据了古代特利诺凡帝人的地盘，南撒克逊人定居在雷格南斯人的史前盘踞之地。他们甚至保留了原来的首府。稍后时期出现的撒克逊人的神社，仿效的是新石器时代大石排遗址。一切都处在过去的怀

抱中。因此，这些证据显示出这个国家有着深厚的历史渊源，即便直到今天也不曾中断。

在本书中，同一主题发生过无休无止的变异——君主与大贵族之间的脆弱平衡，好战的欲望与战争巨大的成本，教会与君主的相互制衡，王室与议会之间的貌合神离，它们都是这部英格兰史的组成部分。书中也记录了一些永久性的断层线，它们将带来人群的分歧，造成真正的危机。我们这里提到的有：控制社会生活的无效做法，封建秩序的缓慢瓦解，各郡对中央政府的漠视，贵族家族争夺地方事务的主导权，以及控制国内外贸易的拙劣招数。同样的政治和政体问题一再出现；我们甚至可以说，只有当同样的因素以各种不同的方式相互组合过以后，变化才会真正发生。

英格兰历史还呈现出一个令人瞩目的事实。从诺曼入侵时代开始，所有的君主（从父系方面论）都有外国血统。在本书提到的所有君主中，只有最后一位亨利七世的祖先才是本岛人，他是一个古老的威尔士贵族家庭的直系后裔。这种现象似乎与英格兰独立性的观念并不相符，但它呈现出英格兰人的一个事实。诺曼人之后是安茹人，安茹人又被威尔士人所取代；威尔士人之后，登上王位的是苏格兰人，苏格兰人又被汉诺威人逐走。英格兰人是个被殖民的民族。我曾经在《阿尔比恩：英格兰想象之 445
源》中书写过英格兰文化的异质性，然而或许值得我们注意的是，英格兰文学的宏图伟业在很大程度上派生于欧洲的原创作品。

还有一点需要说明。我曾经考虑过在本书中收入威尔士、苏格兰和爱尔兰的历史，但是这样做的风险在于，它将使这些地区变成英格兰历史的延伸。威尔士于1536年在政治和司法上与英格兰统一，苏格兰于1707年与英格兰完成政治统一；但是，他们的文化以及他们的文化身份，正如爱尔兰的文化和身份一样，与英格兰差异太大，无法为本项研究所涵盖。这样就会导致本书陷入“盎格鲁中心论”历史观的陷阱。这样一部英格兰史书很难避免这种偏见。只有将它们纳入世界史中才能克服这种困难。

无论是古代先哲还是现代哲学家，都无法解释人类行为或人类品性的来源；所以宽泛地讲，对于那些满怀信心地道出百年战争或签订《大宪章》等历史事件前因后果的历史学家，我们都会抱有怀疑的心态。他们所追寻的确定性犹如鬼火，往好了说这也是不准确的，往坏了说则是自相矛盾的。最明智的历史学家往往都承认，他们的猜测可能是错误的，他们的阐释也可能是不正确的。

历史关乎长存和归属。它不但要说清某些事物为何永久存在，还要道明它的延续性。历史源于人们返回过去、追溯身份根源的欲望。我们借此来到 12 世纪或 15 世纪，从中听到我们这个时代的回声与共鸣；我们可能会认识到，有些东西其实永远都不会消失，例如虔诚和激情；我们也可能会得出结论说，人类精神的这出大戏将永远新鲜，永远更新。这也是为什么许多大作家喜欢将英格兰史视作戏剧或史诗，它就像散文体叙事一样，善于表现历史的力量和运动。戏剧和诗歌当然可以根据不同读者的判断力和想象力，得出各种各样的解释。在这种意义上，戏剧和诗歌就很像本书
446 中所讲的历史事件。我们不妨引用弥尔顿在《失乐园》中写下的诗行：

……这样，
好人受罪，恶人享福，世界
在自己的重负之下呻吟着前进……*

接下来，我们将展望亨利八世、爱德华六世、玛丽一世和伊丽莎白一世的时代。其中囊括了 16 世纪的宗教改革运动。我们也许将在这个过程
447 中窥见（乃至复原）历史的诗意。

* 译文出自弥尔顿：《失乐园》，朱维之译，天津人民出版社，1996 年，第 466 页。

英格兰君主世系

威塞克斯王朝

名称	在位	继承权	大事记
阿尔弗雷德大帝	871年4月23日—899年10月26日	埃塞尔伍尔夫与奥斯博嘉之子	英格兰历史上第一个以“盎格鲁–撒克逊人的国王”自称且名副其实之人，奠定英格兰王国的基础
“长者”爱德华（爱德华一世）	899年10月26日—924年7月17日	阿尔弗雷德大帝与艾尔赫斯威斯之子	征服丹麦法地区，摧毁英格兰南部维京人的力量
埃塞尔斯坦	924年8月4日—939年10月27日	“长者”爱德华与艾克温之子	征服诺森伯兰王国，正式成立英格兰王国，人称“英格兰之王”
埃德蒙一世	939年10月27日—946年5月26日	“长者”爱德华与艾德吉夫之子	面临军事威胁后重新稳固英格兰王国，并与苏格兰保持和平共处关系
埃德雷德	946年5月26日—955年11月23日	“长者”爱德华与艾德吉夫之子	平息诺森伯兰叛乱，令该地区彻底归属英格兰王国
埃德威格	955年11月23日—959年10月1日	埃德蒙一世与沙夫茨波里的艾尔弗吉夫之子	在位期间王国持续不断地发生冲突，最终以泰晤士河为界，同埃德加分治英格兰
“和平者”埃德加（埃德加一世）	959年10月1日—975年7月8日	埃德蒙一世与沙夫茨波里的艾尔弗吉夫之子	在统治晚期的973年加冕，象征着其统治的顶点，也为此后的英王加冕仪式奠定了基础
“殉教者”爱德华（爱德华二世）	约975年7月8日—978年3月18日	“和平者”埃德加与爱塞弗里德之子	在位三年即遇害，许多圣徒传记认为他是殉教者，其遗骸在英格兰宗教改革时期被藏起，20世纪初重新被发现
“决策无方者”埃塞尔雷德（埃塞尔雷德二世）	978年3月19日—1013年12月15日 1014年2月3日—1016年4月23日	“和平者”埃德加与爱弗里芙之子	在位期间，国家不断遭受丹麦人入侵，曾被丹麦国王“八字胡”斯韦恩击败夺走王位，并于其死后重获王位

“刚勇者”埃德蒙 (埃德蒙二世)	1016年4月23日— 1016年11月30日	“决策无方者”埃塞尔雷德与约克的艾尔弗吉夫之子	反抗丹麦王朝克努特大帝的统治
“忏悔者”爱德华 (爱德华三世)	1042年6月8日— 1066年1月5日	“决策无方者”埃塞尔雷德与诺曼底的艾玛之子	结束丹麦王朝的统治，没有留下子嗣，王位由戈德温之子哈罗德继承

丹麦王朝

“八字胡”斯韦恩	1013年12月15日— 1014年2月3日	蓝牙哈拉尔与加若德·奥拉弗斯多特之子	击败埃塞尔雷德，开创丹麦王朝
克努特大帝 (克努特一世)	1016年10月18日— 1035年11月12日	“八字胡”斯韦恩与傲慢者西格丽德之子	统辖英格兰、丹麦、挪威及部分瑞典，其辖境享有北海帝国之称
“飞毛腿”哈罗德 (哈罗德一世)	1035年11月13日— 1040年3月17日	克努特大帝与北安普敦的艾尔弗吉夫之子	趁哈德克努特在丹麦解决挪威叛乱无法抽身，谋得英格兰王位
哈德克努特 (克努特二世)	1040年3月17日— 1042年6月8日	克努特大帝与诺曼底的爱玛之子	丹麦王朝末代国王，也是英格兰最后一位斯堪的纳维亚人君主

戈德温王朝

戈德温之子哈罗德 (哈罗德二世)	1066年1月6日— 1066年10月14日	威塞克斯伯爵戈德温与吉莎·索尔科尔斯多特提尔之子	在黑斯廷斯之战中被诺曼底的威廉击败并阵亡

诺曼底王朝

威廉一世 (“征服者”威廉)	1066年12月25日— 1087年9月9日	诺曼底公爵罗贝尔一世与法莱斯的莱乌之子	自称“忏悔者”爱德华的指定继承人，征服英格兰，造成“北方之劫”
威廉二世 (“红毛”威廉)	1087年9月9日— 1100年8月2日	威廉一世与佛兰德的玛蒂尔达之子	击败马尔科姆三世，在很大程度上影响了苏格兰的王位继承
亨利一世 (“儒雅者”亨利)	1100年8月2日— 1135年12月1日	威廉一世与佛兰德的玛蒂尔达之子	其治理得到普遍认可，并在坦什布莱战役中俘获兄长诺曼底公爵罗伯特，由此征服诺曼底

玛蒂尔达 （玛蒂尔达王后）	1141 年 4 月 7 日— 1141 年 11 月 1 日	亨利一世与苏格兰的玛蒂尔达之女	与斯蒂芬的征战令英格兰陷入“无政府时期”

布卢瓦王朝

斯蒂芬 （布卢瓦的艾蒂安）	1135 年 12 月 22 日— 1154 年 10 月 25 日	布卢瓦伯爵艾蒂安二世与诺曼底的阿德拉之子	与玛蒂尔达的征战令英格兰陷入“无政府时期”

金雀花王朝

安茹王朝

亨利二世 （“短斗篷”亨利）	1154 年 10 月 25 日— 1189 年 7 月 6 日	安茹的若弗鲁瓦五世与玛蒂尔达王后之子	得到苏格兰国王的效忠，命人杀害大主教贝克特，遭到教宗绝罚
幼王亨利	1170 年 6 月 14 日— 1183 年 6 月 11 日 （与父共治）	亨利二世与阿基坦的埃莉诺之子	从 1170 年起成为名义上的英格兰国王，但并未实际行使统治权
理查一世 （“狮心王”理查）	1189 年 7 月 6 日— 1199 年 4 月 6 日	亨利二世与阿基坦的埃莉诺之子	唯一参加过十字军东征的英格兰国王，并在阿尔苏夫战役中击败萨拉丁的穆斯林军队
约翰 （无地王）	1199 年 4 月 6 日— 1216 年 10 月 19 日	亨利二世与阿基坦的埃莉诺之子	失去安茹帝国，专注英格兰本土；在叛乱贵族的逼迫下签订《大宪章》

金雀花王朝

亨利三世 （温切斯特的亨利）	1216 年 10 月 19 日— 1272 年 11 月 16 日	约翰与昂古莱姆的伊莎贝拉之子	自“决策无方者”埃塞尔雷德以来的第一个幼王，被迫组建摄政委员会，其治下议会初见雏形
爱德华一世 （“长腿”爱德华）	1272 年 11 月 16 日— 1307 年 7 月 7 日	亨利三世与普罗旺斯的埃莉诺之子	创立羊毛出口税，几近征服苏格兰，并处死威廉·华莱士，人称“苏格兰之锤”
爱德华二世 （卡那封的爱德华）	1307 年 7 月 7 日— 1327 年 1 月 25 日	爱德华一世与卡斯蒂利亚的莱昂诺尔之子	因崇信臣子而致使贵族叛乱；讨伐苏格兰失败；首位被废黜的合法国王
爱德华三世	1327 年 1 月 25 日— 1377 年 6 月 21 日	爱德华二世与法兰西的伊莎贝拉之子	开启英法百年战争，对法国造成重大打击；其治下的英格兰遭遇大疫

理查二世	1377年6月21日—1399年9月30日	黑太子爱德华与肯特的琼安之子	其治下发生英格兰历史上最大规模的农民起义，由其成功平息

兰开斯特王朝

亨利四世 (博林布鲁克的亨利)	1399年9月30日—1413年3月20日	冈特的约翰与兰开斯特的布兰奇之子	杀害理查二世与大主教，并数次平息以理查二世名义扯旗的叛党
亨利五世 (英格兰之星)	1413年3月20日—1422年8月31日	亨利四世与博恩的玛丽之子	重启英法百年战争，以少胜多取得阿金库尔战役胜利，迫使法王签订《特鲁瓦条约》，成为法国王位的继承人
亨利六世	1422年8月31日—1461年3月4日 1470年10月3日—1471年4月11日	亨利五世与瓦卢瓦的凯瑟琳之子	继承英法百年战争，但在圣女贞德解除奥尔良之围后陷入不利境地，国内爆发玫瑰战争

约克王朝

爱德华四世	1461年3月4日—1470年10月3日 1471年4月11日—1483年4月9日	约克公爵理查·金雀花与塞西莉·内维尔之子	在陶顿战役中击败安茹的玛格丽特和亨利，第一次执政 杀害亨利六世，第二次执政
爱德华五世	1483年4月9日—1483年6月25日	爱德华四世与伊丽莎白·伍德维之子	加冕不到一年，与弟弟约克公爵理查一同失踪，最终死因成谜
理查三世	1483年6月26日—1485年8月22日	约克公爵理查·金雀花与塞西莉·内维尔之子	在博斯沃思原野战役中战败，为玫瑰战争和金雀花王朝画上了句号

都铎王朝

亨利七世 (亨利·都铎)	1485年8月22日—1509年4月21日	埃德蒙·都铎与玛格丽特·博福特女勋爵之子	杀死理查三世，继承英格兰王位。擅长联姻政策，与约克的伊丽莎白结婚，合并约克和兰开斯特家族，正式结束玫瑰战争

亨利八世	1509年4月22日—1547年1月28日	亨利七世与约克的伊丽莎白之子	有过六次婚姻。推行宗教改革，使英格兰脱离罗马教廷的控制，并为创立国教会打下了关键基础
爱德华六世	1547年1月28日—1553年7月6日	亨利八世与简·西摩之子	加强国教会改革，首度将新教确立为英格兰国教会
简·格雷	1553年7月10日—1553年7月19日	萨福克公爵亨利·格雷与弗朗西丝·布兰登之女	著名的“九日女王”，但因在位仅九天，一般不被正式算作英格兰女王
玛丽一世 (血腥玛丽)	1553年7月19日—1558年11月17日	亨利八世与阿拉贡的凯瑟琳之女	为了巩固自身权力以及复辟罗马天主教，常以铁腕手段镇压人民，并靠宫廷斗争铲除异己
腓力二世 (共治国王)	1554年7月25日—1558年11月17日	查理五世与葡萄牙的伊莎贝拉之子	西班牙国王。与玛丽一世结婚后成为英格兰的共治国王。于1588年建立了赫赫有名的西班牙无敌舰队
伊丽莎白一世 (童贞女王)	1558年11月17日—1603年3月24日	亨利八世与安妮·博林之女	于宗教分裂时期继位，不仅成功维护了国家统一，还将英格兰打造成了欧洲最强大的国家之一。终身未婚嫁

斯图亚特王朝

詹姆士一世	1603年3月24日—1625年3月27日	达恩利勋爵与玛丽一世之子	首位英格兰、苏格兰及爱尔兰国王。在位期间鼓吹君权神授，自认上帝的使者，与议会时有矛盾，国民对此不满
查理一世	1625年3月27日—1649年1月30日	詹姆士一世与丹麦的安妮之子	英格兰历史上唯一被公开处死的国王，欧洲史上第一个被公开处死的君主。在位时国内宗教冲突严重，与议会之间爆发两次内战

查理二世	1660年5月29日—1685年2月6日	查理一世与亨利埃塔·玛丽亚之子	个性风趣、活力四射，人称“快活王”。签署议会制定的“人权保护法”
詹姆士二世	1685年2月6日—1688年12月23日	查理一世与亨利埃塔·玛丽亚之子	查理二世的同母弟。臣民反对其专权，在光荣革命中被剥夺王位
玛丽二世	1689年2月13日—1694年12月28日	詹姆士二世与安妮·海德之女	作为国教表率一直以身作则，成功改善了17世纪60年代以来的不良风俗。与妹妹安妮冲突不断
安妮女王	1702年3月8日—1714年8月1日 1707年5月1日—1714年8月1日为大不列颠及爱尔兰女王	詹姆士二世与安妮·海德之女	在位期间英格兰王国与苏格兰王国合并成为大不列颠。签署《乌得勒支和约》，使英格兰大获其利并成为超越法国、荷兰的海上强国

英格兰共和国

奥利弗·克伦威尔（老铁骑军）	1653年12月16日—1658年9月3日	罗伯特·克伦威尔与伊丽莎白·斯图尔德之子	英格兰共和国首位护国公。资产阶级新贵族集团的代表人物。逼迫英格兰君主退位，解散议会，并转英格兰为资产阶级共和国，建立英格兰共和国
理查·克伦威尔（摇摇欲坠的迪克）	1658年9月3日—1659年5月7日	奥利弗·克伦威尔与伊莉莎白·鲍彻之子	英格兰共和国最后一位护国公。1659年，议会恢复君主制，英格兰共和国覆亡，理查·克伦威尔流亡法国

奥兰治－拿骚王朝

威廉三世（奥兰治的威廉）	1689年2月13日—1702年3月8日	奥兰治亲王威廉二世与长公主玛丽·亨利埃塔·斯图亚特之子	击退法国后与妻子玛丽二世一同成为英格兰国王。领导了反抗法国的大同盟战争

汉诺威王朝

乔治一世 (乔治·路易)	1714 年 8 月 1 日—1727 年 6 月 11 日	汉诺威选帝侯恩斯特·奥古斯特与普法尔茨的索菲娅之子	第一位以德语为母语的英格兰君主，因为无法流利使用英语，他任命沃尔波尔为内阁首相，这也成为英国首相制度的开端
乔治二世 (乔治·奥古斯都)	1727 年 6 月 11 日—1760 年 10 月 25 日	乔治一世与索菲娅·多罗西娅之子	在奥地利王位继承战争中指挥联军同法国作战，并取得德廷根大捷。在位期间，英格兰商业高速发展，但也因此引发了金融泡沫
乔治三世 (乔治·威廉·弗雷德里克)	1760 年 10 月 25 日—1820 年 1 月 29 日	威尔士亲王弗雷德里克与萨克森–哥达的奥古丝塔之子	鼓励农业发展，令城乡人口大幅上升，为工业革命提供了充足劳动力。在位期间，英国先后参与了美国独立战争和拿破仑战争。晚年因精神失常而饱受折磨
乔治四世 (乔治·奥古斯都·弗雷德里克)	1820 年 1 月 29 日—1830 年 6 月 26 日	乔治三世与梅克伦堡–斯特雷利茨的夏洛特之子	在位期间大部分时间由利物浦勋爵担任首相，掌控政府。晚年被迫接受与他不和的乔治·坎宁先后出任外相和首相
威廉四世 (威廉·亨利)	1830 年 6 月 26 日—1837 年 6 月 20 日	乔治三世与梅克伦堡–斯特雷利茨的夏洛特之子	能力平庸但生性善良，被亲切地称为“水手国王”。1832 年的议会改革标志着英国资产阶级掌权
维多利亚女王 (亚历山德丽娜·维多利亚)	1837 年 6 月 20 日—1901 年 1 月 22 日	爱德华王子（肯特和斯特拉森公爵）与玛丽·路易丝·维多利亚之女	英国鼎盛的“日不落帝国”时期，史称“维多利亚时代”。英国在此期间加大殖民扩张，经济、文化空前繁荣，君主立宪制得到充分发展。维多利亚女王成为英国和平与繁荣的象征

萨克森－科堡－哥达王朝

爱德华七世（阿尔伯特·爱德华）	1901年1月22日—1910年5月6日	维多利亚女王与阿尔伯特亲王之子	继位时曾是英格兰历史上担任王位继承人最久的王子，在位期间经历了第二次布尔战争，在英国陆军的重组和本土舰队的现代化等方面起到了推动作用，其统治时期被史称“爱德华时代”

温莎王朝

乔治五世（乔治·弗雷德里克·恩斯特·阿尔伯特）	1910年5月6日—1936年1月20日	爱德华七世与丹麦的亚历山德拉之子	在位期间见证了第一次世界大战，大英帝国版图在1922年达到巅峰，领土占全球土地面积的22.5%，人口达到全球五分之一，但印度独立运动、法西斯崛起等迹象也表明帝国行将走向衰亡
爱德华八世（爱德华·阿尔伯特·克里斯蒂安·乔治·安德鲁·帕特里克·大卫）	1936年1月20日—1936年12月11日	乔治五世与特克的玛丽之子	刚继位便向即将二度离婚的美籍名流沃利斯·辛普森求婚，与大众和国教会道德规范产生冲突，引发宪政危机，他最终选择在继位当年退位
乔治六世（阿尔伯特·弗雷德里克·亚瑟·乔治）	1936年12月11日—1952年2月6日	乔治五世与特克的玛丽之子	在位期间见证了第二次世界大战，大英帝国解体过程加速，逐渐演变为英联邦，自乔治六世始，英国君主放弃皇帝头衔，改用英联邦元首的新头衔
伊丽莎白二世（伊丽莎白·亚历山德拉·玛丽）	1952年2月6日至今	乔治六世与伊丽莎白·鲍斯-莱昂之女	英国历史上最长寿的君主，也是目前全世界最长寿的君主，在位期间的重大宪政变革包括权力下放、非洲去殖民化、英国加入欧共体与退出欧盟

延伸阅读

这份书单谈不上详尽和面面俱到，但它所包含的书目曾在我撰写本书的过程中给予我很大的帮助。

1 石头的赞美诗

Bradley, Richard: *The Passage of Arms* (Cambridge, 1990).

—— *An Archaeology of Natural Places* (London, 2000).

Collis, John: *The Celts* (Stroud, 2003).

Cunliffe, Barry: *Iron Age Communities in Britain* (London, 1991).

—— *Facing the Ocean* (Oxford, 2001).

Darvill, Timothy: *Prehistoric Britain* (London, 1987).

Harper, M. J.: *The History of Britain Revealed* (London, 2002).

Hawkes, Christopher and Jacquetta: *Prehistoric Britain* (London, 1943).

Hills, Catherine: *Origins of the English* (London, 2003).

James, Simon: *The Atlantic Celts* (London, 1999).

Mercer, Roger: *Farming Practice in British Prehistory* (Edinburgh, 1981).

Oppenheimer, Steven: *The Origins of the British* (London, 2006).

Pryor, Francis: *Britain BC* (London, 2003).

Slack, Paul and Ward, Ryk (eds.): *The Peopling of Britain* (Oxford, 2002).

Stringer, Chris: *Homo Britannicus* (London, 2006).

2 罗马大道

Arnold, C. J.: *Roman Britain to Saxon England* (London, 1984).

Burnham, B. C., and Johnson, H. B. (eds.): *Invasion and Response* (Oxford, 1979).

Dark, Ken: *Britain and the End of the Roman Empire* (Stroud, 2002).

Faulkner, Neil: *The Decline and Fall of Roman Britain* (Stroud, 2004).
Frere, Sheppard: *Britannia: A History of Roman Britain* (London, 1967).
Millett, Martin: *The Romanization of Britain* (Cambridge, 1990).
Reece, Richard: *My Roman Britain* (Cirencester, 1988).
Salway, Peter: *Roman Britain* (Oxford, 1981).
—— *The Roman Era* (Oxford, 2002).
Todd, Malcolm (ed.): *A Companion to Roman Britain* (Oxford, 2004).
Webster, G.: *The Roman Invasion of Britain* (London, 1980).

3 气候变迁

Fox, Cyril: *The Personality of Britain* (Cardiff, 1938).
Jones, Martin and Dimbleby, Geoffrey (eds.): *The Environment of Man* (Oxford, 1981).
Mackinder, H. J.: *Britain and the British Seas* (London, 1902).
Parry, M. L.: *Climactic Change, Agriculture and Settlement* (Folkestone, 1978).
Rackham, Oliver: *The History of the Countryside* (London, 1986).

4 矛 尖

Abels, R. P.: *Lordship and Military Obligation in Anglo-Saxon England* (London, 1988).
Arnold, C. J.: *An Archaeology of the Early Anglo-Saxon Kingdom* (London, 1988).
Blair, John: *The Anglo-Saxon Age* (Oxford, 1984).
—— *The Church in Anglo-Saxon Society* (Oxford, 2005).
Campbell, James (ed.): *The Anglo-Saxons* (London, 1982).
Chadwick, H. M.: *The Origin of the English Nation* (Cambridge, 1924).
Charles-Edwards, Thomas (ed.): *After Rome* (Oxford, 2003).
Higham, N. J.: *Rome, Britain and the Anglo-Saxons* (London, 1992).
—— *An English Empire* (Manchester, 1995).
Hill, Paul: *The Age of Athelstan* (Stroud, 2004).
Hodges, Richard: *The Anglo-Saxon Achievement* (London, 1989).
Jackson, Kenneth: *Language and History in Early Britain* (Edinburgh, 1953).
Jolliffe, J. E. A.: *Pre-Feudal England* (Oxford, 1933).
Kirby, D. P.: *The Making of Early England* (London, 1967).
Loyn, H. R.: *The Governance of Anglo-Saxon England* (London, 1984).
Morris, John: *The Age of Arthur* (London, 1973).
Myres, J. N. L.: *The English Settlements* (Oxford, 1986).
Pryor, Francis: *Britain AD* (London, 2005).
Randers-Pehrson, Justine Davis: *Barbarians and Romans* (London, 1983).
Reynolds, Andrew: *Later Anglo-Saxon England* (Stroud, 1999).
Stenton, F. M.: *Anglo-Saxon England* (Oxford, 1971).
Tatlock, J. S. P.: *The Legendary History of Britain* (New York, 1974).
Thomas, Charles: *Celtic Britain* (London, 1986).

Wood, Michael: *In Search of the Dark Ages* (London, 1994).

5 血 鹰

Cavill, Paul: *Vikings* (London, 2001).
Dark, K. R.: *Civitas to Kingdom* (London, 1994).
Davies, Wendy: *From the Vikings to the Normans* (Oxford, 2003).
Faith, Rosamond: *The English Peasantry and the Growth of Lordship* (London, 1997).
Foot, P. G., and Wilson, D. M.: *The Viking Achievement* (London, 1970).
Hadley D. M. and Richards, J. D. (eds.): *Cultures in Contact* (Turnhout, 2000).
Loyn, H. R.: *The Vikings in Britain* (London, 1977).
Sawyer, P. H.: *The Age of the Vikings* (London, 1971).
Smyth A. P.: *King Alfred the Great* (Oxford, 1995).
Stafford, Pauline: *Unification and Conquest* (London, 1989).
Whitelock, Dorothy: *The Beginnings of English Society* (London 1952).

6 国王的尺度

Poole, A. L.: *From Domesday Book to Magna Carta* (Oxford, 1955).
Harvey, Barbara: *The Twelfth and Thirteenth Centuries* (Oxford, 2001).
Wormald, Patrick: *The Making of English Law* (Oxford, 1999).

7 征服者的到来

Barlow, Frank: *Edward the Confessor* (London, 1979).
—— *The English Church, 1000 – 1066* (London, 1979).
Brown, R. A.: *The Normans and the Norman Conquest* (London, 1969).
Clarke, P. A.: *The English Nobility under Edward the Confessor* (Oxford, 1994).
Fleming, Robin: *Kings and Lords in Conquest England* (Cambridge, 1991).
Garmonsway, G. M.: *Canute and his Empire* (London, 1964).
Lawson, M. K.: *Cnut* (Stroud, 2004).
—— *The Battle of Hastings* (Stroud, 2007).
Loyn, H. R.: *Anglo-Saxon England and the Norman Conquest* (London, 1962).
McLynn, Frank: *1066* (London, 1998).
Walker, I. W.: *Harold* (Stroud, 1997).
Williams, Ann: *Ethelred the Unready* (London, 2003).

9 妖魔与恶徒

Barlow, Frank: *William Rufus* (London, 1983).
Douglas, D. C.: *The Norman Achievement* (London, 1969).
—— *William the Conqueror* (London, 1964).
Freeman, E. A.: *A History of the Norman Conquest of England* (Oxford, 1870 – 1879).
—— *The Reign of William Rufus* (Oxford, 1882).

—— *William the Conqueror* (London, 1898).
Green, Judith: *The Government of England under Henry I* (Cambridge, 1986).
—— *The Aristocracy of Norman England* (Cambridge, 1997).
—— *Henry* I (Cambridge, 2006).
Hicks, Carola (ed.): *England in the Eleventh Century* (Stamford, 1992).
Hollister, C. W.: *Henry I* (London, 2001).
Maitland, F. W.: *Domesday Book and Beyond* (Cambridge, 1897).
Mason, Emma: *William II* (Stroud, 2005).
Rex, Peter: *Hereward* (Stroud, 2005).
—— *The English Resistance* (Stroud, 2006).
Rowley, Trevor: *The Norman Heritage* (London, 1983).
Strickland, Matthew (ed.): *Anglo-Norman Warfare* (Woodbridge, 1992).

10 条条大路

Cox, R. H.: *The Green Roads of England* (London, 1914).
Gelling, Margaret: *Signposts to the Past* (London, 1978).
Hoskins, W. G.: *The Making of the English Landscape* (London, 1955).
Jusserand, J. J.: *English Wayfaring Life in the Middle Ages* (London, 1889).

11 王纲纽解，无法无天

Appleby, J. T.: *The Troubled Reign of King Stephen* (London, 1969).
Brooke, Z. N.: *The English Church and the Papacy* (Cambridge, 1931).
Chibnall, Marjorie: *The Empress Matilda* (Oxford, 1991).
Cronne, H. A.: *The Reign of Stephen* (London, 1970).
Crouch, David: *The Reign of King Stephen* (London, 2000).
Holt, J. C.: *Colonial England* (London, 1997).
Matthew, Donald: *King Stephen* (London, 2002).

13 不安分的教士

Amt, Emilie: *The Accession of Henry II in England* (Woodbridge, 1993).
Barber, Richard: *Henry Plantagenet* (Ipswich, 1964).
Barlow, Frank: *Thomas Becket* (London, 1986).
Bloch, Marc: *Feudal Society* (London, 1961 - 1962).
Dark, Sidney: *St Thomas of Canterbury* (London, 1927).
Grary, H. L.: *English Field Systems* (London, 1959).
Hall, Hubert: *Court Life under the Plantagenets* (London, 1899).
Norgate, Kate: *England under the Angevin Kings* (London, 1887).
Pain, Nesta: *The King and Becket* (New York, 1964).
Roberts, B. K.: *The Making of the English Village* (London, 1987).
Salzman, L. F.: *Henry II* (London, 1917).

Vinogradoff, Paul: *The Growth of the Manor* (London, 1904).
—— *Villainage in England* (Oxford, 1927).
Warren, W. L.: *Henry II* (London, 1973).

14 逝去的乡村

Beresford, Maurice: *The Lost Villages of England* (London, 1969).
Oswald, Alastair: *Wharram Percy* (York, 2004).

15 《大宪章》

Appleby, J. T.: *England without Richard* (Ithaca, 1965).
Brundage, J. A.: *Richard Lionheart* (New York, 1974).
Church, S. D. (ed.): *King John* (Woodbridge, 1999).
Gillingham, John: *Richard the Lionheart* (London, 1978).
Holt, J. C.: *The Northerners* (Oxford, 1961).
—— *Magna Carta* (Cambridge, 1992).
Jolliffe, J. E. A.: *Angevin Kingship* (London, 1956).
Turner, R. V.: *King John* (Stroud, 2005).
Warren, W. L.: *The Governance of Norman and Angevin England* (London, 1987).
—— *King John* (Berkeley, 1961).
Wilkinson, Bertie: *The High Middle Ages in England* (Cambridge, 1978).

16 罪与罚

Harding, Alan: *The Law Courts of Medieval England* (London, 1973).
Musson, Anthony: *Medieval Law in Context* (Manchester, 2001).
Musson, Anthony, and Ormrod, W. M.: *The Evolution of English Justice* (London, 1999).
Salzman, L. F.: *English Life in the Middle Ages* (London, 1926).

17 无为的国王

Burton, Janet: *Monastic and Religious Orders in Britain, 1000–1300* (Cambridge, 1994).
Carpenter, D. A.: *The Minority of Henry III* (London, 1990).
—— *The Reign of Henry III* (London, 1996).
—— *The Struggle for Mastery* (London, 2003).
Clanchy, M. T.: *From Memory to Written Record* (Oxford, 1993).
Harding, Alan: *England in the Thirteenth Century* (Cambridge, 1993).
Harvey, Barbara: *The Twelfth and Thirteenth Centuries* (Oxford, 2001).
Hennings, M. A.: *England under Henry III* (London, 1924).
Lloyd, Simon: *English Society and the Crusade* (Oxford, 1988).
Maddicott, J. R.: *Simon de Montfort* (Cambridge, 1994).
Powicke, F. M.: *King Henry and the Lord Edward* (Oxford, 1947).

—— *The Thirteenth Century* (Oxford, 1962).
Stacey, Robert: *Politics, Policy and Finance under Henry III* (Oxford, 1987).

18 历法与农时

Hutton, Ronald: *The Rise and Fall of Merry England* (Oxford, 1994).
Postan, M. M.: *The Medieval Economy and Society* (London, 1972).
Powicke, J. M.: *Medieval England* (London, 1931).

19 不列颠皇帝

Jenks, Edward: *Edward Plantagenet* (London, 1902).
Knowles, David: *The Religious Orders in England, Volume One* (Cambridge, 1948).
Morris, J. E.: *The Welsh Wars of Edward I* (Oxford, 1901).
Morris, Marc: *A Great and Terrible King* (London, 2008).
Ormrod, W. M. (ed.): *England in the Fourteenth Century* (Woodbridge, 1986).
Pasquet, D.: *An Essay on the Origins of the House of Commons* (Cambridge, 1925).
Plucknett, T. F. T.: *Legislation of Edward I* (Oxford, 1949).
Prestwich, Michael: *Politics and Finance under Edward I* (London, 1972).
—— *The Three Edwards* (London, 1980).
Salzman, L. F.: *Edward I* (London, 1968).
Stones, E. L. G.: *Edward I* (Oxford, 1968).
Wilkinson, B.: *Studies in the Constitutional History of the Thirteenth and Fourteenth Centuries* (Manchester, 1937).

20 铁 锤

Julius, Anthony: *Trials of the Diaspora: A History of Anti-Semitism in England* (Oxford, 2010).
Mundill, R. R.: *England's Jewish Solution* (Cambridge, 1998).

21 国王的宠臣

Davies, J. C.: *The Baronial Opposition to Edward II* (Cambridge, 1918).
Fryde, Natalie: *The Tyranny and Fall of Edward II* (Cambridge, 1979).
Haines, R. M.: *King Edward II* (London, 2003).
Hamilton, J. S.: *Piers Gaveston, Earl of Cornwall* (London, 1988).
Howell, Margaret: *Eleanor of Provence* (Oxford, 1998).
Johnstone, H.: *Edward of Carnarvon* (Manchester, 1946).
Maddicott, J. R.: *Simon de Montfort* (Cambridge, 1994).
Raban, Sandra: *England under Edward I and Edward II* (Oxford, 2000).
Tout, T. F.: *The Place of the Reign of Edward II in English History* (Manchester, 1936).

22 生与死

Carey, H. M.: *Courting Disaster, Astrology at the English Court and University in the Later*

Middle Ages (London, 1992).
Clay, R. M.: *The Medieval Hospitals of England* (London, 1909).
Finucane, R. C.: *Miracles and Pilgrims* (London, 1977).
Getz, Faye: *Medicine in the English Middle Ages* (Princeton, 1998).
Hunt, Tony: *Popular Medicine in Thirteenth Century England* (Woodbridge, 1990).
Rawcliffe, Carole: *Medicine and Society in Later Medieval England* (Stroud, 1995).

23 国家意识

Carpenter, D. A.: *The Reign of Edward III* (London, 1996).
Edwards, G.: *The Second Century of the English Parliament* (Oxford, 1979).
Given-Wilson, C. J.: *The English Nobility in the Late Middle Ages* (London, 1987).
Haines, R. M.: *The Church and Politics in Fourteenth Century England* (Cambridge, 1978).
Hewitt, H. J.: *The Organisation of War under Edward III* (Manchester, 1966).
Horrox, Rosemary (ed.): *The Black Death* (Manchester, 1994).
Keen, M. H.: *England in the Later Middle Ages* (London, 1973).
McFarlane, K. B.: *The Nobility of Later Medieval England* (Oxford, 1973).
McKisack, May: *The Fourteenth Century* (Oxford, 1959).
Mortimer, Ian: *The Perfect King* (London, 2006).
Ormrod, W. G.: *The Reign of Edward III* (Stroud, 2000).
Prestwich, Michael: *Plantagenet England* (Oxford, 2005).
Rubin, Miri: *The Hollow Crown* (London, 2005).
Stubbs, William: *The Constitutional History of England* (Oxford, 1874).
Waugh, S. L.: *England in the Reign of Edward III* (Cambridge, 1991).

24 宗教生活

Aston, Margaret: *Lollards and Reformers* (London, 1984).
Dahmus, J. H.: *The Prosecution of John Wycliffe* (New Haven, 1970).
Lambert, M. D.: *Medieval Heresy* (London, 1977).
McFarlane, K. B.: *John Wycliffe and the Beginnings of English Nonconformity* (London, 1952).
—— *Lancastrian Kings and Lollard Knights* (Oxford, 1972).
Robson, J. A.: *Wycliffe and the Oxford Schools* (Cambridge, 1961).
Thomson, J. A. F.: *The Later Lollards* (Oxford, 1965).
Workman, H. B.: *John Wycliffe* (Oxford, 1926).

25 天下大乱

Allmand, C. T. (ed.): *War, Literature and Politics in the Late Middle Ages* (Liverpool, 1976).
Bevan, Bryan: *King Richard II* (London 1990).
Bird, Ruth: *The Turbulent London of Richard II* (London, 1949).

Du Boulay, F. R. H. and Barron, C. M. (eds.): *The Reign of Richard II* (London, 1971).
Fletcher, Christopher: *Richard II* (Oxford, 2008).
Fryde, E. B.: *The Great Revolt of 1381* (London, 1981).
Gillespie, J. L. (ed.): *The Age of Richard II* (Stroud, 1997).
Jones, R. H.: *The Royal Policy of Richard II* (Oxford, 1968).
Mathew, Gervase: *The Court of Richard II* (London, 1968).
Oman, Charles: *The Great Revolt of 1381* (Oxford, 1969).
Ormrod, W. G. (ed.): *England in the Fourteenth Century* (Woodbridge, 1986).
Saul, Nigel: *Richard II* (London, 1997).
Scattergood, V. J. and Sherborne J. W. (eds.): *English Court Culture in the Later Middle Ages* (London, 1983).
Tuck, Anthony: *Richard II and the English Nobility* (London, 1973).

26 啸聚山林

Keen, M. H.: *The Outlaws of Medieval Legend* (London, 1961).
Westwood, Jennifer and Simpson, Jaqueline: *The Lore of the Land* (London, 2005).

27 备受煎熬的国王

Bennett, Michael: *Richard II and the Revolution of 1399* (Stroud, 1999).
Dodd, Gwilym and Biggs, Douglas: *Henry IV* (Woodbridge, 2003).
Kirby, J. L.: *Henry IV of England* (London, 1970).
McNiven, Peter: *Heresy and Politics in the Reign of Henry IV* (Woodbridge, 1987).
Mortimer, Ian: *The Fears of Henry IV: The Life of England's Self-made King* (London, 2007).
Williams, Daniel (ed.): *England in the Fifteenth Century* (Woodbridge, 1987).
Wylie, J. H.: *History of England under Henry IV* (London, 1884–1898).

29 武 士

Allmand, Christopher: *Henry V* (London, 1992).
Byrne, A. H.: *The Agincourt War* (London, 1956).
Earle, Peter: *The Life and Times of Henry V* (London, 1972).
Harriss, G. L. (ed.): *Henry V* (London, 1985).
Hutchinson, H. F.: *Henry V* (London, 1967).
Keen, M. H.: *England in the Later Middle Ages* (London, 1973).
Labarge, M. W.: *Henry V: The Cautious Conqueror* (London, 1975).
Lindsay, Philip: *King Henry V: A Chronicle* (London, 1934).
Myers, A. R.: *England in the Later Middle Ages* (London, 1952).
Perroy, Edouard: *The Hundred Years War* (New York, 1965).
Seward, Desmond: *Henry V* (New York, 1987).
Sumption, Jonathan: *The Hundred Years War* (London, 1990–2009).

Wylie, J. H. and Waugh, W. T.: *The Reign of Henry V* (Cambridge, 1914 - 1929).

31 头脑愚钝之辈

Bagley, J. J.: *Margaret of Anjou* (London, 1948).
Gasquet, F. A.: *The Religious Life of Henry VI* (London, 1923).
Griffiths, R. A.: *The Reign of Henry VI* (London, 1981).
—— *The Fourteenth and Fifteenth Centuries* (Oxford, 2003).
Harriss, Gerald: *Shaping the Nation* (Oxford, 2005).
Jacob, E. F.: *The Fifteenth Century* (Oxford, 1961).
Macfarlane, K. B.: *The Nobility of Later Medieval England* (Oxford, 1963).
—— *England in the Fifteenth Century* (London, 1981).
Wolffe, Bertram: *Henry VI* (London, 1981).

32 帕斯顿信札与经济生活

Davis, Norman (ed.): *Paston Letters and Papers of the Fifteenth Century* (London, 1971 - 1976).
Richmond, Colin: *The Paston Family* (Cambridge, 1990 - 1996).

33 国土分崩离析 35 雄狮与羔羊

Carpenter, M. C.: *The Wars of the Roses* (Cambridge, 1997).
Gillingham, John: *The Wars of the Roses* (London, 1981).
Goodman, Anthony: *The Wars of the Roses* (Stroud, 2005).
Hicks, Michael: *The Wars of the Roses* (New Haven, 2010).
Lander, J. R.: *Conflict and Stability in Fifteenth Century England* (London, 1969).
—— *The Wars of the Roses* (London, 1965).
Pollard, A. J. (ed.): *The Wars of the Roses* (London, 1995).
Seward, Desmond: *The Wars of the Roses* (London, 1995).
Storey, R. L.: *The End of the House of Lancaster* (London, 1966).

34 游戏与教育

Egan, Geoff (ed.): *The Medieval Household* (London, 1998).
Fleming, Peter: *Family and Household in Medieval England* (London, 2001).
Hanawalt, B. A.: *Growing Up in Medieval London* (Oxford, 1993).
Herlihy, David: *Medieval Households* (Cambridge, Mass., 1985).
Leach, A. F.: *The Schools of Medieval England* (London, 1915).
Orme, Nicholas: *Medieval Schools* (London, 2006).
Salusbury, G. T.: *Street Life in Medieval England* (Oxford, 1939).
Shahar, Shulamith: *Childhood in the Middle Ages* (London, 1990).

36 日常饮食

Abram, Annie: *English Life and Manners in the Later Middle Ages* (London, 1913).

Dyer, Christopher: *Standards of Living in the Later Middle Ages* (Cambridge, 1989).
Henisch, B. A.: *Fast and Feast* (Pittsburgh, 1976).

37 国王的春天

Baldwin, David: *Elizabeth Woodville* (Stroud, 2002).
Brown, A. L.: *The Governance of Late Medieval England* (Stanford, 1989).
Chrimes, S. B., Ross, C. D. and Griffiths, R. A. (eds.): *Fifteenth-century England* (London, 1972).
Dockray, Keith: *Edward IV* (Stroud, 1999).
Goodman, Anthony: *The New Monarchy* (Oxford, 1988).
Myers, A. R.: *The Household of Edward IV* (Manchester, 1959).
Ross, Charles: *Edward IV* (London, 1974).
Thomson, John: *The Transformation of Medieval England* (London, 1983).
Thornley, I. D. (ed.): *England under the Yorkists* (London, 1920).

38 城镇生活

Beresford, Maurice: *New Towns of the Middle Ages* (London, 1967).
Britnell, R. H.: *The Commercialisation of English Society, 1000 – 1500* (Cambridge, 1993).
Dyer, Christopher: *Making a Living in the Middle Ages* (New Haven, 2002).
Green, Alice: *Town Life in the Fifteenth Century* (London, 1894).
Nicholas, David: *The Later Medieval City* (London, 1997).
Palliser, D. M. (ed.): *The Cambridge Urban History of Britain, 600 – 1540* (Cambridge, 2000).
Platt, Colin: *The English Medieval Town* (London, 1976).
Reynolds, Susan: *An Introduction to the History of English Medieval Towns* (Oxford, 1977).

39 狂热的国王

Dockray, Keith: *Richard III* (Stroud, 1997).
Hammond, P. W. (ed.): *Richard III* (London, 1986).
Hanham, Alison: *Richard III and his Early Historians* (Oxford, 1975).
Hicks, Michael: *Richard III* (London, 1991).
Hughes, Jonathan: *The Religious Life of Richard III* (Stroud, 1997).
Kendall, P. M.: *Richard III* (New York, 1956).
Pollard, A. J.: *Richard III and the Princes in the Tower* (Stroud, 1991).
Ross, Charles: *Richard III* (London, 1981).

40 多疑的国王

Bevan, Bryan: *Henry VII* (London, 2000).
Chrimes, S. B.: *Henry VII* (London, 1972).
Grant, Alexander: *Henry VII* (London, 1985).

Hunt, Jocelyn and Towle, Carolyn: *Henry VII* (London, 1998).
Loades, D. M.: *Politics and the Nation* (London, 1973).
Lockyer, Roger: *Henry VII* (London, 1968).
Rogers, Caroline: *Henry VII* (London, 1991).
Temperley, Gladys: *Henry VII* (Boston, 1914).
Wroe, Anne: *Perkin Warbeck* (London, 2003).

41 尾　声

Andrews, J. P.: *The History of Great Britain* (London, 1794).
Buckle, H. T.: *History of Civilisation in England* (London, 1908).
Churchill, W. S.: *A History of the English-Speaking Peoples* (London, 1956).
Clark, Jonathan (ed.): *A World By Itself* (London 2010).
Davies, Norman: *The Isles* (London, 1999).
Fraser, Rebecca: *A People's History of Britain* (London 2003).
Green, J. R.: *History of the English People* (London, 1878 - 1880).
Hibbert, Christopher: *The English* (London, 1987).
Keightley, Thomas: *The History of England* (London, 1837).
Lingard, John and Belloc, Hilaire: *The History of England* (New York, 1912).
Mackintosh, James, Scott, Walter and Moore, Thomas: *The Cabinet History of England, Scotland and Ireland* (London, 1831).
Smollett, Tobias and Hume, David: *The History of England* (London, 2008).
Trevelyan, G. M.: *History of England* (London, 1945).
Wood, Michael: *In Search of England* (London, 1999).

索 引

（条目后的页码为原书页码，参见本书边码）